Wirtschaft/Politik

Einführungsphase

Unterrichtswerk für die Oberstufe

bearbeitet von
Janika Apitz, Stephan Benzmann, Christine Betz, Andreas Hamm-Reinöhl, Dörthe Hecht, Anita Hitzler, Erik Müller, Stephan Podes, Hartwig Riedel, Kersten Ringe, Jürgen Straub, Martina Tschirner und Thomas Volkert

unter Beratung von
Janika Apitz und Stephan Benzmann

C.C.Buchner Verlag · Bamberg

Schleswig-Holstein

Kolleg Politik und Wirtschaft – Schleswig-Holstein

Wirtschaft/Politik für die Oberstufe
Einführungsphase

bearbeitet von
Janika Apitz, Stephan Benzmann, Christine Betz, Andreas Hamm-Reinöhl, Dörthe Hecht, Anita Hitzler, Erik Müller, Stephan Podes, Hartwig Riedel, Kersten Ringe, Jürgen Straub, Martina Tschirner und Thomas Volkert

unter Beratung von
Janika Apitz und Stephan Benzmann

Zu diesem Lehrwerk ist erhältlich:
- Digitales Lehrermaterial **click & teach Einzellizenz**, Bestell-Nr. 720741
- Digitales Lehrermaterial **click & teach Box** (Karte mit Freischaltcode), ISBN 978-3-661-72074-6

Weitere Materialien finden Sie unter www.ccbuchner.de.

Dieser Titel ist auch als digitale Ausgabe **click & study** unter www.ccbuchner.de erhältlich.

1. Auflage, 2. Druck 2019
Alle Drucke dieser Auflage sind, weil untereinander unverändert, nebeneinander benutzbar.

Dieses Werk folgt der reformierten Rechtschreibung und Zeichensetzung. Ausnahmen bilden Texte, bei denen künstlerische, philologische oder lizenzrechtliche Gründe einer Änderung entgegenstehen.

Redaktion: Simon Hameister
Layout und Satz: HOCHVIER GmbH & Co. KG, Bamberg
Umschlag: HOCHVIER GmbH & Co. KG, Bamberg / tiff.any GmbH, Berlin
Druck und Bindung: creo Druck und Medienservice GmbH, Bamberg

www.ccbuchner.de

ISBN 978-3-661-72064-7

ZUR BENUTZUNG DER LEHR- UND ARBEITSBÜCHER

Unsere Oberstufenreihe **Kolleg Politik und Wirtschaft** geht in die nächste Generation. In den neu bearbeiteten Titeln tragen wir verstärkt der **Kompetenzorientierung** und den Anforderungen der **Binnendifferenzierung** Rechnung. Ziel der Bände bleibt es, den Schülerinnen und Schülern Anregungen zur selbstständigen Arbeit zu geben und den Unterrichtenden Hilfen für einen methoden- und handlungsorientierten Unterricht anzubieten.

Zum Aufbau der Kapitel

Der Kapitelaufbau folgt dem Doppelseiten- bzw. Vierseiten-Prinzip. Dieser Aufbau erleichtert die Strukturierung der Unterrichtsstunden.

Einführung	Jedes Kapitel beginnt mit einem Problemaufriss, einer Lernstandserhebung und der Formulierung der im Kapitelverlauf zu erwerbenden Kompetenzen.
Materialien	Die Materialienseiten sind multiperspektivisch angelegt und vertiefen zentrale Themenaspekte. Sie ermöglichen einen vielseitigen und kompetenzorientierten Unterricht. In den Randspalten werden zentrale Begriffe und wichtige Zusatzinformationen knapp erklärt, um eine genaue fachwissenschaftliche Verwendung zu erleichtern. Die Darstellung aktueller Kontroversen fördert die Urteilskompetenz der Schüler.
Erklärfilme	Erklärfilme (drei bis fünf Minuten) zu wichtigen Fach- und Grundbegriffen können auf der Verlagshomepage (www.ccbuchner.de) kosten- und werbefrei abgerufen werden. Mit Hilfe von Mediencodes können sie entweder direkt (Quick-Response-Code ↔ Smartphone) oder über die Eingabe des jeweiligen Mediencodes in das Suchfeld der Verlagshomepage bezogen werden.
Aufgaben	Jede Themeneinheit schließt mit Aufgaben ab, die gezielt auf die Probleme und Zusammenhänge vorangegangener Lernsequenzen eingehen. Angebote in der Rubrik Hilfen Ⓗ zu den Aufgaben zum Helfen und Ⓕ zum Fordern in der Randspalte unterstützen die Binnendifferenzierung des Unterrichts, methodische Hinweise fördern die Handlungsorientierung.
Methoden	Methodenseiten nehmen für das jeweilige Thema zentrale Fachmethoden auf und stärken so die Methodenkompetenz. Methoden zur Bearbeitung der Aufgaben finden sich zudem im Methodenglossar.
Zusammenfassungen	Orientierungswissen am Ende der Unterkapitel sichert das erworbene Wissen und ermöglicht eine Wiederholung zentraler Inhalte.
Kompetenzen anwenden	Kompetenzseiten runden die Kapitel ab und wenden die am Kapitelbeginn formulierten Kompetenzen mit komplexen Aufgabenstellungen an.

Das **Register** dient dem Auffinden zentraler Begriffe und ermöglicht Querverbindungen innerhalb der einzelnen Themengebiete.

Aufgrund der besseren Lesbarkeit wird im Folgenden darauf verzichtet, immer beide Geschlechter anzusprechen („Bürgerinnen und Bürger"...), auch wenn selbstverständlich beide gemeint sind.

INHALT

INHALT

Folgendes Kapitel präsentieren wir Ihnen in Form eines QR- bzw. Mediencodes:

Anhang

Methodenglossar – Methoden zur Bearbeitung der Aufgaben

50 JAHRE
GRUNDGESETZ
Artikel 1
DIE WÜRDE DES MENSCHEN IST UNANTASTBAR. SIE ZU ACHTEN UND ZU SCHÜTZEN IST VERPFLICHTUNG ALLER STAATLICHEN GEWALT.
49
99
DEUTSCHLAND 110
GRUNDGEDANKEN » VOLKSSOUVERÄNITÄT « DER DEMOKRATIE
DIE STAATSGEWALT GEHT VOM VOLKE AUS SIE WIRD VOM VOLKE IN WAHLEN UND ABSTIMMUNGEN AUSGEÜBT
60
DEUTSCHE BUNDESPOST
GRUNDGEDANKEN » GEWALTENTEILUNG « DER DEMOKRATIE
DIE STAATSGEWALT WIRD DURCH BESONDERE ORGANE DER GESETZGEBUNG, DER VOLLZIEHENDEN GEWALT UND DER RECHTSPRECHUNG AUSGEÜBT
50
DEUTSCHE BUNDESPOST
1981
GRUNDGEDANKEN » RECHTSSTAAT « DER DEMOKRATIE
DIE GESETZGEBUNG IST AN DIE VERFASSUNGSMASSIGE ORDNUNG DIE VOLLZIEHENDE GEWALT UND DIE RECHTSPRECHUNG SIND AN GESETZ UND RECHT GEBUNDEN
40
DEUTSCHE BUNDESPOST
1981

1

Demokratie in der Bundesrepublik Deutschland

Mit dem Grundgesetz wurde 1949 für die neu gegründete Bundesrepublik eine Verfassung verabschiedet, die die Grundlage für Demokratie, Sicherheit und Wohlstand für die Menschen in Westdeutschland schaffen sollte. Im Mai 2009 wurde der 60. Jahrestag der Verabschiedung des Grundgesetzes gefeiert. Deutschland war inzwischen zu einem Land mit einer stabilen Demokratie geworden. Doch welche Besonderheiten zeichnen das Wesen und die Struktur des bundesdeutschen Verfassungsstaates aus und wie lauten eigentlich die Verfassungsprinzipien des Grundgesetzes?

Vor dem Hintergrund einer immer stärker ansteigenden Zahl von Nichtwählern stellt sich zudem immer häufiger die Frage nach der demokratischen Legitimation politischer Entscheidungen, die in Form von Gesetzen verbindliche Spielregeln für das gesellschaftliche Zusammenleben der Menschen festlegen.

Dieses Kapitel beantwortet daher auch die Fragen nach den Funktionen von Wahlen, wer wen warum wählt und wie sich Wählerverhalten theoretisch begründen lässt. Dabei wird auch die Wirkweise verschiedener Wahlsysteme untersucht, um diese mit Blick auf die tatsächliche Abbildung des Wählerwillens abschließend beurteilen zu können.

Was wissen und können Sie schon?

1. Betrachten Sie gemeinsam die erste Briefmarke. Sammeln Sie anschließend an der Tafel, welche Bedeutung der erste Artikel des Grundgesetzes für Sie und die Menschen in Deutschland hat.
2. a) Erstellen Sie in Partnerarbeit eine dreispaltige Tabelle und tragen Sie ein, inwiefern sich die Grundgedanken der ersten Briefmarke auf den Briefmarken 2 bis 4 fortsetzen.

   b) Formulieren Sie Hypothesen dazu, welche Folgen sich aus den Grundgedanken für den politischen Alltag ergeben (z. B. für die Wahl staatlicher Entscheidungsträger, den Gesetzgebungsprozess, die Rechtsprechung, die Ausführung staatlicher Gewalt).

KOMPETENZEN

Am Ende dieses Kapitels sollten Sie Folgendes wissen und können:

... unterschiedliche Vorstellungen von Gemeinwohl erläutern und verschiedene Demokratiemodelle voneinander unterscheiden.

... mit der Menschenwürde, den Verfassungsprinzipien und der Ewigkeitsgarantie wesentliche Bestimmungen des Grundgesetzes für die Bundesrepublik Deutschland nennen und erläutern.

... erklären, ob Wahlen die ihnen zugeschriebenen Funktionen (noch) erfüllen.

... das eigene (zukünftige) Wahlverhalten mit Hilfe theoretischer Ansätze erklären sowie diese Ansätze auf ihren Erklärungswert hin überprüfen.

... das Wahlsystem zum Deutschen Bundestag erklären.

... den Gang der Gesetzgebung in der Bundesrepublik Deutschland erläutern.

... das Modell des Politikzyklus anwenden und bewerten.

1.1 Politische Theorien – verschiedene Demokratiemodelle

M 1 Zwei unterschiedliche Vorstellungen von Gemeinwohl

„[D]er Gesellschaftsvertrag […] schließt […] stillschweigend jene Übereinkunft ein, die allein die anderen ermächtigt, dass, wer immer sich weigert, dem Gemeinwillen zu folgen, von der gesamten Körperschaft dazu gezwungen wird, was nichts anderes heißt, als dass man ihn zwingt, frei zu sein."

Jean-Jacques Rousseau, Vom Gesellschaftsvertrag, 1762

„Die pluralistische Theorie des Gemeinwohls [erachtet] den Umstand, dass es weite Gebiete des staatlichen und gesellschaftlichen Lebens gibt, über deren Regelungen Meinungsverschiedenheiten zwischen verschiedenen Gruppen existieren, […] als unvermeidlich, ja geradezu als ein Indiz eines in Freiheit pulsierenden öffentlichen Lebens."

Ernst Fraenkel, Demokratie und Pluralismus, Baden-Baden 2007, S. 259

M 2 Einzelinteressen schaden dem Gemeinwohl – Jean-Jaques Rousseau: feststehender „Gemeinwille"

Vom Gesellschaftsvertrag

„Finde eine Form des Zusammenschlusses, die mit ihrer ganzen gemeinsamen Kraft die Person und das Vermögen jedes einzelnen Mitglieds verteidigt und schützt und durch die doch jeder, indem er sich mit allen vereinigt, nur sich selbst gehorcht und genauso frei bleibt wie zuvor." Das ist das grundlegende Problem, dessen Lösung der Gesellschaftsvertrag darstellt […]. Wenn man also beim Gesellschaftsvertrag von allem absieht, was nicht zu seinem Wesen gehört, wird man finden, dass er sich auf Folgendes beschränkt: Gemeinsam stellen wir alle, jeder von uns seine Person und seine ganze Kraft unter die oberste Richtschnur des Gemeinwillens [volonté générale]; und wir nehmen, als Körper, jedes Glied als untrennbaren Teil des Ganzen auf. Dieser Akt des Zusammenschlusses schafft augenblicklich anstelle der Einzelperson jedes Vertragspartners eine sittliche Gesamtkörperschaft, die aus ebenso vielen Gliedern besteht, wie die Versammlung Stimmen hat, und die durch eben diesen Akt ihre Einheit, ihr gemeinschaftliches Ich, ihr Leben und ihren Willen erhält. Diese öffentliche Person, die so aus dem Zusammenschluss allcr zustandc kommt, trug früher den Namen Polis, heute trägt sie den der Republik oder der staatlichen Körperschaft […]. [I, 6]

Vom Souverän

Da nun der Souverän nur aus den Einzelnen besteht, aus denen er sich zusammensetzt, hat er kein und kann auch kein dem ihren widersprechendes Interesse haben […]. Nicht so verhält es sich aber mit den Untertanen gegenüber dem Souverän […]. In der Tat kann jedes Individuum als Mensch einen Sonderwillen [volonté particulière] haben, der dem Gemeinwillen, den er als Bürger hat, zuwiderläuft oder sich von diesem unterscheidet. Sein Sonderinteresse kann ihm ganz anderes sagen als das Gemeininteresse […]. Damit nun aber der Gesellschaftsvertrag keine Leerformel sei, schließt er stillschweigend jene Übereinkunft ein, die allein die anderen ermächtigt, dass, wer immer sich weigert, dem Gemeinwillen zu folgen, von der gesamten Körperschaft dazu gezwungen wird, was nichts anderes heißt, als dass man ihn zwingt, frei zu sein […]. [I, 7]

Gemeinwohl

Grundsätzlich lassen sich zwei unterschiedliche theoretische Konzepte des Zustandekommens von Gemeinwohl unterscheiden. Die heute gängige Auffassung eines **Gemeinwohls a-posteriori** besteht darin, dass jedes Ergebnis eines politischen Prozesses als Gemeinwohl zu bezeichnen ist, wenn das Entscheidungsverfahren demokratischen Grundsätzen genügt (und wenn durch das Ergebnis die Menschen- und Bürgerrechte gewahrt bleiben). Gemeinwohl wird in diesem Sinne hergestellt.

Anders bei der Vorstellung eines **Gemeinwohls a-priori**: Nach dieser steht das Gemeinwohl (der Inhalt/Gehalt der politischen Entscheidung) von vornherein fest, es ist gleichsam objektiv und (naturgegeben) in jedem verankert. Das demokratische Entscheidungsverfahren dient nur noch dazu, das Gemeinwohl herauszufinden.

Dass die Souveränität unveräußerlich ist

Ich behaupte deshalb, dass die Souveränität, da sie nichts anderes ist als die Ausübung des Gemeinwillens, niemals veräußert werden kann und dass der Souverän, der nichts anderes ist als ein Gesamtwesen, nur durch sich selbst vertreten werden kann [...]. [II, 1]

Dass die Souveränität unteilbar ist

Aus dem gleichen Grund, aus dem die Souveränität unveräußerlich ist, ist sie auch unteilbar. Denn der Wille ist entweder allgemein oder er ist es nicht; er ist derjenige des Volkskörpers oder nur der eines Teils. Im ersten Fall ist dieser erklärte Wille ein Akt der Souveränität und hat Gesetzeskraft. Im zweiten Fall ist er nur ein Sonderwille oder ein Verwaltungsakt; es handelt sich bestenfalls um eine Verordnung. [...] [II, 2]

Ob der Gemeinwille irren kann

Aus dem Vorhergehenden folgt, dass der Gemeinwille immer auf dem rechten Weg ist und auf das öffentliche Wohl abzielt: Woraus allerdings nicht folgt, dass die Beschlüsse des Volkes immer gleiche Richtigkeit haben. Zwar will man immer sein Bestes, aber man sieht es nicht immer [...]. Wenn die Bürger keinerlei Verbindung untereinander hätten, würde, wenn das Volk wohlunterrichtet entscheidet, aus der großen Zahl der kleinen Unterschiede immer der Gemeinwille hervorgehen, und die Entscheidung wäre immer gut. Aber wenn Parteiungen entstehen, Teilvereinigungen auf Kosten der großen, wird der Wille jeder dieser Vereinigungen ein allgemeiner hinsichtlich seiner Glieder und ein besonderer hinsichtlich des Staates; man kann dann sagen, dass es nicht mehr so viele Stimmen gibt wie Menschen, sondern nur noch so viele wie Vereinigungen. Die Unterschiede werden weniger zahlreich und bringen ein weniger allgemeines Ergebnis. Wenn schließlich eine dieser Vereinigungen so groß ist, dass sie stärker ist als alle anderen, [...] gibt es keinen Gemeinwillen mehr, und die Ansicht, die siegt, ist nur eine Sonderanschauung. Um wirklich die Aussage des Gemeinwillens zu bekommen, ist es deshalb wichtig, dass es im Staat keine Teilgesellschaften gibt und dass jeder Bürger nur seine eigene Meinung vertritt [...]. [II, 3]

Von den Abgeordneten oder Volksvertretern

Die Souveränität kann aus dem gleichen Grund, aus dem sie nicht veräußert werden kann, auch nicht vertreten werden; sie besteht wesentlich im Gemeinwillen, und der Wille kann nicht vertreten werden: er ist derselbe oder ein anderer; ein Mittelding gibt es nicht. Die Abgeordneten des Volkes sind also nicht seine Vertreter, noch können sie es sein, sie sind nur seine Beauftragten; sie können nicht endgültig beschließen. Jedes Gesetz, das das Volk nicht selbst beschlossen hat, ist nichtig; es ist überhaupt kein Gesetz. [III, 15]

Jean-Jacques Rousseau, Vom Gesellschaftsvertrag oder Grundsätze des Staatsrechts (Hrsg. und übersetzt von Hans Brockhard), Stuttgart 1991, S. 17 – 21, 28 – 31, 103

Jean-Jacques Rousseau (1712 – 1778), aufklärerischer Philosoph, Schriftsteller und Pädagoge, beeinflusste mit seiner 1762 erschienenen Schrift „Du Contrat Social" den Diskurs über Demokratie nachhaltig.

M 3 ● Ernst Fraenkel: universelle Grundwerte – ausgehandeltes Gemeinwohl

Ob wir es wahrhaben wollen oder nicht: In unserem unreflektierten politischen Unterbewusstsein spukt nach wie vor die Vorstellung, dass das Gemeinwohl nur verwirklicht werden kann, wenn ein universaler Konsensus [allgemeingültige Übereinstimmung] über alle das Gemeinwesen berührenden Angelegenheiten begründet und aufrechterhalten werden kann. Jean Jacques Rousseau, auf den diese Vorstellung zurückgeht, ist vermutlich der einflussreichste politische Denker des Abendlandes. Ein derartiger Konsensus setzt aber [...] die Existenz einer homogenen Gesellschaft voraus, [in der] alle Bürger einander kennen, die gleichen Interessen verfolgen und soziale Spannungen [aufgrund ähnlicher sozioökonomischer Ausstattung der

Ernst Fraenkel (1898 –1975), deutscher Politikwissenschaftler, publizierte seine grundlegende Abhandlungen zum Pluralismus im Band „Deutschland und die westlichen Demokratien" (1964).

Menschen] nicht entstehen können [...]. Die moderne parlamentarische [Konkurrenz-]Demokratie gestattet ihren Bürgern [im Gegensatz dazu], auch in ihrer Eigenschaft als Bürger um die Förderung ihrer Interessen besorgt zu sein. Sie ermuntert sie geradezu, dies auf dem einzig wirksamen Wege – nämlich kollektiv – zu tun. [...] Unter Gemeinwohl soll im Folgenden eine in ihrem Kern auf einem als allgemein gültig postulierten Wertkodex [consensus omnium] basierende, in ihren Einzelheiten den sich ständig wandelnden ökonomisch-sozialen Zweckmäßigkeitserwägungen Rechnung tragende regulative Idee verstanden werden, die berufen und geeignet ist, bei der Gestaltung politisch nicht kontroverser Angelegenheiten als Modell und bei der ausgleichenden Regelung politisch kontroverser Angelegenheiten als bindende Richtschnur zu dienen. [...] Ich wiederhole [aber], dass mit der für den demokratischen Staat kennzeichnenden Vorstellung der Autonomie politischer Willensbildung der Gedanke eines a-priori-Gemeinwohls [...] nicht in Einklang zu bringen ist. [...]
Pluralismus darf nicht mit einem laissezfaire [unregulierter Zustand] auf kollektiver Ebene gleichgesetzt werden. Ein richtig verstandener Pluralismus schließt die Erkenntnis ein, dass auch in der heterogensten Gesellschaft stets neben dem kontroversen auch ein nicht kontroverser Sektor des gesellschaftlichen Lebens besteht. Ein richtig verstandener Pluralismus ist sich der Tatsache bewusst, dass das Mit- und Nebeneinander der Gruppen nur dann zur Begründung eines a-posteriori-Gemeinwohls zu führen vermag, wenn die Spielregeln des politischen Wettbewerbs mit Fairness gehandhabt werden, wenn die Rechtsnormen, die den politischen Willensbildungsprozess regeln, unverbrüchlich eingehalten werden und wenn die Grundprinzipien gesitteten menschlichen Zusammenlebens uneingeschränkt respektiert werden, die als regulative Idee den Anspruch auf universale Geltung zu erheben vermögen. Sie tragen einen modifizierenden und korrigierenden Charakter und stellen kein unmittelbar realisierbares Aktionsprogramm dar.

Ernst Fraenkel, Ders., Gesammelte Schriften, Bd. 5: Demokratie und Pluralismus, Baden-Baden 2007, S. 285 f., 292 ff.

M 4 ● Identitäts- und Pluralismustheorie im Überblick

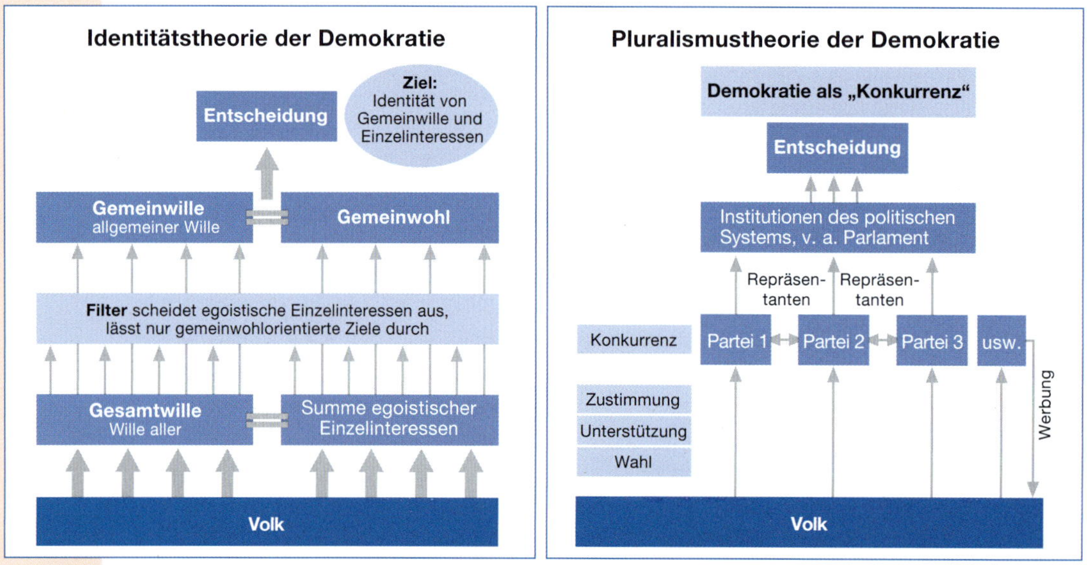

Nach: Ragnar Müller, © 1998 – 2015 D@dalos – politische Bildung, Internationaler UNESCO Bildungsserver für Demokratie-, Friedens- und Menschenrechtserziehung, www.dadalos.org (20.11.2017)

M 5 Was unterscheidet Identitäts- und Pluralismustheorie voneinander? – ein Vergleich

	Rousseau	Fraenkel
	Identitätstheorie	*Pluralismustheorie*
Menschenbild	Der Mensch ist frei, gleich und friedlich. Da erst die Zivilisation zu Unterdrückung und Herrschaft führt, muss jeder Mensch quasi gezwungen werden, frei zu sein.	Der Mensch hat von Natur aus unterschiedliche Interessen, die berechtigt sind.
Gemeinwohl	besteht a priori	consensus omnium + Entstehung a posteriori
Verhältnis Regierende/Regierte	identisch	Repräsentation
Entscheidungsverfahren	plebiszitär	Wahl von Volksvertretern
Menschen- und Bürgerrechte	werden dem Gemeinwohl untergeordnet	sind unabänderlich
Minderheitenschutz/ Partikularinteressen	nicht legitim (keine Partikularinteressen)	durch Wertekodex und Bildung von Parteien
Voraussetzungen	kleiner Staat, homogene Gesellschaft, Erlernen der Bildung vernunftsbezogener Urteile	Organisation aller Interessen, Machtgleichheit zwischen den Interessensgruppen, der Staat schützt den consensus omnium
Kritik	Gefahr des Machtmissbrauchs durch Diktaturen	Bevorzugung der Interessen wirtschaftlich Bessergestellter

Stephan Benzmann, Buchners Kompendium Politik – Politik und Wirtschaft für die Oberstufe - Neue Ausgabe, 3. Auflage, Bamberg 2016, S. 264

Aufgaben

1. Geben Sie Rousseaus und Fraenkels unterschiedliche Aussagen zum Gemeinwohl („Gemeinwille") in eigenen Worten wieder (M 1).
2. Vergleichen Sie Rousseaus und Fraenkels Konzeptionen von Demokratie (M 2 – M 5).
3. Erläutern Sie ausgehend von M 1 und M 2, wie diktatorische Herrschaftssysteme unter Rückgriff auf die Identitätstheorie ihre autoritären und totalitären Regime rechtfertigen könnten.

1.2 Die politische Ordnung der Bundesrepublik Deutschland – Grundwerte und Prinzipien im Grundgesetz

1.2.1 Der gläserne Bürger: Im Zweifel für die Sicherheit?

M 1 ● Darf der Staat alles über seine Bürgerinnen und Bürger wissen?

Körperscanner oder auch Nacktscanner werden an einigen deutschen und ausländischen Flughäfen zum Test eingesetzt, um Sprengstoff oder Waffen, die eng am Körper getragen werden, sichtbar zu machen. Sie sollen den Luftverkehr sicherer machen und Terroranschläge wie am 11. September 2001 verhindern. An den deutschen Flughäfen können die Fluggäste noch wählen, ob sie gescannt oder wie bislang abgetastet werden möchten. Die Körperscanner sind umstritten, weil gesundheitliche Schäden durch die Strahlenbelastung befürchtet werden. Kritiker sehen im Scannen einen massiven Eingriff in die Intimsphäre und die Persönlichkeitsrechte der Fluggäste, weil dadurch auch Prothesen, Implantate und anderes sichtbar gemacht würden.

Art. 1, Allgemeine Erklärung der Menschenrechte
Alle Menschen sind frei und gleich an Würde und Rechten geboren.

M 2 ● Die Menschenwürde als oberster Verfassungswert

Art. 1 (1) GG
Die Würde des Menschen ist unantastbar. Sie zu achten und zu schützen ist Verpflichtung aller staatlichen Gewalt.

Menschenrechte
gelten weltweit für alle Menschen

Die Würde des Menschen ist in unserer Rechts- und Wertordnung oberster Verfassungsgrundsatz, an dem sich alles staatliche Handeln zu orientieren hat. Folglich hat der Mensch im Mittelpunkt staatlichen Geschehens zu stehen. Der Grundsatz lautet: Der Staat ist für den Menschen da, und nicht umgekehrt.

Träger der Menschenwürde ist jeder Mensch von der Geburt bis zum Tode, wobei es unerheblich ist, ob sich der Einzelne seiner Würde bewusst ist oder dieses Bewusstsein nicht hat (etwa der Geisteskranke).

Die Würde kommt dem Menschen deshalb zu, weil er als einziges Wesen die Fähigkeit besitzt, sich in Freiheit zu entscheiden und sich selbst zu bestimmen.

Die Menschenwürde ist Ursprung und Quelle aller weiteren Freiheits-, Gleichheits- und Unverletzlichkeitsrechte. Demnach sind es Ansprüche und Berechtigungen, die die Einmaligkeit des Mensch-Seins kennzeichnen und die Würde des Menschen verkörpern.

Aus der absoluten Verpflichtung der gesamten Staatsgewalt, die Würde des Menschen zu achten und zu schützen, folgt, dass jeder Träger staatlicher Gewalt bei der Begegnung mit dem Einzelnen dessen Würde nicht antasten oder gar verletzen darf

(achten) und dass er (z. B. der Polizeibeamte) gleichermaßen abwehrend eingreifen muss, wenn die Würde des Menschen von dritter Seite verletzt zu werden droht bzw. verletzt wird. [...]
Wann ist die Menschenwürde verletzt?
Die Würde des Menschen ist allgemein immer dann verletzt, wenn

- er zum reinen Objekt staatlicher Maßnahmen gemacht,
- die innere Freiheit des Menschen angetastet oder
- seine Personenwertgleichheit geleugnet wird.

Die Rechtsprechung hat z. B. in folgenden Fällen [...] eine Verletzung der Menschenwürde erkannt:

- Vorgänge, die den Menschen auf die Ebene des Tieres erniedrigen, wie Massenaustreibung, Ausrottung rassischer oder religiöser Gruppen durch Tötung, Geburtenverhinderung oder Kindesverschleppung (BVerfGE 1, 104).
- Beeinträchtigung der Willens- und Entschließungsfreiheit durch Misshandlung, um ein Zwangsgeständnis herbeizuführen.
- Verletzung der Privatsphäre (Geheimnisbruch) wie unberechtigte Ton- und Bildaufnahmen, widerrechtliches Abhören von Telefongesprächen oder das öffentliche Verlesen persönlicher Briefe.

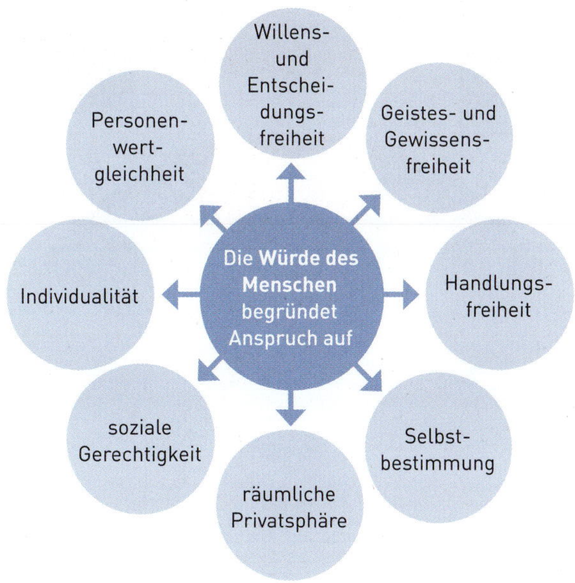

Hans-Joachim Hitschold, Staatskunde. Grundlagen für die politische Bildung, 13. Aufl., Stuttgart 2007, S. 139 ff.

Grundrechte

Bezeichnung der Menschenrechte im Grundgesetz, die für alle Menschen gelten, die in Deutschland leben. Dazu zählen u. a. das Recht auf Gleichheit vor dem Gesetz, Glaubens- und Gewissensfreiheit, das Recht auf freie Meinungsäußerung, das Post- und Briefgeheimnis, das Recht auf Asyl, die Gewährleistung des Eigentums.

Bürgerrechte

Rechte für Menschen, die die deutsche Staatsangehörigkeit besitzen, z. B. das Wahlrecht oder das Recht auf Zugang zu öffentlichen Ämtern in Behörden oder Gerichten.

Aufgaben

1. Entscheiden Sie sich spontan, ob Sie sich vor Ihrer nächsten Urlaubsreise vor dem Flug in einen Körperscanner stellen würden. Begründen Sie Ihre Entscheidung (M 1).
2. Erarbeiten Sie aus M 2, wie der ehemalige Richter am Bundesverfassungsgericht Hitschold die Menschenwürde als obersten Verfassungswert begründet.
3. Beurteilen Sie, inwiefern die Menschenwürde durch den Einsatz von Körperscannern verletzt werden könnte (M 1, M 2, Randspalte).

1.2.2 Für die Ewigkeit gemacht? – der unveränderliche Verfassungskern des Grundgesetzes

M 3 ● Verfassung in Kurzform – Artikel 20 GG

(1) Die Bundesrepublik Deutschland ist ein demokratischer und sozialer Bundesstaat.
(2) Alle Staatsgewalt geht vom Volke aus. Sie wird vom Volke in Wahlen und Abstimmungen und durch besondere Organe der Gesetzgebung, der vollziehenden Gewalt und der Rechtsprechung ausgeübt.
(3) Die Gesetzgebung ist an die verfassungsmäßige Ordnung, die vollziehende Gewalt und die Rechtsprechung sind an Gesetz und Recht gebunden.

M 4 ● Welche Verfassungsprinzipien gibt das Grundgesetz vor?

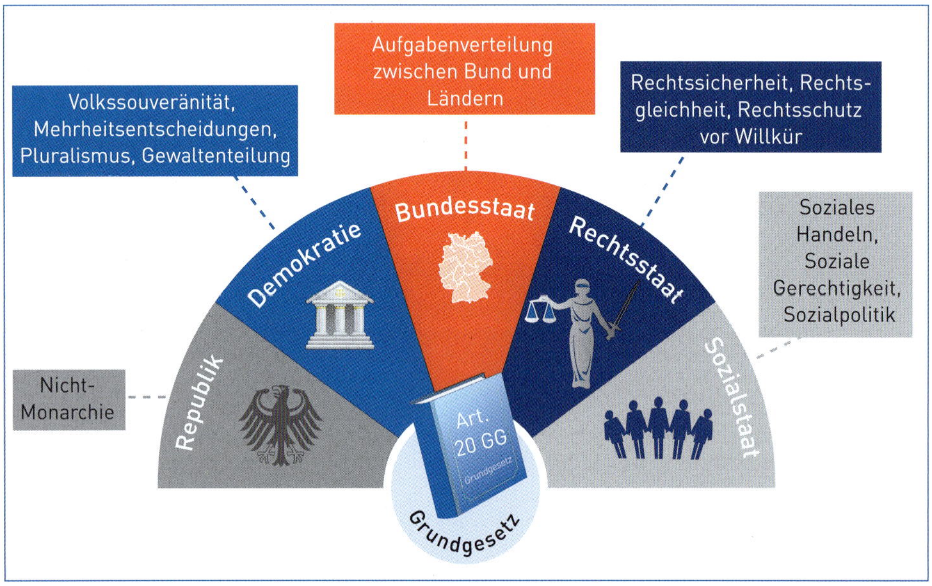

Das **Demokratieprinzip** besagt, dass alle Gewalt vom Volk ausgeht, dieses also der Souverän ist. In der repräsentativen Demokratie der Bundesrepublik werden die Interessen der Bürgerinnen und Bürger durch die gewählten Vertreter in den Parlamenten wahrgenommen, die nach dem Mehrheitsprinzip entscheiden.

Das Strukturprinzip der **Rechtsstaatlichkeit** bedeutet, dass die Gesetzgebung an die Verfassung gebunden ist und Gesetze nicht willkürlich verabschiedet werden dürfen. Auch die Politik ist an das Recht gebunden und steht nicht über ihm. [...] Auch die vollziehende Gewalt, die Verwaltung und die Rechtsprechung sind an das geltende Recht gebunden. Dieses schützt die Bürger vor Willkürakten und garantiert zugleich auch die Gleichheit eines jeden Bürgers vor dem Gesetz. In einem Rechtsstaat wachen unabhängige Richter über die Einhaltung der Gesetze. Der Rechtsweg zu ihnen steht jedem Bürger offen.

Art. 79 GG

(1) Das Grundgesetz kann nur durch ein Gesetz geändert werden, das den Wortlaut des Grundgesetzes ausdrücklich ändert oder ergänzt. [...]
(2) Ein solches Gesetz bedarf der Zustimmung von zwei Dritteln der Mitglieder des Bundestages und zwei Dritteln der Stimmen des Bundesrates.
(3) Eine Änderung dieses Grundgesetzes, durch welche die Gliederung des Bundes in Länder, die grundsätzliche Mitwirkung der Länder bei der Gesetzgebung oder die in den Artikeln 1 und 20 niedergelegten Grundsätze berührt werden, ist unzulässig.

Rechtsweg

Bezeichnung für den Zugang der Bürgerinnen und Bürger zur Gerichtsbarkeit

Erklärfilm „Demokratie"

Mediencode: 72064-01

Dem **Sozialstaatsprinzip** sind im Grundgesetz nur wenige Worte gewidmet, durch die Erwähnung in Artikel 20 GG aber kommt ihm Verfassungsrang zu. Zusammen mit Artikel 1 GG, der die Würde des Menschen als unantastbar garantiert und deren Schutz zu einer Verpflichtung der staatlichen Gewalt erklärt, lassen sich für den Sozialstaat bestimmte Prinzipien ableiten. So geht man allgemein davon aus, dass sich daraus die Garantie eines bestimmten Existenzminimums ableiten lässt und das bestimmte Gruppen des besonderen Schutzes bedürfen. Diese Verpflichtung führt zusammen mit Artikel 3 GG, welcher das Diskriminierungsverbot enthält, auch dazu, dass der Staat für eine Angleichung der Lebenschancen aller Bürger Sorge zu tragen hat. Das Ziel der Sozialpolitik ist die Schaffung von sozialer Gerechtigkeit.

Die deutschen Länder blicken auf eine lange Geschichte der Unabhängigkeit zurück. [...] Darauf aufbauend haben sich die Mütter und Väter des Grundgesetzes für eine **bundesstaatliche Republik** entschieden. In dieser stehen den Bundesländern, die aus diesen alten Territorien hervorgegangen sind, viele Befugnisse im föderalen System zu. [...] Das Grundgesetz regelt die Aufgabenverteilung zwischen Bund und Ländern sehr genau. Eine Vielzahl von Gesetzen, die der Bundestag verabschiedet, bedarf der Zustimmung durch die Vertretung der Länder, des Bundesrates. Sie sind also in entscheidender Weise an der Gesetzgebung beteiligt. Zudem sind ihnen viele Aufgaben der öffentlichen Verwaltung zugeordnet.

Bundeszentrale für politische Bildung, www.bpb.de, 2.11.2009

M 5 ● Ist die Zukunft des Grundgesetzes offen?

Das Grundgesetz treibt die Selbstverewigung des Art. 79 Abs. 3 GG nicht auf die Spitze, sondern kennt nach wie vor eine Alternative zu sich selbst und lässt den Weg zu einer neuen Verfassung offen. Das ist [...] kluge Selbstbeschneidung. Das Grundgesetz zeigt so eine wohltuende Offenheit für die Zukunft - sowohl für Herausforderungen, die wir heute vielleicht noch gar nicht antizipieren können, als auch für solche, die über kurz oder lang durchaus anstehen mögen, etwa die Fortentwicklung der Europäischen Union zu einem echten Bundesstaat, was die Bundesrepublik Deutschland wie die anderen Staaten der EU zu bloßen Untergliederungen eines höheren politischen Gemeinwesens herunterstufen und so ihre Identität in maßgeblicher Weise verändern würde.

Klug ist es umgekehrt aber auch, dass das Grundgesetz die Verabschiedung einer neuen Verfassung nicht zur Pflicht macht, also keinen (womöglich befristeten) Auftrag zur Verfassungsgebung erteilt. Wir können somit alles so lassen, wie es ist, und uns auf Fortentwicklungen durch inkrementale (schrittweise) Änderungen des Grundgesetzes beschränken. Aber eben dieses Grundgesetz eröffnet weiterhin die Möglichkeit, auf nichtrevolutionärem Wege eine neue Verfassung „in freier Selbstbestimmung" zu schaffen, wenn die Bürgerinnen und Bürger dieses Landes das wollen. Dieses Recht der Verfassungsgebung steht einem freien Volk gut an - und es steht ihm zu.

Auch die Neufassung des Art. 146 GG im Zuge der Wiedervereinigung hat nichts an der prinzipiellen Option einer neuen, das Grundgesetz ablösenden Verfassung geändert. [...] Schließlich [...] bringt Art. 146 GG in seiner neuen ebenso wenig wie in seiner alten Fassung [...] die seit der Französischen Revolution [...] gängige Selbstverständlichkeit zum Ausdruck, dass sich ein Volk kraft seiner verfassunggebenden Gewalt stets seiner bisherigen normativen Fesseln entledigen und auf revolutionärem Wege zu einer neuen Grundgestalt seiner politischen Existenz schreiten könnte. Art. 146 GG [...] baut eine [...] Brücke von der alten zur neuen Ordnung und zeigt, dass

Was genau sind Verfassungsprinzipien?

Verfassungsprinzipien sind diejenigen grundlegenden Verfassungsnormen, die den Geist und den Charakter der Verfassung und somit auch des Staates, dessen Ordnung auf ihr beruht, erkennen lassen, besonders hinsichtlich Staatsform, Herrschaftsform und Rechtsstaatlichkeit sowie ihrer territorialen Gliederung.

Nach: Duden Recht A-Z. Fachlexikon für Studium, Ausbildung und Beruf, 2. Aufl. Mannheim, Bibliographisches Institut & F.A. Brockhaus 2010. Lizenzausgabe Bonn, Bundeszentrale für politische Bildung

Art. 146 GG

Dieses Grundgesetz, das nach Vollendung der Einheit und Freiheit Deutschlands für das gesamte deutsche Volk gilt, verliert seine Gültigkeit an dem Tage, an dem eine Verfassung in Kraft tritt, die von dem deutschen Volke in freier Entscheidung beschlossen worden ist.

eine Verfassung durchaus die Voraussetzungen ihrer eigenen Ablösung regeln kann. [...] Die neue Verfassung wird nicht in den Bereich konstitutioneller Illegalität abgedrängt, sondern von der alten, dem Grundgesetz, ausdrücklich zugelassen.
[Dies] bedeutet, dass es bei Ausbleiben fundamentaler Verfassungskrisen, grundstürzender Umbruchsituationen oder gravierender Wandlungsprozesse kaum zu einer erfolgreichen Aktivierung des Art. 146 GG kommen wird. Aber genau für solche (hier und heute vielleicht als unwahrscheinlich anzusehenden) Fälle kann der Schlussartikel des Grundgesetzes einen nichtrevolutionären, friedlich-evolutionären Übergang in eine neue Verfassungsordnung bahnen und so dem Rechtsgedanken dienen.

Horst Dreier, Das Grundgesetz – eine Verfassung auf Abruf? In: Aus Politik und Zeitgeschichte, 18-19/2009, S. 26

M 6 ● Wie Umwelt- und Tierschutz ins Grundgesetz kamen

Ob die Förderung erneuerbarer Energien, die Sicherung wertvoller Biotope oder eine ressourcenschonende Kreislaufwirtschaft – staatliche Politik zum Schutz von Umwelt und Klima ist heute in Deutschland eine Selbstverständlichkeit. Kaum vorstellbar, dass trotz diverser gesetzlicher Regelungen noch vor zwei Jahrzehnten Natur- und Tierschutz nicht verfassungsrechtlich verankert waren. Es brauchte etliche, teils heftige wissenschaftliche und parteipolitische Diskussionen bis 45 Jahre nach dem Inkrafttreten des Grundgesetzes am 27. Oktober 1994 mit dem neugeschaffenen Artikel 20a auch der Umweltschutz als Staatsziel in die Verfassung aufgenommen wurde.
Es war eine der umfangreichsten Änderungen seit Bestehen des Grundgesetzes. Der Tierschutz fand acht Jahre später, am 1. August 2002, seinen Weg in die Verfassung – vorangegangen war auch hier eine jahrelange gesellschaftspolitische Debatte. [...]
Seither lautet Artikel 20a des Grundgesetzes: „Der Staat schützt auch in Verantwortung für die künftigen Generationen die natürlichen Lebensgrundlagen und die Tiere im Rahmen der verfassungsmäßigen Ordnung durch die Gesetzgebung und nach Maßgabe von Gesetz und Recht durch die vollziehende Gewalt und die Rechtsprechung." [...]
Staatsziele sind, laut einer Definition der Sachverständigenkommission „Staatsziele – Gesetzgebungsaufträge" Verfassungsnormen mit rechtlich bindender Wirkung.

Sandra Schmid, www.bundestag.de (21.7.2016)

M 7 ● Sollte das Grundgesetz verändert werden?

Politische Diskussionen zur Änderung des Grundgesetzes werden von unterschiedlichen Akteuren angestoßen. Diese reichen von Ministerien, Bundestagsfraktionen, Parteien, parteiinternen Gruppen und Gremien bis hin zu einzelnen Politikern. Entsprechende Änderungsvorschläge können aufgrund einer veränderten innen- oder außenpolitischen Lage erforderlich werden. Mitunter dienen sie aber auch der innenpolitischen Profilierung eines Akteurs. [...]
Aussicht auf Umsetzung haben jedoch nur die Vorstöße, die über das Potential verfügen, eine Zweidrittelmehrheit im Bundestag und im Bundesrat zu erlangen. [...]
Angesichts der sich zuspitzenden Flüchtlingskrise erwog Bundesinnenminister Thomas de Maizière Anfang September 2015 eine Grundgesetzänderung, um die Finanzierungswege zwischen Bund, Ländern und Kommunen neu zu ordnen und dadurch die Hilfen für die Flüchtlinge in Deutschland zu erleichtern. Laut Grundgesetz darf der Bund den Kommunen nicht direkt Geld zukom-

men lassen, sondern nur über die Länder. [...]

Im Zuge der Flüchtlingskrise wurden verschiedene Vorschläge zur Änderung des Grundgesetzes unterbreitet. Mitte September 2015 plädierte EU-Kommissar Günther Oettinger dafür, das Grundgesetz so zu ändern, dass Asylverfahren künftig schneller als bisher zum Abschluss gebracht werden und Flüchtlinge aus sicheren Herkunftsstaaten bei einer Ablehnung schneller zurückgeführt werden könnten. Der bayerische Finanzminister, Markus Söder, forderte Anfang Oktober 2015 eine „massive Begrenzung der Zuwanderung“ durch Obergrenzen und Kontingente und brachte so eine Einschränkung von Art. 16 GG ins Gespräch.

Am 25. September 2015 verabschiedete die VN-Generalversammlung die 17 Globalen Nachhaltigkeitsziele von Hunger und Armut und dem Schutz der Umwelt. Darauf warf der Rat für Nachhaltige Entwicklung (RNE) die Frage auf, ob die Globalen Nachhaltigkeitsziele im Rahmen der nationalen Umsetzung ins Grundgesetz aufgenommen werden sollten. [...]

Seit 2007 hat sich das Aktionsbündnis Kinderrechte für die Aufnahme von Kinderrechten ins Grundgesetz eingesetzt. Die Initiative wurde von den Bundestagsfraktionen von DIE LINKE und BÜNDNIS 90/DIE GRÜNEN aufgegriffen. Ende Januar 2016 fand eine öffentliche Anhörung des Familienausschusses zu den Anträgen der Fraktionen statt.

Deutscher Bundestag, Wissenschaftliche Dienste, Die aktuelle politische Diskussion zur Änderung des Grundgesetzes, WD 1 – 3000 – 037/16 (2016), S. 5 ff.

Aufgaben

1. Kennzeichnen und erklären Sie im Text des Artikels 20 GG (M 3) die Verfassungsprinzipien, die im Schaubild M 4 in den Tortenstücken dargestellt werden. Die Begriffe in den Rechtecken helfen Ihnen bei der Erklärung der Verfassungsprinzipien.
2. Erläutern Sie, weshalb man den Art. 20 GG auch als „Verfassung in Kurzform“ bezeichnet (M 3, M 4).
3. Erklären Sie, was unter der „Ewigkeitsklausel“ des Grundgesetzes zu verstehen ist (M 5, Randspalte).
4. Erklären Sie, weshalb das Grundgesetz aber dennoch nicht für die Ewigkeit verfasst wurde (M 5, Randspalte).
5. Erläutern Sie am Beispiel des Umwelt- und Tierschutzes die prinzipielle Offenheit des Grundgesetzes (M 6).
6. a) Stellen Sie (arbeitsteilig) die Voraussetzungen, die zur politischen Diskussion über die einzelnen Änderungsvorschläge führten, dar (M 7).
   b) Verfassen Sie eine Stellungnahme aus der Sicht eines Befürworters oder Gegners eines Änderungsvorschlages Ihrer Wahl.

H zu Aufgabe 6 a) → S. 194

1.2.3 Das föderale System der Bundesrepublik Deutschland in der Diskussion

M 8 Bundesstaatlichkeit – am Beispiel des Bildungsföderalismus

Karikatur: Thomas Plassmann/Baaske Cartoons

M 9 Aufgabenverteilung zwischen Bund und Ländern – eine Auswahl

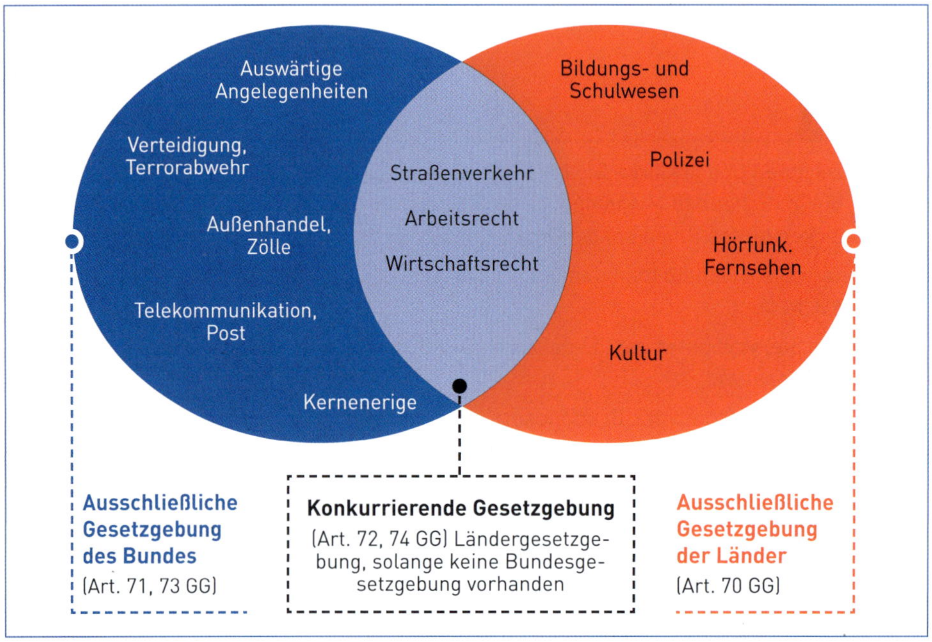

Autorengrafik

M 10 Bundesstaatlichkeit – kontrovers diskutiert

a) Heribert Prantl: Bildungsföderalismus macht keinen Sinn

Der deutsche Föderalismus ist so, dass er sogar die alten Spruchweisheiten Lügen straft: „Variatio delectat“ sagen die Lateiner. Vielfalt macht Freude. Die Vielfalt gibt es in Deutschland, die Freude nicht: Die 16 Bundesländer leisten sich 16 verschiedene Bildungssysteme. Das ist keine schöne Abwechslung. Wem macht es Freude, wenn in Deutschland einige tausend verschiedene Lehrpläne gelten? Wem macht es Freude, wenn jedes Bundesland seine eigenen Hochschulen betreibt? Wenn hier Studiengebühren erhoben werden und dort nicht? [...] Die Anforderungen im Gymnasium weichen so stark voneinander ab, dass Jugendliche besser in Köln bleiben, wenn Väter oder Mütter eine neue Arbeitsstelle in München antreten. Ist das die Bürgernähe, von der Landespolitiker reden, wenn sie den Föderalismus verteidigen? Dieser Bildungsföderalismus ist praktizierte Bürgerferne.

Heribert Prantl, Süddeutsche Zeitung, Ein deutscher Sadismus, 22.10.2008

b) Roman Herzog: Für einen Wettbewerbsföderalismus

Was mich stört, ist [...] die unbefragte Annahme, Einheitlichkeit sei ein Wert an sich, oder die ebenso unkritische Unterstellung, der höheren Entscheidungsebene stehe automatisch auch die höhere Weisheit bei ihren Entscheidungen zu Gebote. [...] Einheitlichkeit ist manchmal nötig, um uns das Leben durch Verlässlichkeiten zu erleichtern (auf welcher Straßenseite rollt der Verkehr?). Aber produktiv ist sie nicht. Das produktive Prinzip heißt Vielfalt. Das Prinzip Vielfalt ist das Leitprinzip eines jeden recht verstandenen Föderalismus. Es geht darum, vorgefundener Vielfalt gerecht zu werden: Die Verhältnisse im Saarland sind anders als in Mecklenburg-Vorpommern. Darum werden ihnen Entscheidungen, die in Saarbrücken bzw. in Schwerin getroffen werden, eher gerecht als Entscheidungen, die in Berlin für die ganze Bundesrepublik getroffen werden. Es geht um das vielbeschworene (aber wenig praktizierte) Prinzip der Subsidiarität. [...] Ist Vielfalt damit zum einen Ausdruck und Bedingung von Freiheit, so beruht zum anderen ihre produktive Kraft auf dem Wettbewerb, den sie ja erzeugt, sobald man sie als „Vielfalt der Lösungsansätze“ versteht. Geht man davon aus, dass es dem Erkenntnisvermögen nur ausnahmsweise gelingt, auf Anhieb die richtige Lösung eines Problems zu finden, so wird klar: Dass sich unter 16 Lösungsansätzen der richtige findet, ist 16-mal wahrscheinlicher, als dass ein einziger flächendeckender Ansatz die Lösung bringt.

Roman Herzog, Kooperation und Wettbewerb – Essay, in: Aus Politik und Zeitgeschichte 50/2006, S. 5 ff.

Heribert Prantl (geb. 1953) ist ein deutscher Jurist, Journalist und Autor. Er leitet seit 1995 das Ressort für Innenpolitik bei der Süddeutschen Zeitung.

Roman Herzog (1934 – 2017) war Präsident des Bundesverfassungsgerichts und von 1994 – 1999 Bundespräsident.

Subsidiarität

Prinzip, nach dem ein Problem auf der Ebene gelöst werden soll, auf der es entsteht. „Was der Einzelne tun kann, sollen nicht andere für ihn tun.“ Erst wenn auf dieser Ebene keine Abhilfe möglich ist, soll die nächst höhere Ebene sich des Problems annehmen (Familie, Gemeinde, Land, Bund, EU).

Aufgaben

1. Analysieren (→ Methodenglossar) Sie die Karikatur (M 8). Welches Bild des deutschen Föderalismus wird gezeichnet?
2. Erklären Sie, warum der Bund für die Landesverteidigung und die Terrorabwehr zuständig ist und die Länder für die Polizei verantwortlich sind (M 9).
3. Stellen Sie Heribert Prantls Kritik an der Länderzuständigkeit für das Bildungs- und Schulwesen dar und beziehen Sie sie auf die Karikatur (M 8, M 10a).
4. Stellen Sie Roman Herzogs Forderung nach einem „kooperativen Wettbewerbsföderalismus“ Heribert Prantls Föderalismuskritik gegenüber (M 10b).
5. Beurteilen Sie die derzeitige Verteilung der Zuständigkeiten zwischen Bund und Ländern.

1.2.4 Gewaltenteilung in Theorie und Praxis – warum geht alle Staatsgewalt vom Volke aus?

M 11 ● Fiktives Gesetz zur Beschleunigung von Politik

§ 1 Gesetze können außer nach dem in der Verfassung vorgesehenen Verfahren auch durch die Regierung beschlossen werden. Dies gilt auch für das Beschließen des Staatshaushalts.

§ 2 Die von der Regierung beschlossenen Gesetze können von der Verfassung abweichen, soweit sie nicht die Einrichtung des Bundestags und des Bundesrats als solche zum Gegenstand haben.

§ 3 Die von der Regierung beschlossenen Gesetze werden vom Kanzler ausgefertigt und im Gesetzblatt verkündet. Sie treten, soweit sie nichts anderes bestimmen, mit dem auf die Verkündung folgenden Tage in Kraft. *Autorentext*

M 12 ● Welche Bedeutung hat das Parlament in der deutschen Demokratie?

Im Mittelpunkt moderner Demokratien steht das Parlament, das von den Bürgern gewählt wird. So ist auch der Deutsche Bundestag in Deutschland das einzige Verfassungsorgan, welches von der Bevölkerung direkt gewählt wird. Da er unmittelbar aus dem „Willen des Volkes" hervorgeht bzw. diesen direkt repräsentiert, kommt ihm eine außerordentlich hohe demokratische Legitimation zu. Der Deutsche Bundestag kann deshalb als die zentrale Institution im politischen System der Bundesrepublik Deutschland bezeichnet werden. Die Wahlen zum Deutschen Bundestag sind somit der Ausgangspunkt aller weiteren politischen und staatlichen Entscheidungen. Nach jeder Legislaturperiode unterliegen die Bundestagsabgeordneten allerdings auch potenziell der Gefahr einer Abwahl. Innerhalb der deutschen Demokratie sind die Volksvertreter dadurch grundsätzlich am stärksten bzw. als einzige direkt von sich wandelnden Richtungsentscheidungen der Gesellschaft betroffen.

Autorentext

Legitimität

- Anerkennungswürdigkeit für ein politisches System, Konzept, eine Position o. Ä.
- Input-Legitimität: Partizipation und Interessenausgleich in Entscheidungs*verfahren*
- Output-Legitimität: Politik*ergebnisse* fördern allgemeines Wohl statt Partikularinteressen.

M 13 ● Wozu und woraus besteht Gewaltenteilung?

a) Funktion der Gewaltenteilung

Art. 20 Abs. 2 Satz 2 fordert die Ausübung der Staatsgewalt durch „besondere Organe der Gesetzgebung, der vollziehenden Gewalt und der Rechtsprechung" und verankert damit den Grundsatz der Gewaltenteilung im GG. [...]

[Der Gewaltenteilung] eigentlicher Sinn liegt in der Verhinderung oder doch der Erschwerung einer **Willkürherrschaft.** Übt nicht nur ein einzelner oder ein einzelnes Staatsorgan die Staatsgewalt aus, sondern sind die staatlichen Aufgaben zwischen mehreren Staatsorganen so verteilt, dass keines legal über die gesamte Staatsgewalt verfügen kann, so verringert sich die Gefahr einer widerrechtlichen Okkupation oder Ausübung der Staatsgewalt entscheidend. Die Gewaltenteilung bezweckt, die Ausübung staatlicher Gewalt in ihren Grundfunktionen organisatorisch und personell zu trennen, auf verschiedene Mächte zu verteilen und in ein System gegenseitiger Hemmung zu bringen. [...]

Erklärfilm „Gewaltenteilung"

Mediencode: 72064-02

Der Ausdruck „Gewaltenteilung“ ist nicht ganz unmissverständlich. Die staatliche Gewalt wird nicht geteilt, sondern nur verteilt, sie ist an sich unteilbar und bildet stets eine Einheit. Der Ausdruck „Gewaltenteilung“ ist aber im heutigen Sprachgebrauch fest verwurzelt.
Die Gewaltenteilung wird dadurch erreicht, dass die drei staatlichen Grundfunktionen verschiedenen Organen zugewiesen werden, sodass keines dieser Organe legal über die gesamte Staatsgewalt verfügen kann **(organisatorische Gewaltenteilung)** und die Amtsträger der einen Gewalt nicht zugleich Amtsträger der anderen Gewalt sein dürfen (personelle Gewaltenteilung; sog. **Inkompatibilität**). So darf beispielsweise ein amtierender Richter nicht zugleich Abgeordneter oder Minister sein, ebensowenig kann ein amtierender Beamter gleichzeitig als Richter oder Abgeordneter fungieren.

Dieter Hesselberger, Das Grundgesetz. Kommentar für die politische Bildung, 13. Auflage, Bonn 2003, S. 186 (Hervorhebungen im Original)

Zitat zur Gewaltenteilung

„Politische Freiheit findet sich nur dann, wenn man die Macht nicht missbraucht; aber es ist eine ewige Erfahrung, dass jeder der Macht hat, zu ihrem Missbrauch neigt. Er geht so weit, bis er auf Schranken stößt [...]. Um den Missbrauch der Macht zu verhindern, muss die Macht der Macht Schranken setzen.“

Charles de Montesquieu „De l'esprit des loix“ (Vom Geist der Gesetze), 1748, (Übersetzung: Kurt Weigand)

b) Horizontale und vertikale Gewaltenteilung in Deutschland

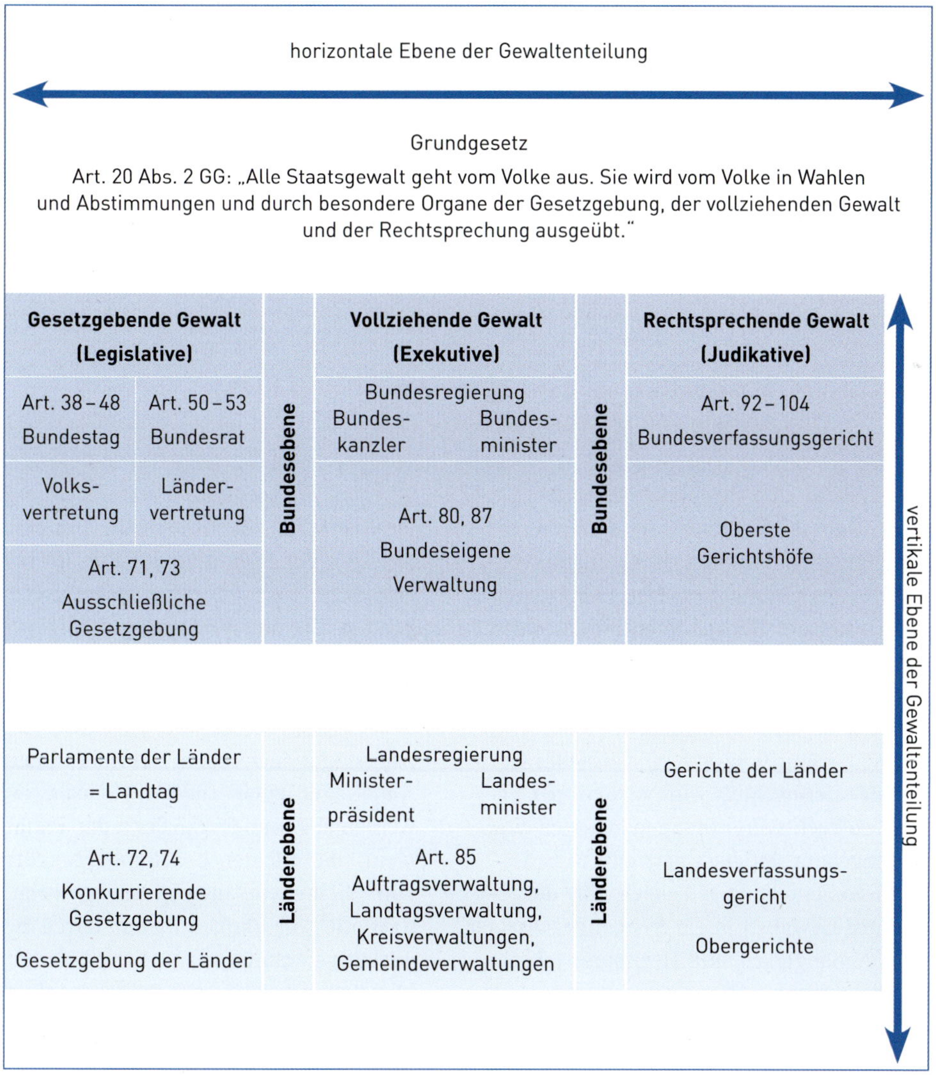

Autorengrafik

M 14 ● Gewaltenverschränkung in der Bundesrepublik

Gewaltenverschränkung

- Statt durch eine strikte Trennung der Gewalten ist die parlamentarischen Demokratie durch eine Gewaltenverschränkung gekennzeichnet.
- Legislative und Exekutive sind miteinander verknüpft. Getrennt von ihnen ist dagegen die Rechtsprechung.

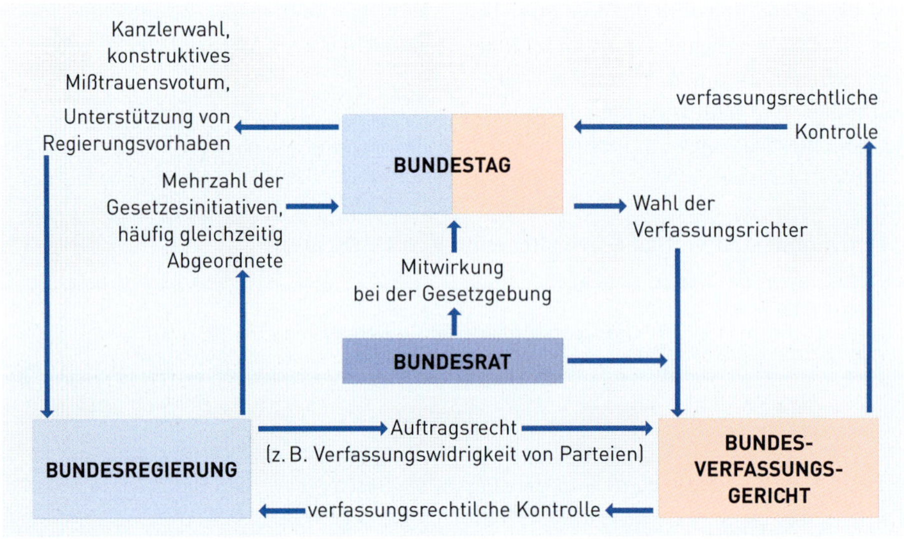

Autorengrafik

M 15 ● Reicht Gewalten(ver)teilung zur Machtkontrolle? Das Prinzip von checks and balances

Das Prinzip der Gewaltenteilung ist [...] nicht rigoros durchgeführt, sondern erlaubt gewisse Durchbrechungen. So verstößt es herkömmlicherweise nicht gegen den Grundsatz der Inkompatibilität, wenn ein Abgeordneter gleichzeitig ein Ministeramt innehat. Auch kann die Exekutive Rechtssätze, nämlich Rechtsverordnungen, erlassen, wenn sie durch ein formelles Gesetz dazu ermächtigt wird, obwohl der Erlass von Rechtsverordnungen materiell eine Gesetzgebungstätigkeit darstellt.

Die Gewaltenteilung will gleichzeitig die getrennten Gewalten in ein System gegenseitiger Abhängigkeit und Hemmung *(checks and balances)* bringen.

a) Vielfach sind Mitwirkungs- und Kontrollrechte einer organisierten Gewalt bei Handlungen einer anderen Gewalt vorgesehen. So kontrolliert das Parlament die Regierung, überprüfen die Gerichte die Akte der Exekutive auf ihre Rechtmäßigkeit und die Akte der Gesetzgebung auf ihre Verfassungsmäßigkeit, muss der Bundespräsident ein Gesetz ausfertigen und verkünden.

b) Überwiegend erfolgt die Bestellung der Amtsträger der einen Gewalt durch Amtsträger einer anderen Gewalt. So werden der Bundeskanzler vom Parlament, die Richter der Bundesgerichte von Richterwahlausschüssen gewählt; so werden die übrigen Richter durch die Exekutive ernannt.

c) Manchmal werden die Aufgaben einer Gewalt nicht einem, sondern mehreren Organen als gemeinsame Aufgabe übertragen. Diese Organe müssen dann zusammenwirken, um eine rechtswirksame Handlung vornehmen zu können. So können zustimmungsbedürftige Gesetze nicht vom Bundestag allein, sondern nur mit Zustimmung des Bundesrates erlassen werden.

d) Endlich können spezielle Aufgaben einer Gewalt einem rechtlich selbständigen und unabhängigen Organ zur alleinigen Erledigung übertragen werden (z.B. Bundesbank, Bundesrechnungshof).

Die Gewaltenteilung gilt in den westlichen Demokratien als Verfassungsgrundsatz. In neuerer Zeit wird aber in Zweifel gestellt, ob unter den gewandelten politischen Verhältnissen das [...] Modell der Gewaltenteilung im Ganzen noch zureicht. Dabei wird darauf hingewiesen, dass in einer modernen parlamentarischen Demokratie die stärkste Partei oder Parteikoalition Regierung und Parlament gleichermaßen beherrscht, sodass der Gewaltenteilungseffekt durch diese Verklammerung zunichte gemacht wird.

Dieter Hesselberger, Das Grundgesetz. Kommentar für die politische Bildung, 13. Auflage, Bonn 2003, S. 186 ff.

Checks and balances im Bundestag

Karikatur: Klaus Stuttmann

Informationen zur Karikatur

Auf der linken Seite der Karikatur sind Bundeskanzlerin Merkel (CDU) und der damalige Vizekanzler Gabriel (SPD) abgebildet. Sie repräsentieren die von 2013 bis 2017 regierende Große Koalition (Sitze im Bundestag: Union 311; SPD 193). Rechts finden sich der damalige Grünen-Parteivorsitzende Hofreiter sowie der Linken-Fraktionsvorsitzende Gysi aus der Bundestagsopposition (Sitze im Bundestag: Linke 64; Grüne 63).

Aufgaben

1. Stellen Sie sich vor, das „Gesetz zur Beschleunigung der Politik" würde von der Bundesregierung in den Bundestag eingebracht werden. Bewerten Sie den Entwurf aus der Sicht (a) eines Abgeordneten der Regierungs-, (b) eines Abgeordneten einer Oppositionsfraktion und (c) aus Sicht von Bürgern (M 11).
2. Stellen Sie dar, warum der Bundestag über das höchste Maß an (Input-)Legitimität aller Verfassungsorgane verfügt (M 12, Randspalte).
3. Erklären Sie Begriff und Funktion von Gewalten(ver)teilung und Gewaltenverschränkung (M 13, M 14).
4. In der Bundesrepublik wählt der Bundestag den Kanzler meist mit absoluter Mehrheit und dieser bestimmt die Bundesminister; dadurch ist ein wesentlicher Teil der Gewaltenteilung faktisch eingeschränkt. Überprüfen Sie diese Aussage.

H zu Aufgabe 3
→ S. 194

F zu Aufgabe 3
Zeigen Sie Elemente der Gewaltenverschränkung im politischen System der Bundesrepublik Deutschland auf (M 13, M 14).

1.2.5 Rechts- und Sozialstaat – wo begegnet man ihnen?

M 16 Rechte und Ansprüche gegen den Staat

Hartz IV-Sanktionen bleiben vorerst

Karlsruhe weist eine Prüfungsvorlage des Sozialgerichts aus Gotha zurück. Das Jobcenter darf Leistungen kürzen, wenn jemand ein Angebot ausschlägt. [...] Im konkreten Fall hatte das Jobcenter Erfurt einem 1982 geborenen arbeitslosen Lageristen eine Stelle im Lager des Internethändlers Zalando angeboten. Im Bewerbungsgespräch sagte der Mann jedoch, er wolle lieber im Verkauf arbeiten, und wurde von Zalando daraufhin nicht eingestellt. Das Jobcenter kürzte ihm deshalb das ALG II (*Arbeitslosengeld II*) um 30 Prozent. [...] Dagegen klagte der Mann beim Sozialgericht Gotha. Mit gewissem Erfolg. Das Gericht hielt die Sanktionsmöglichkeiten des Jobcenters Erfurt generell für verfassungswidrig und legte den Fall deshalb im Mai 2015 dem Bundesverfassungsgericht zur Prüfung vor. Das Existenzminimum dürfe nicht gekürzt werden, so die Gothaer Richter. Solche Sanktionen verstießen gegen Menschenwürde und Sozialstaatsprinzip. Die Karlsruher Entscheidung war mit Spannung erwartet worden.

Christian Rath, www.taz.de, 2.6.2016

M 17 Der Rechtsstaat – ein Staat für den Menschen

Der Parlamentarische Rat war sich einig, dass die Beschränkung rechtsstaatlicher Grundsätze auf die formelle „Herrschaft des Gesetzes“ – unabhängig von ihrem Inhalt – keineswegs ausreicht, um eine erneute Ablösung des Rechtsstaates zu verhindern. Als Voraussetzung für den demokratischen und sozialen Rechtsstaat wurden im Grundgesetz zwei neue rechtsstaatliche Grundsätze niedergelegt, die nach Art. 79 jeder Verfassungsänderung entzogen sind: Die Grundrechte sind unmittelbar geltendes Recht; Gesetzgebung, vollziehende Gewalt und Rechtsprechung sind an die Grundrechte gebunden (Art. 1). Darüber hinaus sind nicht nur [...] die vollziehende Gewalt und die Rechtsprechung an Gesetz und Recht, sondern auch die Gesetzgebung ist an die verfassungsmäßige Ordnung gebunden (Art. 20). Zu diesen neuen Elementen der Rechtsstaatlichkeit gehört auch nicht mehr nur die bisherige Garantie der Gleichheit aller vor dem Gesetz, sondern der Gleichheitssatz im sozialen Rechtsstaat des Grundgesetzes ist selbst inhaltlich „zum rechtlichen Grundprinzip des leistenden und verteilenden staatlichen Handelns geworden“ (K. Hesse).

Ebenso wie schon der liberale Rechtsstaat kennt auch das Grundgesetz den „Vorbehalt des Gesetzes“, d. h. staatliche Eingriffe in die individuellen Freiheitsrechte sind nur aufgrund eines Gesetzes möglich, das mit der verfassungsmäßigen Ordnung nicht in Widerspruch stehen darf. Durch ein Normenkontrollverfahren vor dem Bundesverfassungsgericht kann geprüft werden, ob ein Gesetz mit der Verfassung übereinstimmt. Um den Rechtsschutz gegenüber allen Maßnahmen der öffentlichen Gewalt zu sichern, gewährleistet das Grundgesetz als „Krönung des Rechtsstaates“ jedem Bürger das Recht, falls er sich in seinen Rechten verletzt sieht, den Rechtsweg zu beschreiten (Gerichte) und Verfassungsbeschwerde beim Bundesverfassungsgericht einzulegen [Rechtswegegarantie].

Hanno Drechsler u. a. (Hg.), Gesellschaft und Staat. Lexikon der Politik, 10. Auflage, München 2003, S. 818 f.

Formales Rechtsstaatsprinzip

Ein Gesetz kann nur gelten, wenn es formal korrekt zustande gekommen ist (positives Recht). Das formale Rechtsstaatsprinzip garantiert den Vorrang des Rechts vor der Politik (Verfassungsstaatlichkeit, Gesetzmäßigkeit der Verwaltung) und die Machtbeschränkung (Rechtssicherheit, Gewaltenteilung).

Materielles Rechtsstaatsprinzip

Ein Gesetz gilt nur dann als rechtens, wenn es im Sinne einer höherrangigen Idee von Gerechtigkeit Bestand hat. Nach diesem Rechtsstaatsverständnis werden die Menschenrechte und die Gerechtigkeit – im Sinne von Willkürverbot, Verhältnismäßigkeit und Gemeinwohl garantiert.

Grundsätze des Rechtsstaates

Rechtsbindung: Bindung der Legislative an die Verfassung. Das Gesetz hat Vorrang gegenüber jeder anderen staatlicher Handlung.

Gesetzesvorbehalt: Dem Gesetzgeber durch die Verfassung erteilte Befugnis, ein Grundrecht unmittelbar durch Gesetz einzuschränken oder die Verwaltung (→ S. 27)

M 18 ● Sozialer Rechtsstaat

Sozialstaat

Art. 1,1 GG
„Die Würde des Menschen ist unantastbar. Sie zu achten und zu schützen ist Verpflichtung aller staatlichen Gewalt."

Art. 20,1 GG
„Die Bundesrepublik Deutschland ist ein demokratischer und sozialer Bundesstaat."

Soziale Gerechtigkeit als Verpflichtung des Staates zum sozialen Handeln

- Verbesserung der Lebensbedingungen
- Angleichung der Lebenschancen
- Daseinsfürsorge zugunsten des Einzelnen (z. B. Gesundheitsvorsoge, Schulwesen)
- Gesetzliche Versicherungen (Krankheit, Alter)
- Recht der sozialen Teilhabe (Koalitionsfreiheit, Tarifautonomie)
- Fürsorge zur Minderung der Lebensrisiken (Sozialhilfe)

Rechtsstaat

Art. 28,1 GG
„Die verfassungsmäßige Ordnung in den Ländern muss den Grundsätzen des republikanischen, demokratischen und sozialen Rechtsstaates im Sinne des Grundgesetzes entsprechen [...]."

Art. 20,3 GG
„Die Gesetzgebung ist an die verfassungsmäßige Ordnung, die vollziehende Gewalt und die Rechtsprechung sind an Gesetz und Recht gebunden."

Freiheitsrechte des Einzelnen und Bindung des staatlichen Handels an das Gesetz

- Rechtssicherheit
- Rechtsgleichheit
- Rechtsschutz

soziale Gerechtigkeit → Sozialer Rechtsstaat ← Gesetzlichkeit

Autorengrafik

M 19 ● Gibt es ein Grundrecht auf ein Existenzminimum?

Wenn das Grundgesetz von einem sozialen Staat ausgeht, so ist hier ein beständiger Auftrag enthalten, soziale Verhältnisse herzustellen, zu erhalten oder zu sichern. [...] Als Ermächtigungsnorm ist das Sozialstaatsprinzip damit Gestaltungsauftrag an diejenigen Verfassungsorgane, die für die Umsetzung gesellschaftspolitischer Zielvorstellungen zuständig sind. [...] Das Urteil des Bundesverfassungsgerichts in Sachen „Hartz IV" [...] hat [...] eine beachtenswerte Neuerung gebracht: Aus Art. 1,1 GG in Verbindung mit Art. 20,1 GG ergibt sich nach dieser jüngsten Rechtsprechung ein Grundrecht auf Gewährleistung eines menschenwürdigen Existenzminimums. Art. 1,1 GG begründet diesen Anspruch. Das Sozialstaatsgebot des Art. 20,1 GG verpflichtet den Gesetzgeber, jedem ein menschenwürdiges Existenzminimum zu sichern, wobei dem Gesetzgeber ein Gestaltungsspielraum bei den unausweichlichen Wertungen zukommt, die mit der Bestimmung der Höhe des Existenzminimums verbunden sind.

Christof Gramm/Ulrich Pieper, Grundgesetz. Bürgerkommentar, Bonn 2015, S. 101

gesetzlich zur Einschränkung zu ermächtigen.
Rechtssicherheit: Garantiert dem Einzelnen die gleiche rechtliche Wertung gleichartiger Einzelfälle, die Voraussehbarkeit von Rechtsfolgen und das Vertrauen darauf, dass eine von den Gerichten getroffene Entscheidung durchgesetzt wird
Rechtsgleichheit: Gleichbehandlung gleichliegender Sachverhalte

Aufgaben

1. Arbeiten Sie aus M 16 heraus, welches Recht der Bürgerinnen und Bürger in dem Zeitungsbericht zum Ausdruck kommt.
2. Nennen Sie ausgehend von M 17 konkrete Beispiele, wo man als Bürgerin oder Bürger dem Rechts- und Sozialstaat begegnen kann.
3. Erläutern Sie den Begriff „sozialer Rechtsstaat" (M 17, M 18).
4. „Was nutzt mir die Freiheitsgarantie des Rechtsstaates, wenn ich keine Arbeit habe?" Setzen Sie sich mit dieser Äußerung auseinander und verfassen Sie einen Brief an eine fiktive Person, die diese Äußerung getätigt haben könnte (M 19).

F zu Aufgabe 4
Diskutieren Sie folgende These: „Es ist Aufgabe des Staates, jedem Bürger, jeder Bürgerin ein menschenwürdiges Existenzminimum zu gewährleisten" (M 19).

1.2.6 Bedrohungen von Demokratie und Rechtsstaatlichkeit – ist unser Rechtsstaat perfekt?

M 20 Wer hat Halit Yozgat ermordet?

Die Tat ist [...] Jahre her: Am 6. April 2006 betreten kurz vor 17 Uhr zwei junge Männer das Internetcafé in der Holländischen Straße 62 in Kassel und erschießen den 21-jährigen Betreiber Halit Yozgat. Der Mord folgt einem bekannten Muster: Das Opfer ist ein Kleinunternehmer ausländischer Herkunft, die Tatwaffe ist eine CESKA, Kaliber 7.62. Es ist der neunte Mord mit dieser Waffe. Die Mordserie begann am 9. September 2000 in Bayern. [...] Seit November 2011 scheinen die Todesschützen festzustehen: Uwe Mundlos und Uwe Böhnhardt, die zusammen mit Beate Zschäpe die Terrorzelle Nationalsozialistischer Untergrund (NSU) bildeten. [...] [Ein] Beamter des hessischen Verfassungsschutzes war unmittelbar vor oder sogar während der Tat in dem Kasseler Internetcafé, telefonierte am selben Tag lange mit einem V Mann aus der Neonazi-Szene Nordhessens. Für die Kasseler Mordkommission war der Verfassungsschützer anfangs sogar einer der Hauptverdächtigen. Dennoch durfte er von der Kriminalpolizei nicht direkt befragt werden, ebenso wenig wie die V-Männer aus der Neonazi-Szene. Die Kasseler Mordkommission schloss anfangs ein fremdenfeindliches, rassistisches Motiv für die Tat nicht aus, doch mit Nachdruck verfolgt wurde eine andere Spur: Mord im kriminellen Milieu unter Ausländern. Vermutetes Motiv: Schutzgelderpressung oder Drogengeschäfte, obwohl es dafür keine konkreten Gründe gab. Seitdem hält sich ein ungeheurer Verdacht: Sind staatliche Stellen in den Kasseler Mord verstrickt? Wurden die Ermittlungen damals behindert? Ist das alles nur Zufall? [...] Darum bemühen sich inzwischen Gerichte und mehrere parlamentarische Untersuchungsausschüsse, seit Mai 2014 auch einer des Hessischen Landtags.

pm/Hessenfernsehen, www.nh24.de, 4.4.2016

Am 1.10.2012 wurde in Kassel ein Platz nach Halit Yozgat benannt, der am 6.4.2006 von der rechtsextremistischen Terrorgruppe NSU (Nationalsozialistischer Untergrund) ermordet wurde.

Verfassungsschutz
Behörde, die dem Bundesinnenminister bzw. dem jeweiligen Landesinnenminister unterstellt ist. Sie hat den Auftrag, zum Schutz der freiheitlichen demokratischen Grundordnung Informationen über verfassungswidrige Aktivitäten zu sammeln und auszuwerten. In einem jährlich erscheinenden Verfassungsschutzbericht informieren Bundes- und Länderinnenminister die Öffentlichkeit über die Ergebnisse dieser Arbeit. Im Gegensatz zu einer Geheimpolizei besitzen Mitglieder des Verfassungsschutzes keinerlei Recht, Personen zu verhaften oder gefangen zu halten.

Eckart Thurich, pocket politik. Demokratie in Deutschland, überarb. Neuaufl. Bonn: Bundeszentrale für politische Bildung 2011

M 21 ● Staatsaffäre NSU?

Prof. Dr. Hajo Funke, Professor für Politikwissenschaften an der Freien Universität Berlin, forscht seit den 1970er Jahren zum Rechtsextremismus. Er ist Autor des Buches „Staatsaffäre NSU. Eine offene Untersuchung" (2015) und führt einen politischen Blog.

Herr Funke, zehn Jahre nach dem Mord an Halit Yozgat: Wie groß ist Ihre Hoffnung darauf, dass der NSU-Terror aufgeklärt wird?

Es wird nach wie vor blockiert, insbesondere vom Bundesamt für Verfassungsschutz. Gleichwohl ist der Druck der Öffentlichkeit so groß, dass ich die skeptische Hoffnung habe, dass das Entscheidende aufgeklärt wird.

Stichwort „entscheidend": Laut Beobachtern sind zentrale Fragen zur Mordserie des NSU noch immer ungeklärt. Welche sind das?

Erstens: Wie groß war der Täter- und Mittäterkreis? Es waren nicht nur drei! Zweitens: Wer hat wann aus welchen Gründen wen angegriffen oder erschossen? Drittens: Kennen wir den Kopf, kennen wir die zweiten und dritten Ebenen der Terrorgruppe? Gab es vielleicht doch eine engere Verbindung zwischen organisierter Kriminalität und gewaltbereiten Rechtsextremisten? Viertens: Welche Rolle spielten Verfassungsschützer und Teile der Polizei? Welches Wissen hatten und haben sie? Welches Wissen wird zurückgehalten oder aktiv vertuscht?

Und bei der Polizei?

Dort haben wir ganz unterschiedliche Umgangsformen, mit durchaus positiven Beispielen. Gegenüber neuen terroraffinen Netzwerken und rechtsterroristischen Ansätzen gibt es immer wieder und vermehrt Versuche, dies unter Kontrolle zu nehmen. Das ist angesichts einer Gewaltwelle, wie wir sie seit Beginn der 90er Jahre nicht mehr erlebt haben, auch dringend geboten. Es ist sehr systematisch vertuscht worden, es sind sehr systematisch Akten geschreddert [...], es sind V-Leute geschützt worden. Wenn Klaus-Dieter Fritsche, der jetzige Geheimdienstkoordinator im Bundeskanzleramt, erklärt: „Sie kriegen von uns keine Informationen, selbst wenn sie den Weg zum Bundesverfassungsgericht gehen", dann ist das eine Anmaßung der Exekutive, sich weder durch die Legislative noch durch die Judikative kontrollieren zu lassen. [...] Es ist ganz offensichtlich, dass der Verfassungsschützer [Andreas Temme, Anm. d. Red.] am Tatort war und ein Wissen, möglicherweise sogar Täterwissen, leugnet. [...] Im Fall Temme handelt es sich um eine Blockade von ganz oben, vom ehemaligen Verfassungsschutzchef Irrgang und vom damaligen Innenministers Bouffier. [...]

Vertuschung, Blockade, Unterstützung: Was bedeutet all das für die Angehörigen der Opfer?

Für sie zählen weder Rache noch Bestrafung, sondern das Wissen darüber, wer wann warum erschossen wurde. Die Vorenthaltung des möglichen Wissens wirkt zerstörerisch auf die Angehörigen der Opfer. [...]

Hat sich seit dem Auffliegen des NSU etwas verändert?

In der Blockade, insbesondere des Verfassungsschutzes: Kaum etwas. Die Tatsache, dass die Aufklärung blockiert wird, eröffnet einer Institution im Ausnahmezustand neue Spielräume, so weiterzumachen. Ohne Kontrolle dessen haben wir keine Demokratie.

Hajo Funke interviewt von Robert Kiesel, www.vorwaerts.de, 7.4.2016

V-Mann/V-Leute

Verbindungspersonen, die als Informanten der Polizei oder des Geheimdienstes arbeiten, v. a. in kriminellen Organisationen.

Nationalsozialistischer Untergrund (NSU)

Bezeichnung für eine im November 2011 öffentlich bekannt gewordene rechtsextreme terroristische Vereinigung in Deutschland, der u. a. eine Mordserie aus rassistischen und fremdenfeindlichen Motiven zur Last gelegt wird. Der NSU ermordete zwischen 2000 und 2007 neun Migranten und eine Polizistin.

M 22 Es sind sehr viele Fehler gemacht worden

Seit Mai 2013 findet vor dem 6. Strafsenat des Oberlandesgerichts München der Prozess gegen mehrere Personen statt, denen zur Last gelegt wird, Mitglieder des rechtsextremen NSU zu sein. Mitangeklagt ist auch Beate Zschäpe, die sich wegen der Mittäterschaft an zehn Morden verantworten muss. Vor Prozessbeginn demonstrierten in München mehrere Tausend Menschen gegen Rechtsextremismus.

Anlässlich des fünften Jahrestages der Selbstenttarnung des NSU äußert sich Justizminister Heiko Maas:

„Dass Rechtsextreme der NSU über ein Jahrzehnt lang mordend durch die Lande gezogen sind und wir nicht in der Lage gewesen sind, dies zu stoppen und die Bürgerinnen und Bürger besser zu schützen, ist nichts anderes als ein großes Staatsversagen. Es sind sehr viele Fehler gemacht worden, und die können auch nicht revidiert werden. Das Leid, das die Terroristen angerichtet haben, können wir nicht wiedergutmachen. Aber: Das darf nie wieder geschehen. Dafür müssen wir alles tun. Ich kann das Entsetzen und die Enttäuschung der Angehörigen der Opfer sehr gut nachvollziehen. Wir können uns bei Ihnen nur entschuldigen.

Es gab einen Untersuchungsschuss des Deutschen Bundestages, der Empfehlungen zur Veränderung der Sicherheitsstrukturen gegeben hat. Wir haben auch mit Gesetzesänderungen reagiert und Paragraph 46 des Strafgesetzbuches verändert. Danach sollen beim Strafmaß fremdenfeindliche und rassistische Motivation stärker berücksichtigt werden. Der Generalbundesanwalt wurde ermächtigt, Verfahren, die über die Grenzen von Bundesländern hinausgehen, leichter an sich zu ziehen.

Und leider müssen wir auch heute einen dramatischen Zuwachs fremdenfeindlicher Gewalt feststellen. Rechte Gewalt ist nicht Geschichte, sondern sie bleibt brennend aktuell. Die Antwort muss lauten: Rechtsstaatliche Härte gegen die Straftäter und kluge Prävention, damit niemand zum Täter wird. Auch das sind wir den Opfern des NSU schuldig."

Heiko Maas, www.bmjv.de, 4.11.2016

Aufgaben

1. Arbeiten Sie die zentralen Fakten und offenen Fragen im Fall Yozgat aus M 20 heraus.
2. Erläutern Sie, weshalb Funke im Zusammenhang mit der Aufklärung der NSU-Morde ein Schwinden der Demokratie befürchtet (M 20).
3. In der politischen Öffentlichkeit wird mittlerweile von einem NSU-Skandal gesprochen. Dieser führe zu einem zunehmenden Vertrauensverlust in den Rechtsstaat. Setzen Sie sich mit dieser Aussage kritisch auseinander.
4. a) Erläutern Sie, was Heiko Maas mit Staatsversagen meint (M 22).
   b) Diskutieren Sie, inwiefern diese Bewertung gerechtfertigt ist.

H zu Aufgabe 2 → S. 194

F zu Aufgabe 3
Beurteilen Sie, ob dieser Vorwurf gerechtfertigt ist.

Der Wertekonsens des Grundgesetzes wird über die darin formulierten Grundrechte definiert. Von der **Menschenwürde** (Art. 1 (1) GG) als **oberstem Verfassungswert** leiten sich alle anderen **Grundrechte**, die das Verhältnis von Bürger und Staat regeln, ab. Der Erhalt und Schutz der Menschenwürde gilt als primärer Staatszweck.

Grundwerte im Grundgesetz
M 2

Neben der **Wertgebundenheit** ist die gleichzeitige **Offenheit für den Wandel in Politik und Gesellschaft**, veränderte Vorstellungen oder technische Neuerungen ein Charakteristikum des Grundgesetzes. Durch die „**Ewigkeitsklausel**" (Art. 79 (3) GG) werden die Menschenwürde wie auch die Gewaltenteilung und die **Verfassungsprinzipien** (Republik, Demokratie, Bundesstaat, Rechtsstaat, Sozialstaat – Art. 20 GG) zu überzeitlichen, **unaufhebbaren** Grundlagen der Bundesrepublik Deutschland.

Offenheit des Grundgesetzes, „Ewigkeitsklausel" und Verfassungsprinzipien
M 3 – M 5, M 9, M 10

Verflechtungen und gegenseitige Kontrolle sorgen für eine **Machtbegrenzung** der einzelnen Verfassungsorgane: Die legislative (gesetzgebende) Gewalt wird von Bundestag und Bundesrat ausgeübt, die exekutive (ausführende) Gewalt teilen sich Regierung und Verwaltung, die Rechtsprechung (judikative Gewalt) liegt in den Händen der Gerichte des Bundes (v. a. Bundesverfassungsgericht) und der Länder. Insbesondere zwischen den Organen der Legislative und Exekutive kommt es auch zur **Gewaltenverschränkung**, um die gegenseitige Machtkontrolle auszubauen (checks and balances).

Gewaltenteilung/ Gewaltenverschränkung
M 10 – M 12

Die Grundrechte garantieren dem Bürger **Schutz gegen staatliche Willkür**. Eine Freiheitseinschränkung ist nur ausnahmsweise durch ein Gesetz möglich. Die **Rechtswegegarantie** gewährleistet dem Bürger, unabhängige Gerichte anzurufen, sollte er sich von staatlichen Stellen verfassungswidrig behandelt fühlen. Damit sich der Bürger auf die Gesetze verlassen kann, wird ihm **Rechtssicherheit** garantiert. Der Staat muss die Gesetze genauso beachten wie der Bürger (**Rechtsbindung staatlicher Gewalt**, Art. 20 (3) GG). Zum Rechtsstaat gehört auch, dass es keine Bevölkerungsgruppen mit besonderen Rechten geben darf: Vor dem Gesetz sind alle Bürger gleich (**Rechtsgleichheit**). Während durch rechtsstaatliche Garantien v. a. die Eigentums- und formalen Freiheitsrechte der Bürger gesichert werden, wird durch sozialstaatliche Rechte ein **Mindestmaß materialer Freiheit** angestrebt (z. B. Geldtransfers zur Existenzsicherung, kostenloses Bildungssystem). Sozialstaatliche Ansprüche kann der Bürger gerichtlich geltend machen.

Sozialer Rechtsstaat
M 14 – M 16

Angesichts der Morde der rechtsextremistischen Terrororganisation Nationalsozialistischer Untergrund (NSU) und der Probleme bei deren Aufklärung sind auch staatliche Organe in die Kritik geraten, sodass von **Staatsversagen** und einem drohenden **Vertrauensverlust in den Rechtsstaat** gesprochen wurde.

Versagen des Rechtsstaates
M 20 – M 22

1.3 Das Wahlsystem der Bundesrepublik – wer wählt wen warum (oder auch nicht)?

1.3.1 Warum (überhaupt) wählen gehen?

M 1 Wahl-Frust oder Wahl-Lust?

Wählertypen

- 14 bis - 10 Punkte
Politikverdrossener Nichtwähler

- 9 bis - 3 Punkte
Wahlmuffel

- 2 bis + 2 Punkte
Unentschlossener Wackelkandidat

+ 3 bis + 9 Punkte
Überzeugter Wähler

+ 10 bis + 14 Punkte
Begeisterter Wähler

Nach: Bruno Zandonella, Wahlen für Einsteiger, BpB, Bonn 2011, S. 3

	+	-	0
1. „Demokratie funktioniert nur, wenn sich alle Bürger daran beteiligen."	+1	-1	0
2. „Mein Alltag hat mit Politik nichts zu tun, ich interessiere mich nicht sonderlich für Politik. Wieso sollte ich da wählen gehen?"	-2	+2	0
3. „Jede Stimme ist wichtig, auch meine. Ich gehe wählen, weil ich so mit geringem Aufwand über die Zukunft unseres Landes mitentscheiden kann."	+2	-2	0
4. „Die Parteien gleichen sich wie ein Ei dem anderen. Da kann ich mich gar nicht entscheiden."	-1	+1	0
5. „Das Recht zur Wahl der eigenen Volksvertretung ist das wichtigste Bürgerrecht. Darauf sollte man nicht leichtfertig verzichten, denn viele Menschen haben dafür gekämpft und gelitten."	+2	-2	0
6. „In der Masse der Wähler zählt meine Stimme ohnehin nichts."	-2	+2	-1
7. „Ich gehe wählen, weil sonst andere über mich entscheiden."	+1	-1	0
8. „Ich würde gerne an einem Volksentscheid teilnehmen und über eine politische Sachfrage abstimmen, aber wählen und Politikern einen Blankoscheck ausstellen, damit sie vier Jahre tun und lassen können, was sie wollen, dazu bin ich nicht bereit."	-1	+1	0
9. „Ich gehe wählen, weil wir einen Politikwechsel in unserem Land dringend nötig haben."	+1	-1	0
10. „Ich kenne keine Partei, die meine Interessen vertritt."	-1	+1	0
Summe			

Nach: Bruno Zandonella, Wahlen für Einsteiger, BpB, Bonn 2011, S. 3

M 2 „... eigentlich ist es logisch, wählen zu gehen"

Wählen oder nicht wählen? Gibt es „richtige" oder „falsche" Parteien? Ein Schlagabtausch unter Erst(nicht)wählern.

Luisa: Ich finde es ist meine Pflicht, wählen zu gehen. Andere Menschen auf der Welt haben dieses Recht gar nicht. Dann kann ich doch dieses Recht nicht einfach so wegschmeißen, wenn Menschen in anderen Ländern sich darum schlagen, wählen zu dürfen.

Alex: Jede Stimme, die nicht abgegeben wird, ist eine Stimme für eine extreme Partei.

Christian: Die Wahl könnte für mich ein Weg sein für meine Ziele und Wünsche. Eine Partei zu wählen, die meine Vorstellungen in gewisser Weise bestmöglich vertreten kann. [...]

Luisa: Mir geht es beim Wählen darum, dass auf keinen Fall eine falsche Partei an die Macht kommen darf. Das möchte ich verhindern. [...] Wenn ich mal gucke, was in der Vergangenheit durch politische Fehlentscheidungen passiert ist, wenn ich nur ans Dritte Reich denke, dann wird mir schon klar, wen ich garantiert nicht wähle.

Nämlich die rechte Partei, NPD und so. [...]

Doreen: Von dem Argument würde ich mich noch am ehesten überzeugen lassen, obwohl ich eigentlich mit den Bundestagswahlen nichts am Hut habe.

Wolfram: Na ja, vielleicht gibt es doch falsche Parteien. Aber wenn jetzt alle die falsche Partei wählen, dann regeln das sowieso die anderen Parteien untereinander durch eine Koalition. Jedenfalls, das Thema interessiert mich nicht, und es schlägt mir keiner den Kopf ab, wenn ich nicht wähle. Es ändert sich einfach nichts für mich durch die Wahlen.

Andrea: Eigentlich ist es logisch, dass man wählen gehen sollte, wenn man das Recht dazu hat. Aber bei mir ist einfach mein Desinteresse größer! Denn es wird sich nix ändern, egal ob ich wählen gehe oder nicht.

Anne-Katrin: Genau das ist es: Es ändert sich morgen nichts dadurch, dass ich heute nicht wählen gehe – das ist der Grund, warum die jungen Leute nicht so einen Bezug zur Politik haben oder nie hatten. Denn auf lange Sicht macht es schon einen Unterschied, ob eine Partei an der Macht ist, die viel für Sozialpolitik macht, wenn ich irgendwann mal eine Familie gründen will. Im Vergleich zu einer Partei, die alles in die Wirtschaft buttert oder in die Rüstung.

Alex: Ist doch egal, wohin die das buttern, weil nach vier Jahren die nächste Partei kommt und alles wieder ändert.

Fabian: Eure Argumente überzeugen mich überhaupt nicht! Ihr habt alle möglichen Gründe, warum ihr wählen geht, und kein einziger davon hat mich überzeugt. Ich kann doch wählen, wen ich will – es versprechen alle dasselbe. Also ist meine Stimme doch komplett egal! Egal, in welche Partei ich sie reinstecke.

Wolfram: Toll wäre es, wenn mir die Partei 500 Euro rübergeben würde, dafür, dass ich sie wähle. Das wäre eine schöne Sache! Das wäre für mich persönlich ein Anreiz. Denn so ist nun mal mein Leben, als Auszubildender brauche ich Geld. Für Geld würde ich wählen gehen!

Das Interview führte Alexandra von Streit, Fluter Nr. 3/Juni 2002

M 3 ● Grundfunktionen von Wahlen

• *Repräsentation des Volkes*

Die Gewählten, zum Beispiel die Abgeordneten, repräsentieren die Gesamtheit der Bürgerinnen und Bürger. Repräsentiert wird das gesamte Volk. Jede soziale Gruppe muss sich an dem politischen Wettbewerb beteiligen können, um die Offenheit der Machtkonkurrenz zu gewährleisten. Repräsentative Demokratien verlangen Mehrheitsentscheidungen.

• *Legitimation und Kontrolle von politischer Herrschaft*

Durch Wahlen legitimieren die Wählerinnen und Wähler bestimmte Personen, politische Funktionen auszuüben. Diese sind legitimiert, im Namen aller und für alle verbindlich zu entscheiden. Durch die regelmäßige Wiederholung der Wahl gewinnt sie die Funktion der Machtkontrolle. Die Opposition muss immer die Chance haben, an die Macht zu kommen.

• *Integration der Meinungen*

Die Wahl ist die Stimmabgabe jedes einzelnen Wahlberechtigten. Das Wahlergebnis spiegelt insgesamt die Willensartikulation der Wählerinnen und Wähler wider. Durch die Wahlen erfolgt eine Integration des gesellschaftlichen Pluralismus und die Bildung eines politisch aktionsfähigen Gemeinwillens. Letzteres ist jedoch auch vom jeweiligen Wahlsystem abhängig, das die Integration der Wählerschaft fördern oder auch hemmen kann. Nicht immer geht aus dem Wahlprozess eine handlungsfähige Regierung hervor.

Karl-Rudolf Korte, Wahlen in Deutschland, bpb, Bonn 2013, S. 13 f.

M 4 Wählen oder Nicht-Wählen?

a) Wahlbeteiligung bei den Bundestagswahlen in Deutschland von 1949 bis 2017

Bundeswahlleiter © Statista 2017

b) Wahlbeteiligung nach Altersgruppen
Anteil der Wähler bei der Bundestagswahl 2013 in diesem Alter

unter 21 Jahre	21–24 Jahre	25–29 Jahre	30–34 Jahre	35–39 Jahre	40–44 Jahre	45–49 Jahre	50–59 Jahre	60–69 Jahre	70 und älter
64,2	60,3	62,4	65,5	68,7	72,4	74,7	75,5	79,8	74,8

Zahlen: Bundeswahlleiter; Angaben in Prozent der Wahlberechtigten

M 5 Wer wählt nicht?

Der Politologe Oskar Niedermayer unterscheidet folgende drei Typen von Nichtwählern:

Unechte Nichtwähler (3-4 % der Wahlberechtigten), die in der Wahlstatistik als Nichtwähler auftauchen, obwohl überhaupt nicht bekannt ist, ob sie sich willentlich für oder gegen eine Wahlteilnahme entschieden haben. Fehler im Wählerverzeichnis oder die nicht (rechtzeitig) erfolgte Zustellung (z.B. bei Umzug) bzw. Rücksendung von Briefwahlunterlagen können somit zur Registrierung als Nichtwähler führen. Das Gleiche gilt auch für Wahlberechtigte, die wegen einer Erkrankung bzw. eines Unfalls kurz vor dem Wahltag nicht zur Wahl gehen können oder diejenigen, die verstorben sind, ohne aus dem Wählerverzeichnis gelöscht worden zu sein.

Politikferne Nichtwähler (die Mehrheit der gesamten Nichtwähler), zeichnen sich durch fehlendes Interesse am politischen Geschehen aus.

Den **unzufriedenen Nichtwähler** kennzeichnet seine Unzufriedenheit mit den politischen Führungspersonen (bzw. ihrer Politik) und/oder den politischen Institutionen (insbesondere den Parteien) und/oder der demokratischen politischen Ordnung insgesamt.

Nach: Oskar Niedermayer, www.bpb.de, 31.5.2012 (stark gekürzt)

M 6 ● Triumph der Nichtwähler?

Karikatur: Klaus Stuttmann

Aufgaben

1. Die unter M 1 aufgeführten Meinungen über das Wählen sind in der Öffentlichkeit häufig zu hören. Stellen Sie sich vor, Sie dürften wählen. Welchen Aussagen stimmen Sie zu? Bestimmen Sie Ihre persönliche Punktzahl

   (+ = ich stimme zu; - = ich stimme nicht zu; 0 = unentschieden) und ermitteln Sie, welcher Wählertyp (Randspalte zu M 1) Sie sind. Vergleichen Sie abschließend Ihre Ergebnisse im Kurs.
2. Vergleichen Sie Ihre eigene mit der Position der Erst(nicht)wähler (M 2).
3. Erklären Sie die in M 3 von Professor Korte benannten Funktionen von Wahlen in Ihren eigenen Worten.
4. Analysieren Sie die Daten in M 4 und nennen Sie mögliche Gründe für die Entwicklung der Wahlbeteiligung bei den Bundestagswahlen (M 5).
5. Beurteilen Sie, ob Wahlen die ihnen zugeschriebenen Funktionen bei sinkender Wahlbeteiligung noch erfüllen können (M 2 – M 5).
6. Bewerten (→ Methodenglossar) Sie die Aussage der Karikatur (M 6).

H zu Aufgabe 6
→ S. 194

1.3.2 Wer wählt wie?

M 7 ● Die Ergebnisse der Bundestagswahl 2017

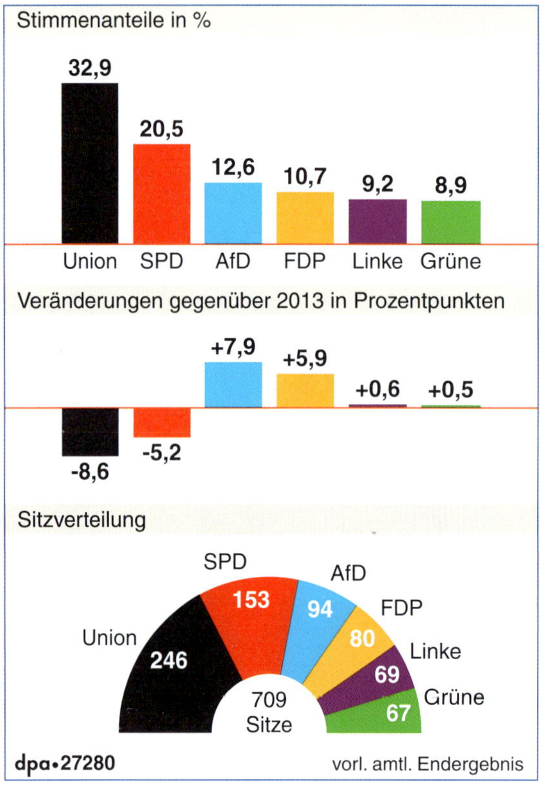

M 8 ● Die Wählerstruktur bei der Bundestagswahl 2017

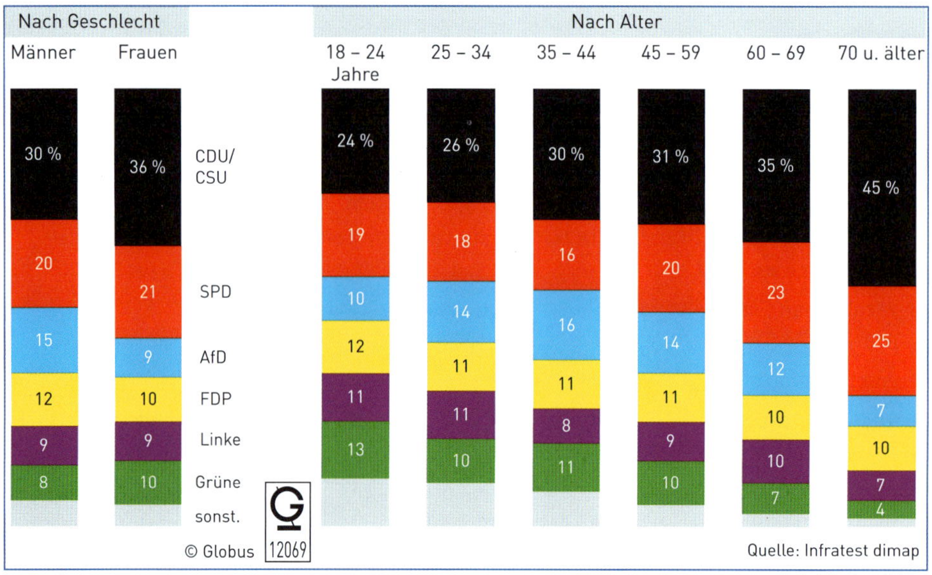

M 9 ● Wie verlässlich ist der Wähler? – Wählerwanderungen

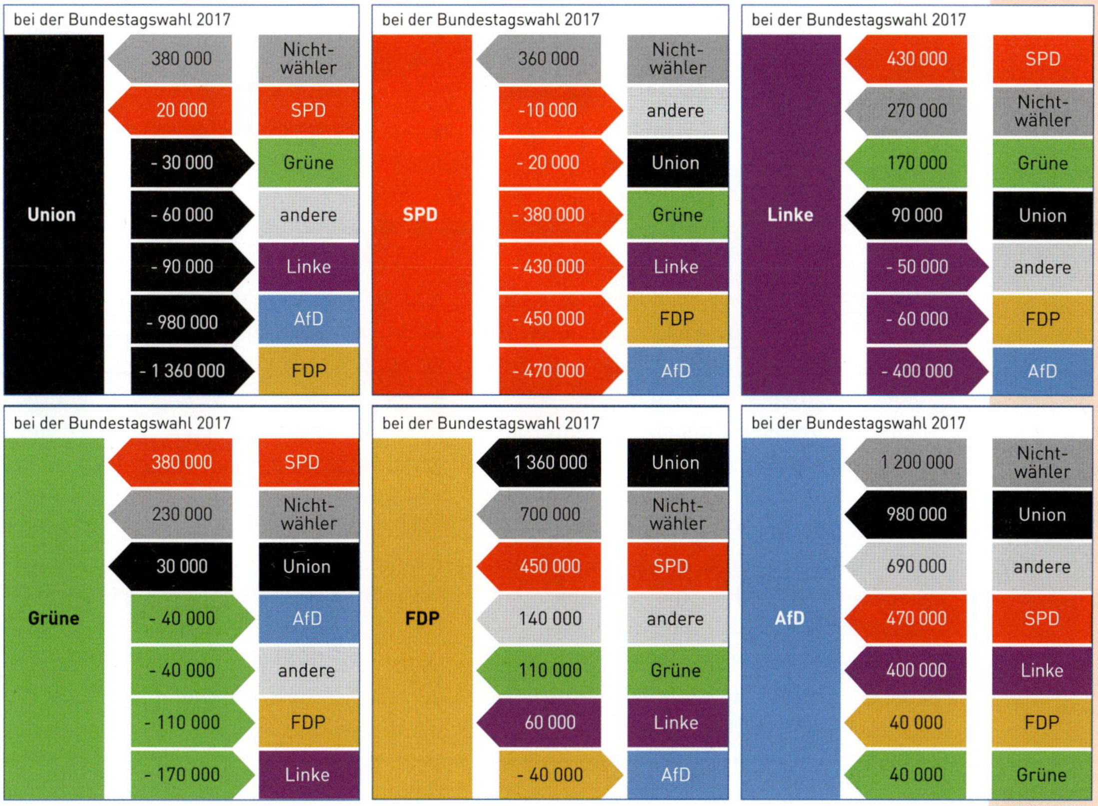

dpa · 27269, 27270, 27272, 27273, 27274, 27271, vorl. Enderg., Quelle: Infratest dimap

M 10 ● Der Wähler der Zukunft – flüchtig oder treu?

Der Wähler hat aus einem beschaulichen Parteiensystem einen Koalitions- und Parteienmarkt gemacht. Er ist vom Bürger zum Kunden geworden, der von den Parteien erwartet, dass sie seinen Lebensstil widerspiegeln. Hing seine Wahlentscheidung früher davon ab, wie sehr er sich an eine Partei gebunden fühlte, so fragt er sich heute in der Wahlkabine: Was bringt mir die Partei eigentlich? [...] Obwohl es viele wichtige politische Entscheidungen zu treffen gibt, nimmt die Zahl der Nichtwähler derzeit zu, sodass letztlich immer weniger Wähler über immer mehr Dinge entscheiden. Von denjenigen, die wählen gehen, wechseln viele die Partei – ihr Anteil bei den Bundestagswahlen hat sich in den vergangenen 20 Jahren verdoppelt. Rationale Koalitionswähler wiederum splitten bewusst ihre Stimme, um einer bestimmten Regierungsformation ins Amt zu verhelfen. Auch ihr Anteil hat deutlich zugenommen. Unpolitische Gesinnungswähler hingegen legen sich erst wenige Stunden vor der Wahl fest. [...]

Der Wähler ist wählerischer geworden. Doch das ist nur ein Teil der Wahrheit. Denn obwohl der deutsche Wähler flüchtig ist, kann er sich dennoch nicht vom Rechts-links-Schema lösen. [...] Selbst wenn er sich nicht mehr mit ihr identifiziert, ist die Bindung an eine Partei immer noch wahlentscheidender als die Sympathie für einzelne Politiker oder aktuelle Themen. [...]

Wir werden uns künftig auf das Unerwartete im Parteienwettbewerb einstellen müssen. Komplexe Systeme wie unsere Demokratie können jederzeit spontan neue Eigenschaften herausbilden, wie beispielsweise, dass Neuwahlen normal werden oder sich neue Parteien etablieren. Die politische Stabilität unserer Demokratie ist durch diese Entwicklungen nicht gefährdet. [...] Ein auf Kontinuität und Stabilität ausgerichtetes politisches System wie das deutsche kann eine solche Mixtur aus Überraschungen nicht so leicht destabilisieren.

Karl-Rudolf Korte, www.zeit.de, 21.6.2012

M 11 ● Welchen Einfluss haben Meinungsumfragen?

Wie wirken Umfragen im Bundestagswahlkampf? Die kommerzielle Meinungsforschung misst mit ihren demoskopischen Daten kurzfristige Momentaufnahmen mit baldigem Verfallsdatum. Der direkte Einfluss von Demoskopie auf das konkrete Wahlverhalten ist in der Forschung umstritten. Gleichwohl hat der indirekte Einfluss in den letzten Jahren bei zunehmend wählerischen Wählern zugenommen.

Demoskopische Erkenntnisse dienen verlässlich dem Fein-Tuning der Wahlkampfausrichtung. Sie sind aus dem Alltag der Parteizentralen für strategische Überlegungen nicht mehr wegzudenken. Hier entfaltet die Demoskopie ihre stärkste Wirkung, wenn es darum geht, Strategien zur gezielten Beeinflussung der Wählerschaft zu erreichen.

Umfragen sind nicht wahlentscheidend. Aber über sie wird in Familien und am Arbeitsplatz gesprochen. Dort wird abgewogen, was das Ergebnis bedeutet. Kann ich mit meiner Stimme dazu beitragen, dass eine Partei über die 5-Prozent-Hürde gelangt? Wie kann ich eine Koalitionspräferenz unterstützen, die Aussicht auf Erfolg hat? Gerade in Zeiten von Koalitionslotterie bei eingefrorenen Lagerkonstellationen sind solche Überlegungen wichtig. Wähler lieben nicht nur Favoriten, sondern wollen auch gerne bei den Siegern sein. Umfragen können insofern auch demobilisieren, wenn es aussichtslos erscheint und ebenso mobilisieren, wenn es knapp werden könnte. [...]

Wichtig ist, dass Umfragen publiziert werden, die auch entsprechende Angaben über statistische Fehler enthalten. Ebenso bedeutend ist, dass Umfragen bis einen Tag vor der Wahl zugänglich gemacht werden. Denn die Wahlentscheidung sollte auf der Höhe von potenziellen Informationen getroffen werden – bei fast 50 Prozent Spätentscheidern – und nicht auf Informationen, die veraltet oder unseriös sind. Umfragen sind nur ein kleiner Baustein für Wähler, um sich ein Bild über die Zukunftsfähigkeit von Parteien und Personal zu machen. Doch kein unbedeutender!

Karl-Rudolf Korte, Westdeutsche Allgemeine Zeitung, 7.8.2013

F Entwickeln Sie insbesondere aus der Perspektive von Jungwählern Maßnahmen zu einer Kultur des Mitentscheidens, um der im historischen Verlauf derzeit vergleichsweise niedrigen Wahlbeteiligung entgegenzuwirken.

Aufgaben

1. Erstellen Sie ein Profil des „typischen" Wählers zu den einzelnen im Bundestag vertretenen Parteien (M 7, M 8).
2. Analysieren Sie die Grafiken zur Wählerwanderung (M 9).
3. Charakterisieren Sie den „Wähler der Zukunft" (M 10).
4. Überprüfen Sie vor dem Hintergrund der Wählerwanderung, ob bzw. inwiefern sich Kortes Thesen belegen bzw. widerlegen lassen (M 9, M 10).
5. „Umfragen sind nur ein kleiner Baustein für Wähler, [...] aber kein unbedeutender." (M 11). Erläutern Sie vor dem Hintergrund von M 10, was diese These über den Wähler aussagt.

1.3.3 (Wie) Lässt sich Wählerverhalten erklären?

M 12 ● Der soziologische Erklärungsansatz

Ein erster klassischer Ansatz betont die verhaltensrelevante Bedeutung des sozialen Umfelds: Wahlverhalten ist Gruppenverhalten. [...] Weniger der ursprünglich angenommene Einfluss der Massenmedien oder der Wahlpropaganda als vielmehr die Zugehörigkeit zu verschiedenen sozialen Gruppen mit festen politischen Verhaltensnormen bestimmte demnach die individuelle Wahlentscheidung. Das Zusammenspiel der verschiedenen Gruppenzugehörigkeiten konnte mit Hilfe der Merkmale sozioökonomischer Status, Konfessionszugehörigkeit und Größe des Wohnorts in hohem Ausmaß nachgewiesen werden. [...]

Bis zu den jüngsten Wahlanalysen konnten auch neuere Untersuchungen immer wieder den großen Einfluss des sozialen Umfelds auf den individuellen politischen Meinungsbildungsprozess nachweisen. Die Mitgliedschaft in einer Gewerkschaft, eine starke Bindung an die katholische Kirche oder auch eine Verwurzelung im protestantischen Selbstständigen- bzw. Handwerkermilieu haben auch heute noch – insbesondere bei Koppelung mehrerer Faktoren – einen hohen Vorhersagewert für die Wahlentscheidung.

Das Erklärungsmodell sieht das Individuum idealtypisch im Mittelpunkt konzentrischer, sich gegenseitig verstärkender sozialer Einflusskreise und veranschaulicht aus dieser Perspektive in besonderer Weise ein stabiles, über einen längeren Zeitraum hinweg konstantes Wahlverhalten. Kurzfristige Änderungen der Wahlentscheidung können auf diese Weise hingegen nur unzureichend erklärt werden.

Karl-Rudolf Korte, Wahlen in Deutschland, bpb, Bonn 2013, S. 105 ff.

M 13 ● Der individualpsychologische Erklärungsansatz

Einen deutlichen Perspektivenwechsel nimmt der zweite klassische Erklärungsansatz vor: Wahlverhalten ist Ausdruck einer individuellen psychologischen Beziehung zu einer Partei. [...] Kernstück dieses als individualpsychologisches „Ann Arbor-“ oder „Michigan-Modell“ bezeichneten Ansatzes bildet die individuelle Parteiidentifikation. Damit ist eine längerfristige emotionale Bindung der Wählerinnen und Wähler an ihre Partei gemeint. Sie wird erworben bei der politischen Sozialisation durch Elternhaus, Freundeskreis oder Mitgliedschaft in politischen Gruppen und beeinflusst – einmal ausgeprägt – die Wahrnehmung sowie die Bewertung politischer Ereignisse in hohem Maße. Neben dieser Langzeitvariable Parteiidentifikation existieren zwei weitere Einflussfaktoren: die Bewertung der Kandidatinnen und Kandidaten sowie die Einstellungen zu aktuellen politischen Streitfragen (die sogenannte Issue-Orientierung). Die individuelle Wahlentscheidung resultiert nun aus dem spezifischen Zusammenspiel dieser drei Faktoren (Parteiidentifikation, Kandidatenorientierung, politische Streitfragen).

Karl-Rudolf Korte, Wahlen in Deutschland, bpb, Bonn 2013, S. 109 f.

Motive für Wahlverhalten

Christian: Die Wahl könnte für mich ein Weg sein für meine Ziele und Wünsche. Eine Partei zu wählen, die meine Vorstellungen in gewisser Weise bestmöglich vertreten kann.

Anne-Katrin: Auf lange Sicht macht es schon einen Unterschied, ob eine Partei an der Macht ist, die viel für Sozialpolitik macht, wenn ich irgendwann mal eine Familie gründen will. Im Vergleich zu einer Partei, die alles in die Wirtschaft buttert oder in die Rüstung.

Wolfram: Toll wäre es, wenn mir die Partei 500 Euro rübergeben würde, dafür, dass ich sie wähle. Das wäre für mich persönlich ein Anreiz.

Auszug aus dem Interview von Alexandra von Streit, Fluter Nr. 3/Juni 2002; vgl. M 2, S. 32 f.

M 14 Das Modell des rationalen Wählers

Ein anderer Blick auf den Prozess der Wahlentscheidung kennzeichnet den dritten wichtigen Erklärungsansatz. In seiner in den fünfziger Jahren entwickelten ökonomischen Theorie der Demokratie konzentriert sich Anthony Downs ganz auf die Analyse von individuellen Entscheidungskalkülen: Die persönliche Wahlentscheidung wird bestimmt durch ihren maximal zu erzielenden politischen Nutzen. Ein „rationaler Wähler" entscheidet sich demnach für diejenige Partei, von deren Politik er sich den größten Vorteil verspricht. [...] In der wissenschaftlichen Wahlforschung wird rationales Wahlverhalten im Allgemeinen mit der Orientierung der Wählerinnen und Wähler an aktuellen politischen Streit- und Sachfragen (issue-voting) gleichgesetzt. [...] Soziale Loyalitäten oder längerfristige emotionale Parteineigungen spielen aus dieser Perspektive nur eine untergeordnete Rolle. [...]
Allerdings hat auch das rationale Erklärungsmodell seine Grenzen. Innerhalb seiner engen Modellannahmen lässt sich die Frage, warum jemand überhaupt an einer Wahl teilnimmt, nicht schlüssig beantworten. Die Wirkung der eigenen Stimme, also der Nutzen einer Beteiligung, ist verschwindend gering gegenüber den entstehenden Kosten, den Mühen einer Teilnahme. Ebenfalls unbefriedigend bleibt die Erklärung der Wahlentscheidung zugunsten kleiner Parteien, die keine Chance auf eine Regierungsbeteiligung haben.

Karl-Rudolf Korte, Wahlen in Deutschland, bpb, Bonn 2013, S. 110

M 15 Das Modell des sozialen Milieus

Seit den achtziger Jahren ist ein neuer Zugang zur Erklärung von Wahlverhalten entwickelt worden: die Einteilung der Wählerinnen und Wähler in sozial-moralische Milieus. [...] Die Einteilung der Gesellschaft in soziale Milieus erfolgt [...] durch die Identifikation fundamentaler Wertorientierungen, die die jeweilig vorherrschenden Lebensstile und -strategien bestimmen. Und auch die Einstellungen zu Arbeit, Familie oder Konsumverhalten werden dabei genauso einbezogen wie Wunschvorstellungen, Ängste oder Zukunftserwartungen. [...]
Den Vorteil des Milieukonzepts sehen seine Entwickler darin, dass es damit den politischen Parteien möglich ist, zielgruppengerechter zu agieren und auf diese Weise neue Wählerpotenziale zu erschließen.

Karl-Rudolf Korte, Wahlen in Deutschland, bpb, Bonn 2013, S. 111

Aufgaben

1. Vergleichen Sie Ihr eigenes Wahlverhalten mit den Äußerungen aus der Randspalte.
2. Stellen Sie die Merkmale der Erklärungsansätze von Wählerverhalten in einer Übersicht dar (M 12 – M 15).
3. Ordnen Sie die Aussagen der Erstwähler (Randspalte) den einzelnen Erklärungsansätzen (M 12 – M 15) zu. Begründen Sie jeweils Ihre Entscheidung.
4. Überprüfen Sie die Erklärungsansätze (M 12 – M 15) auf ihren Erklärungswert.

H zu Aufgabe 2
→ S. 194

1.3.4 Wahlen – können deren Ergebnisse den Wählerwillen abbilden?

M 16 ● Freie Wahlen?

Kiew. [...] Bei der Parlamentswahl gab es offenbar mehr Manipulationen und Verletzungen der Wahlgesetze als bei der Präsidentenwahl 2010 und der vorigen Parlamentswahl 2007. Das geht ebenfalls aus einer ersten Stellungnahme des Europäischen Netzes der Wahlbeobachtungsorganisationen (Enemo) hervor, die am Wahlabend verbreitet wurde. Auch nach Angaben der ukrainischen Organisation Opora ist es an vielen Orten zu Manipulationsversuchen gekommen. So wurde beobachtet, dass Wähler zweimal abstimmten; in einigen Fällen wurden Beobachter, die auf Verstöße gegen das Wahlgesetz hinwiesen, aus den Wahllokalen verbannt. Zudem registrierten Wahlbeobachter seit Tagen eine sprunghaft steigende Zahl von Anträgen von Wählern, wegen Krankheit zu Hause wählen zu dürfen. Diese Art der Stimmabgabe, zu der die lokalen Wahlkommissionen mit einer Urne zu den Wählern kommen, gilt als Gelegenheit, besonderen Druck auf Wähler auszuüben.

Reinhard Veser/Konrad Schuller, Frankfurter Allgemeine Zeitung, 29.10.2012

Moskau. Die Wahllokale haben noch nicht einmal geschlossen, da mehren sich bereits die Berichte über Unregelmäßigkeiten bei der Kür des neuen russischen Präsidenten. [...] So berichtet die regierungskritische Zeitung „Nowaja gaseta“ auf ihrer Internetseite, zahlreiche Studenten oder Fabrikarbeiter würden reihum in Wahllokale gefahren, um mehrmals Stimmen abzugeben. *ric/AP/dpa, www.spiegel.de, 4.3.2012*

M 17 ● Wahlrechtsgrundsätze in Deutschland

Allgemein
Alle Bürgerinnen und Bürger sind wahlberechtigt, soweit sie die allgemeinen Voraussetzungen dafür erfüllen. Keine Gruppe ist aus sozialen, politischen oder wirtschaftlichen Gründen von der Wahl ausgeschlossen.

Frei
Die Stimme kann frei von staatlichem Zwang oder sonstiger unzulässiger Beeinflussung abgegeben werden. Niemand wird wegen seiner Wahlentscheidung benachteiligt. Niemand darf zur Stimmabgabe gezwungen werden.

Unmittelbar
Die Wählerstimmen werden direkt für die Zuteilung der Abgeordnetensitze verwertet. Es gibt keine Zwischeninstanz wie z. B. Wahlmänner.

Gleich
Alle Wahlberechtigten haben gleich viele Stimmen zu vergeben. Alle Stimmen haben gleiches Gewicht. Eine Ausnahme von dieser Regel macht die Fünfprozentsperrklausel.

Geheim
Es darf nicht feststellbar sein, wie jemand gewählt hat.

Art. 28 (1) Satz 2 GG

In den Ländern, Kreisen und Gemeinden muss das Volk eine Vertretung haben, die aus allgemeinen, unmittelbaren, freien, gleichen und geheimen Wahlen hervorgegangen ist.

Art. 38 (1) Satz 1 GG

Die Abgeordneten des Deutschen Bundestages werden in allgemeiner, unmittelbarer, freier, gleicher und geheimer Wahl gewählt.

M 18 Wahlpflicht einführen?

a) Stephan Mayer: Pro

Motiviert durch die positiven Erfahrungen anderer Länder – wie Belgien oder Italien – bin ich zu der persönlichen Überzeugung gekommen, dass eine Wahlpflicht zu einer deutlich höheren Wahlbeteiligung und somit auch zu einer deutlich besseren demokratischen Legitimation der neu Gewählten führen könnte. Sie wäre zudem ein deutliches Signal für die konstituierende Bedeutung der Wahl als Element der Demokratie. Gleichzeitig müsste die Möglichkeit der Enthaltung auf dem Wahlzettel aufgeführt werden, um die Wahlfreiheit zu gewährleisten und um ausdrücken zu können, dass keines der politischen Angebote unterstützt wird. Von etwaigen Sanktionen zur Durchsetzung der Wahlpflicht halte ich hingegen nichts.

Wenn auf diesem Wege die Repräsentationskraft der Gewählten gesteigert wird, wäre das sicher ein erheblicher Gewinn für die demokratische Kultur in unserer Gesellschaft. Demokratie braucht die Beteiligung von allen – zumindest in der Form, dass die Wählerinnen und Wähler in Deutschland von ihrem aktiven Wahlrecht auch tatsächlich Gebrauch machen. Ich empfinde es als Bürgerpflicht, über die politische Richtungsentscheidung alle vier Jahre mitzubestimmen.

Stephan Mayer (CSU) ist seit 2002 Mitglied des Deutschen Bundestages. Er ist Sprecher der Arbeitsgruppe Inneres der CDU/CSU-Bundestagsfraktion und gehört dem Fraktionsvorstand an.

b) Stefan Ruppert: Kontra

Kann man die Bürger zur Demokratie zwingen? Und bei Nichtteilnahme an Wahlen gar mit Strafgeld oder Gefängnis drohen? Die klare liberale Antwort lautet: Nein! Eine lebendige Demokratie lebt von innerer Überzeugung, nicht von äußerem Zwang. Wir müssen jeden Bürger überzeugen, dass er Verantwortung für das Gemeinwesen hat. Zuschauen reicht nicht. Trotzdem muss jeder Bürger für sich selbst die Entscheidung treffen, ob er zur Wahl geht oder eben nicht. Das garantiert die im Grundgesetz festgeschriebene Wahlfreiheit. [...]

Mit einer Wahlpflicht würde man nur die Symptome des Problems bekämpfen, nicht die tieferliegenden Ursachen. Viele Bürger würden bei einer Pflicht zwar wählen gehen, allein um Sanktionen zu vermeiden. Aber vermutlich würden diejenigen, die sich zur Wahl gedrängt fühlen, eher ungültige Stimmzettel abgeben oder Protestparteien wählen. [...]

Politik und Gesellschaft müssen weiter die wahren Ursachen der Politikverdrossenheit angehen. Ein kontinuierliches Werben für unsere Demokratie und die Beteiligung der Bürger daran ist ein notwendiger Schritt. Ein sachlicher, lösungsorientierter und verlässlicher Politikstil, der auch die bestehenden Gemeinsamkeiten der Demokraten betont, ist ein weiterer. Zudem ist es wichtig, mehr direktdemokratische Elemente auf Bundesebene einzuführen, ohne unser repräsentatives System zu schwächen. Ebenso müssen sich Parteien für neue Beteiligungsformen der Bürger weiter öffnen.

Stefan Ruppert (FDP) gehörte dem Bundestag von 2009 – 2013 an. 2013 war er Parlamentarischer Geschäftsführer der FDP-Fraktion und Mitglied im Innen- und im Wahlausschuss. Bei der Bundestagswahl 2017 gelang ihm der Wiedereinzug in das bundesdeutsche Parlament.

Stephan Mayer/Stefan Ruppert, www.politik-kommunikation.de, 26.6.2013

Aufgaben

H zu Aufgabe 1 → S. 194

1. Erläutern Sie mögliche Verstöße gegen freie Wahlen, die in den Zeitungsmeldungen genannt werden (M 16).
2. Gestalten Sie ein Streitgespräch (→ Methodenglossar) zwischen einem Befürworter und einem Gegner einer rechtlich verankerten Wahlpflicht (M 18).

1.3.5 Wie funktioniert das bundesdeutsche Wahlsystem?

M 19 ● Wie erfolgt die Wahl zum Deutschen Bundestag?

In Deutschland wird der Bundestag nach dem Prinzip der sog. personalisierten Verhältniswahl gewählt. Dieses verbindet zwei Wahlsysteme miteinander – die Verhältniswahl und die Mehrheitswahl. Bei der personalisierten Verhältniswahl hat jeder Wähler zwei Stimmen:

1

Mit der Erststimme ... entscheidet der Wähler über den Kandidaten seines Wahlkreises. Sie hat mit dem Kräfteverhältnis der Parteien zunächst nichts zu tun. Es gewinnt, wer im jeweiligen Wahlkreis die meisten Stimmen hinter sich bringen kann. Dazu reicht die einfache Mehrheit. Nur ausnahmsweise hat die Erststimme etwas mit der Stärke einer Partei im Parlament zu tun. Dann nämlich, wenn eine Partei zwar bundesweit bei den Zweitstimmen an der Fünf-Prozent-Hürde gescheitert ist, aber mindestens drei ihrer Kandidaten per Erststimme erfolgreich sind: Dann zieht sie doch in den Bundestag ein. Und außerdem kommt jeder Wahlkreisgewinner in den Bundestag, völlig unabhängig davon, ob seine Partei die Fünf-Prozent-Hürde überwindet oder nicht.

2

Mit der Zweitstimme ... wählt er die Landesliste einer Partei. Für die Zusammensetzung des Bundestags ist letztlich die Zweitstimme entscheidend, weil sie bestimmt, welche Partei die meisten Parlamentssitze errungen hat und somit die Macht besitzt, den Kanzler zu stellen und die Regierung zu bilden. Sobald bundesweit alle Zweitstimmen zusammengezählt sind und feststeht, wie viele Sitze die einzelnen Parteien im Verhältnis zueinander bekommen, wird ermittelt, wie viele Abgeordnete über die jeweiligen Landeslisten in den Bundestag einziehen. Deshalb stehen auf der rechten Stimmzettelhälfte hinter den Parteien auch die erstplazierten Bewerber der jeweiligen Landesliste der Parteien.

Landeszentrale für politische Bildung Baden-Württemberg, www.bundestagswahl-bw.de (26.8.2013)

M 20 ● Wie werden die Stimmen ausgezählt und die Sitze zugeteilt?

In einem ersten Schritt werden vor der Wahl die 598 regulären Abgeordnetensitze des Bundestags auf die 16 Bundesländer verteilt. Jedes Land erhält eine feste Anzahl an Sitzen – entsprechend seiner Bevölkerungsgröße. Parteien, die im gesamten Wahlgebiet unterhalb eines Anteils von fünf Prozent der gültigen Stimmen geblieben sind, werden bei der Verteilung der Sitze nicht berücksichtigt (Fünf-Prozent-Klausel). Wenn ein Wahlkreisbewerber jedoch seinen Wahlkreis erobert hat, behält er seinen Sitz im Bundestag auch dann, wenn seine Partei bei den Zweitstimmen an der Fünf-Prozent-Hürde gescheitert ist. Außerdem gilt, dass bei einer Partei, die in drei oder mehr Wahlkreisen das Direktmandat erringt, die Fünf-Prozent-Klausel nicht angewendet wird. Stattdessen wird sie bei der Mandatszuweisung aufgrund ihres Zweitstimmenanteils berücksichtigt [...]. Nach der Wahl wird in jedem Bundesland nach der Divisormethode mit Standardrundung (Sainte-Laguë/Schepers) berechnet, wie viele Mandate jede Partei nach ihrem Zweitstimmenanteil in diesem Land erhält. Dabei werden nur Landeslisten von Parteien berücksichtigt, die bundesweit mindestens fünf Prozent der Zweitstimmen oder mindestens drei Direktmandate errungen haben (Fünf-Prozent-Hürde). Von der Anzahl der Sitze, die eine Partei in dem Bundesland erhält, wird die Anzahl der Direktmandate abgezogen. Die ihr verbleibenden Sitze werden mit Listenkandidaten besetzt. Hat eine Partei mehr Direktmandate gewonnen, als ihr Mandate nach dem Zweitstimmenergebnis zustehen, erhält sie sogenannte Überhangmandate – zusätzlich zu den Sitzen, die dem Land eigentlich zustehen.

Detlef Holland, www.esslinger-zeitung.de, 27.8.2013

M 21 ● Die Crux mit den Überhangmandaten

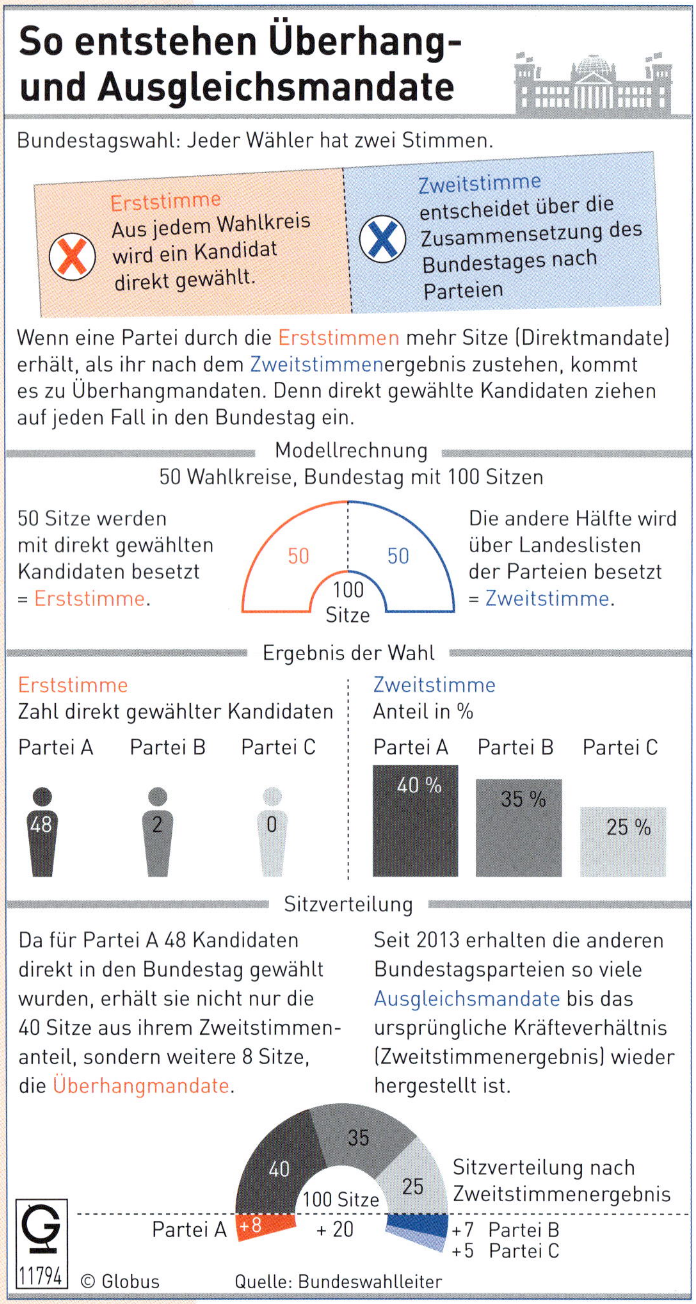

Da die Überhangmandate das Zweitstimmenergebnis verfälschen können, erfolgt in einem weiteren Schritt eine Ergänzung des Bundestags um sogenannte Ausgleichsmandate. Dabei werden die Überhangmandate durch Ausgleichsmandate ausgeglichen, damit das Größenverhältnis der Parteien entsprechend des Zweitstimmenergebnisses gewahrt bleibt. Für diesen Ausgleich wird auf Bundesebene die Zahl der zu verteilenden Gesamtsitze bis zu dem Punkt erhöht, ab dem alle Parteien über so viele Sitze verfügen, wie Ihnen nach dem Zweitstimmenergebnis zustehen. Am Ende werden die so auf Bundesebene ermittelten zusätzlichen Mandate auf die Landeslisten der Parteien verteilt.

Ein Beispiel: Partei A hat bundesweit 200 Sitze nach Zweitstimmen errungen, die Partei B 100. Dazu kommen bei der Partei A noch 20 Überhangmandate. Damit das Größenverhältnis zwischen den Parteien gewahrt bleibt, wird die Zahl der Sitze im Bundestag so lange erhöht, bis Partei B im Vergleich zur Partei A wieder die Hälfte der Mandate hat. Partei A käme dann auf 220 und Partei B auf 110 Sitze.

Der Vorteil der Neuregelung ist, dass das Größenverhältnis der Fraktionen zueinander auch erhalten bleibt, wenn eine Partei überdurchschnittlich viele Überhangmandate auf sich vereint. Der Nachteil ist, dass das [bundesdeutsche] Parlament [dadurch] deutlich größer wird. [Anstelle der regulären 598 Abgeordneten umfasst der 19. Deutsche Bundestag 709 Abgeordnete].

Detlef Holland, www.esslinger-zeitung.de, 27.8.2013

Aufgaben

1. Erklären Sie die Aussage „Auf die Zweitstimme kommt es an." (M19 – M21).
2. Wenn der Wahlakt die wichtigste Form der politischen Partizipation darstellt, so wie häufig behauptet wird, dann muss ein Wahlrecht so konstruiert sein, dass möglichst jede Stimme (gleich viel) zählt. Beurteilen Sie diese Auffassung vor dem Hintergrund des deutschen Wahlsystems.

1.3.6 Die Machtverteilung – (nur) ein Ergebnis des geltenden Wahlsystems?

M 22 ● Ein Gedankenspiel: Was wäre, wenn …

… der Deutsche Bundestag nach britischem oder nach italienischem Wahlrecht gewählt werden würde?

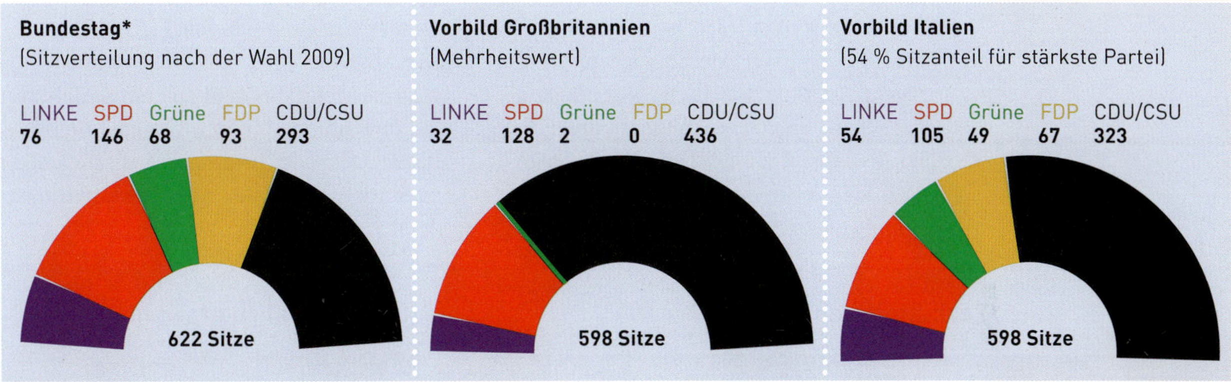

*CDU und CSU werden für diese Modellrechnung als eine Partei behandelt, weil einige Wahlverfahren sonst nicht sinnvoll darstellbar gewesen wären. Die Ergebnisse stehen auch unter dem Vorbehalt, dass ein anderes Wahlsystem vermutlich das Wahlverhalten der Menschen beinflussen würde.

© SZ-Grafik; Hanna Eiden, Süddeutsche Zeitung, 4.6.2012

M 23 ● Wahlsysteme: ein Überblick

Das Ergebnis der Wahl kann je nach Wahlsystem – bei gleicher Stimmverteilung – ganz unterschiedlich aussehen. […] Laut Bundeswahlgesetz wird der Bundestag „nach den Grundsätzen einer mit der Personenwahl verbundenen Verhältniswahl“ gewählt. Das Wahlsystem der Bundesrepublik ist aber nur eines von mehr als 250 verschiedenen Wahlverfahren. Diese lassen sich auf zwei Grundtypen zurückführen: Mehrheitswahl und Verhältniswahl. Sie unterscheiden sich in der Art und Weise, wie die Stimmen der Wählerinnen und Wähler in Mandate verwandelt werden. Dabei handelt es sich um mehr als ein bloß formelles Problem. Die Zusammensetzung des Parlaments fällt je nach Wahlsystem unterschiedlich aus. In der parlamentarischen Demokratie bestimmt das Wahlsystem darüber, wer die Regierung stellen kann. […]

Verhältniswahl

Die Grundvorstellung der Verhältniswahl ist, dass im Parlament alle gesellschaftlichen Gruppen gemäß ihrem Anteil an Wählerstimmen vertreten sind. Es soll die „Landkarte“ der Gesellschaft sein. Deshalb ist die Anzahl der Sitze, die jede Partei erhält, proportional zu der Anzahl ihrer Stimmen. So gehen nicht wie bei der Mehrheitswahl Stimmen verloren. Sie zählen alle gleich und haben den gleichen Erfolgswert. […]

Relative Mehrheitswahl

Bei der relativen Mehrheitswahl wird das Wahlgebiet in so viele Wahlkreise unterteilt, wie Abgeordnete zu wählen sind. Jeder Wahlkreis wählt einen Abgeordneten. Man spricht daher von Einpersonenwahlkreisen. Der Wähler hat eine Stimme, die er einem der Kandidaten gibt. Der Kandidat, der mehr Stimmen als jeder andere seiner Mitbewerber (d. h. die relative Mehrheit) auf sich vereinigt, zieht ins Parlament ein. Die Stimmen für die unterlegenen Kandidaten gehen verloren („The winner takes it all“-Prinzip). Die Zusammensetzung des Parlaments ist leicht durchschaubar, da sich in der Regel klare Mehrheiten bilden. Die relative Mehrheitswahl hat einen „mehrheitsbildenden Effekt“.

Absolute Mehrheitswahl

Bei der absoluten Mehrheitswahl wird wie bei der relativen Mehrheitswahl in Einpersonenwahlkreisen gewählt. Ein Kandidat schafft im ersten Wahlgang den Einzug ins Parlament nur, wenn er die absolute Mehrheit (also mehr als 50 Prozent der Stimmen) erringt. Da dies selten gelingt, fällt gewöhnlich ein zweiter Wahlgang an. In ihm ist die relative Mehrheit der Stimmen ausreichend. Im zweiten Wahlgang kommt es meist zu Wahlabsprachen. Parteien, deren Chancen von vornherein gering sind, empfehlen ihren Wählern die Wahl eines ihnen genehmen und aussichtsreichen Kandidaten. Die Wahlempfehlungen signalisieren meist, welche Parteien miteinander koalieren würden. [...]

Die absolute Mehrheitswahl soll wie die relative Mehrheitswahl zu klaren Mehrheiten im Parlament führen. Der mehrheitsbildende Effekt ist in diesem Fall aber nicht so stark wie bei der relativen Mehrheitswahl.

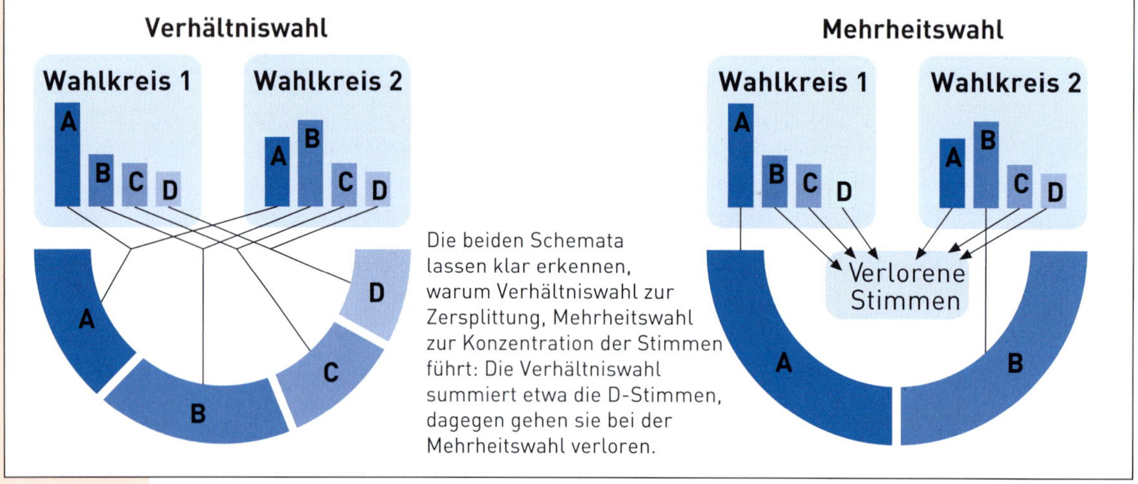

Die beiden Schemata lassen klar erkennen, warum Verhältniswahl zur Zersplittung, Mehrheitswahl zur Konzentration der Stimmen führt: Die Verhältniswahl summiert etwa die D-Stimmen, dagegen gehen sie bei der Mehrheitswahl verloren.

Nach: Karl-Rudolf Korte, Wahlen in Deutschland, Bonn 2013, S. 25

M 24 ● Was muss ein Wahlsystem leisten?

Die Entscheidung, welches System das Beste ist, [...] hängt weniger von der Präferenz für den einen oder anderen Grundtyp ab als davon, ob die Wahlsysteme die Funktionserwartungen erfüllen, die in einer gegebenen Situation an sie gerichtet werden. Maßgeblich dafür sind die jeweiligen gesellschaftlichen und politischen Bedingungen, also z.B. die Homogenität der Konfliktstruktur, die Fragmentierung und Polarisierung des Parteiensystems, die wahlgeografische Verteilung der Wählerstimmen oder die Verhaltensmuster der politischen Eliten. Geht man von einer historisch-empirischen Betrachtung aus, die diese Kontextbedingungen berücksichtigt, lassen sich [...] vier allgemeine Funktionserwartungen an ein Wahlsystem identifizieren:

Repräsentation

Ein Wahlsystem muss einerseits dafür Sorge tragen, dass die in der Gesellschaft vorhandenen Meinungen und Interessen im Parlament annähernd spiegelbildlich vertreten sind (Proportionalität). Zum anderen sollte es benachteiligten Gruppen wie den Frauen und strukturellen Minderheiten eine faire Repräsentation gewähren. Auch Fachleute sollten in ausreichender Zahl vertreten sein.

Konzentration/Regierungsfähigkeit
Ein Wahlsystem muss die Bildung einer regierungsfähigen Mehrheit ermöglichen (was Minderheitsregierungen durchaus mit einschließt). Dazu gilt es die Zahl der Parteien, die Mandate erhalten und im Parlament vertreten sind, im Vergleich zu den zur Wahl angetretenen Parteien zu reduzieren (Disproportionalität). Die Regierungsstabilität kann an der durchschnittlichen Lebensdauer der Kabinette sowie der Häufigkeit vorgezogener Neuwahlen gemessen werden.

Partizipation/Personalisierung
Ein Wahlsystem muss dem Wähler die Möglichkeit geben, einerseits auf die parteipolitische Zusammensetzung der Regierung und andererseits auf die personelle Zusammensetzung der Parlamente Einfluss zu nehmen. Letzteres führt zu einer Stärkung der „gelebten" Verbindung zwischen Wählern und Gewählten, die sich auch auf die Funktionsweise des Parlamentarismus auswirkt (indem es die Abgeordneten im Verhältnis zu ihrer Partei unabhängiger macht). Ein Wahlsystem sollte außerdem dazu beitragen, dass die Bürger zur Wahl ermuntert werden (Wahlbeteiligung).

Einfachheit/Transparenz
Ein Wahlsystem muss so konstruiert sein, dass es für alle verständlich ist. Die Wähler müssen nachvollziehen können, was mit ihren Stimmen geschieht. Diese dürfen sich also nicht zufallsbedingt anders auswirken als intendiert. Ein zu kompliziertes Wahlsystem kann auf die Wahlbeteiligung drücken und/oder zu einer unangemessen hohen Zahl ungültiger Stimmen führen.

Frank Decker, Regieren im „Parteienbundesstaat", Wiesbaden 2011, S. 144 f.

Karikatur: Heiko Sakurai

Aufgaben

1. Vergleichen Sie die Modellrechnungen mit der tatsächlichen Sitzverteilung im Deutschen Bundestag nach der Wahl 2009 (M 22).
2. „Das Heil der Demokratien, von welchem Typus und Rang sie immer seien, hängt von einer geringfügigen technischen Einzelheit ab: vom Wahlrecht. Alles andere ist sekundär." *José Ortega y Gasset, 1956*

   Erläutern Sie die Aussage vor dem Hintergrund des Gedankenspiels in M 22 und den Informationen in M 23.
3. Stellen Sie die Vorteile des Verhältniswahlsystems denen des Mehrheitswahlsystems gegenüber (M 23, M 24).
4. Beurteilen Sie das deutsche Wahlsystem (M 23, M 24).

H zu Aufgabe 4
→ S. 194

F „Wahlsysteme strukturieren Parteiensysteme." Beurteilen Sie diese häufig vertretene Auffassung (M 22 – M 24).

ORIENTIERUNGSWISSEN

Grundfunktionen von Wahlen
M 3

Dem US-amerikanischen Politikwissenschaftler Robert A. Dahl zufolge wird Demokratie bestimmt durch politische Partizipation und den politischen Wettbewerb. Parteien als wesentliche Akteure stehen im politischen Alltag in einem Spannungsverhältnis – zwischen ihrem Einfluss auf Parlament und Regierung, dem Beteiligungswillen der Parteimitglieder, den Strategien der Parteielite und der Notwendigkeit, sich dem Wähler als attraktive Alternative präsentieren zu müssen. Folglich müssen Wahlen verschiedene Funktionen zugleich erfüllen:

- **Repräsentation** des Wählerwillens,
- **Legitimation** und **Kontrolle** der Regierenden,
- **Integration** der Wähler in das politische System,
- Konkurrenz personeller und **programmatischer Alternativen**.

Durch das Grundgesetz wird die Bundesrepublik Deutschland als repräsentative Demokratie definiert, in der die Bürger nicht ständig selbst politische Entscheidungen treffen, sondern Abgeordnete wählen, die dies in ihrem Auftrag tun.

Wählerstruktur und Wählerwanderungen
M 8 – M 10

Die veränderten gesellschaftlichen Bedingungen lassen gegenwärtig einen Wandel im Wählerverhalten beobachten. Die Bindung an eine Partei ist immer noch wahlentscheidender als die Sympathie für einzelne Politiker oder aktuelle Themen. Zwar haben **langfristige Parteibindungen**, die durch soziostrukturelle Merkmale (Konfession, Beruf ...) beeinflusst sind, tendenziell abgenommen. Ob aber zukünftig mit größeren **Wählerwanderungen** aufgrund kurzfristiger und rationaler Überlegungen zu rechnen ist, bleibt abzuwarten.

Demoskopie
M 10

Die **Meinungsforschung** (Demoskopie) dient der Ermittlung von Einsichten, Einstellungen, Stimmungen oder Wünschen der Bevölkerung. Durch Befragungen werden auf der Basis eines repräsentativen Querschnitts der Bevölkerung Daten und Meinungen, unter anderem zur beabsichtigten Wahlentscheidung, gesammelt und interpretiert. Die Berichterstattung darüber hat deutlich zugenommen. Ein Einfluss auf den Wahlausgang wird jedoch nicht beobachtet.

Theoretische Ansätze zur Erklärung von Wählerverhalten
M 12 – M 15

Mit Hilfe theoretischer Modelle wird versucht, Wählerverhalten zu erklären und zukünftige Wahlentscheidungen zu prognostizieren. Die Modelle sollen sowohl einen theoretisch plausiblen als auch einen empirisch überprüfbaren Bezug zwischen dem Wahlverhalten und entsprechenden **sozio-ökonomischen Einflussfaktoren** wie z. B. Alter, Beruf, Einkommen oder Geschlecht herstellen. Unterschieden werden der soziologische Erklärungsansatz, das Modell des rationalen Wählers, der individualpsychologische Erklärungsansatz sowie das Modell der sozialen Milieus. Grundsätzlich bleibt der Erklärungsgehalt dieser Modelle für Wahlkampfstrategen allerdings umstritten.

Wahlrecht
M 17

Wahlrecht bezieht sich auf Normen, die die Wahlen von Parteien oder Personen durch das Volk regeln. In der Bundesrepublik Deutschland sind in Artikel 38 (1) GG die **Wahlrechtsgrundsätze** Allgemeinheit, Unmittelbarkeit, Freiheit, Gleichheit und Geheimheit der Wahl verankert. Weiteres regeln Wahlgesetze.

Wahlsystem zum Deutschen Bundestag
M 19 – M 21

Der Begriff *Wahlsystem* beschreibt den Modus, nach dem die Wähler ihre Stimme abgeben und die Stimmen auf Mandate übertragen werden.
Zur Charakterisierung des Deutschen Bundestagswahlsystems wird häufig der Begriff **personalisierte Verhältniswahl** verwendet. Er verdeutlicht, dass das Wahlsystem im Kern auf dem Verhältniswahlrecht beruht. Diese Grundstruktur gewährleistet zunächst die Repräsentation jeder Stimme, die **Fünf-Prozent-Sperrklausel** sorgt für die notwendige Konzentrationswirkung und stellt Regierungsstabilität her.
Für die Wahl der 598 Abgeordneten des Deutschen Bundestages haben die Wähler zwei Stimmen: Die **Zweitstimme**, die nach den Prinzipien der Verhältniswahl abgegeben wird, ist die entscheidende Stimme: Durch sie wird die Zahl der Mandate bestimmt, die den gewählten Parteien im Bundestag zusteht. Mit der **Erststimme** entscheiden die Wähler – nach den Prinzipien der relativen Mehrheitswahl – über ihren Wahlkreisabgeordneten (= Direktmandat). Hat eine Partei die Sperrklausel überwunden (5 % der Zweitstimmen oder drei Direktmandate), wird die Gesamtzahl der für sie abgegebenen Zweitstimmen in Mandate umgerechnet.

Unterscheidung von Wahlsystemen
M 23, M 24

Unter demokratischen Gesichtspunkten bemisst sich die Qualität eines Wahlsystems danach, ob sich alle gesellschaftlich relevanten Gruppen im Ergebnis wiederfinden können, es stabile Mehrheiten gewährleistet, das Wahlsystem verständlich und transparent ist, es allgemein akzeptiert ist.
Beim **Mehrheitswahlrecht** ziehen die in den Wahlkreisen mit Mehrheit gewählten Kandidaten in das Parlament ein. Die so bestimmten Mandatsträger bilden je nach Parteizugehörigkeit und Anzahl die parlamentarische Mehrheit oder die Opposition. Die Stimmen der unterlegenen Kandidaten bleiben unberücksichtigt.
Beim **Verhältniswahlrecht** werden alle Stimmen berücksichtigt. Die von den Parteien erreichten Anteile an den abgegebenen Stimmen sind Grundlage für die Berechnung der politischen Zusammensetzung des Parlaments.

Reformbedürftigkeit?

Das bundesdeutsche Wahlsystem korrespondiert in hohem Maße mit dem in Deutschland vorherrschenden Modell der Konsensdemokratie. Als Vorteile dieses Modells gelten: die Berücksichtigung politischer Minderheiten, gerechte Repräsentation des Wählerwillens, die Verhinderung einer zu starken Zersplitterung des Parteiensystems (Sperrklausel), die Möglichkeit, eine stabile Regierung bilden zu können (Koalitionsregierungen).
Als problematische Folgen des Verhältniswahlrechts gelten: überproportionaler Einfluss kleinerer Parteien, mangelnder Einfluss des Wählerwillens auf die Regierungsbildung, Koalitionsregierungen entscheiden auf dem kleinsten gemeinsamen Nenner, Schwerfälligkeit des Regierungshandelns.

ORIENTIERUNGSWISSEN

CO_2-Emissionen* durch Transport in der EU

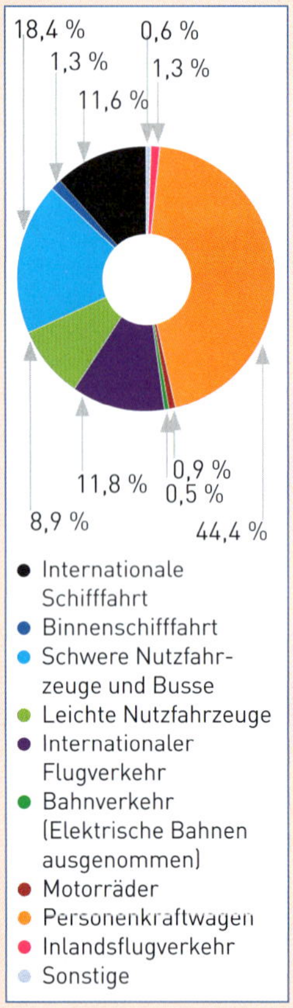

*© EUA, Kopenhagen, 2016; *Stand: 2014*

Wie lange reicht das Öl noch?

[D]arüber gehen die Ansichten auseinander [...]. Fest steht aber: Wir müssen uns nach Alternativen fürs Erdöl umsehen, denn es bestimmt unser Leben wie kaum ein anderer Rohstoff auf der Welt. Dass wir Öl fürs Auto [...] brauchen, ist klar. Aber auch zur Herstellung von Farbe, Plastik, Kosmetik, Reinigungsmittel oder Medizin wird es benötigt.

Anna Maria Beekes, www.einslive.de, 30.5.2012

1.4 Der politische Prozess – die Gesetzgebung im Spannungsfeld unterschiedlicher Interessen und Akteure

1.4.1 „Biosprit" in der Diskussion – ein Beitrag zum Klimaschutz?

M 1 Das Problem: Klimawandel und die Versorgung mit Energie

a) CO_2 befeuert den Klimawandel

Durch verschiedene Handlungen des Menschen hat sich die Durchschnittstemperatur auf der Erde in den letzten Jahrzehnten bereits messbar erhöht. [...] Die Ursachen für den Klimawandel – gleichbedeutend mit globaler Erwärmung – sind in erster Linie der vermehrte CO_2-Ausstoß [...]. Die größten CO_2-Produzenten sind schnell identifiziert. Bei der Nutzung fossiler Brennstoffe zum Heizen, zur Stromerzeugung oder im Verkehrswesen wird ebenso Kohlendioxid freigesetzt, wie [...] durch intensive Landwirtschaft und hier insbesondere die Tierhaltung.

Birger Dimter, www.klima-und-umweltschutz.de (6.9.2013)

b) Der Ölpreis* seit 1970

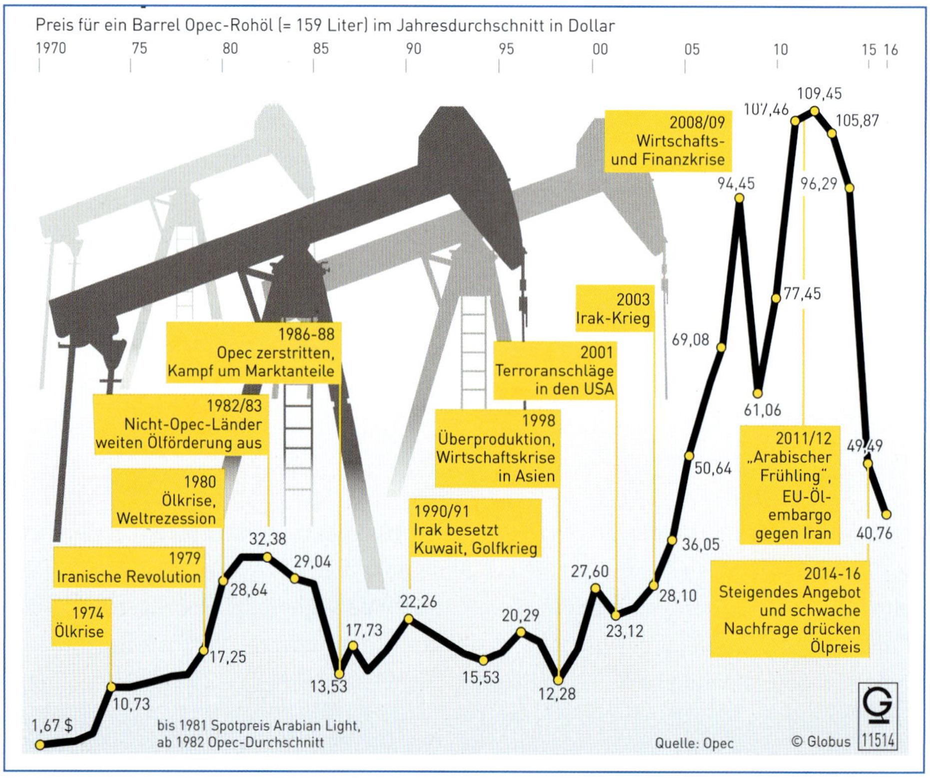

Ölpreis am 31.12.2017: 63,4 US-Dollar; Ölpreis am 11.1.2018: 64,4 US-Dollar (Recherchen der Redaktion)

M 2 Der Gesetzgeber reagiert: der neue Kraftstoff E10

Deutscher Bundestag Drucksache **17/2866**
17. Wahlperiode 06.09.2010

Gesetzentwurf
der Bundesregierung

Entwurf eines Neunten Gesetzes zur Änderung des Bundes-Immissionsschutzgesetzes

A. Problem und Ziel
Der Gesetzentwurf dient im Wesentlichen der Umsetzung der Richtlinie 2009/30/EG des Europäischen Parlaments und des Rates vom 23. April 2009 zur Änderung der Richtlinie 98/70/EG im Hinblick auf die Spezifikationen für Otto-, Diesel- und Gasölkraftstoffe und die Einführung eines Systems zur Überwachung und Verringerung der Treibhausgasemission.

Ziel von Bundestag und Bundesregierung ist es, die CO_2-Emissionen bis 2020 massiv zu reduzieren, um die globale Erwärmung möglichst zu begrenzen. Neben Einsparungen durch technische Verbesserungen bietet sich vor allem die Substitution von Erdölprodukten durch Produkte an, die aus nachwachsenden Rohstoffen gewonnen werden können. Im Verkehrsbereich steht hierbei die Verwendung bzw. Beimischung von Biokraftstoffen zu Brennstoffen, die aus fossilen Quellen gewonnen wurden, an erster Stelle. Seit 2004 darf die Mineralölwirtschaft herkömmlichen Diesel bis zu 5 Volumen-Prozent Biodiesel (B5) beimischen. Seit Februar 2009 erhöhte sich dieser Anteil auf maximal 7 Volumen-Prozent (B7). Biodiesel ist ein pflanzlicher Kraftstoff, der in Deutschland gegenwärtig vorwiegend aus Rapsöl gewonnen wird. Seit Anfang des Jahres 2011 ist es möglich, Ottokraftstoff mit 10 Volumen-Prozent Bioethanol (E10) zu tanken. Rund 90 Prozent aller PKW können mit E10 problemlos betankt werden. [...]

Laut Bundesumweltministerium verursacht E10 im Vergleich zu herkömmlichen Kraftstoffen weniger Treibhausgase und verbraucht geringere Mengen vom immer knapper werdenden Erdöl. Das trägt dazu bei, die Reichweite der weltweiten Erdölvorkommen zu verlängern. Um die Umweltverträglichkeit von Biokraftstoffen, wie des im E10 enthaltenen Bioethanols, zu gewährleisten, hat die Bundesregierung eine Biokraftstoff-Nachhaltigkeitsverordnung erlassen. Danach gelten Biokraftstoffe nur dann als nachhaltig hergestellt, wenn sie [...] im Vergleich zu fossilen Kraftstoffen bis 2013 mindestens 35 Prozent, bis 2017 mindestens 50 Prozent und bis 2018 mindestens 60 Prozent an Treibhausgasen einsparen. Des Weiteren dürfen zum Anbau der Pflanzen für die Biokraftstoffherstellung keine Flächen mit hohem Kohlenstoffgehalt (Wald) oder mit hoher biologischer Vielfalt genutzt werden.

Gregor Strate, Wissenschaftliche Dienste des Deutschen Bundestages, Der neue Kraftstoff E10, 26.7.2011

substituieren
ersetzen, austauschen

M 3 Die öffentliche Diskussion: Nicht alle begrüßen die Initiative

Der Naturschutzbund (NABU) kritisiert die geplante Einführung von E10. Der Beitrag zu einer besseren Ökobilanz ist umstritten.

Die Motorenverträglichkeit des neuen Biosprits ist unklar. Viele Verbraucher sind verunsichert. Der ADAC fordert deshalb Klarheit von Bundesregierung und Automobilherstellern.

Befürworter des geplanten Gesetzes warnen vor einer E10-Hysterie und verweisen auf die gelungene Biosprit-Einführung in Schweden. Dort enthält der Bio-Kraftstoff bis zu 85 Prozent Ethanol. Etwa 200.000 Autos können damit fahren. Bald solle es dort landesweit überhaupt kein Normalbenzin mehr geben.

Die Mineralölwirtschaft warnt vor einem möglichen Verbraucherboykott und fürchtet in Zukunft höhere Kosten, da sie verpflichtet werden, den Biosprit anzubieten.

Wirtschaftsexperten warnen: Deutschland muss sich von Ölimporten unabhängiger machen. Ansonsten drohen die steigenden Ölpreise zur Wachstumsbremse zu werden. Die Strategie „weg vom Öl" muss konsequent angegangen werden. Dazu sollten Biokraftstoffe in größerem Umfang als bisher genutzt und der Spritverbrauch der Kraftfahrzeuge reduziert werden.

Der Deutsche Bauernverband begrüßt die geplante Einführung von E10. Bioethanol aus deutscher Produktion verursache vom Acker bis in den Tank nur halb so viel Kohlendioxid wie Benzin aus fossilem Erdöl, sagte ein zuständiger Verbandsexperte. Gäbe es nur noch E10, könnten bis zu zwei Millionen Tonnen Benzin im Jahr gespart werden, was eine Einsparung von zwei Millionen Tonnen Kohlendioxid pro Jahr bedeute.

Aufgabe

„Politik ist Problemlösen."
„Politik ist das Aufeinandertreffen verschiedener Interessen."
Wenden Sie die beiden Politikdefinitionen auf das Gesetzgebungsbeispiel E10 an.

1.4.2 Die Entscheidung in Bundestag und Bundesrat

M 4 ● Die Initiative der Bundesregierung geht an das Parlament

Bundesrepublik Deutschland
Die Kanzlerin

Berlin, 6. September 2010

An den Präsidenten des
Deutschen Bundestages
Herrn Prof. Dr. Norbert Lammert
Platz der Republik 1
11011 Berlin

Sehr geehrter Herr Präsident,

hiermit übersende ich den von der Bundesregierung beschlossenen Entwurf eines Neunten Gesetzes zur Änderung des Bundes-Immissionsschutzgesetzes mit Begründung und Vorblatt.

Ich bitte die Beschlussfassung des Deutschen Bundestages herbeizuführen.

Mit freundlichen Grüßen

Angela Merkel

Nach: Deutscher Bundestag, Drucksache 17/2866, S. 3

M 5 ● Bundestag und Bundesrat verabschieden das Gesetz

Bundestag und Bundesrat stimmen dem Gesetzentwurf der Bundesregierung zu und machen dadurch den Weg zur Einführung des Biosprits E10 frei.

Der Bundestag hat mit Zustimmung des Bundesrates das folgende Gesetz beschlossen:

Artikel 1
Änderung des Bundes-Immissionsschutzgesetzes

Das Bundes-Immissionsschutzgesetz in der Fassung der Bekanntmachung vom 26. September 2002 (BGBl. I S. 3830) [...] wird wie folgt geändert:

1. In § 13 werden die Wörter „den §§ 7 und 8" durch die Wörter „§ 8 in Verbindung mit § 10" ersetzt.
2. Dem § 34 werden folgende Absätze 3 und 4 angefügt:

„(3) Die Bundesregierung wird ermächtigt, nach Anhörung der beteiligten Kreise (§ 51) durch Rechtsverordnung mit Zustimmung des Bundesrates vorzuschreiben, dass, wer gewerbsmäßig oder im Rahmen wirtschaftlicher Unternehmungen Treibstoffe in den Verkehr bringt, zur Vermeidung von Schäden an Fahrzeugen verpflichtet werden kann, auch Treibstoffe mit bestimmten Eigenschaften, insbesondere mit nicht zu überschreitenden Höchstgehalten an Sauerstoff und Biokraftstoff, in den Verkehr zu bringen. In der Rechtsverordnung nach Satz 1 kann darüber hinaus die Unterrichtung der Verbraucher über biogene Anteile der Treibstoffe und den geeigneten Einsatz der verschiedenen Treibstoffmischungen geregelt werden; für die Regelung der Pflicht zur Unterrichtung gilt Absatz 2 Nummer 6 und 7 entsprechend.

(4) Die Bundesregierung wird ermächtigt, nach Anhörung der beteiligten Kreise (§ 51) durch Rechtsverordnung ohne Zustimmung des Bundesrates zu regeln, dass Unternehmen, die Treibstoffe in Verkehr bringen, jährlich folgende Daten der in der Rechtsverordnung zu bestimmenden Behörde vorzulegen haben:

a) die Gesamtmenge der jeweiligen Art von geliefertem Treibstoff unter Angabe des Erwerbsortes und des Ursprungs des Treibstoffs und
b) die Lebenszyklustreibhausgasemissionen pro Energieeinheit."

Artikel 2
Inkrafttreten

Dieses Gesetz tritt am Tag nach der Verkündung in Kraft.

Deutscher Bundestag, 17. Wahlperiode, Drucksache 17/2866

Was ist ein Gesetz?

Mit Gesetzen nimmt der Staat seine Aufgaben wahr. Er schützt seine Bürger (z. B. durch Strafandrohung für Vergehen), ordnet das Zusammenleben (z. B. durch Straßenverkehrsregeln) und erfüllt staatliche Leistungen (z. B. durch die Sozialgesetzgebung). Darüber hinaus kann der Staat mit Hilfe von Gesetzen das Zusammenleben der Menschen lenken und gestalten (z. B. Förderung von Forschung und Bildung, Entscheidung über zukünftige Energiepolitik).

Erklärfilm „Gesetzgebung“

Mediencode: 72064-03

M 6 Etappen der Gesetzgebung

Autorengrafik

1 Die meisten Gesetze, die in den Bundestag eingebracht werden, sind Vorlagen der Regierung. Die Entwürfe werden in den zuständigen Fachministerien erarbeitet.

2 Generell können Gesetzentwürfe von der Bundesregierung, aus dem Bundestag oder vom Bundesrat eingebracht werden.

3 Die erste Beratung im Plenum des Bundestages dient der Begründung des Gesetzesvorhabens und der Erörterung der Grundsätze der Vorlage. Es erfolgt noch kein Beschluss.

Der Gesetzentwurf wird anschließend an die fachlich zuständigen Ausschüsse überwiesen und dort intensiv beraten. Dort können in sogenannten „hearings“ auch Experten von außerhalb zu einem Gesetz gehört werden. Der Ausschuss kann dann dem Plenum eine Abänderung, Annahme oder Ablehnung des Entwurfs empfehlen.

4 Die zweite Lesung (Beratung) des Entwurfs erfolgt auf der Grundlage der Ausschussempfehlung. Über die einzelnen Bestimmungen wird dann abgestimmt.

Die dritte Lesung schließt sich unmittelbar an. Anschließend erfolgt die Schlussabstimmung.

5 Das im Bundestag beschlossene Gesetz wird dann dem Bundesrat zugeleitet. Die Zustimmung des Bundesrats ist erforderlich, wenn es sich um ein Zustimmungsgesetz handelt, in der Sache also Bund und Länder zuständig sind. Bei einem Einspruchsgesetz kann der Bundestag einen Einspruch des Bundesrats in einer weiteren Abstimmung überstimmen.

6 Bei Uneinigkeit über ein Zustimmungsgesetz und einer drohenden Ablehnung kann der Vermittlungsausschuss angerufen werden, der einen Kompromissvorschlag erarbeitet, über den Bundestag und Bundesrat erneut abstimmen. Bundestag und Bundesrat entsenden je 16 ihrer Mitglieder in den Vermittlungsausschuss. Können sich die Vertreter dabei nicht einigen, ist das Gesetz – wenn es sich um ein zustimmungspflichtiges Gesetz handelt – gescheitert.

7 Nach der Verabschiedung des Gesetzes wird es dem zuständigen Minister und dem Bundeskanzler zur Unterzeichnung vorgelegt.

Anschließend muss noch der Bundespräsident das Gesetz unterzeichnen. Er kann seine Unterschrift nur verweigern, wenn er der Auffassung ist, dass das Gesetz gegen die Verfassung verstößt.

Das Gesetz wird im Bundesgesetzblatt verkündet und tritt in Kraft.

Autorentext

Aufgaben

1. Führen Sie eine politische Analyse zum Problem „E10 – Biosprit“ durch (M 1 – M 6). Ordnen Sie dazu die Materialien den Etappen des Politikzyklus (→ Methode S. 56) zu und beantworten Sie die Leitfragen.
2. „Es gibt keine einfachen und eindeutigen Beziehungen zwischen staatlichen Steuerungsinstrumenten und erwünschten Ergebnissen und Zielen.“
Überprüfen Sie diese These anhand des Gesetzgebungsbeispiels zum E10-Kraftstoff.

F Erläutern Sie das Zusammenspiel von Exekutive und Legislative in einem System der Gewaltenverschränkung (M 4, M 5).

METHODE

Wie man politische Prozesse analysieren kann – der Politikzyklus

Politik befasst sich immer mit Problemen. Dabei müssen politische Systeme – auch Demokratien – beweisen, dass sie politische Probleme lösen können. Daran wird u. a. der Erfolg von Politik gemessen.
Doch wie läuft diese Problembewältigung ab? Der politische Prozess kann mit Hilfe von Modellen dargestellt werden, denn die Bearbeitung von Problemen verläuft häufig nach einem ähnlichen Muster. Der Politikzyklus stellt ein solches Modell dar, in dem der Prozess – der zeitliche Ablauf – veranschaulicht wird.
Handlungsdruck für die Politiker entsteht, wenn gesellschaftlich relevante Probleme öffentlich diskutiert werden. Dies gelingt dann, wenn viele Menschen oder starke Interessengruppen von diesem Problem betroffen sind. Andere Probleme, von denen nur schwache Gruppen betroffen sind, werden nicht oder kaum wahrgenommen.
Ist eine Entscheidung einmal gefallen, wird sie unterschiedlich bewertet. Manchmal ist das Problem gelöst, oftmals aber kann davon keine Rede sein, auch deshalb, weil sich Gesellschaft, Wirtschaft und Politik sehr schnell verändern. In diesem Fall muss die Politik erneut nach Lösungen suchen und der Politikzyklus beginnt von neuem. Deshalb wird Politik auch als eine (endlose) Kette von Versuchen zur Bewältigung politischer Probleme verstanden.

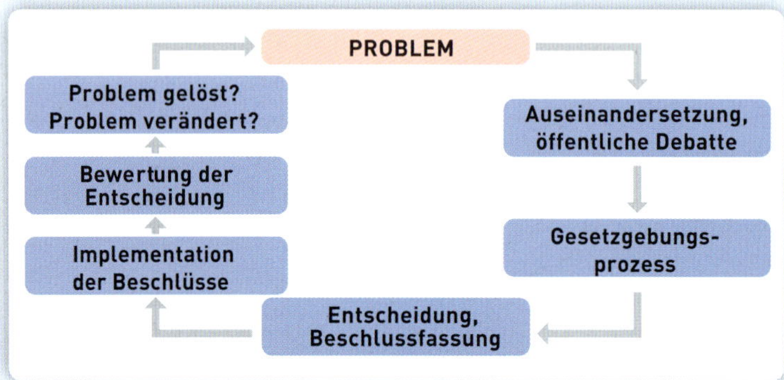

Kategorien	Leitfragen
Problem	Worin besteht das Problem? Welche Aufgabe hat die Politik zu lösen?
Auseinandersetzung, öffentliche Debatte	Was wirkt auf die Auseinandersetzung ein? Welche Interessenkonflikte und Interessenkonstellationen gibt es? Welche Ziele verfolgen die beteiligten Akteure? Welche Lösungsmöglichkeiten werden diskutiert? Welche Problemdefinition setzt sich am Ende durch?
Gesetzgebungsprozess	Greift der Gesetzgeber das Problem auf? Wie versuchen die Akteure, Einfluss auf den Gesetzgebungsprozess zu nehmen?
Entscheidung, Beschlussfassung	Zu welchen Ergebnissen hat die Auseinandersetzung geführt? Welche Akteure/Interessen konnten sich durchsetzen?
Bewertung der Entscheidung	Welche Akteure bewerten das Ergebnis positiv/negativ? Welche Wertvorstellungen beeinflussen die Bewertung?
Problem gelöst? Problem verändert?	Ist das Problem gelöst oder ist nur die Problemlage verändert? Wird das Problem von den Akteuren anders wahrgenommen? Greift der Vollzug der Entscheidung an den Ursachen an oder werden nur die Folgen bekämpft? Schafft es das Problem erneut auf die politische Agenda?

1.4.3 Ist nach dem Gesetz vor dem Gesetz?

M 7 ● Stagnation auf niedrigem Niveau: Comeback für das alte Superbenzin?

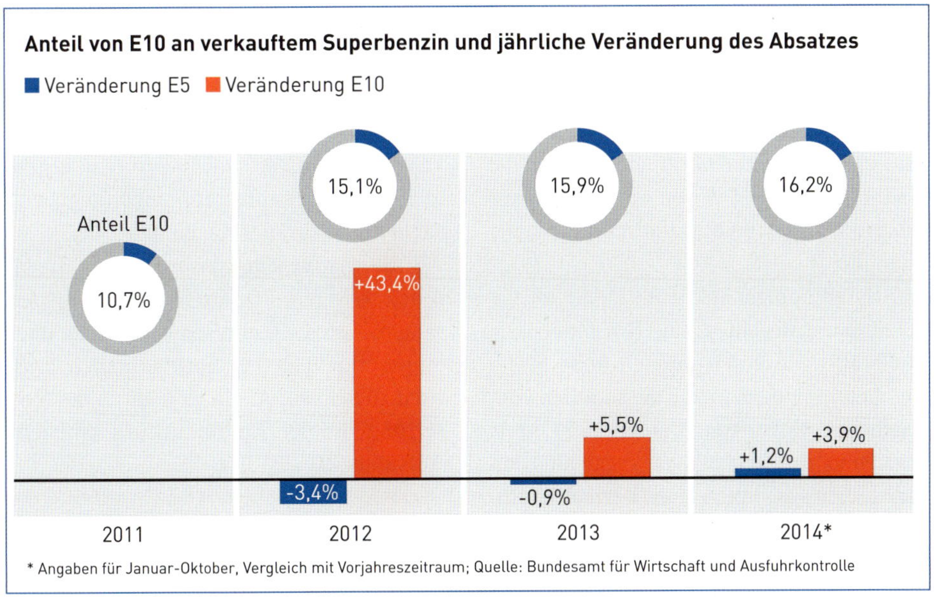

© Statista 2017, Deutschland; Mineralölwirtschaftsverband; Mai 2011; 655 Befragte, Quelle: MWV

Der hartnäckige Kaufboykott der Autofahrer gegen E10 lässt die Mineralölkonzerne einlenken. Bald bietet der deutsche Tankstellen-Marktführer Aral wieder das gewohnte Superbenzin mit fünf Prozent Ethanol an. [...] „Wir gehen davon aus, dass langfristig die Autofahrer Super E10 mehrheitlich als preisgünstigsten und umweltfreundlichsten Kraftstoff akzeptieren", sagte Aral-Tankstellenchef Stefan Brok. Die Bedenken gegen E10 seien unbegründet; in den USA sei E10 schon lange der Standardkraftstoff. Das hatten sich die Ölkonzerne auch für Deutschland gewünscht [...]. Doch schnell stellte sich heraus, dass die Autofahrer nicht mitziehen. Bis heute tanken nur 30 bis 40 Prozent den Bio-Sprit. Ein Teil der Autofahrer traut dem Stoff nicht, weil er Angst um seinen Motor hat.

tib/DAP, www.stern.de, 8.4.2011

M 8 ● „Kein Brot in den Tank"

Die Umweltorganisation Greenpeace [fordert] wegen der hohen Getreidepreise ein sofortiges Aus für den Biosprit E10 in Deutschland. „Angesichts der weltweiten Getreideknappheit macht so ein Schritt Sinn", sagte Greenpeace-Agrarexperte Martin Hofstetter der Deutschen Presse-Agentur in Berlin. Auch der Bund für Umwelt und Naturschutz in Deutschland (BUND) ist für einen E10-Stopp. Die Verbraucherzentrale nennt die E10-Einführung „gescheitert".

Greenpeace verweist darauf, dass in Deutschland jährlich aus etwa 1,5 Millionen Tonnen Getreide Ethanol hergestellt werde. Zusätzlich importiere Deutschland rund die Hälfte des eingesetzten Ethanols aus dem Ausland: „Insofern entlastet tatsächlich ein E10-Verbot den Getreidemarkt", sagte Hofstetter. Ein E10-Stopp könne auch für andere Länder mit Ethanolerzeugung richtungweisend sein – allein in den USA landeten 40 Prozent der Maisproduktion im

Tank. „Wir haben es beim Getreide mit einem vollständig globalisierten Markt zu tun.“ [...]

Die Vorräte an Getreide sind laut Weltgetreiderat in den vergangenen Jahren drastisch geschmolzen – von 175 Millionen Tonnen 2010 auf aktuell nur noch etwa 100 Millionen Tonnen. Weltweit aber werden inzwischen 150 Millionen Tonnen Getreide jährlich zu Ethanol verarbeitet. Ohne die Ethanol-Erzeugung wären also die Getreidelager sehr gut gefüllt, und es gäbe keine Knappheit.

Das Hauptproblem in Deutschland sei die Beimischungsregelung, sagt Hofstetter. „Die Kraftstoffproduzenten müssen hohe Strafabgaben zahlen, wenn sie die staatlich vorgegebenen Biokraftstoffquoten nicht erreichen und machen daher sogar an den Tankstellen E10 billiger als Normalbenzin, obwohl sie Agrosprit beim Einkauf viel mehr kostet als fossiler Kraftstoff“, sagte der Greenpeace-Experte. „Das ist ein Irrsinn, den die Autofahrer über insgesamt höhere Preise zahlen müssen.“ [...]

Selbst klimapolitisch ist der Nutzen von E10 sehr umstritten. Durch den Anbau von Energiepflanzen werde die Ackerfläche insgesamt ausgeweitet. „Dies geht zulasten von naturnahen Ökosystemen, daher sind keine nennenswerten Klimavorteile gegenüber fossilen Brennstoffen mehr gegeben“, sagte der Verbraucherschützer.

Als Alternative zum Biosprit fordert Greenpeace strengere CO_2-Grenzwerte und sparsamere Autos. „Technisch ist es heute doch längst möglich, den Spritverbrauch drastisch zu senken. Allein es fehlt an der Umsetzung bei der Autoindustrie“, kritisierte Hofstetter.

dpa, www.handelsblatt.de, 18.8.2012

Agrosprit
Biosprit

M 9 ● Bauern verteidigen Biosprit

Der Deutsche Bauernverband (DBV) hat Kritik an der Industrie bei der Einführung des Biokraftstoffs E10 geübt. „Die Mineralölindustrie hat eine schlechte Einführungsstrategie gewählt und die Autoindustrie drückt sich“, sagte DBV-Präsident Gerd Sonnleitner am Dienstag in Berlin. Dabei sei E10 ein guter Kraftstoff und keine Öko-Plörre.

Die Diskussion um „Tank oder Teller“ bezeichnete Sonnleitner als „einseitig“. Nur zwei bis fünf Prozent des Getreides werde für die E10-Produktion verwendet. „E10 hat mit Sicherheit keinen großen Einfluss auf die Lebensmittelpreise“, erklärte Sonnleitner. Der Preisanstieg sei vielmehr auf die anziehende Nachfrage durch die Erholung der Weltwirtschaft zurückzuführen.

„Wenn wir die Kernkraftwerke abschalten, dann brauchen wir auch die Biomasse“, bekräftigte der DBV-Präsident. Ohne Bioenergie und E10 sei eine CO_2-Reduzierung nicht möglich, zudem dienten sie als Risikovorsorge. „Wir müssen die Bioenergieproduktion unbedingt erhalten“, sagte Sonnleitner. „Die Nahrungsmittelproduktion wird natürlich unsere Hauptaufgabe bleiben.“

Nach Angaben des Bundeslandwirtschaftsministeriums werden nur auf 240.000 Hektar der insgesamt zwölf Millionen Hektar Ackerfläche in Deutschland Getreide und Zuckerrüben für Bioethanol angebaut, das dann für E10 verwendet wird.

Jahel Mielke, www.tagesspiegel.de, 13.4.2011

F „Politik kann als (endlose) Kette von Versuchen zur Bewältigung gesellschaftlicher Probleme verstanden werden.“ Erläutern Sie, ob durch die Einführung von E10 ein neuer Politikzyklus initiiert wurde.

Aufgaben

1. Stellen Sie dar, welche Interessen die beteiligten Akteure verfolgen und wie sie die Einführung von E10 bewerten (M 7 – M 9).
2. Welche Position leuchtet Ihnen ein? Nehmen Sie persönlich Stellung.
3. Beurteilen Sie, ob man die Einführung des E10-Kraftstoffs als Erfolg bezeichnen kann.

1.4.4 Grundrechte im Konflikt

M 10 ● Neue Gefahrenlage? Flugzeuge als Waffen

Der geistig verwirrte Franz Stephan S. drohte (2003) mit einem Motorsegler in ein Frankfurter Bankenhochhaus zu fliegen. Der Staat reagierte prompt mit der Entsendung von Abfangjägern, doch hätte die Gesetzesgrundlage für einen Abschuss des Flugzeuges gefehlt. Der Motorsegler drehte ab.

M 11 ● Der Gesetzgeber reagiert – das Luftsicherheitsgesetz

Am 15.1.2005 trat das vom Bundestag verabschiedete Luftsicherheitsgesetz in Kraft. Es soll der Bundesregierung die Möglichkeit geben, darauf zu reagieren, wenn Flugzeuge durch Terroristen entführt und als Waffen eingesetzt werden.

§ 1 Zweck
Dieses Gesetz dient dem Schutz vor Angriffen auf die Sicherheit des Luftverkehrs, insbesondere vor Flugzeugentführungen, Sabotageakten und terroristischen Anschlägen.

§ 14 Einsatzmaßnahmen, Anordnungsbefugnis
(1) Zur Verhinderung des Eintritts eines besonders schweren Unglücksfalles dürfen die Streitkräfte im Luftraum Luftfahrzeuge abdrängen, zur Landung zwingen, den Einsatz von Waffengewalt androhen oder Warnschüsse abgeben.
(2) Von mehreren möglichen Maßnahmen ist diejenige auszuwählen, die den Einzelnen und die Allgemeinheit voraussichtlich am wenigsten beeinträchtigt. Die Maßnahme darf nur so lange und so weit durchgeführt werden, wie ihr Zweck es erfordert. Sie darf nicht zu einem Nachteil führen, der zu dem erstrebten Erfolg erkennbar außer Verhältnis steht.
(3) Die unmittelbare Einwirkung mit Waffengewalt ist nur zulässig, wenn nach den Umständen davon auszugehen ist, dass das Luftfahrzeug gegen das Leben von Menschen eingesetzt werden soll, und sie das einzige Mittel zur Abwehr dieser gegenwärtigen Gefahr ist.
(4) Die Maßnahme nach Absatz 3 kann nur der Bundesminister der Verteidigung oder im Vertretungsfall das zu seiner Vertretung berechtigte Mitglied der Bundesregierung anordnen. Im Übrigen kann der Bundesminister der Verteidigung den Inspekteur der Luftwaffe generell ermächtigen, Maßnahmen nach Absatz 1 anzuordnen.

Auszüge aus dem Luftsicherheitsgesetz (LuftSiG)

Hintergrund 11.9.2001

Terroristen entführen Flugzeuge und rasen in die Türme des World Trade Center in New York, die daraufhin einstürzen. Ein weiteres Flugzeug wird in das Pentagon (Washington) gesteuert. Ein viertes stürzt auf ein Feld in Pennsylvania. Knapp 3.000 Menschen finden dabei den Tod.

Film-Tipp „Terror – Ihr Urteil“

Deutscher Fernsehfilm des Regisseurs Lars Kraume. Der Film wurde am 17.10.2016 erstmals ausgestrahlt. Am Anfang und gegen Ende des Films werden die Zuschauer aufgefordert, über die Schuld bzw. Unschuld eines Luftwaffenpiloten abzustimmen, der ein vollbesetztes und durch Terroristen entführtes Passagierflugzeug abgeschossen hatte, welches in ein mit mehreren zehntausend Menschen ausverkauftes Fußballstadion gelenkt werden sollte.

M 12 ● Soll man entführte Flugzeuge im Notfall abschießen dürfen?

Eine Pilotin

Sie verbringt den größten Teil ihres Arbeitstages in der Luft. Ist ein Flugzeug von der Flugsicherung nicht zu erreichen, dann wird Alarm ausgelöst. Dieser kann auch durch einen technischen Defekt ausgelöst werden. Aber selbst im Falle einer Entführung ist nicht klar, ob die Maschine als fliegende Bombe eingesetzt werden soll oder ob z. B. Gefangene freigepresst werden sollen. Die Menschen, die entscheiden müssen, ob das Flugzeug abgeschossen werden soll, müssen diese Entscheidung treffen, ohne über die entsprechenden Informationen zu verfügen.

Anwohner eines Atomkraftwerks

Menschen, die in der Nähe von Atomkraftwerken leben, müssen immer mit der theoretischen Gefahr eines Unfalls leben. Untersuchungen haben ergeben, dass der Absturz eines Flugzeugs zu einem GAU („größter anzunehmender Unfall“) führen könnte. Der dabei entstehende Schaden ist kaum zu ermessen, da die ausströmende Radioaktivität für Menschen sehr gefährlich ist und ganze Landstriche unbewohnbar machen kann. Greift man nicht ein, wenn ein Flugzeug entführt ist, dann lässt man den Dingen einfach freien Lauf – mit nicht absehbaren Folgen.

Befürworter des Gesetzes

Menschen müssen vor terroristischen Anschlägen geschützt werden. Wenn Flugzeuge als „fliegende Waffen“ eingesetzt werden, müssen die Menschen am Boden davor geschützt werden. Das Luftsicherheitsgesetz wirkt abschreckend auf Terroristen und hat zum Ziel, die Zahl der Opfer so gering wie nur möglich zu halten. Man muss mit der Entscheidung, ein Flugzeug abzuschießen, den größten Nutzen erreichen und den größten Schaden vermeiden.

Kläger vor dem Verfassungsgericht

Er hat Verfassungsbeschwerde eingereicht, weil er der Meinung ist, dass der Staat nicht das Leben unschuldiger Menschen in Flugzeugen gefährden oder diese gar töten darf, um das Leben von Menschen am Boden zu schützen. Er hält es für bedenklich, wenn unter großem Zeitdruck über das Leben von unschuldigen Passagieren entschieden werden soll. Der Staat dürfe sich durch seine Entscheidungen nicht auf eine Ebene mit den Terroristen stellen und selbst an der Tötung von Menschen mitwirken. Das Grundgesetz verpflichte den Staat, seine Bürger zu schützen.

Aufgaben

1. Stellen Sie dar, welche neuen Bedrohungen durch die Anschläge vom 11. September entstanden sind (M 10).
2. Benennen Sie die Bedingungen und die Ziele des Luftsicherheitsgesetzes (M 11).
3. a) Teilen Sie den Kurs in Arbeitsgruppen auf. Bearbeiten Sie die Rollen und bereiten Sie einen Gruppenteilnehmer auf ein Streitgespräch (→ Methodenglossar) vor.
   b) Werten Sie die Diskussion aus: Zuerst bekommen die Spieler die Möglichkeit, ihre Rolle zu bewerten und ihre Eindrücke zu schildern. Welche Argumente haben die Beobachter überzeugt? Sind die Gesprächspartner aufeinander eingegangen?
   c) Halten Sie die wichtigsten Argumente – z. B. in Form eines Ergebnisprotokolls – fest.
4. Erläutern Sie, welche Grundrechte nach dem Grundgesetz durch das Luftsicherheitsgesetz beeinträchtigt sein könnten (Art. 1 – 19 GG).

1.4.5 Das Bundesverfassungsgericht urteilt

M 13 ● Auszüge aus dem Urteil über das Luftsicherheitsgesetz

Aufgrund einer Verfassungsbeschwerde u. a. der FDP-Politiker Gerhart Baum und Burkhard Hirsch hat sich das Bundesverfassungsgericht mit dem Luftsicherheitsgesetz befasst und am 15.2.2006 folgendes Urteil gesprochen.

§ 14 Abs. 3 Luftsicherheitsgesetz (LuftSiG), der die Streitkräfte ermächtigt, Luftfahrzeuge, die als Tatwaffe gegen das Leben von Menschen eingesetzt werden sollen, abzuschießen, ist mit dem Grundgesetz unvereinbar und nichtig. Dies entschied der Erste Senat des Bundesverfassungsgerichts mit Urteil vom 15. Februar 2006. [...]
§ 14 Abs. 3 LuftSiG ist auch mit dem Recht auf Leben (Art. 2 Abs. 2 Satz 1 GG) in Verbindung mit der Menschenwürdegarantie (Art. 1 Abs. 1 GG) nicht vereinbar, soweit von dem Einsatz der Waffengewalt tatunbeteiligte Menschen an Bord des Luftfahrzeugs betroffen werden. Die einem solchen Einsatz ausgesetzten Passagiere und Besatzungsmitglieder befinden sich in einer für sie ausweglosen Lage. Sie können ihre Lebensumstände nicht mehr unabhängig von anderen selbstbestimmt beeinflussen. Dies macht sie zum Objekt nicht nur der Täter. Auch der Staat, der in einer solchen Situation zur Abwehrmaßnahme des § 14 Abs. 3 LuftSiG greift, behandelt sie als bloße Objekte seiner Rettungsaktion zum Schutze anderer. Eine solche Behandlung missachtet die Betroffenen als Subjekte mit Würde und unveräußerlichen Rechten. Sie werden dadurch, dass ihre Tötung als Mittel zur Rettung anderer benutzt wird, verdinglicht und zugleich entrechtlicht; indem über ihr Leben von Staats wegen einseitig verfügt wird, wird den als Opfern selbst schutzbedürftigen Flugzeuginsassen der Wert abgesprochen, der dem Menschen um seiner selbst willen zukommt. Dies geschieht zudem unter Umständen, die nicht erwarten lassen, dass in dem Augenblick, in dem über die Durchführung einer Einsatzmaßnahme nach § 14 Abs. 3 LuftSiG zu entscheiden ist, die tatsächliche Lage immer voll überblickt und richtig eingeschätzt werden kann. Unter der Geltung des Art. 1 Abs. 1 GG (Menschenwürdegarantie) ist es schlechterdings unvorstellbar, auf der Grundlage einer gesetzlichen Ermächtigung unschuldige Menschen, die sich in einer derart hilflosen Lage befinden, vorsätzlich zu töten. Die Annahme, dass derjenige, der als Besatzungsmitglied oder Passagier ein Luftfahrzeug besteigt, mutmaßlich in dessen Abschuss und damit in die eigene Tötung einwilligt, falls dieses in einen Luftzwischenfall verwickelt wird, ist eine lebensfremde Fiktion. Auch die Einschätzung, dass die Betroffenen ohnehin dem Tod geweiht seien, vermag der Tötung unschuldiger Menschen in der geschilderten Situation nicht den Charakter eines Verstoßes gegen den Würdeanspruch dieser Menschen zu nehmen. Menschliches Leben und menschliche Würde genießen ohne Rücksicht auf die Dauer der physischen Existenz des einzelnen Menschen gleichen verfassungsrechtlichen Schutz. Die teilweise vertretene Auffassung, dass die an Bord festgehaltenen Personen Teil einer Waffe geworden seien und sich als solcher behandeln lassen müssten, bringt geradezu unverhohlen zum Ausdruck, dass die Opfer eines solchen Vorgangs nicht mehr als Menschen wahrgenommen werden.

Pressemitteilung Nr. 11/2006 vom 15. Februar 2006/ Zum Urteil vom 15. Februar 2006 – 1 BvR 357/05

Art. 1 GG

(1) Die Würde des Menschen ist unantastbar. Sie zu achten und zu schützen ist Verpflichtung aller staatlichen Gewalt.
(2) Das deutsche Volk bekennt sich darum zu unverletzlichen und unveräußerlichen Menschenrechten als Grundlage jeder menschlichen Gemeinschaft, des Friedens und der Gerechtigkeit in der Welt.
(3) Die nachfolgenden Grundrechte binden Gesetzgebung, vollziehende Gewalt und Rechtsprechung als unmittelbar geltendes Recht.

Art. 2 GG

(2) Jeder hat das Recht auf Leben und körperliche Unversehrtheit. Die Freiheit der Person ist unverletzlich. In diese Rechte darf nur auf Grund eines Gesetzes eingegriffen werden.

M 14 Die Stellung des Bundesverfassungsgerichts

Richter des Bundesverfassungsgerichts bei einer Urteilsverkündung

Das Grundgesetz ist die oberste Richtschnur allen staatlichen Handelns. Eine eigene Institution, das Bundesverfassungsgericht, wacht darüber, dass Parlament, Regierung und Rechtsprechung die Verfassung einhalten. Als Hüter der Verfassung kann es jeden Akt der gesetzgebenden Gewalt, der Regierung und Verwaltung und jede Entscheidung der Gerichte auf ihre Verfassungsmäßigkeit prüfen. Dabei schützt es besonders die Grundrechte der Bürger. Außer dem Schutz der Verfassung hat das Bundesverfassungsgericht die Aufgabe, das Grundgesetz rechtsverbindlich zu interpretieren. Eine Verfassung enthält nur grundsätzliche und allgemein formulierte Regeln. Sie muss ständig neu ausgelegt und dem gesellschaftlichen Wandel entsprechend fortentwickelt werden. Das Grundgesetz gilt so, wie das Bundesverfassungsgericht es auslegt. Es gibt kaum einen Artikel, zu dem keine interpretierende Entscheidung des Gerichts vorläge.

„Das Bundesverfassungsgericht ist ein allen übrigen Verfassungsorganen gegenüber selbstständiger und unabhängiger Gerichtshof des Bundes." So lautet Paragraph 1 Abs. 1 des „Gesetzes über das Bundesverfassungsgericht". Das bedeutet, dass das Bundesverfassungsgericht einerseits ein Gericht und andererseits ein Verfassungsorgan ist.

Als Gericht ist es ein Teil der rechtsprechenden Gewalt. Allen anderen Gerichten gegenüber hat es eine einzigartige Stellung. Es ist das höchste Gericht des Bundes, die letzte Instanz für die Kontrolle der Verfassungsmäßigkeit des politischen Lebens. Es kann die Entscheidungen aller anderen Gerichte aufheben, wenn sie der Prüfung auf die Verfassungsmäßigkeit nicht standhalten. Seine Entscheidungen sind für alle verbindlich. Soweit sie die Rechtswirksamkeit von Bundes- und Landesgesetzen betreffen, haben sie sogar Gesetzeskraft und werden im Bundesgesetzblatt verkündet.

Die herausragende Bedeutung des Bundesverfassungsgerichts kommt darin zum Ausdruck, dass es ein Verfassungsorgan ist, gleichen Ranges mit den anderen Verfassungsorganen, dem Bundestag, dem Bundesrat, der Bundesregierung und dem Bundespräsidenten.

Horst Pötzsch, Die deutsche Demokratie, 5. Auflage, Bonn 2009, S. 144 f.

F Stellen Sie die Auseinandersetzung um das Luftsicherheitsgesetz in einem Politikzyklus dar.

F Der damalige Innenminister Wolfgang Schäuble hat das Luftsicherheitsgesetz auch mit der politischen Theorie von Thomas Hobbes begründet. Recherchieren (→ Methodenglossar) Sie und nehmen Sie zu seiner Argumentation Stellung.

Aufgaben

1. Das Bundesverfassungsgericht (BVerfG) hat das Luftsicherheitsgesetz als verfassungswidrig erklärt. Stellen Sie die Argumentation des Gerichts dar (M 13).
2. „Menschen würden dadurch, dass der Staat ihre Tötung als Mittel zur Rettung anderer benutzt, als bloße Objekte behandelt." Erläutern Sie, wie das Bundesverfassungsgericht diese Aussage begründet (M 13).
3. Diskutieren Sie das Urteil des Bundesverfassungsgerichts zum Luftsicherheitsgesetz.

1.4.6 Hat das Bundesverfassungsgericht zu viel Macht?

M 15 ● Auszüge aus Urteilen des Bundesverfassungsgerichts

Das Bundesverfassungsgericht fordert ein drittes Geschlecht für den Eintrag im Geburtenregister. Intersexuellen Menschen, die weder männlich noch weiblich sind, solle damit ermöglicht werden, ihre geschlechtliche Identität „positiv“ eintragen zu lassen, entschieden die Karlsruher Richter. Zur Begründung verwies das Gericht auf das im Grundgesetz geschützte Persönlichkeitsrecht. Der Gesetzgeber muss nun laut Karlsruhe bis Ende 2018 eine Neuregelung schaffen, in die als drittes Geschlecht neben „männlich“ und „weiblich“ noch [...] eine andere „positive Bezeichnung des Geschlechts“ aufgenommen wird.

© SZ.de/afp/ick/feko, Süddeutsche Zeitung, 8.11.2017

BVerfG billigt den europäischen Rettungsschirm ESM. Allerdings hat das Gericht die Bundesregierung völkerrechtlich an bestimmte Grundsätze gebunden, die es einzuhalten gilt. So wird die Haftungsobergrenze Deutschlands bei den Rettungsmaßnahmen beim ESM auf rund 190 Milliarden Euro begrenzt. [...] Ohne Zustimmung des deutschen Vertreters im ESM-Gouverneursrat könne es keine höheren Verpflichtungen geben.

Roland Nelles/Severin Weiland, www.spiegel.de, 12.9.2012

Der Bundesrat ist mit seinem Versuch gescheitert, die rechtsextreme NPD verbieten zu lassen. Das Bundesverfassungsgericht wies den Antrag der Länderkammer ab. Die NPD sei zwar verfassungsfeindlich gesinnt und wesensverwandt mit dem Nationalsozialismus, sie habe aber nicht das Potenzial, die Demokratie in Deutschland zu beseitigen, begründete das Gericht in knapp 300 Seiten sein Urteil (Az. 2 BvB 1/13).

Monika Pilath, www.zeit.de, 17.1.2017

M 16 ● Die Aufgaben des Bundesverfassungsgerichts

Das Bundesverfassungsgericht wird nicht von sich aus tätig, sondern nur auf Antrag, es muss von einer Person oder Institution angerufen werden. Seine Zuständigkeit ist in verschiedenen Artikeln des Grundgesetzes geregelt, die wesentlichen Aufgaben sind in den umfangreichen Art. 93 und 100 detailliert aufgeführt.

Verfassungsbeschwerde

Mit einer Verfassungsbeschwerde kann jeder Bürger das Gericht anrufen, der glaubt, durch die öffentliche Gewalt in seinen Grundrechten verletzt worden zu sein. Das kann ein Verwaltungsakt, eine Gerichtsentscheidung oder auch ein Gesetz sein. Seit 1951 waren nur 3.094, das sind 1,76 Prozent aller Verfassungsbeschwerden, erfolgreich.

Verfassungsbeschwerde kann erst dann eingelegt werden, wenn der Rechtsweg ausgeschöpft ist, das heißt, wenn zuvor alle Instanzen des zuständigen Gerichts angerufen worden sind. Kammern, die mit je drei Bundesverfassungsrichtern besetzt sind, prüfen jede eingereichte Beschwerde auf ihre Zulässigkeit. [...]

Normenkontrolle

Von großer politischer Bedeutung ist die Zuständigkeit des Bundesverfassungsgerichts für die Normenkontrolle. Es kontrolliert, ob ein Gesetz, eine Norm, mit dem Grundgesetz übereinstimmt. Es gibt zwei Arten von Verfahren der Normenkontrolle: Konkrete Normenkontrolle: Wenn ein Gericht bei der Verhandlung eines konkreten Falles zu der Überzeugung gelangt, dass das anzuwendende Gesetz nicht mit dem Grundgesetz vereinbar ist, muss es das Verfahren unterbrechen und die Entscheidung des Bundesverfassungsgerichts einholen. Abstrakte Normenkontrolle: Auf Antrag der Bundesregierung, einer Landesregierung oder mindestens eines Viertels der Bundestagsabgeordneten prüft das Bundesverfassungsgericht, ob Bundesrecht oder Landesrecht mit dem Grundgesetz übereinstimmt. Das Gericht entscheidet in solchen Verfahren „abstrakt" über die Verfassungsmäßigkeit eines Gesetzes oder eines Vertrages, bevor das Gesetz in einem „konkreten" Fall angewendet worden bzw. der Vertrag rechtsgültig geworden ist. Hier geht es um Entscheidungen in wichtigen Fragen, oftmals um zentrale politische Kontroversen. [...]

Meinungsverschiedenheiten zwischen Verfassungsorganen

Verfassungsstreitigkeiten zwischen Organen sind verhältnismäßig selten. Dabei geht es um Meinungsverschiedenheiten über die Rechte und Pflichten von Bund und Ländern oder um Streitigkeiten zwischen Ländern. Antragsberechtigt sind Bundesregierung oder Landesregierungen. Streitigkeiten zwischen Verfassungsorganen des Bundes nennt man Organstreitigkeiten. Prozessparteien können die obersten Bundesorgane (Bundestag, Bundesrat, Bundesregierung, Bundespräsident), aber auch Bundestagsfraktionen und einzelne Abgeordnete, zu bestimmten Streitfragen (Zulassung zur Wahl, Parteienfinanzierung, Fünfprozentklausel) auch Parteien sein.
Von den weiteren Zuständigkeiten des Bundesverfassungsgerichts ist vor allem die Aufgabe zu erwähnen, über die Verfassungsmäßigkeit von Parteien zu entscheiden und gegebenenfalls ein Parteiverbot auszusprechen.

Horst Pötzsch, Die deutsche Demokratie, 5. Auflage, Bonn 2009, S. 144 ff.

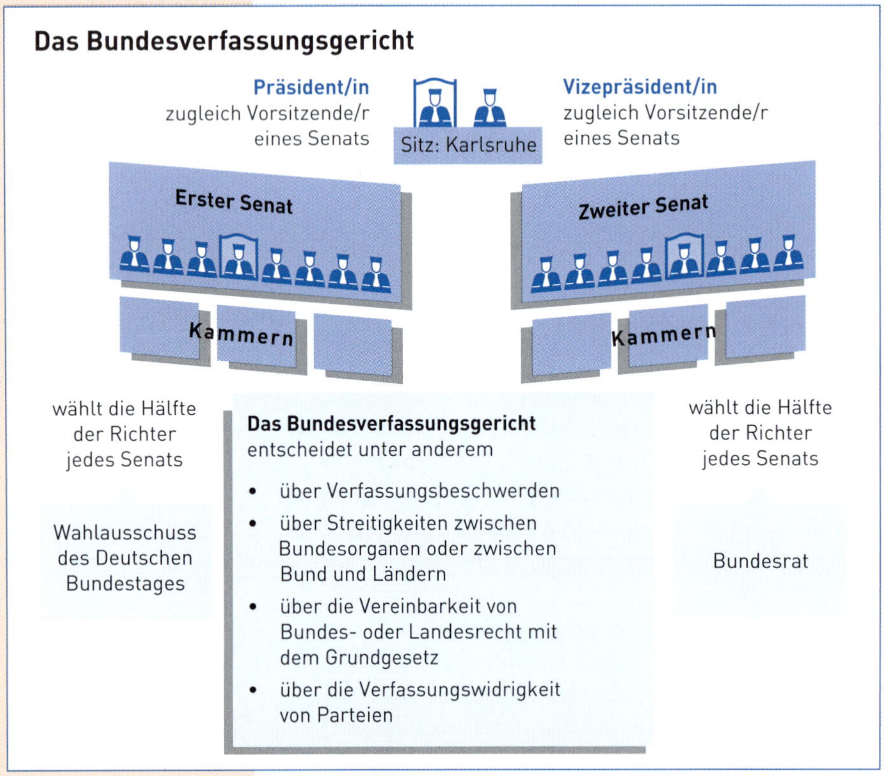

Bergmoser + Höller Verlag AG, Zahlenbilder 129015

M 17 ● Macht Karlsruhe Politik?

Tatsächlich drängt sich die Frage auf, warum bestimmt eigentlich Karlsruhe über die vollständige Gleichstellung gleichgeschlechtlicher Lebenspartnerschaften und nicht die Politik? Ist es nicht das ureigenste Recht der Politik und die ureigenste Aufgabe des Parlamentes, darüber zu entscheiden, welcher Bevölkerungsgruppe sie aus übergeordneten Erwägungen welche finanziellen Vorteile gewährt? Warum mischen sich die Verfassungsrichter in gesellschaftliche Debatten und parlamentarische Entscheidungsprozesse ein? Und überhaupt: Wie politisch darf das Verfassungsgericht sein?

Die Kritik am Bundesverfassungsgericht ist nicht neu. Im Gegenteil: Sie ist so alt wie das Bundesverfassungsgericht selbst. Doch der Kritik liegt ein Missverständnis zugrunde. Das Bundesverfassungsgericht war nie unpolitisch. Schon seit seiner Gründung im Jahr 1951 lag es immer wieder im Streit mit der Legislative und der Exekutive. Seit mehr als sechs Jahrzehnten steht das Gericht deshalb unter Generalverdacht der Einmischung in die Politik sowie der verfassungsrechtlichen Knebelung des Gesetzgebers. Die Kritik wird vor allem immer dann laut, wenn sich das Gericht in seinen Urteilen gegen die Bundesregierung und gegen die große Mehrheit der Bevölkerung stellt.

[...] In den achtziger Jahren stoppten die Richter gegen den Willen fast aller Parteien die Volkszählung und prägten in einem weitreichenden Urteil das „Recht auf informationelle Selbstbestimmung“.

Als das Bundesverfassungsgericht den Spruch „Soldaten sind Mörder“ unter den Schutz der Meinungsfreiheit stellte, war die öffentliche Empörung genauso groß, wie nach der höchstrichterlichen Feststellung, dass Sitzblockaden vom Grundrecht auf Versammlungsfreiheit gedeckt sein können. [...]

In der Theorie heißt es, „das Bundesverfassungsgericht wacht über die Einhaltung des Grundgesetzes“. Doch die Praxis sieht ganz anders aus. Das Bundesverfassungsgericht ist eben nicht nur Garant für die Menschenwürde und die Grundrechte. Die Verfassungsrichter wachen nicht nur darüber, dass in der Politik die demokratischen Spielregeln eingehalten werden, etwa im Wahlrecht oder bei den Kontrollrechten des Parlaments gegenüber der Regierung.

Vielmehr ist das Bundesverfassungsgericht ein politisches Gericht, es urteilt nicht nur über politische Entscheidungen, sondern macht auch Politik. Es ist nicht nur Schiedsrichter zwischen Parteien, Parlament und Regierung sowie zwischen Bund und Ländern, sondern ein politischer Akteur. In der Praxis seiner Rechtsprechung ist das Gericht eine Art Übergesetzgeber, der die politische Ausgestaltung ganzer Politikbereiche mitbestimmt, zum Beispiel in der Familienpolitik oder der Bildungspolitik.

Der politische Einfluss des Gerichts ist groß, schließlich gibt es kaum noch eine politische Entscheidung, die ohne Zutun des Bundesverfassungsgerichts gefällt wird. Schon im Gesetzgebungsverfahren wissen alle Beteiligten, ein Kläger findet sich nach der Verabschiedung eines Gesetzes immer. [...]

Doch die Parteien sind vor allem auch selber schuld daran, dass das Bundesverfassungsgericht so viel Macht hat und ihnen deshalb immer wieder vorschreibt, welche Politik sie zu machen haben.

Einerseits neigt die Politik dazu, unpopuläre Entscheidungen nach Karlsruhe zu delegieren, etwa bei der europäischen Integration. Immer wieder werden politische Streitfragen nach Karlsruhe getragen, weil sich die Politik nicht traut, den Wählern reinen Wein einzuschenken. Anderseits ist das Bundesverfassungsgericht zu einem Kampfplatz der Opposition verkommen. Wann immer diese politische Mehrheitsentscheidungen nicht akzeptiert, wie zuletzt bei der Einführung des Betreuungsgeldes, ruft sie nach einem Urteil aus Karlsruhe, um so die verlorene politische Auseinandersetzung zu verlängern.

Die Parteien haben das Bundesverfassungsgericht stark gemacht. Dessen politische Autorität speist sich jedoch vor allem aus dem öffentlichen Ansehen. In allen Auseinandersetzungen mit der Politik haben die Verfassungsrichter deshalb ein entscheidendes Argument auf ihrer Seite. Sie genießen in der Bevölkerung großes Vertrauen und hohes Ansehen. [...] Die Deutschen vertrauen dem Verfassungsgericht mehr als der Politik und es stört sie offenbar wenig, dass die demokratische Legitimation der Überpolitiker aus Karlsruhe äußerst dürftig ist.

Christoph Seils, in: Cicero, 4.3.2013

M 18 ● Berliner Friedhof in Karlsruhe

Karikatur: Klaus Stuttmann

Aufgaben

1. Untersuchen Sie, um welche Art der Klage es sich bei folgenden Beispielen handelt (M 16).
   a) Ein Rechtsanwalt klagt gegen die Erhebung von Rundfunkgebühren für internetfähige PCs. Das Bundesverfassungsgericht lehnt ab und sieht keine Beeinträchtigung der Grundrechte.
   b) Abgeordnete einer Bundestagsfraktion klagen gegen den Einsatz von Bundeswehr-Tornados in Syrien.
   c) Bundesverfassungsgericht bestätigt die unverzichtbare Beteiligung des Bundestages an den Beschlüssen zur Eurorettung. Geklagt hatten Abgeordnete des Deutschen Bundestages.
2. Analysieren (→ Methodenglossar) Sie die Karikatur M 18.
3. Macht Karlsruhe Politik? Stellen Sie die Argumentation dar und diskutieren Sie die Frage (M 17).

H zu Aufgabe 3 → S. 194

Gang der Gesetzgebung
M 15

Bei der **Gesetzgebung** wirken Bundesregierung, Bundestag und Bundesrat zusammen. Das Gesetzgebungsverfahren ist komplex, es bietet aber gesellschaftlichen und politischen Akteuren viel Raum, Einfluss zu nehmen. So erreichen die Entscheidungen ein hohes Maß an Legitimität.
Am Beginn des Verfahrens steht das **Initiativrecht**, d. h. das Recht, einen Gesetzentwurf einzubringen. Bundesregierung, Bundesrat und Bundestag (mindestens 5 % der Abgeordneten) besitzen das Initiativrecht. In der politischen Praxis kommen mehr als die Hälfte der Initiativen aus den Reihen der Bundesregierung. Die Entwürfe der Bundesregierung werden in den Fachministerien ausgearbeitet. Dort können bereits private Interessen – z. B. Interessenverbände – Einfluss nehmen und mit ihrem Fachwissen die Ausarbeitung des Gesetzes unterstützen.
In der **ersten Lesung** debattiert der Bundestag die Grundzüge des Gesetzentwurfes. Anschließend wird der Entwurf an die Ausschüsse verwiesen, in denen eine eingehende Prüfung und Beratung stattfindet. In diesem komplizierten Prozess werden auch Experten und Vertreter von Interessenverbänden gehört. Die Ausschüsse tagen in der Regel nicht öffentlich, damit sachbezogener gearbeitet werden kann.
Anschließend berät das Plenum in **zweiter Lesung** die Änderungen und Ergänzungen, die in den Ausschüssen vorgenommen wurden. In der **dritten Lesung** findet nach der abschließenden Debatte die Schlussabstimmung statt. Bei einfachen Gesetzen reicht die einfache Mehrheit der anwesenden Parlamentarier aus, bei verfassungsändernden Gesetzen sind die Stimmen von zwei Dritteln der Mitglieder des Bundestages notwendig.

Zustimmungspflichtige und einfache Gesetze

Man unterscheidet im Gesetzgebungsverfahren zwischen **einfachen Gesetzen** und **zustimmungspflichtigen Gesetzen.**
Zustimmungspflichtige Gesetze sind Gesetze, die:
• die Verwaltung der Länder betreffen,
• die Ausgaben für die Länder festlegen,
• die Steuern zum Inhalt haben,
• die ganz oder zum Teil Ländern oder Gemeinden zufließen
durch die das Grundgesetz geändert wird.
Nicht zustimmungspflichtig sind z. B. Gesetze über Auswärtige Angelegenheiten und Verteidigung.

Mitwirkung des Bundesrates

Hat der **Bundesrat** Änderungswünsche, so kann er bei einfachen Gesetzen Einspruch erheben. Der Bundestag kann diesen Einspruch mit einfacher Mehrheit überstimmen und das Gesetz kann in Kraft treten.
Bei zustimmungspflichtigen Gesetzen sind die Mitwirkungsmöglichkeiten des Bundesrats wesentlich umfangreicher – hier besitzt er eine echte Vetomacht. Lehnt er einen Gesetzesentwurf ab, beginnt das Vermittlungsverfahren, in dem Bundestag und Bundesrat einen Kompromiss finden müssen. Dazu wird der Vermittlungsausschuss angerufen. Der Vermittlungsausschuss besteht aus je 16 Vertretern aus Bundesrat und Bundestag. Findet der Vermittlungsausschuss einen Kompromiss, kann das Gesetz,

nachdem Bundestag und Bundesrat zugestimmt haben, in Kraft treten. Kann keine Einigung erzielt werden, ist das Gesetz gescheitert.

Stellung des Bundesverfassungsgerichts
M 14

Das Bundesverfassungsgericht garantiert als **oberstes Gericht** der Bundesrepublik Deutschland mit Sitz in Karlsruhe die **Verfassungsmäßigkeit staatlichen Handelns**. Die Amtsperiode der Verfassungsrichter umfasst zwölf Jahre, eine Wiederwahl ist nicht möglich. Die insgesamt sechzehn Richter des Bundesverfassungsgerichts werden je zur Hälfte vom Wahlausschuss des Deutschen Bundestages und vom Bundesrat gewählt. Wie jedes Gericht wird das Bundesverfassungsgericht nur tätig, wenn es von einem Kläger angerufen wird.

Aufgaben
M 16

Das **Bundesverfassungsgericht entscheidet** über:

- **Streitigkeiten zwischen verschiedenen Organen** des Bundes, zwischen Länderinstitutionen und Streitigkeiten zwischen Bund und Ländern
- **Verfassungsbeschwerden**: Einzelne Bürger können nach Ausschöpfung des Rechtsweges Beschwerde beim Bundesverfassungsgericht einreichen, wenn sie der Ansicht sind, dass die öffentliche Gewalt (durch ein Gesetz, eine Verwaltungsentscheidung oder ein Gerichtsurteil) eines ihrer Grundrechte verletzt.
- **Abstrakte Normenkontrolle**: Auf Antrag der Bundesregierung, einer Landesregierung oder mindestens einem Viertel der Bundestagsabgeordneten entscheidet das Gericht, ob ein Gesetz mit dem Grundgesetz vereinbar ist.
- **Konkrete Normenkontrolle**: Auf Antrag eines Gerichts muss ein bestehendes Gesetz, das in einem konkreten Fall angewandt wird, auf seine Verfassungsmäßigkeit überprüft werden.
- **Parteiverbote**: Auf Antrag der Bundesregierung, des Bundesrates oder des Bundestages kann das Gericht eine Partei verbieten, die gegen die freiheitliche demokratische Grundordnung verstößt.

Verrechtlichung der Politik und das Zusammenspiel der Verfassungsorgane
M 17

Durch seine Rechtsprechung konkretisiert das Bundesverfassungsgericht die Normen des Grundgesetzes und entwickelt sie weiter. Doch ist umstritten, wenn die Richter des Bundesverfassungsgerichts in ihrer Urteilsbegründung dem Gesetzgeber zu detaillierte Vorschriften machen, wie eine verfassungsmäßige Lösung aussehen müsste. Das Bundesverfassungsgericht wird dann als „Ersatzgesetzgeber" kritisiert.

BKA-Gesetz teilweise verfassungswidrig

Die weitreichenden Befugnisse des Bundeskriminalamts [BKA] zur Terrorabwehr sind zum Teil verfassungswidrig. Das entschied das Bundesverfassungsgericht. „Die Befugnisse der Behörde zur heimlichen Überwachung greifen in der Praxis unverhältnismäßig in die Grundrechte der Bürger ein", so die Richter. So fehle es zum Teil an flankierenden rechtsstaatlichen Absicherungen, „insbesondere zum Schutz des Kernbereichs privater Lebensgestaltung". Sie machten zahlreiche Vorgaben, damit die Regelung vorerst weiter angewandt werden kann, und setzte dem Gesetzgeber eine Frist zur Nachbesserung bis Ende Juni 2018. Die beanstandeten Regelungen dürfen bis dahin zum Teil nur mit Einschränkungen angewandt werden. [...]

Um Anschläge zu verhindern, dürfen die Ermittler seit 2009 Wohnungen abhören, Überwachungskameras installieren und Telefonate anzapfen. Zudem ist dem BKA die Bespitzelung von unbeteiligten Kontaktpersonen erlaubt. Das [...] BKA-Gesetz ist auch Grundlage für den „Bundestrojaner", eine eigens entwickelte Software, die auf der Computer-Festplatte eines Terrorverdächtigen Daten zum Beispiel aus Chats abschöpft. Laut Urteil sind solche Eingriffe in die Persönlichkeitsrechte zur Terrorabwehr zwar grundsätzlich zulässig - allerdings nur, wenn sie das Verhältnismäßigkeitsgebot „strikt einhalten". Diesen Anforderungen werden allerdings viele der Ausführungsbestimmungen nicht gerecht: Das Gericht entschied, dass sie teils zu unbestimmt sind oder zu weit gehen, dass es an Transparenz oder richterlicher Kontrolle sowie der Pflicht fehlt, das Parlament und die Öffentlichkeit über Maßnahmen zu informieren. [...] So müssten mehr Schutzvorschriften in das Gesetz. Zum Beispiel bei der Wohnraumüberwachung: Dort werde mit Kameras oder Mikrofonen in den Wohnungen sehr stark in die Intimsphäre der Menschen eingegriffen. Deshalb müsse jetzt im Gesetz klar geregelt werden, dass eben nur die überwacht werden dürften, die wirklich im Verdacht stünden, möglicherweise terroristische Anschläge zu begehen. Dritte, die sich auch in der Wohnung aufhalten [könnten], [dürften] nicht davon betroffen sein [...]. Besonders hohe Anforderungen formuliert das mehr als 100 Seiten starke Urteil für die Überwachung von Wohnungen und die Online-Durchsuchung, die tief in die Privatsphäre eindringen. Die Bundesregierung will nun zügig nachbessern.

© ARD-aktuell/tagesschau.de, www.tagesschau.de, 20.4.2016

Aufgaben

1. Fassen Sie den Sachverhalt zum „BKA-Gesetz" und zum Urteil des Bundesverfassungsgerichts zusammen.
2. Erklären Sie zentrale Aspekte der Funktionsweise des bundesdeutschen Rechtsstaates an diesem Beispiel.
3. Bundesinnenminister Thomas de Maiziere äußerte sich zu diesem Urteil in einem Interview mit dem Nachrichtenmagazin „Der Spiegel" [17/2016], es sei nicht Aufgabe des Gerichts, „ständig dem Gesetzgeber in den Arm zu fallen". Verfassen Sie von dieser Äußerung ausgehend einen Kommentar (→ Methodenglossar) zum Spannungsverhältnis von Legislative und Judikative.

Gesellschaftliche Herausforderungen im 21. Jahrhundert

2

Jeder Mensch ist einzigartig und es gibt ihn nur ein einziges Mal auf der Welt, auch wenn er äußerlich bspw. Verwandten ähnelt. Wie werden Menschen zu dem, was sie sind? Wie werden sie ein Mitglied der Gesellschaft? Wie lernen Menschen, sich von anderen zu unterscheiden?

Aus dem Mund älterer Menschen hört man oft, wie schnell sich die Dinge in unserer Gesellschaft verändern. In diesem Zusammenhang wird oftmals vom „gesellschaftlichen Wandel" gesprochen. Doch was ist mit diesem Begriff eigentlich gemeint und welche Bereiche unserer Gesellschaft sind davon betroffen?

Der gesellschaftliche Wandel stellt die Politik vor große Herausforderungen: Ist es bspw. möglich, Anreize zu schaffen, damit Paare wieder mehr Kinder bekommen? Muss die Politik nachhelfen, damit die Ungleichheit zwischen den Geschlechtern endlich beseitigt wird?

Jede/r fünfte Mitbürger/in hat mittlerweile ausländische Wurzeln und vielleicht verfügen Sie selbst, einige Ihrer Klassenkameraden oder manche Freunde über einen „Migrationshintergrund". Vielleicht ist Ihnen das aber auch gar nicht richtig bewusst, denn die meisten Bürgerinnen und Bürger, die oder deren Vorfahren einst nach Deutschland zugezogen sind, sind gut integriert. Trotzdem gibt es immer wieder Schlagzeilen über Integrationsdefizite und Parallelgesellschaften. Wie hat sich die deutsche Politik diesen Herausforderungen gestellt und in welcher Form betreibt sie aktiv Integrationspolitik?

KOMPETENZEN

Am Ende dieses Kapitels sollten Sie Folgendes wissen und können:

... den Prozess der Sozialisation beschreiben und die wichtigsten Sozialisationsinstanzen nennen.

... zum Einfluss von Herkunftseffekten auf die Bildungschancen begründet Stellung beziehen.

... Ursachen für den Wandel der Gesellschaft nennen und mögliche Folgen erläutern.

... an einem Beispiel aktuelle Herausforderungen und Lösungsansätze der Gesellschaftspolitik beurteilen.

... wesentliche Maßnahmen und Etappen deutscher Integrationspolitik beschreiben.

... zu Umfang und Reichweite von Integration Stellung nehmen.

Was wissen und können Sie schon?

1. Notieren Sie äußere (Aussehen) und innere Merkmale (Eigenschaften), die Ihre Person einzigartig machen.
2. Bitten Sie Ihren Nachbarn diese Merkmale Ihrer Person ebenfalls zu notieren und vergleichen Sie Ihre Notizen.
3. Gibt es Unterschiede zwischen Selbst- und Fremdwahrnehmung?

2.1 Individuum und Gesellschaft – der Sozialisationsprozess

2.1.1 Sozialisation – wer oder was prägt uns?

M 1 Sozialisation im Zeitalter von Social Media

*Karikatur: Joseph Farris, *media advisor = Medienberater*

M 2 Das Handy als Ausdruck der eigenen Persönlichkeit?

Die mobile Kommunikation hat das Leben von Millionen Menschen vor allem in einem Punkt entscheidend verändert: Wer ein Handy nutzt, ist praktisch überall erreichbar und kann jederzeit mit den Menschen Kontakt aufnehmen, die ihm wichtig sind. Das beeinflusst nicht nur die Art und Weise, wie Menschen miteinander kommunizieren, sondern auch ihr soziales Verhalten. So hat das Handy im Umgang mit Freunden, Verwandten und Bekannten einen neuen Grad an Flexibilität und manchmal sogar Unverbindlichkeit eingeführt. Anstatt sich gleich an einem Ort zu einer bestimmten Zeit zu verabreden, wird heute oft zunächst erst einmal ein Termin vereinbart und Ort bzw. Zeitpunkt erst später – wiederum per Handy – festgelegt. Während früher Verabredungen einmal getroffen und in der Regel auch eingehalten wurden, ist heute die persönliche und berufliche Zeitplanung immer neuen Verhandlungen, Vereinbarungen und Umdisponierungen unterworfen. Ein Treffen findet oft unter Vorbehalt statt. Das Handy dient dazu, den Kontakt aufrechtzuerhalten, ohne jedoch die eigene Entscheidungsfreiheit aufgeben und sich zu sehr verpflichten zu müssen. Im Zeitalter digitaler Medien zeigt sich: Kinder und Jugendliche kommunizieren heute anders als die Generationen vor ihnen. Faktoren wie Unabhängigkeit, Offenheit, Toleranz, Meinungsfreiheit und Unmittelbarkeit kennzeichnen ihre Lebenskultur. [...] Dadurch hat das Mobiltelefon auch als Statussymbol Bedeutung. Wer mobil telefoniert, vermittelt seinen Mitmenschen die Botschaft: Ich bin integriert, habe soziale Kontakte und bin ein aktives Mitglied der Gesellschaft. Darüber hinaus bietet das Handy Identifikationsfläche. Das eigene Mobiltelefon kann mit Hilfe von Klingeltönen, speziellen Display-Anzeigen und Accessoires individuell gestaltet werden und Ausdruck der eigenen Persönlichkeit sein.

Informationszentrum Mobilfunk e. V. (IZMF), www.izmf.de (28.5.2013)

M 3 ● Was bedeutet Sozialisation?

Wie wird Sozialisation definiert?
Sozialisation (ist ein) [Red.] soziologischer Begriff für das in unterschiedlichen Bezugsgruppen vermittelte Erlernen von Werten, Symbolen, Verhaltensweisen, Techniken etc.

Klaus Schubert/Martina Klein, Sozialisation, in: Das Politiklexikon, Dietz, Bonn, 2011, 5. Aufl., S. 275

Was sind Sozialisationsphasen?
Der Sozialisationsprozess durchläuft unterschiedliche Phasen (→ M 4). Die unterschiedlichen Phasen werden in den meisten Studien nach ihren Hauptmerkmalen zu drei bis vier Gruppen zusammengefasst: primäre, sekundäre, tertiäre und quartäre Phase.

Autorentext

Was passiert im Sozialisationsprozess?
Sozialisation ist ein Prozess, der nie abgeschlossen ist. Im Zentrum steht die Entwicklung der menschlichen Persönlichkeit sowie der sozialen Beziehungen einer Person. Zur Persönlichkeit gehört einerseits die Individualität, die den Einzelnen von allen Anderen unterscheidet, andererseits die Intersubjektivität, die die Mitglieder einer Gesellschaft oder Gemeinschaft miteinander teilen (z. B. Werte, Normen, soziale Rollen). Über sein soziales Umfeld wird der unfertige Mensch in eine Welt eingepasst, in der und aus der heraus er leben kann. [...] Der junge Mensch lernt, die Welt mit den Augen seiner Mitmenschen zu sehen, mit ihren Begriffen zu ordnen und zu gliedern, mit ihren Emotionen und Bewertungen auf ihre Erscheinungen zu reagieren und sich ihre Techniken des Umganges mit den Gegebenheiten dieser Welt anzueignen. Mit einem Wort, er übernimmt sukzessive eine Welt, in der die ihn unmittelbar umgebenden anderen Menschen schon leben. Dass diese Welt nur eine von unzähligen anderen menschlichen Lebenswelten ist, bleibt ihm zunächst verborgen. In ein bestimmtes soziales Umfeld hineingeboren, gibt es für ihn vorerst nur dieses. [...] Erst in einer späteren Lebensphase wird für ihn erkennbar, dass es auch ganz andere Lebenswelten gibt.

http://creativecommons.org/licenses/by-sa/3.0/deed.de (8.6.2015)

Was meint der Begriff Sozialisationsinstanz?
Jede Sozialisationsphase wird von unterschiedlichen Sozialisationsinstanzen geprägt. Zu den wichtigsten Sozialisationsinstanzen zählen u. a. Familie, Peer-group, Schule, Medien, Beruf, etc.

Autorentext

Mediensozialisation
Wenn man unter Sozialisation den Prozess versteht, in dem der Mensch zur sozialen, gesellschaftlich handlungsfähigen Persönlichkeit wird, dann liegt es auf der Hand, dass den Medien in diesem Prozess eine wichtige Rolle bei der Entwicklung kultureller Orientierung, von Weltbildern und Einstellungen sowie der Vermittlung von Werten zukommt. Insbesondere Orientierung über Moden, Lebensstile, Jargon und generell den Umgang miteinander wird schon von Kindern in den Medien gesucht. Medien bieten vielfältige Angebote und Materialien für die Identitätsbildung von Heranwachsenden. Damit gewinnen Medien als Sozialisationsinstanzen neben Elternhaus, Gleichaltrigen und Schule für Heranwachsende zunehmend an Bedeutung. [...] Im Mittelpunkt steht dabei die Frage, welchen Einfluss Medien ausüben und welche Potenziale sie für die Sozialisation besitzen.

Niedersächsischer Bildungsserver (Hg.), Mediensozialisation, www.nibis.de (8.6.2015)

M 4 ● Der Weg zur eigenen Persönlichkeit – der Sozialisationsprozess

Sozialisation findet an unterschiedlichen Schauplätzen statt. Viele Personen und Organisationen sind daran beteiligt. Diese Sozialisationsinstanzen spielen unterschiedliche Rollen: Sie können sich bei der Sozialisation eines Menschen unterstützen, sich aber auch gegenseitig hemmen. Die wichtigsten Sozialisationsinstanzen sind neben der Familie die Gleichaltrigengruppe (Peer-group), die Schule und die Medien.

Phase	Alter	Soziale Bereiche und bedeutsame Ergebnisse der Sozialisation	Phasenübergreifende Einflüsse und Dimensionen der Sozialisation
Säugling	0 – 1	Mutter und weitere Mitglieder der Kleinfamilie (Familie als primäre Sozialisationsinstanz); Entwicklung von Vertrauen	*In der Sozialisationsforschung wird zwischen grundlegenden Theorieansätzen, die sich an Namen wie Freud, Parsons, Mead oder Piaget festmachen lassen, und empirischen Forschungsansätzen, die sich mit verschiedenen Aspekten der Sozialisation beschäftigen, unterschieden. Solche Aspekte der Sozialisation können sein:* • schichtenspezifische • geschlechtsspezifische • sexuelle • religiöse • kulturelle • mediale • konforme oder abweichende • historische • politische • regionale • gesundheitliche Sozialisationseinflüsse
Kleinkind	1 – 4	Kleinfamilie sowie Verwandte, Freunde und Nachbarn; Erlernen des Gehens und der Sprache; Entwicklung eigener Autonomie	
Spielkind	4 – 6	zusätzlich zur 2. Phase: Kindergarten und (nachbarschaftliche) Spielgruppen als sekundäre Sozialisationsinstanzen erweitern den eigenen Erfahrungsbereich	
Schulkind	6 – 15/16	zusätzlich zur 2. Phase: Schule und Freundeskreis (Peer-group); systematisches Lernen in Klassen- und Kursverbänden; Schulentlassung; Geschlechtsreife; Adoleszenz [Phase des Erwachsenwerdens, des Heranwachsens]; Medieneinflüsse	
Jugend	14 – 18	Kleinfamilie, Schule, Freundeskreis, Übergang in die Berufsausbildung/ins Studium (Betrieb als tertiäre Sozialisationsinstanz); jugendspezifische Freizeitaktivitäten; Geschlechtspartnersuche	
Heranwachsende	18 – 21	Auszug aus dem Elternhaus und Gründung eines Single-Haushaltes; gesetzliche Volljährigkeit; Wahlalter; Soziales Jahr; Studium/Beruf	
Junge Erwachsene	21 – 25	Orientierung an eigener Familiengründung; mittel- bis langfristige Berufsplanung, berufliche Mobilität; Mitgliedschaft in Vereinen, Parteien, Kirchen, Gewerkschaften, Bürgerinitiativen u. a. m.; zunehmende Bedeutung von langfristigen Konsumausgaben und Urlaubsreisen	
Erwachsene mittleren Alters	25 – 40/45	Heirat, Elternrolle, Berufsunterbrechung der Mutter, Übernahme von verantwortlichen Positionen in Beruf, Parteien, Vereinen, Gewerkschaften, Elternvereinigungen usw.; Ehescheidung; aufwendige Freizeit- und Urlaubsgestaltung	
Erwachsene späteren Alters	40/45 – 60/65	Auszug der Kinder; Berufstätigkeit beider Elternteile; Erreichung der höchsten beruflichen Position (Berufskarriere) bei gleichzeitigem allmählichen Nachlassen der körperlichen Leistungsfähigkeit; aufwendige Freizeit- und Urlaubsgestaltung	
„rüstiger" Rentner/ Pensionär	60/65 – 75/80	Bewältigung der veränderten Lebenssituation durch Übergang vom Berufs- zum Rentner-/Pensionärsalter; Kontakte zu den Familien der eigenen Kinder; Suche nach neuen Freizeitgestaltungsmöglichkeiten (neue Hobbys, Garten u. a. m.); gesundheitliche Einschränkungen; Tod des Ehepartners/-partnerin; Altersheim; Mitgliedschaft bei den Grauen Panthern oder anderen Vereinigungen älterer Menschen („Golden-Age-Club")	
Pflegebedürftiger alter Mensch	75/80 – Tod	zunehmende gesundheitliche und körperliche Beeinträchtigungen; Tod des Ehepartners/-partnerin; Alters- und Pflegeheim	

Nach: Cathrin Schreier, Mensch und Politik, Sozialkunde Thüringen, Braunschweig, 2009, S. 15

M 5 ● Sozialisation 2.0 – wie beeinflusst das Smartphone unser Verhalten zu anderen?

Mit der Verbreitung von Smartphones und mobilem Internet hat sich in den vergangenen Jahren eine Unsitte auf der ganzen Welt breitgemacht: „Phubbing“, das Lesen und Herumtippen auf dem Handydisplay, während man eigentlich mit anderen Menschen sprechen sollte. Die letzten Statusupdates der Facebookfreunde, die neuesten Eilmeldungen aus aller Welt oder die SMS vom Partner – ständig erscheinen neue Nachrichten auf dem Display des Smartphones. Vielleicht sind diese interessanter als der Smalltalk bei Tisch, den man gerade über sich ergehen lassen muss. Doch ist das auch ein Grund, alle fünf Minuten auf den Bildschirm zu sehen oder sich gar während eines Gesprächs lieber mit dem Handy als mit dem Gegenüber zu beschäftigen? Definitiv nicht, sagt Alex Haigh. Der Student aus Melbourne hat die Initiative „Stop Phubbing“ gegründet und macht damit auf einen gesellschaftlichen Sittenverfall aufmerksam, den es überall gibt, wo sich Smartphones in der Bevölkerung verbreiten. [...] „Wir alle haben schon einmal den Moment erlebt, wenn wir mit Freunden unterwegs sind, dass die ihre Handys zücken und man auf einmal weniger interessant ist als das, was sie auf ihren Handys lesen“, sagt Alex Haigh.

Plakat der Initiative „Stop Phubbing“

Christina Metallinos, Leute, www.sueddeutsche.de, 9.8.2013

Phubbing

„Phubbing“ ist ein Kunstwort und besteht aus den Worten „phone“ und „snubbing“. Es bedeutet also „vor den Kopf stoßen“ und meint die Unsitte, in Gesellschaft seinem Smartphone/Handy mehr Aufmerksamkeit zu schenken als seinem Gegenüber.

Aufgaben

1. Analysieren (→ Methodenglossar) Sie die Karikatur in M 1 anhand folgender Kriterien: Aussageabsicht, Symbolik, Adressaten, Kontext.
2. a) Verfassen Sie eine Antwort, die der Großvater dem Jungen in der Karikatur von M 1 geben könnte. Beginnen Sie mit: „Als ich ein kleiner Junge war, da habe ich meine Freunde folgendermaßen kennengelernt: ...“
   b) Vergleichen Sie Ihre Ergebnisse im Kurs und verfassen Sie mit Hilfe von M 2 gemeinsam eine Antwort des Jungen.
3. Arbeiten Sie aus M 3 die zentralen Begriffe heraus und vergleichen Sie tabellarisch: Wie unterscheidet sich die Sozialisation von Enkel und Großvater? Nutzen Sie die Begriffe *Sozialisationsphasen, -prozess, -instanzen* und *Mediensozialisation* für diese Gegenüberstellung.
4. Strukturieren Sie die einzelnen Phasen der Sozialisation aus M 4 in vier Gruppen: primäre, sekundäre, tertiäre und quartäre Sozialisationsphase. Erstellen Sie zu jeder Phase ein Lernplakat (→ Methodenglossar). Beziehen Sie in jede Phase auch Überlegungen zur Mediensozialisation mit ein.
5. Arbeiten Sie aus M 5 heraus, was man unter „Phubbing“ versteht und bewerten Sie das Plakat: Halten Sie solche Plakate z. B. in Cafés oder Restaurants für angemessen? Manche Bands verbieten inzwischen die Nutzung von Smartphones auf ihren Konzerten. Wie beurteilen Sie diese Maßnahme?

F zu Aufgaben 1 und 2
Vergleichen Sie die Aussagen von M 1 und M 2 mit Ihren persönlichen Erfahrungen im Web 2.0.

F zu Aufgaben 1 – 5
Praxistest: Bestimmen Sie in der Gruppe einen Zeitraum, in dem Sie weder Handy noch Smartphone benutzen (1 Tag, 1 Woche, etc.). Beurteilen Sie anschließend die Kernaussage von M 5 anhand Ihrer eigenen Erfahrungen.

2.1.2 Das „Ich" in der (Social-Media-)Gruppe

M 6 Reale und virtuelle Freundschaften

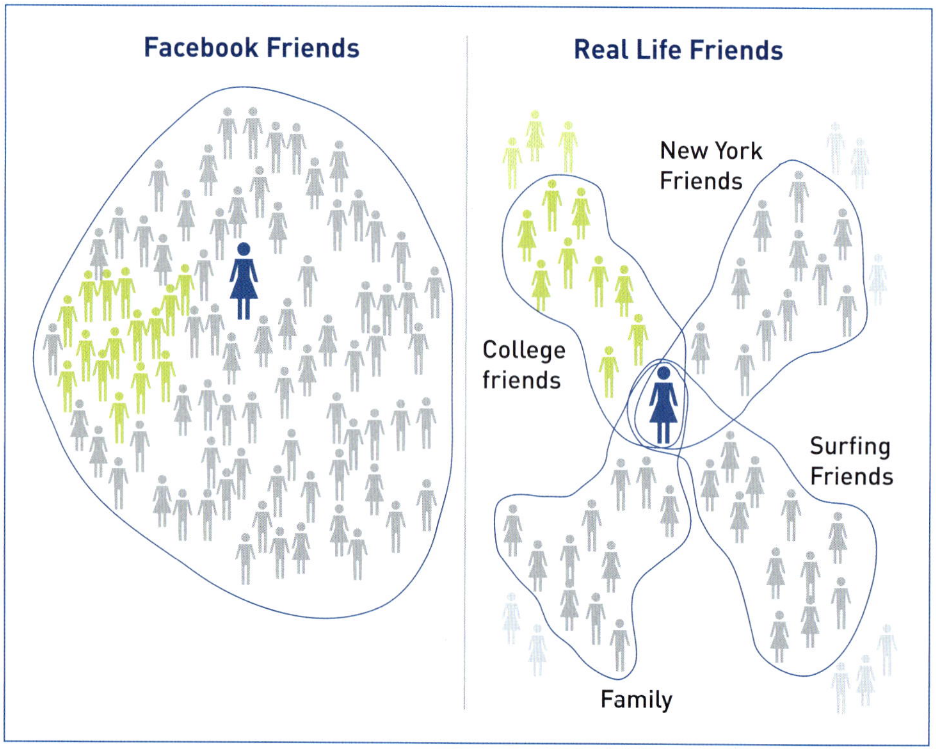

Matt Skallerud, Peer Group Websites as Next Social Media Marketing Wave, in: Echelon, 02/2011, S. 42

Erklärfilm „Gefahren sozialer Netzwerke"

Mediencode: 72064-04

M 7 Die Peer-group/Clique – Einschätzungen

„Meine Clique ist echt witzig und auch total kreativ. Wir haben `ne ganz eigene Sprache entwickelt. Wenn wir so sprechen, versteht uns keiner."

(Lukas, Schüler, 15 Jahre)

„Das Gute an meiner Clique ist, dass hier alle gleich drauf sind. Wir haben alle irgendwie auch ähnliche Probleme, also zum Beispiel Stress mit den Eltern oder so. Wenn man ein Problem hat, hören die anderen einem zu und helfen. Denen geht´s ja oft genauso, deswegen verstehen die mich ja auch so gut."

(Mara, Schülerin, 16 Jahre)

„In Sarahs alter Klasse gab es auch viele Cliquen. Sie war in keiner dieser Gruppen so richtig integriert. Bei Gruppenarbeit war es da wohl auch manchmal schwierig, in eine Gruppe reinzukommen, weil immer dieselben zusammenarbeiten wollten."

(Birgit Heckhoff, Mutter, 50 Jahre)

„Cliquen können ganz schön grausam sein. Ich habe schon viele Schüler gesehen, die sich total verbogen haben, nur um in eine Gruppe aufgenommen zu werden. Manchmal hatte ich da das Gefühl, dass die sich verkleiden und verstellen, nur um dazu zu gehören."

(Matthias Renger, Lehrer, 36 Jahre)

Wolfgang Sander/Julia Haarmann, Einschätzungen und Meinungen zu Peer-Groups, www.bpb.de, 30.6.2010

Peer-group/Clique

In der Wissenschaft wird der Begriff „Peer-group" für Clique verwendet. „Peer" bedeutet im Englischen gleichaltrig.

M 8 ● Wir leben in „sozialen Gruppen" – Typologie von Gruppen

Der Freundeskreis, die Familie, die eigene Band oder Fußballmannschaft. Menschen sind Mitglieder in verschiedenen Gruppen. Das Verhalten einer Person kann selten ohne den Bezug zur Umwelt erklärt werden, ist also von dem Zusammenwirken mit anderen Menschen bestimmt. Gruppen beeinflussen uns – oft, ohne dass es uns bewusst ist. Menschen verhalten sich und handeln in einer Gruppe anders, als wenn sie alleine sind.

Soziale Gruppe

Von einer sozialen Gruppe spricht man, wenn folgende Merkmale feststellbar sind: Eine soziale Gruppe hat gemeinsame Interessen, Ziele und Regeln. So ist bspw. bei einer Fußballmannschaft klar, dass alle Mitglieder am Erfolg der Mannschaft interessiert sind. Für alle gilt die Regel, pünktlich zum Training zu erscheinen oder bei einem Spiel das Trikot zu tragen. Die Regeln sind oft unausgesprochen, aber dennoch allen Mitgliedern bewusst.

Aufgrund dieser gemeinsamen Ziele und Regeln entwickelt sich ein Wir-Bewusstsein der Mitglieder. Damit ist ein Zusammengehörigkeitsgefühl und Zugehörigkeitsgefühl zur Gruppe gemeint. Zu diesem Wir-Bewusstsein gehört es, entscheiden zu können, wer zu der Gruppe gehört und wer nicht. Soziale Gruppen sind demnach in ihrer Größe meist überschaubar, jedes Mitglied muss alle Mitglieder der Gruppe erkennen und kennen. Durch längeres Bestehen der Gruppe entwickeln sich verschiedene Rollen in der Gruppe, die den Status des Gruppenmitglieds festlegen. Soziale Gruppen sind sehr wichtig für die Persönlichkeitsentwicklung. In der Wissenschaft werden verschiedene Gruppenformen der sozialen Gruppe unterschieden, die sich durch ihre Zielsetzung und ihren Vertrautheitsgrad unterscheiden.

Formelle Gruppen

Formelle Gruppen versuchen, bestimmte Ziele zu erreichen, indem sich die Mitglieder nach einem organisierten Plan auf Aufgaben festlegen. Formell bedeutet demnach auch die Form, dass ein bestimmtes, vereinbartes Regelwerk gewahrt wird. Diese Art der Gruppe findet sich vor allem im Berufsleben. Dort sind die Rollen und Aufgaben in der Gruppe so stark festgelegt, dass für die Aufgaben Menschen gesucht werden, die genau in die Beschreibung der Rolle – z. B. Arbeitsplatzbeschreibung – passen.

Die Beziehungen der Gruppenmitglieder sind hauptsächlich auf den Austausch von genau umschriebenen Leistungen und für die Bewältigung der jeweiligen Aufgabe wichtigen Informationen beschränkt. Jedoch finden auch hier soziale Handlungen statt, beispielsweise wenn sich im Beruf eine Freundschaft entwickelt oder auch wenn man mit dem Hausmeister Smalltalk hält.

Informelle Gruppen

Informelle Gruppen bilden sich innerhalb oder außerhalb von formellen Gruppen. Informell bedeutet so viel wie nicht förmlich oder nicht die Form wahrend. Informelle Gruppen sind relativ klein und dienen der Befriedigung persönlicher, privater und emotionaler Bedürfnisse, z. B. dem Wunsch nach Freundschaft, Austausch und Erheiterung. Daher beruhen sie auf persönlicher Sympathie, ähnlichen Gefühlslagen und gleichen Interessen und Erwartungen. Je nachdem, wie die informellen Beziehungen sich auf die formellen auswirken, können sie als positiv oder negativ bezeichnet werden: Positive Einflüsse informeller Gruppen können z. B. zu unbürokratischen und schnellen Lösungen im Berufsleben führen, negative Einflüsse können z. B. durch Cliquenstreitigkeiten entstehen, die berufliche Abläufe oder das Lernen in der Schule unnötig erschweren können.

Wolfgang Sander/Julia Haarmann, Einschätzungen und Meinungen zu Peer-Groups, www.bpb.de, 30.6.2010

Gruppendynamik

Gruppen sind keine statischen Gebilde, sie befinden sich vielmehr in einem stetigen Prozess der Veränderung, der Entwicklung oder des Konflikts. Dies wird Gruppendynamik genannt. Sie beschreibt die vielfältigen sozialen Interaktionen zwischen den Gruppenmitgliedern und wird durch mehrere Faktoren bestimmt: Größe, Zusammenhalt, Führung der Gruppe, etc.

Rollen

Erwartungen, die an einen Menschen von seinem Umfeld gestellt werden

M 9 Typische Gruppendynamiken

Die Mitglieder einer Gruppe nehmen in der Regel unterschiedliche gruppentypische Positionen bzw. Rollen ein.

I. Der Tüchtigste

- zeigt auf, was die Gruppe leisten könnte, wenn sie wollte
- hat eine Art Streberfunktion
- setzt sich für die Einhaltung der Gruppenregeln ein
- kann nicht der Beliebteste sein

II. Der Anführer

- leitet die Gruppe
- hält die Gruppe zusammen
- bestimmt und koordiniert die Gruppenziele
- in Gruppen ohne einen offiziellen Leiter konkurrieren der „Beliebteste" und der „Tüchtigste" um diese Position

III. Der Außenseiter

- „Sündenbock": das schwächste Mitglied wird für Fehlschläge verantwortlich gemacht
- „Gruppentrottel": steckt viel Arbeit und Engagement in die Gruppe, wird oft ausgenutzt
- zurückhaltendes und daher wenig beachtetes Mitglied der Gruppe
- „unerwünschter Mitläufer" – jemand, der versucht, sich in die Gruppe einzufügen, von den anderen aber nicht akzeptiert wird

IV. Der Mitläufer

- orientiert sich maßgeblich an den anderen Gruppenmitgliedern (meist am Anführer)
- vermeidet Konflikte
- entscheidet sich oft nach Konflikten für die Siegerseite

V. Der Beliebteste

- kümmert sich um die zwischenmenschlichen Belange der Gruppe
- gleicht Gegensätze in der Gruppe aus
- unterstützt andere
- vertritt dennoch seine Meinung

VI. Der Gegenspieler

- sucht Gelegenheiten, das Vorgehen der Gruppe zu kritisieren
- kann bei berechtigter Kritik sehr beliebt sein
- bei nicht hilfreicher Kritik kann er zum Außenseiter werden

Nach: Sandra Eger/Steffen Kludt, Typische Gruppenrollen, in: Wochenschau – Politik und Wirtschaft unterrichten, Jugend-Familie-Gesellschaft, Heft 2/2012, S. 17

M 10 ● Spielregeln

Karikatur: Christian Born/Baaske Cartoons

Aufgaben

1. Ermitteln Sie mit Hilfe von M 6 und M 7 zentrale Unterschiede von virtuellen und realen Freunden/Cliquen bzw. Peer-groups anhand folgender Kriterien: *Schutz, Geborgenheit, Druck, Risiko, Identität.*
2. a) Arbeiten Sie die Merkmale der drei in M 8 genannten Arten von Gruppen heraus.
   b) Ordnen Sie folgende Beispiele den Gruppenarten zu: *Konfirmandengruppe, drei Jungs aus einer Fußballmannschaft gehen zusammen auf eine Party, die Lehrer einer Schule sitzen in einer Konferenz zusammen, eine Gruppe von Kolleginnen fährt zusammen in den Urlaub.*
3. Stellen Sie dar, dass die Merkmale sozialer Gruppen auch für eine Gruppe gelten, der Sie selbst angehören – online wie offline.
4. Erklären Sie, inwiefern die Clique eine soziale Gruppe ist (M 8).
5. Analysieren Sie Ihre in Aufgabe 3 dargestellte Gruppe nach den Kriterien der typischen Gruppenrollen aus M 9.
6. Analysieren (→ Methodenglossar) Sie die Karikatur M 10.

F zu Aufgabe 1
Erweitern Sie Ihre Antwort um das Kriterium *Gefahr*.

2.1.3 Folgen der Bildungsexpansion

M 11 ● Bildungsbeteiligung heute

Bildungsexpansion – Schulbesuch an verschiedenen Schularten (1952 und 2012)

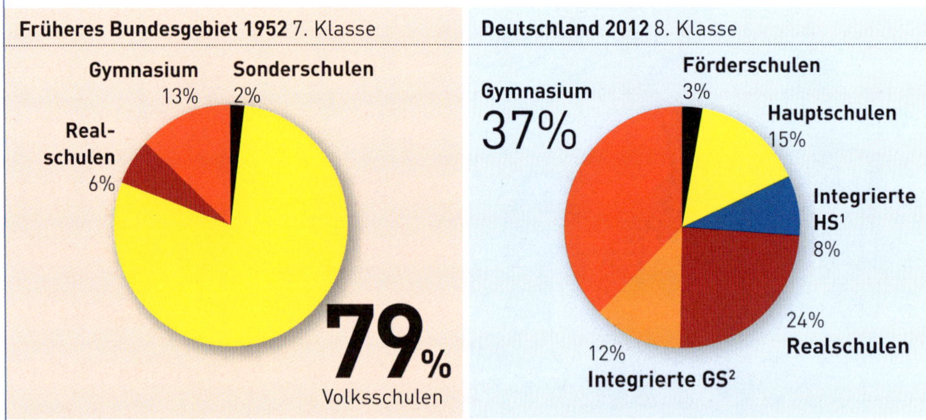

[1] Schularten mit mehreren Bildungsgängen (Integrierte Haupt- und Realschulen), hauptsächlich in Sachsen, Thüringen und Sachsen-Anhalt
[2] Intergrierte Gesamtschulen einschließlich Freie Waldorfschulen

Nach: Sozialer Wandel in Deutschland, Informationen zur politischen Bildung Nr. 324/2014

M 12 ● Auswirkungen der Bildungsexpansion auf die Sozialstruktur

Die Bildungsexpansion hat kurz-, mittel- und langfristige Wirkungen und trägt zum Teil direkt, zum Teil indirekt zur Veränderung der Sozialstruktur bei. Einige Punkte seien abschließend genannt:

- Mit der seit Beginn der 1960er Jahre überproportionalen Bildungsexpansion von Mädchen und jungen Frauen änderte sich das Verhältnis der Geschlechter zueinander, wächst die Selbstbestimmung der Frau, aber auch die Konkurrenz um Studien- und Arbeitsplätze;
- die Bildungsexpansion hatte Auswirkungen auf die Prozesse der Individualisierung, die gestiegene Kritikfähigkeit gegenüber der Politik und der Wahrnehmung beruflicher und sonstiger Optionen;
- die Bildungsexpansion hat im Zusammenhang mit der Individualisierung auch die Pluralisierung der Lebensstile befördert;
- längere Ausbildungszeiten und Individualisierung führen auch zur Pluralisierung der Lebensformen, einem Anstieg der Singlehaushalte oder der Paare ohne Kinder;
- die längeren Ausbildungszeiten bewirken schließlich eine veränderte Altersstruktur der Auszubildenden und Berufsanfänger, was dazu führte, dass sich das dritte Lebensjahrzehnt als Phase der Postadoleszenz teilweise gegenüber anderen Lebensphasen verselbstständigte;
- von entscheidender Bedeutung ist auch der durch die Bildungsexpansion ermöglichte Umbau der Beschäftigungsstruktur, zumal durch den Ausbau des tertiären und quartären Sektors, und den damit verbundenen Anforderungen der Höherqualifizierung entsprechend der technologischen Umgestaltung von Produktions- und Arbeitsplatzstrukturen.

Bernhard Schäfers, Sozialstruktur und sozialer Wandel in Deutschland, 9. Auflage, Stuttgart 2012, S. 145 f.

Bildungsexpansion
Seit den 1960er Jahren wurde das weiterführende Bildungswesen enorm ausgedehnt (v. a. Realschulen, Gymnasien und Hochschulen) und die Bevölkerung erwarb immer häufiger höhere Bildungsabschlüsse. Ausgelöst wurde diese Entwicklung u. a. von Georg Picht mit der Debatte um die „deutsche Bildungskatastrophe" (1964), welche das Problem der mangelnden Chancengleichheit und die fehlenden qualifizierten Arbeitskräfte beleuchtete. Der große politische Aufbruch erfolgte dahingehend mit der sozialliberalen Regierungskoalition ab 1969.

tertiärer Sektor
Dienstleistungsbranche

quartärer Sektor
Informations- und Kommunikationssektor

M 13 ● „Overstresste" Eltern

Karikatur: Klaus Stuttmann

M 14 ● Bildungsentscheidung: Die Qual der Wahl?

Eltern [...] wollen die Weichen für die Bildungskarriere ihres Kindes um jeden Preis selbst stellen. Weil sie meinen, Kompetenzen ihres Kindes zu kennen, die dem Lehrer vielleicht verborgen geblieben sind, vor allem aber, weil sie den Hebel kennen, mit dem sie ihr Ziel erreichen können: Nachhilfe! Zuerst dient sie dazu, den Übergang aufs Gymnasium zu meistern, später, die getroffene Schulentscheidung zu stützen. Denn ist die Entscheidung für das Gymnasium einmal gefallen, darf es daran keinen Zweifel mehr geben. Komme, was wolle, das Kind muss den Abschluss schaffen. [...]
Der Wettlauf um den besten Schulabschluss hat zu einer enormen Abwertung aller Schulformen geführt, die nicht zum Abitur führen. [...] Vielen Eltern ist jedoch die Fähigkeit eines realistischen Abwägens abhanden gekommen. Sie können es kaum akzeptieren, wenn der Sohn eher das Zeug zum Handwerker hat als zum Rechtsanwalt. Eltern seien viel zu kopfgesteuert und hätten oft nur ihre eigenen Sorgen im Sinn, sagt der Psychologe Julius Kuhl von der Universität Osnabrück. Dabei würden manche sogar übersehen, wie es dem Kind eigentlich geht. [...] Das sei ein enormes „Druckmoment" für die Kinder. „Schule rückt dann schnell aus dem Umfeld Freude in das Umfeld Sorge", sagt der Psychologe. Dabei könnten sich gerade Angst und Unsicherheit negativ auf die Entfaltung von Begabungen und schulischen Leistungen der Kinder auswirken.

Jeannette Otto, www.zeit.de, 25.10.2011

Aufgaben

1. Erklären Sie den Begriff „Bildungsexpansion" unter Berücksichtigung von M 11 und M 12.
2. Sammeln Sie mögliche Gründe für die gestiegene Bildungsbereitschaft der Gesellschaft.
3. Ermitteln Sie aus M 12 Veränderungen, die seit der Bildungsexpansion zu verzeichnen sind, und ordnen Sie diese auf einer Skala von 1 (sehr positiv) bis 4 (sehr negativ) ein.
4. Beurteilen Sie die in M 13 und M 14 dargestellten Sachverhalte. Vergleichen Sie diese mit Ihren eigenen Erfahrungen und Alltagsbeobachtungen.

2.1.4 Gibt es einen sozialen Filter?

M 15 ● Soziale Selektion beim Zugang zum Studium

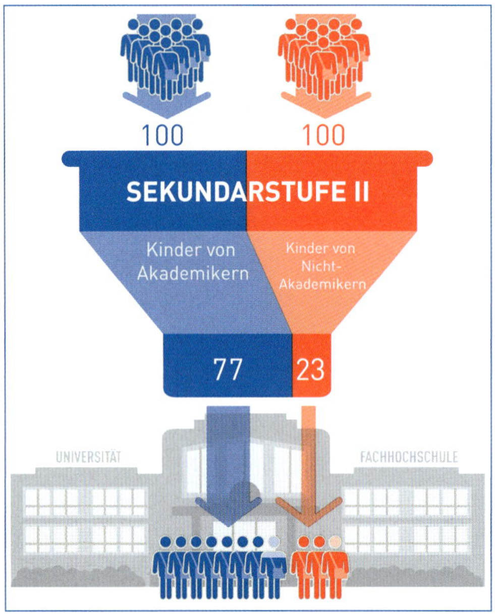

Der „Bildungstrichter" ist die bekannteste Grafik aus der Sozialerhebung. Er zeigt, wie ausgeprägt sozial selektiv das deutsche Hochschulsystem ist. Von 100 Kindern aus Akademikerfamilien studieren 77, von 100 Kindern aus Nicht-Akademikerfamilien schaffen nur 23 den Sprung an die Hochschule.

© 2017 Deutsches Studentenwerk, 20. Sozialerhebung, www.studentenwerke.de (22.11.2017)

M 16 ● Soziale Herkunft von Abiturienten in der Karikatur

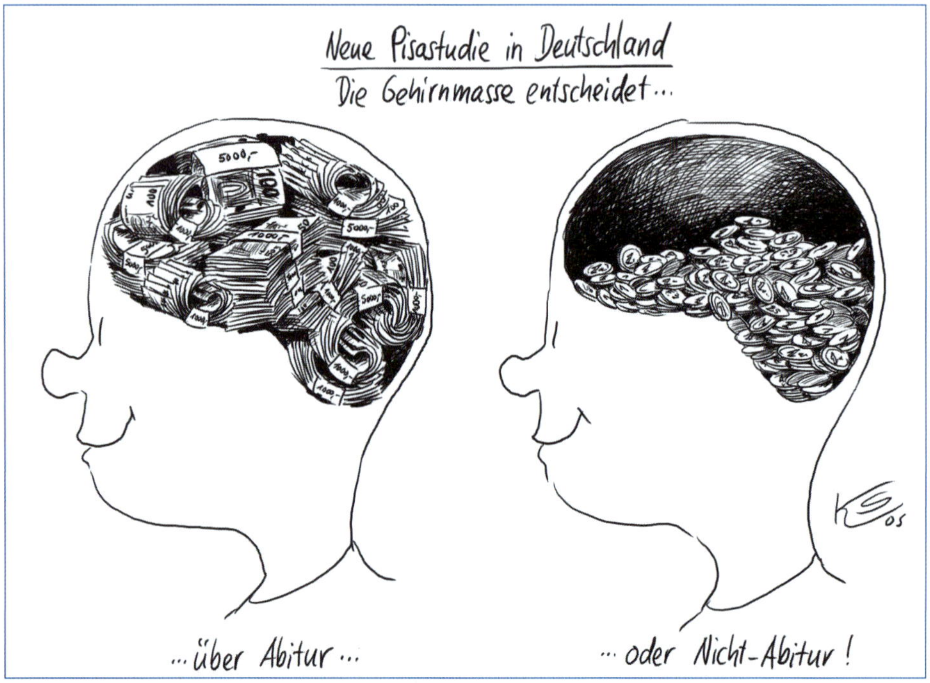

Karikatur: Klaus Stuttmann

M 17 Auf Umwegen zum Abitur

Schüler mit Migrationshintergrund haben es einer Studie zufolge im deutschen Bildungssystem nach wie vor schwer. Ihre Potenziale würden systematisch unterschätzt, ergab eine Untersuchung der Universität Düsseldorf im Auftrag der Stiftung Mercator und der Vodafone Stiftung.

In der Studie „Bildung, Milieu, Migration“ hat die Universität Düsseldorf im Auftrag der Stiftungen [...] Menschen mit Migrationshintergrund zu ihren Erfahrungen mit dem deutschen Bildungssystem befragt.

Viele Migranten-Eltern sehen laut der Studie ihre Herkunft eher als Problem statt als Chance. „Sie haben eine Problemperspektive verinnerlicht und wollen beispielsweise selbst ihre Kinder nicht auf Schulen mit einem hohen Anteil von Schülern mit Migrationshintergrund schicken“, erklärten die Forscher. Der Schulerfolg der Migranten hängt zudem in hohem Maß von einzelnen Lehrern ab.

„Die Stärken von Kindern und Jugendlichen mit Migrationshintergrund werden im Bildungssystem immer noch zu wenig gefördert“, erklärte [...] Bernhard Lorentz. Es sei daher zentral, neben der Behebung der sozialen und sprachlichen Nachteile einen Fokus auf die Förderung der Stärken zu legen.

Oft dauere es Jahre, bis die Fähigkeiten der Schüler erkannt und die richtigen Weichenstellungen erfolgen würden. Gründe für den verzögerten Bildungsweg seien die häufig mangelnden Kenntnisse der Eltern über den Aufbau des deutschen Bildungssystems sowie bestehende Vorurteile bei Schulen und Behörden, hieß es. Hinzu komme oft eine Zurückstufung in eine niedrigere Klassenstufe, wenn die Zuwanderung während der Schullaufbahn erfolgt.

Als Folge würden diese Schüler häufig zuerst auf falsche Schulen geschickt oder die falschen Studienfächer wählen. „Das führt oft zu verlorenen Jahren, verlorenen Ressourcen und verlorenem Kapital“, sagte die Projektleiterin [...]. Mit Blick auf die Ergebnisse der PISA-Studie hat auch die Integrationsbeauftragte der Bundesregierung, Maria Böhmer (CDU), mehr Bildungsangebote für Migranten gefordert. „Nach wie vor liegen junge Migranten im Vergleich mit Gleichaltrigen ohne Migrationshintergrund zurück“, sagte Böhmer. Sie sprach sich vor allem für eine hochwertige Sprachförderung und für eine bessere Vorbereitung der Lehrer aus. Zudem müssten die Eltern der Kinder stärker informiert und über das Bildungssystem aufgeklärt werden.

Die Studie macht deutlich, dass in bisherigen Leistungsvergleichen wie etwa dem am Dienstag vorgestelltem PISA-Test immer noch von „den Migranten“ gesprochen werde. Es gebe keine einheitliche Gruppe von Migranten, betonte der Leiter des Kompetenzzentrums Bildung bei der Mercator-Stiftung, Winfried Kneip. Vielmehr handele es sich um eine heterogene Gruppe, für die unterschiedliche Förderprogramme nötig seien, dass die Wissenschaft mittlerweile acht soziale Milieus bei Menschen mit ausländischen Wurzeln unterscheide.

Deutschlandradio © 2009 – 2017, www.deutschlandfunk.de, 4.12.2013

Aufgaben

1. Führen Sie zwei Blitzumfragen in folgender Reihenfolge durch:
   - Wer von Ihnen beabsichtigt nach dem Abitur zu studieren?
   - Wie viele Eltern der „Studierwilligen“ verfügen über einen Universitätsabschluss?

   Vergleichen Sie Ihre Ergebnisse mit M 15.
2. Erklären Sie, warum Kinder aus bildungsfernen Schichten seltener an Gymnasien und Universitäten ankommen (M 16, M 17).
3. Nehmen Sie Stellung zur gegenwärtigen Chancenverteilung im Bildungssystem.

H zu Aufgabe 3 → S. 194

2.1.5 Wie müsste Bildungspolitik gestaltet werden, um allen gleiche Chancen zu ermöglichen?

M 18 Deutschland muss in Bildung investieren

„Wenn man überhaupt soziale Ungerechtigkeit ein Stück weit beheben will, das heißt Kindern, die von ihrer Herkunft her deutlich schlechtere Chancen haben, wenigstens einen Teil dieser Chancen zurückgeben will in Form von schulischer Bildung,

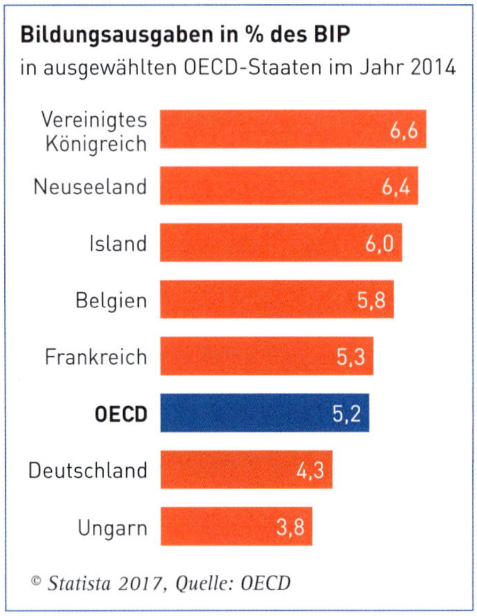

dann müsste man möglichst früh und umfassend ansetzen." Lehrern sollten dringend Sozialarbeiter zur Seite gestellt werden, fordert Hartmann deshalb ebenso wie Günter Vonderau von der Werkstattschule Dillingen. Migrantenkinder mit Deutschproblemen müssten nach skandinavischem Vorbild eine zusätzliche Sprachbetreuung erhalten. „Doch all das kostet so viel Geld, dass man damit rechnen muss, die Ausgabe für Bildung um mindestens ein Drittel zu steigern, um annähernd skandinavische Verhältnisse zu erreichen." [...] Und wenn sich im öffentlichen System nichts ändert? Dann, prognostiziert der Eliteforscher, wird in Teilen der oberen Mittelschicht [...] der ersten Generation der Wunsch weiter zunehmen, den eigenen Kindern eine gute Bildung zu sichern. Es wird generell den Trend geben, sich über Privatschulen [...] bessere Bildungschancen auf Kosten der anderen zu sichern.

Kate Maleike, „Du musst einfach an dich glauben..." – vom Aufstieg durch Bildung, in: APuZ 49/2008, S. 26 f.

M 19 Gutachten über Studienabbrecher – BAföG erhöhen

Es dauert nicht einmal anderthalb Jahre, dann haben viele Studenten schon wieder genug von der Uni: Genervt von einschläfernden Professoren, ewiger Geldnot und anderen Schattenseiten des Hochschullebens, kapitulieren gut zwanzig Prozent der Bachelor-Studenten schon im Lauf des dritten Semesters. Ein Missstand, der nun auch die mit etlichen Uni-Präsidenten und hochrangigen Wissenschaftlern besetzte Expertenkommission Forschung und Innovation (Efi) alarmiert hat. Das Gremium fordert die Bundesregierung [...] auf, endlich den Kampf gegen die hohe Abbrecherquote aufzunehmen [...]. Es sei ein ganzes Maßnahmenbündel nötig – unter anderem müssten Abiturienten besser beraten und Studenten viel intensiver betreut werden. [...] Weil gerade das Bachelor-Studium wenig Zeit für einen Nebenjob lasse, litten [...] viele Studenten unter akuter Geldnot. Daher müsse die Bundesregierung [...] auch das Bafög weiter erhöhen. Insbesondere Studenten aus einkommensschwachen Elternhäusern müssen hinreichende finanzielle Rahmenbedingungen geboten werden, sagt Efi-Mitglied Jutta Allmendinger, Leiterin des Wissenschaftszentrums Berlin.

UniSPIEGEL, Studienabbrecher/Gutachten – Bafög erhöhen, 2/2010, S. 6

Diskutierte Handlungsansätze

- Förderung von frühzeitiger vorschulischer Erziehung
- frühzeitige Sprachdiagnosen bei Kindern im Vorschulalter
- Sprachförderung während der gesamten Schulzeit
- Ausbau von Ganztagsschulen mit entsprechenden Lernmilieus nachmittags
- weniger Klassenwiederholungen
- stärkere Zusammenarbeit von Schulen und Eltern
- Unterstützung der Lehrkräfte durch Sozialarbeiter und Schulpsychologen
- Professionalisierung der ErzieherInnenausbildung
- bessere Ausbildung der Lehrkräfte in den Bereichen „individuelle Förderung, Sprachdiagnostik und -didaktik"
- mehr pädagogisches Personal mit Migrationshintergrund
- längeres gemeinsames Lernen

BAföG

Studierende, deren Eltern ein bestimmtes Einkommen nicht überschreiten, haben die Möglichkeit, Förderung nach dem Bundesausbildungsförderungsgesetz (BAföG) zu beantragen.

M 20 ● Kindergarten gleicht soziale Unterschiede aus

Eine längere Zeit im Kindergarten kann Bildungslücken und Defizite des Elternhauses ausgleichen – das hat eine bundesweite Studie des Deutschen Instituts für Wirtschaftsforschung ergeben. Dies trifft allerdings nur zu, wenn die Kinder den Kindergarten ab dem dritten Lebensjahr besucht haben. Ein einziges Kindergartenjahr hatte kaum positive Effekte für die Schulreife, ergab die Studie „Soziale Ungleichheiten beim Schulstart". [...]
Demnach zeigen vor allem Kinder aus bildungsfernen sowie ausländischen Familien überproportional häufig Entwicklungsdefizite. So werde jedes zweite Kind vom Schulbeginn zurückgestellt, wenn die Eltern keinen formalen Bildungsabschluss haben. Bei einem mittleren Bildungsabschluss der Eltern liege die Wahrscheinlichkeit für eine Rückstellung noch bei 30 Prozent. In Akademikerhaushalten sind es laut Studie nur acht Prozent. [...]
Anders, wenn Kinder aus bildungsfernen Haushalten und Migrantenfamilien bereits mit drei Jahren den Kindergarten besucht haben: Sie holen nahezu alles auf. Die Wahrscheinlichkeit einer Rückstellung vom Schulbesuch sinke dann von 50 Prozent auf 13 Prozent. Die Differenz der Rückstellungswahrscheinlichkeiten zwischen höchstem und niedrigstem Bildungsabschluss der Eltern betrage dann nur noch fünf Prozentpunkte. [...]
Im Saarland, in Berlin, Rheinland-Pfalz, Niedersachsen und Hessen [sowie in Bayern, Nordrhein-Westfalen, Schleswig-Holstein und Sachsen] ist das letzte Kindergartenjahr mittlerweile beitragsfrei. Soll das Kind den Kindergarten früher besuchen, müssen die Eltern dafür aufkommen – die Preise in den Kommunen schwanken allerdings stark. Eine im März vorgestellte Studie der Initiative Neue soziale Marktwirtschaft und der Zeitschrift Eltern ergab, dass in Deutschland zwischen null und 4.000 Euro pro Jahr für die Halbtagsbetreuung von zwei Kindern fällig sind.

DIW-Studie, www.zeit.de, 15.5.2008

Kinder essen gemeinsam im Kindergarten zu Mittag.

Aufgaben

1. Nehmen Sie kritisch Stellung dazu, wie der Eliteforscher Michael Hartmann (M 18) die Zukunftsfähigkeit des deutschen Bildungssystems sieht.
2. Ordnen Sie in arbeitsteiliger Gruppenarbeit die in M 18, M 19 und vor allem in der Randspalte vorgestellten Handlungsansätze in ein Schema von wenig sinnvoll bis sehr wirksam ein. Erstellen Sie in der Gruppe eine Aufgabenliste für die verantwortlichen Politiker, welche die fünf Ihrer Ansicht nach sinnvollsten Maßnahmen für die deutsche Bildungspolitik enthält.
3. Fassen Sie thesenförmig zusammen, welche Zusammenhänge es zwischen Kindergartenbesuch und Schulabschluss geben könnte (M 20).
4. Diskutieren Sie, ob man die Kindergartengebühren nicht grundsätzlich abschaffen sollte.

ORIENTIERUNGSWISSEN

Sozialisation
M 1 – M 4

Als Sozialisation bezeichnet man die **Verinnerlichung der durch die Gesellschaft vermittelten Sitten, Bräuche, Normen und Werte** durch ein Individuum und die damit verbundene **Persönlichkeitsentwicklung**. Erst durch die Kenntnis dieser Regeln wird das Individuum in einer Gesellschaft sozial handlungsfähig. Sozialisation ist somit ein **lebenslanger Prozess**.

Sozialisationsinstanzen
M 3, M 4, M 6 – M 10

Sozialisationsinstanzen können **Personen** (Eltern, Freunde) oder auch **Organisationen** (Vereine, Parteien) und **Institutionen** (Kindergarten, Schule) sein. Sozialisationsinstanzen spielen unterschiedliche Rollen: Sie können sich bei der Sozialisation eines Menschen unterstützen, sich aber auch gegenseitig hemmen. Die wichtigsten Sozialisationsinstanzen sind neben der **Familie** die **Gleichaltrigengruppe** (Peer-group), **die Schule** und **die Medien**.

Sozialisationsphasen
M 3, M 4

Gewöhnlich wird der Prozess der Sozialisation in drei Phasen unterteilt:
- die **primäre Sozialisationsphase:** Herausbildung der Grundstrukturen der Persönlichkeit, Entwicklung von Grundmustern für soziales Verhalten. Instanzen: Eltern bzw. Familie, Kindergarten, Vorschule, ...;
- die **sekundäre Sozialisationsphase:** Erlernen von neuen und Weiterentwicklung bestehender Verhaltensweisen (Rollen). Instanzen: Schule, Peer-groups, kirchliche oder berufliche Gruppierungen, Medien;
- die **tertiäre Sozialisation:** Weiterentwicklung im Berufs- und Privatleben („lebenslanges Lernen"). Instanzen: Berufsgruppen, politische Organisationen, Medien.

Soziale Gruppen
M 6 – M 10

Die sozialen Gruppen sind die **Bausteine der Gesellschaft**. Sie sind **soziale Gebilde**, die immer dann entstehen, wenn sich mindestens zwei Menschen als Gruppe begreifen. Typische Merkmale sind:
- gemeinsame Interessen und Ziele
- gemeinsames Normen- und Wertesystem
- unterschiedliche aufeinander bezogene Rollen und Positionen
- ein „Wir-Gefühl"

Formelle und informelle Gruppen
M 8

Formelle Gruppen findet man überall dort, wo Menschen planvoll ein gemeinsames Ziel erreichen wollen, also insbesondere im beruflichen Bereich.
Informelle Gruppen bilden sich innerhalb der formellen Gruppen und Organisationen aufgrund persönlicher Zuneigung oder gemeinsamer Interessen. Diese Gruppen sind i. d. R. klein und dienen persönlichen Bedürfnissen (Kommunikation, Geselligkeit, Geborgenheit usw.), die in den Großgruppen nicht befriedigt werden können.

Peer-group
M 7 – M 9

Die **Gruppe der Gleichaltrigen**, die sogenannte Peer-group, ist für viele Jugendliche besonders wichtig. Gleiche oder ähnliche Interessen und Sorgen geben Orientierung und Unterstützung. Auf der anderen Seite kann die Gruppe auch einen Druck ausüben, dem man sich nur schwer entziehen kann.

Bildungsbeteiligung im Wandel der Zeit
M 11, M 14

Mitte des 19. Jahrhunderts besuchte noch weniger als ein Prozent eines Altersjahrgangs das Gymnasium. 1960 lag dieser Wert in der Bundesrepublik bei rund sechs Prozent. Infolge der sog. **„Bildungsexpansion"**, aufgrund gestiegener beruflicher Anforderungen sowie höherer Bildungserwartungen und nicht zuletzt wegen der besorgniserregenden Meldungen von deutschen Hauptschulen stieg der Anteil der Abiturienten immer weiter an. Heute besucht etwa ein Drittel der Sekundarschüler das Gymnasium.

Gesellschaftliche Folgen der Bildungsexpansion
M 12

Die Bildungsexpansion veränderte die Sozialstruktur Deutschlands unter anderem dadurch, dass politische und gesellschaftliche Probleme infolge der **Höherqualifizierung** der Bevölkerung verändert bzw. verstärkt wahrgenommen werden. Zudem ist die **aufgebrochene geschlechtsspezifische Rollenverteilung** sowie die **Individualisierung bzw. Pluralisierung der Lebensstile und Biografien** zu einem erheblichen Teil darauf zurückzuführen. Damit einhergehen Auswirkungen auf die Berufswelt, wobei die Arbeitsmarktanforderungen wiederum Einfluss haben auf die Bildungsansprüche.

Wirkung der Herkunftseffekte
M 15 – M 17

Die gestiegene Bildungsbeteiligung hatte nicht zur Folge, dass die sozialen Ungleichheiten im Bildungssystem beseitigt werden konnten. **Unterschiedliche Sozialisationsbedingungen** im Elternhaus sorgen für ungleiche Startbedingungen und in der Grundschule gelingt es oft nicht, die Defizite, die benachteiligte Kinder mitbringen, auszugleichen. Der **soziale Filter** wirkt vor allem durch die jeweilige Finanzsituation der Familie (unterstützende Lernmaterialien, Nachhilfe, ein eigenes Zimmer mit Schreibtisch ...) und den Bildungsgrad der Eltern (Hilfe bei inhaltlichen und organisatorischen schulischen Fragen, Bildungsanspruch ...). Er macht sich zum einen bei Übergangsentscheidungen (nach der Grundschule, nach dem Abitur) bemerkbar, zum anderen bezüglich der Chancen, bis zur Hochschulreife auf dem Gymnasium zu verbleiben. Während früher vor allem Mädchen und Kinder aus ländlichen Regionen im Bildungssystem benachteiligt waren, sind es heute aufgrund der oben genannten Aspekte Scheidungskinder und Kinder mit Migrationshintergrund.

Handlungsansätze
M 18 – M 20

In Deutschland besteht vor allem hinsichtlich der gravierenden Unterschiede zwischen hoch und gering Qualifizierten Handlungsbedarf. Auch angesichts des demografischen Wandels und des damit verbundenen Fachkräftemangels dürfen schlummernde Talente nicht unentdeckt bleiben. Dazu ist ein verstärktes Bemühen um die **Herstellung von Chancengleichheit** – also die Abschaffung des sozialen Filters – unumgänglich. Die Handlungsvorschläge der Wissenschaftler dazu sind vielfältig: z. B. von einer verlängerten Grundschulzeit bis hin zur Abschaffung des dreigliedrigen Schulsystems, von kleineren Klassen bis hin zur individuellen Einzelförderung. Besonders bedeutsam, darüber sind sich alle Ansätze einig, ist die frühkindliche Förderung. Um auch international konkurrenzfähig zu bleiben, muss Deutschland dafür sorgen, dass die Schwachen nicht abgehängt werden und gleichzeitig aber die Qualität der Starken nicht sinkt.

2.2 Soziale Ungleichheiten in Deutschland

2.2.1 Was versteht man unter sozialer Ungleichheit?

M 1 Gleich, ungleich oder anders?

M 2 Wie wird aus Ungleichheit soziale Ungleichheit?

Geht man davon aus, dass spezifische Kombinationen aus Aussehen, Wesenszügen, Interessen etc. je einzigartige Individuen ausmachen, dann sind zunächst einmal alle Menschen ungleich. Im nächsten Schritt sind Gruppen mit z. B. ähnlichen Interessen und Werten denkbar, bei denen bestimmte andere Merkmale eher untypisch sind. Beispielsweise schauen regelmäßige Opernbesucher vielleicht eher nicht actionreiche Vorabendserien. Hier kommt bereits ein soziales Moment von Zugehörigkeit und Abgrenzung hinein: Es gibt Menschen, die sich in diesen Hinsichten ähnlich sind und mit denen man wahrscheinlicher in (näheren) Kontakt kommt als mit anderen. Dennoch wäre in diesem Szenario noch keine soziale Ungleichheit im soziologischen Sinne gegeben, wenn die Unterschiedlichkeit keinerlei hierarchische Bedeutung hätte. Soziale Ungleichheit liegt dann vor, wenn die Unterschiede mit relativ stabiler Besser- oder Schlechterstellung verbunden sind, wenn es verschiedene Möglichkeiten der Teilhabe an Gesellschaft und der Verfügung über gesellschaftlich relevante Ressourcen [...] gibt.

Nicole Burzan, Soziale Ungleichheiten. Klassen und Schichten, in: Steffen Mau/Nadine M. Schöneck (Hg.), Handwörterbuch zur Gesellschaft Deutschlands, Bonn 2014, S. 774

gesellschaftlich relevante Ressourcen
materielle Ressourcen wie das Einkommen, aber auch nichtmaterielle wie Bildung, problemloser Zugang zu gesundheitlicher Versorgung, ein gesundes Wohn- und Arbeitsumfeld usw.

M 3 Formen sozialer Ungleichheit

„Verteilungsungleichheit“ meint die ungleiche Verteilung einer wertvollen Ressource (z. B. des Einkommens) bzw. einer (un-)vorteilhaften Lebensbedingung innerhalb der Bevölkerung insgesamt. Mit „Chancenungleichheit“ bezeichnet man die ungleichen Möglichkeiten bestimmter Bevölkerungsgruppen (zum Beispiel von Frauen oder Migranten), an vorteilhafte oder nachteilige Stellen innerhalb solcher Verteilungen zu gelangen (zum Beispiel höhere Einkommen zu erzielen). Chancenungleichheiten und Verteilungsungleichheiten verändern sich häufig unabhängig voneinander. So ist zum Beispiel die Verteilung der Einkommen in Deutschland in letzter Zeit ungleicher geworden. Die Einkommenschancen von Frauen haben sich dagegen denen der Männer angeglichen. In vielen Fällen bergen Chancenungleichheiten, so die geringen Bildungschancen von Migrantenkindern oder die schlechten Aufstiegschancen von Frauen, mindestens so viel gesellschaftspolitischen Zündstoff wie Verteilungsungleichheiten, wie etwa wachsende Armut und zunehmender Reichtum.
Chancenungleichheiten bestehen insbesondere zwischen: Bildungs- und Berufsgruppen, Familien und kinderlosen Haushalten, Bewohnern unterschiedlicher Regionen, den Geschlechtern, Altersgruppen und ethnischen Gruppierungen. Damit sind zugleich die wichtigsten Determinanten sozialer Ungleichheit benannt. Einige von ihnen sind individuell erworben, andere gesellschaftlich zugeschrieben: Bildungsgrade, Berufe, Familien- und Lebensformen sind für die Einzelnen mehr oder minder frei wählbar. Das Geschlecht, das Alter, soziale Herkunft oder die ethnische Zugehörigkeit sind für die Einzelnen in der Regel nicht veränderbar. Darauf beruhende Chancenungleichheiten (beispielsweise die Benachteiligung von Frauen) gelten in modernen Gesellschaften als illegitim und werden stark kritisiert.

Stefan Hradil, Soziale Ungleichheit, in: Ders. (Hg.), Deutsche Verhältnisse. Eine Sozialkunde, Bonn 2012

M 4 Sehr hohe Ungleichheit bei der Verteilung von Vermögen in Deutschland

214.500 Euro besitzt jeder deutsche Haushalt im Schnitt, sagt die Bundesbank. Aber die Schere zwischen denen, die viel besitzen und denen, die wenig haben, ist bei uns sehr groß. Die obersten zehn Prozent – das sind alle mit mindestens etwa 750.000 Euro abzüglich aller Schulden – vereinen rund 24 Prozent des gesamten deutschen Vermögens auf sich. Die untersten zehn Prozent haben netto sogar Schulden.
Um diese Ungleichheit beschreiben zu können, haben Wissenschaftler den Gini-Koeffizienten erfunden. Er berechnet die Vermögensverteilung eines Landes von 0 (totale Gleichverteilung des Geldes) bis zu 1 (ein Haushalt besitzt alles, der Rest nichts). Für Deutschland liegt dieser Koeffizient bei 0,79 laut dem Global Wealth Databook der Credit Suisse aus dem vergangenen Jahr. Das ist ein äußerst schlechter Wert. Von 172 Ländern, die die Schweizer Großbank untersucht hat, liegt Deutschland damit auf Platz 117. [...]
Zudem wird die Verteilung in Deutschland immer ungleicher: 2013 lag der Gini-Koeffizient etwa noch bei 0,71 Punkten. Das ist auch nicht großartig, aber immerhin noch besser als heute. Seitdem hat aber besonders die Zahl derer zugenommen, die weniger als umgerechnet 10.000 Dollar (knapp 9.000 Euro) auf dem Konto haben. Mittlerweile betrifft das 31 Prozent der deutschen Haushalte [...], 2,4 Prozent sind Millionäre, rund 32 Prozent besitzen zumindest mehr als 100.000 Dollar. [...]

Die Ungleichverteilung in Deutschland wiegt besonders schwer, wenn wir uns mit den Ländern um uns herum vergleichen: Allein 22 Länder der EU haben eine weniger ungleiche Verteilung des Geldes. Ganz vorne liegt auch im weltweiten Vergleich die Slowakei mit einem Wert von 0,49 vor Slowenien mit 0,58. Auch die großen Volkswirtschaften Europas wie Italien (0,69), Frankreich (0,72) und Großbritannien (0,73) schlagen uns. [...]

Selbst einige Schurkenstaaten und Diktatoren auf der Welt stehen besser da als Deutschland: Syrien etwa liegt trotz Bürgerkrieg bei 0,72, [...] Weißrussland ist mit 0,62 sogar das drittbeste Land der Welt. [...]

Der Gini-Koeffizient beschreibt allerdings nur die Verteilung des Vermögens. Er bewertet diese nicht danach, ob es in einem Land gerecht oder ungerecht zugeht. Das Gute: Die Vermögensverteilung [...] lässt sich aber politisch beeinflussen.

So könnten Regierungen etwa vermögende Menschen stärker dort besteuern, wo diese ihr Vermögen verdienen. Heute ist es in vielen Ländern noch umgekehrt. Denn reiche Menschen leben nicht von ihrem Einkommen, weswegen sie etwa höhere Einkommensteuersätze nicht so schlimm treffen würden.

Reiche Menschen profitieren von Kapitaleinkünften. Das können Dividenden von Aktien sein, die Renditen von Anleihen oder Immobilien oder in Deutschland auch schlicht Erbschaften. All diese Einkommensquellen werden aber geringer besteuert als das Einkommen eines Arbeiters. Dividenden und Gewinne aus Aktiengeschäften etwa werden „nur“ mit 25 Prozent plus Soli und Kirchensteuer belegt. Bei Erbschaften kassiert der Staat im Schnitt einen Steuersatz von 1,8 Prozent, sagt eine Studie der Postbank. Der Spitzensteuersatz auf Einkommen läge weit höher.

So sind denn auch die reichsten Deutschen in der Regel diejenigen, die reich geerbt haben und seitdem von ihren Kapitaleinkünften leben können. Die Erben des Discounters Aldi etwa, Georg Schaeffler, der das Autoimperium seines Vaters bekommen hat, die acht Erben des Autobauers BMW, der Lidl-Erbe Dieter Schwarz. Unter den laut Forbes Rich List zehn reichsten Deutschen ist aktuell gerade einmal ein Self-Made-Milliardär: SAP-Gründer Hasso Plattner.

Christoph Sackmann, www.focus.de, 12.6.2017

Aufgaben

1. Erläutern Sie den Unterschied zwischen Ungleichheit und sozialer Ungleichheit (M 1, M 2).
2. Die Möglichkeiten an der Gesellschaft teilhaben bzw. über Ressourcen verfügen zu können, fallen je nach Zeitpunkt und Gesellschaft unterschiedlich aus. Erläutern Sie dies an (historischen) Beispielen.
3. Erklären Sie die Begriffe Chancen- und Verteilungsungleichheit (M 3).
4. Diskutieren Sie, ob soziale Ungleichheit mit Ungerechtigkeit gleichgesetzt werden kann (M 3).
5. Erörtern Sie, inwiefern man in Deutschland von Verteilungsungleichheit ausgehen kann (M 3, M 4).

2.2.2 Armut in der Wohlstandsgesellschaft – eine Dimension sozialer Ungleichheit

M 5 ● Armut in Deutschland

Karikatur: Klaus Stuttmann

M 6 ● Absolute und relative Armut

Dass Ungleichheit nicht nur eine Frage der objektiven Höhe des Einkommens und der Lebensumstände ist, sondern auch des Vergleichs und der Bewertung, zeigt sich besonders deutlich an der Schwierigkeit, die Grenzen zur Armut zu bestimmen. Arm ist sicherlich jemand, der nicht genug zu essen oder kein Dach über dem Kopf hat. Aber Armut ist auch davon abhängig, ab wann man in der Gesellschaft, in der man lebt, als arm gilt.

In manchen Gesellschaften mag man sich nicht mehr arm fühlen, sobald man eine eigene Lehmhütte mit zwei Zimmern, einen gut funktionierenden Brunnen, eine kleine Herde Ziegen und eine Grundschule im Dorf besitzt. In einer anderen Gesellschaft lebt man am unteren Rand, wenn man über kein Auto verfügt, die Kinder gebrauchte Kleidung tragen müssen und kein elektronisches Spielzeug geschenkt bekommen. Wo Armut beginnt, hängt also vom Wohlstand der umgebenden Gesellschaft ab: Armut beginnt, wenn man nicht am üblichen sozialen Leben teilnehmen kann. Man hungert zwar nicht, hat aber kein Geld, um soziale Kontakte zu pflegen. Dabei ist besonders zu bedenken, dass in modernen Gesellschaften praktisch alle sozialen Kontakte und Aktivitäten, ob Internet, Kino, Sport oder Kneipe, mit finanziellen Aufwendungen verbunden sind.

Thomas Schwietring: Was ist Gesellschaft? Einführung in soziologische Grundbegriffe, Bonn 2011, S. 191 f.

Absolute und relative Armut

Jemand gilt als **absolut arm**, wenn er am physischen Existenzminimum lebt. Die Weltbank legt dieses bei einem Einkommen von weniger als 1,90 US-Dollar pro Tag an. **Relativ arm** ist, wer am Rand des soziokulturellen Existenzminimums lebt, also in seiner Teilhabe an den materiellen, kulturellen und sozialen Möglichkeiten der Gesellschaft stark eingeschränkt ist.

Medianeinkommen

Neben dem Äquivalenzeinkommen kann man auch das Medianeinkommen (mittleres Einkommen) als Grundlage zur Berechnung heranziehen. Es ist das Einkommen derjenigen Person, die genau in der Mitte stünde, wenn sich alle Personen in Deutschland mit ihren Einkommen in einer Reihe aufstellen würden. Personen auf der einen Seite dieser mittleren Person würden mehr als das Medianeinkommen dieser Person verdienen; Personen auf der anderen Seite würden weniger als das Medianeinkommen dieser Person verdienen. In den EU-Staaten gelten 60% des Medianeinkommens als Armutsgrenze. 2015 lag das jährliche Medianeinkommen in Deutschland bei 20.053 Euro (netto).

Armutsgefährdung

Als armutsgefährdet gilt in Deutschland, wer weniger als 60% des Äquivalenzeinkommens hat.

M 7 Wie lassen sich Armut und Reichtum messen?

Ausgangspunkt der Messung von Ungleichheit, Armut und Reichtum ist damit das verfügbare Jahreseinkommen eines Haushaltes. Dabei handelt es sich um das Einkommen, über welches ein Haushalt nach Abzug von Steuern und Sozialabgaben und zuzüglich aller öffentlichen und privaten Transfers verfügt. Insofern die Datenlage es zulässt, wird außerdem der geschätzte Mietwert selbst genutzten Wohneigentums hinzuaddiert. Anschließend wurden die verfügbaren Haushaltseinkommen [...] bedarfsgewichtet, um Haushalte unterschiedlicher Größe und Altersstruktur auf einen gemeinsamen Nenner zu bringen. [Dazu] weist [man] der ersten erwachsenen Person in dem Haushalt den Wert 1 zu. Jede weitere Person ab 14 Jahren erhält ein Bedarfsgewicht von 0,5, um die Vorteile des gemeinsamen Wirtschaftens zu berücksichtigen. Bei Kindern unter 14 Jahren wird ein geringerer Bedarf angenommen, weshalb ihnen ein Gewicht von 0,3 zugedacht wird. Die bedarfsgewichteten verfügbaren Pro-Kopf-Einkommen (Äquivalenzeinkommen) erhält man, indem das verfügbare Jahreseinkommen des Haushaltes durch die Summe der Bedarfsgewichte geteilt wird. Bei einem Haushalt, der aus zwei Erwachsenen und zwei Kindern unter 14 Jahren besteht und über ein verfügbares Einkommen von 2.100 EUR verfügt, beträgt das bedarfsgewichtete Einkommen also 1.000 EUR. Dieses Äquivalenzeinkommen, welches allen weiteren Analysen zugrunde liegt, wird jeder einzelnen Person im Haushalt zugewiesen.

Dorothes Spannagel/Eric Seils, Armut in Deutschland wächst –Reichtum auch. WSI-Verteilungsbericht 2014, in: WSI-Mitteilungen 8/2014, S. 211

M 8 Entwicklung der Armutsgefährdungsquote (60% des Äquivalenzeinkommens) in Deutschland von 2005 bis 2016

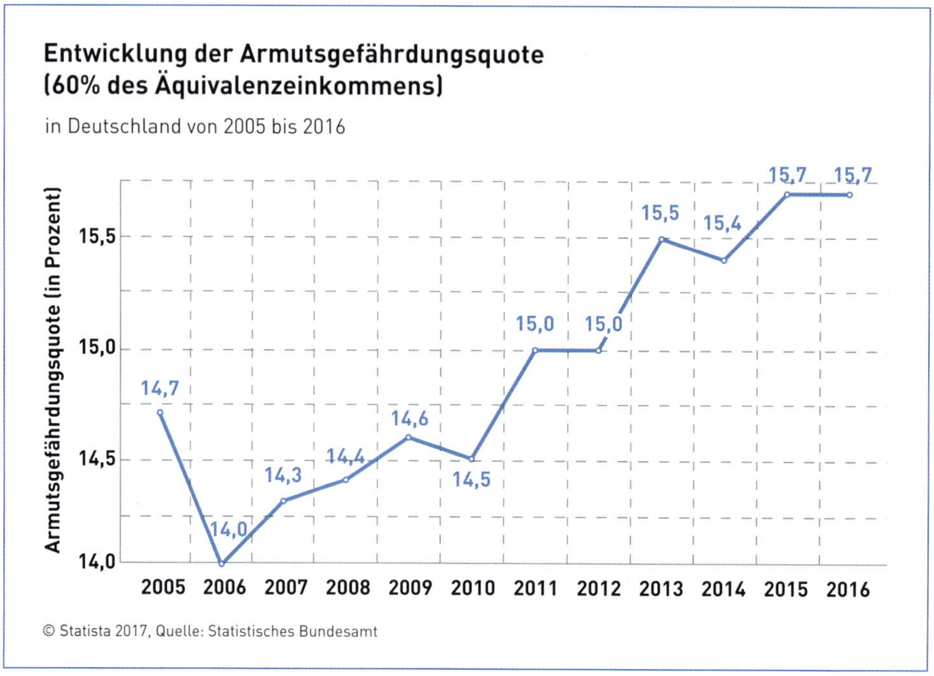

M 9 Auswirkungen der Armut auf Kinder und Jugendliche

Autorengrafik

M 10 Wer ist besonders armutsgefährdet?

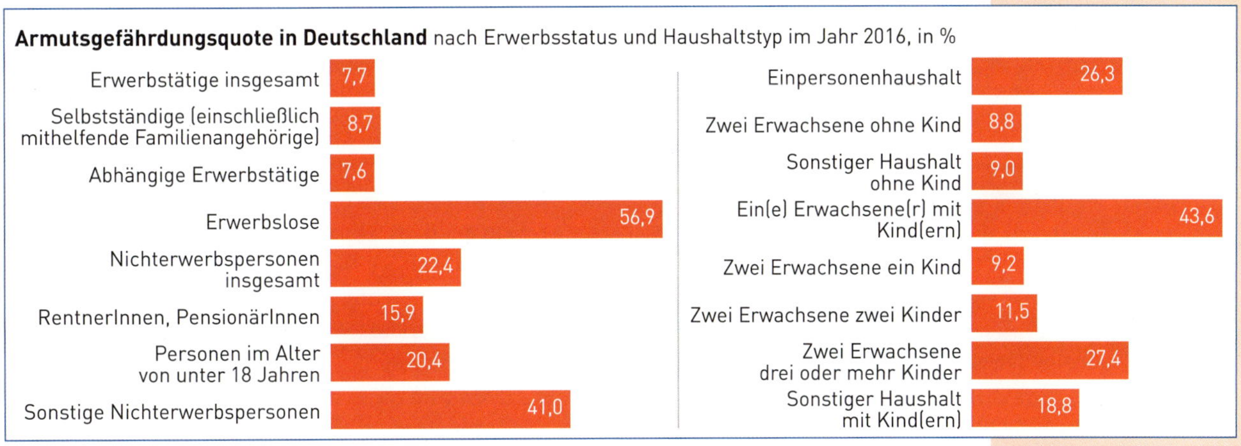

© Statista 2017, Quelle: Statistisches Bundesamt

Aufgaben

1. Analysieren (→ Methodenglossar) Sie die Karikatur M 5.
2. Wann ist Ihrer Meinung nach ein Mensch arm? Orientieren Sie sich dazu an den in der Karikatur abgebildeten Typen: Eine Frau mit Kind mittleren Alters, ein Mann mittleren Alters usw. (M 6, M 7).
3. Erklären Sie, weshalb Armut auch immer eine stark subjektive Komponente hat: Weshalb kann sich von zwei Menschen mit gleich niedrigem Einkommen einer arm fühlen, der andere hingegen nicht (M 7)?
4. Analysieren Sie die Entwicklung der Armut und stellen Sie Hypothesen auf, weshalb Kinder und Ältere von der Armut besonders betroffen sind (M 8 – M 10).
5. Erläutern Sie die unmittelbaren und die langfristigen Auswirkungen von Armut am Beispiel der Kinderarmut (M 9, M 10).
6. Diskutieren Sie, inwieweit die Überschrift dieses Unterkapitels berechtigt ist.

Statistiken analysieren

Darstellungsformen

Eine Statistik ist die systematische Sammlung und Ordnung von Informationen in Form von Zahlen. Diese Zahlen werden entweder in Tabellen oder optisch aufbereitet als Diagramme und Schaubilder ausgewertet und dargestellt. Es gibt verschiedene Arten von Diagrammen, die für unterschiedliche Zwecke geeignet sind:

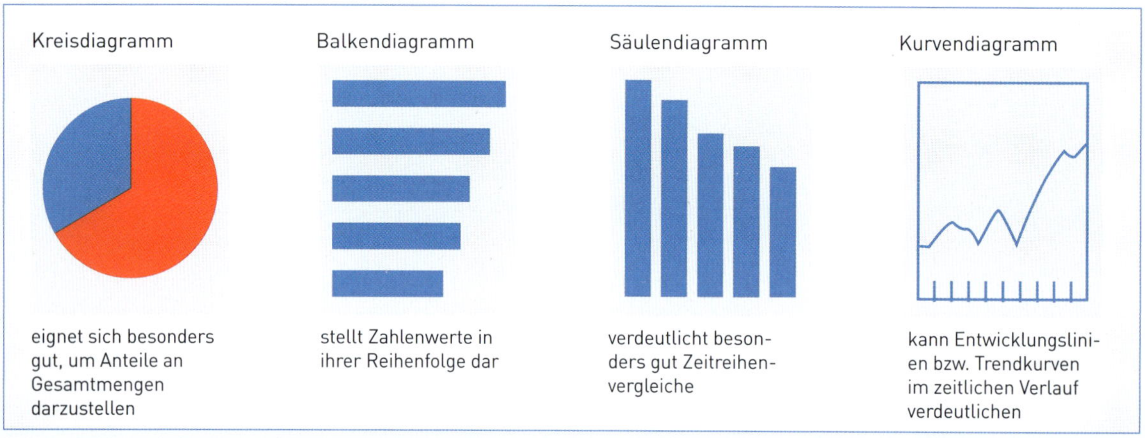

Schema der vier gebräuchlichsten Diagrammformen

Schritte zur Analyse von Diagrammen:

1. Einordnen und Beschreiben
- Wer hat in wessen Auftrag die Statistik erstellt?
- Wie wurden die Werte ermittelt?
- Ist die Erhebung repräsentativ?
- Welches Thema wird behandelt (Diagrammüber- oder -unterschrift)?
- Was wird in Beziehung zueinander gesetzt?
- Müssen Begriffe geklärt werden?
- Welche Kriterien des Vergleichs werden verwendet?
- Welche Hinweise erhalten Sie aus der Form der Darstellung (Kreis-, Säulendiagramm etc.)?
- Welche Zahlenarten werden verwendet (absolut/relativ, Prozent- oder Indexzahlen)?
- Wie genau sind die Zahlenwerte (gerundet, geschätzt, vorläufig, „k. A." = „keine Angabe", d.h. Zahlen sind nicht verfügbar)?
- Auf welchen Zeitraum bezieht sich die Statistik? (Achten Sie hier nicht nur auf die dargestellten Zeiträume, sondern auch auf den Zeitpunkt der Diagrammerstellung!)
- Wie sind die Achsen eingeteilt (Zeitsprünge, Maßeinheiten, Verzerrungen durch ungeeignete Gruppenbildung u.a.)?

2. Deuten
- Benennen Sie Minimal- und Maximalwerte.
- Beschreiben Sie Häufigkeitsverteilungen und zeitliche Entwicklungen (gleichmäßig, sprunghaft).
- Werden Verlaufsphasen deutlich (Zu- und Abnahme, Stagnation)?
- Prüfen Sie, ob sich die dargestellten Zahlen vergleichen lassen.
- Zeigen Sie Zusammenhänge auf.
- Leiten Sie Entwicklungstendenzen und Arbeitshypothesen ab.

3. Bewerten
- Ist eine Vergleichbarkeit mit anderen Materialien möglich?
- Entspricht das statistische Material dem unterstellten Aussagewert?
- Ist die gewählte grafische Darstellung geeignet?
- Wurden bei relativen Zahlenangaben die Bezugswerte genannt?

Beispielhafte Analyse

1 **Beschreibung (Überschrift):** Das Diagramm stellt die Entwicklung der Einkommensverteilung anhand des Gini-Koeffizienten und der Armutsrisikoquote in Deutschland im Zeitraum von 1984 bis 2010 dar. Die Angaben erfolgen in Prozent.

2 **Beschreibung (Diagramm):** Dargestellt wird die Entwicklung in zwei Kurven. Im Kurvendiagramm sind auf der Horizontalen die Jahre von 1984 bis 2010 abgetragen, die linke Vertikale gibt die Werte für den Gini-Koeffizienten zwischen 0,22 und 0,30 an, die rechte Vertikale zeigt mit Zahlen zwischen 8 und 16 die Prozentpunkte für die Armutsrisikoquote an.

Entwicklung des Gini-Koeffizienten und der Armutsrisikoquote in Deutschland

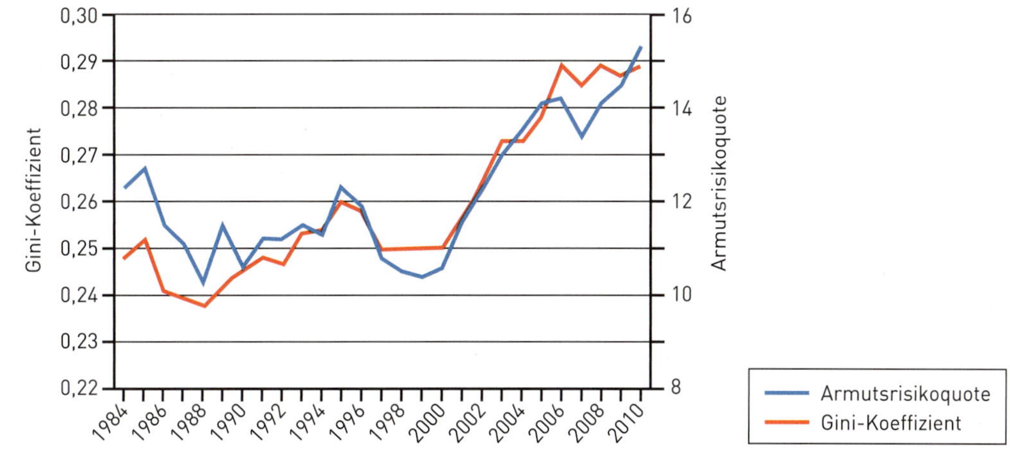

Quelle: SOEPv27, Personen in Privathaushalten, ab 1992 Deutschland insgesamt, retrospektiv erhobene verfügbare Haushaltseinkommen des Vorjahres inklusive dem Mietwert selbstgenutzten Wohneigentums bedarfsgewichtet mit der modifizierten OECD-Äquivalenzskala

3 **Beschreibung (Quelle):** Die Daten beziehen sich auf den Datensatz SOEPv27. Neben dem Gini-Koeffizienten wird auch die Armutsrisikoquote, die angibt, wie viel Prozent der Menschen weniger als 60% des Medians der bedarfsgewichteten Haushaltsnettoeinkommen haben, ausgewiesen.

4 **Hintergrundrecherche:** Hinter der Abkürzung verbirgt sich die Datenerhebung des sogenannten „Sozio-ökonomischen Panels 27", die vom Deutschen Institut für Wirtschaftsforschung (DIW) in Berlin regelmäßig veröffentlicht wird. Das SOEP ist eine repräsentative Wiederholungsbefragung von über 12.000 Privathaushalten. Die Befragung wird jährlich immer bei denselben Personen und Familien („Panel") durchgeführt, die dazu zufällig ausgewählt wurden.

5 **Bewertung:** Beide Indikatoren verdeutlichen, dass die „Schere zwischen Arm und Reich" in Deutschland auseinander gegangen ist. Die Wahl der Indikatoren und auch die Form der Darstellung machen dies auf besondere Weise deutlich.

6 **Beschreibung und Deutung (Kurvenverlauf):** Mitte der 1980er Jahre lag der Wert der Armutsrisikoquote bei wenig mehr als 12%, zur Beginn der 1990er Jahre, zur Zeit der Wiedervereinigung, sank er sogar auf rund 11%, um in der Mitte der 1990er Jahre wieder auf mehr als 12% anzusteigen. Ursächlich dürfte hier die deutliche Verschlechterung der wirtschaftlichen Lage nach der Wiedervereinigung sein. Danach reduzierte sich das Armutsrisiko auf etwas mehr als 10%. Seit der Jahrtausendwende nimmt das Armutsrisiko aber wieder deutlich zu und lag 2010 schließlich bei mehr als 15%.

Die Entwicklung des Gini-Koeffizienten macht deutlich, dass die Ungleichheit der verfügbaren Haushaltseinkommen zwischen 1884 und der Jahrtausendwende nur um 0,02 Punkte schwankte und damit relativ stabil war. Seither nimmt die Ungleichheit deutlich zu. 2010 erreicht der Gini-Koeffizient mit knapp 0,29 einen bisherigen Höchststand.

Beide Verläufe lassen sich in zwei Phasen unterteilen: Eine Phase relativer Stabilität bis zur Jahrtausendwende und eine Phase der deutlichen Zunahme des Armutsrisikos bzw. der Ungleichheit nach der Jahrtausendwende, die durch die relativ gute Konjunktur kurz vor der Finanzmarktkrise kurz unterbrochen wurde.

2.2.3 Gesellschaftsmodelle im Wandel der Zeit

M 11 ● Ein Gespräch, das so nie stattfand ...

Karl Marx (1818-1883), deutscher Philosoph und Gesellschaftstheoretiker; mit Friedrich Engels einflussreichster Theoretiker des Sozialismus/Kommunismus (Marxismus)

Marx: Im Jahr 2011 setzte in einigen Städten rund um den Globus die „Occupy-Bewegung" ein. Meine Herren, das ist ein deutlicher Hinweis darauf, dass rund 130 Jahre nach meinem Tod ein Klassenkampf vorherrscht, so wie ich ihn vorausgesagt habe.

Geißler: Nicht ganz, alter Freund. Sie erklärten in Ihrer **Klassentheorie** die soziale Ungleichheit mit der Stellung des Menschen im Produktionssystem: Zwischen den *Produktionsmittelbesitzern*, den sogenannten Kapitalisten, und denen, die lediglich Ihre Arbeitsleistung anbieten können, den Arbeitern und *Proletariern*, sollte Ihrer Prognose nach der Klassenkonflikt entstehen. Die heutigen Protestbewegungen richten sich aber nicht vornehmlich gegen Eigentümer von Firmen, sondern vor allem gegen Spitzenmanager und eine zu banken- und wirtschaftsfreundliche Politik.

Flaig: Seit den 1970ern dominiert nämlich, anders als zu Ihrer Zeit, der tertiäre Sektor in Deutschland. Damit einher ging die Entwicklung, dass nicht mehr nur Besitz, sondern zunehmend auch Bildung und Wissen die Schlüssel zu Elitepositionen sind.

Geißler: Dem wird auch das **Modell der sozialen Schichtung** gerecht, wonach der Beruf des Haushaltsvorstandes und damit verbundenen Macht, Einkommen und Qualifikationen die soziale Stellung des Menschen bestimmen. Zudem habe ich unter anderem mit dem Anbau an das „Dahrendorfsche Häuschen", in das die Bevölkerung mit Migrationshintergrund eingefügt wurde, auch noch die Faktoren „Prestige" und „Mentalitäten" mitberücksichtigt.

Rainer Geißler (geb. 1939), em. Soziologe an der Universität Siegen, entwickelte im Jahr 2000 in Anlehnung an Ralf Dahrendorfs Hausmodell von 1965 ein differenzierteres Modell der sozialen Schichtung der westdeutschen Gesellschaft.

Flaig: Hier muss ich einhaken, denn ich halte es für überholt, die soziale Stellung einer Familie zu stark am Beruf des Vaters zu messen. In Zeiten der Pluralisierung der Lebens- und Familienformen müssen insgesamt die horizontalen Einteilungsmerkmale viel stärker gewichtet werden. Schauen wir uns mal exemplarisch zwei Milieus der sogenannten Unterschicht an: Sowohl das traditionelle als auch das hedonistische Milieu würden demnach in einem klassischen Schichtmodell als Einheit gesehen werden. Deren Geschmäcker, Verhaltensweisen, Freizeitgestaltung, Werteorientierung und Interessen sind allerdings so gegensätzlich, dass es dringend dieser Unterscheidung bedarf, um unsere heutige Gesellschaft beschreiben zu können.

Marx: Eine Erklärung für die gesellschaftlichen Entwicklungen liefern Sie allerdings kaum. Zudem sollte ein Modell die Gesellschaft doch auch anhand einiger weniger Kriterien vereinfacht darstellen, um sie untersuchen und vergleichen zu können. Können das Ihre Konzepte überhaupt noch erfüllen?

Klassenmodell
Entstanden in der zweiten Hälfte des 19. Jh.; Hauptvertreter: Karl Marx; Grundprinzip: Zwischen besitzenden und besitzlosen Klassen entsteht ein Klassenkampf.

Schichtmodell
Entstanden in den 1930ern; Hauptvertreter: Ralf Dahrendorf, Rainer Geißler; Grundprinzip: Einteilung der Gesellschaft in vertikale Schichten, je nach Einkommen, Beruf, Prestige.

Soziale Milieus
Entstanden in den 1980ern; Hauptvertreter: SINUS Markt- und Sozialforschung GmbH (Geschäftsführer: Berthold Bodo Flaig); Grundprinzip: Einteilung der Gesellschaft nach vertikalen und horizontalen (Werteorientierung, Interessen) Merkmalen, ermittelt in repräsentativen Interviews.

Flaig: Unsere heutige Gesellschaft ist so komplex geworden, dass sich dem auch die Theorie anpassen muss. Die vielen Überschneidungen sind dazu unbedingt notwendig. Gesamtgesellschaftliche Entwicklungen lassen sich aber ebenso auf einen Blick erkennen, wenn man die Milieustudien aus verschiedenen Jahren vergleicht. So zeigt unser Modell auch, dass die von Ihnen, Herr Marx, prognostizierte Verelendung der Arbeiterklasse nicht eingetreten, sondern im Gegenteil der gesamtgesellschaftliche Wohlstand gestiegen ist.

Marx: Dafür sind an die Stelle alter Dimensionen neue Formen von Ungleichheit getreten. Zwar besitzt heute jeder Jugendliche ein Handy, das heißt aber keinesfalls, dass es allen gleich gut geht und alle dieselben Chancen im Leben haben. Handy hin oder her: Früher oder später werden Lohnarbeiter immer abhängig sein von Kapitalisten, denn sie müssen ihre Arbeitskraft anbieten.

Geißler: Auch hier darf man nicht pauschalisieren. Durch den demografischen Wandel entsteht derzeit ein Fachkräftemangel, der vielleicht sogar dazu führt, dass die Arbeitgeber von manchen Arbeitnehmergruppen abhängig werden. Gut Ausgebildete könnten sich dann aussuchen, für wen sie tätig sein wollen. Prekär würde die Situation dann allerdings für die Geringqualifizierten, da der Bedarf an Arbeitskräften hier sehr begrenzt sein wird, dieser Trend zeichnet sich bereits ab. Dazu trägt auch die Globalisierung bei.

Marx: Interessant, dass Sie die Globalisierung ansprechen. Sehen Sie gerade durch die moderne Internationalisierung meine These von der Zentralisierung der Verfügungsmacht bestätigt?

Flaig: Vermutlich haben Sie persönlich das im 19. Jahrhundert noch anders gemeint, aber wenn man die Innenstädte betrachtet, sieht man die Konzentration von Unternehmen ganz deutlich: Man gewinnt fast den Eindruck, Kaffee und Imbisse könnten nur von ein oder zwei Firmen produziert werden, egal, auf welchem Teil der Welt man ist, und überall finden sich in den Fußgängerzonen dieselben Geschäfte. Was allerdings noch nicht global vereinheitlicht wurde, ist der Lohn.

Marx: Da haben Sie Recht. Aber vielleicht überspringt Ihre Gesellschaft ja diese von mir als „Sozialismus“ betitelte Phase und erreicht direkt die Endphase des Kommunismus, in der sich die Verteilung nach den jeweiligen Bedürfnissen bemisst und die Herrschaft von Menschen über Menschen obsolet geworden ist. Meine Herren, ich danke Ihnen für das Gespräch.

Berthold Bodo Flaig (geb. 1948), Geschäftsführer des SINUS-Instituts in Heidelberg und Miterfinder der Sinus-Milieus.

Autorentext

Aufgabe

Arbeiten Sie in Gruppen die verschiedenen Gesellschaftsmodelle aus dem Gespräch heraus. Positionieren Sie sich anschließend auf einer Positionslinie (→ Methodenglossar) zu der Frage: Welches Modell beschreibt die heutige Gesellschaft am besten (M 11)?

Grundbegriffe der Klassentheorie

Produktionsmittel

Gesamtheit der Gegenstände, die der Mensch benötigt, um seine Arbeit verrichten zu können (z. B. Werkzeuge, Maschinen, Rohstoffe); Einteilung der Gesellschaft in Proletariat (Nichtbesitzende) und Bourgeoisie (Produktionsmittelbesitzer, Kapitalisten).

Sozialismus

Der Sozialismus verfolgt das Ziel der Erschaffung einer solidarischen Gesellschaft. Soziale Unterschiede werden abgelehnt. Die individuelle Freiheit soll dort enden, wo sie der Gesamtgesellschaft schadet. Die Idee des Sozialismus entstand im Laufe der Industrialisierung in Zusammenhang mit der Herausbildung der Arbeiterbewegung und der sozialen Frage.

Kommunismus

Revolutionäre Abschaffung der Herrschaft von Menschen über Menschen. Die Verteilung bemisst sich nach den jeweiligen Bedürfnissen.

Zentralisierung der Verfügungsmacht

Produktionsmittel und Unternehmen konzentrieren sich zunehmend in den Besitz weniger; Folge: zunehmende Macht und Reichtum der Kapitalisten, Lohndruck und zunehmende Verelendung der Lohnarbeiter.

2.2.4 Gesellschaftsmodelle im Vergleich

M 12 Klassenmodell nach Karl Marx

1. Die Lebenschancen, die ein Mensch im Vergleich zu denen anderer im Rahmen einer Gesellschaft hat, hängen von seiner Stellung im gesellschaftlichen Produktions- und Reproduktionsprozess ab.

2. Die Stellung ist insbesondere durch die Tatsache des Besitzes oder Nichtbesitzes von Produktionsmitteln bestimmt. [...] Die Nichtbesitzer (die Lohnarbeiter) geraten in wirtschaftliche Abhängigkeit von den Besitzern, weil sie ihre Arbeitsleistung an jene verkaufen müssen. Solange das Privateigentum an Produktionsmitteln nicht angetastet wird, verfügen die Besitzer über etwas, das die gesamte Gesellschaft benötigt und können sich dadurch vielfältige Rechte sichern sowie die Verteilung der Erträge des Produktionsprozesses zu ihren Gunsten beeinflussen.

3. Innerhalb des liberalistisch-kapitalistischen Wirtschaftssystems wirken Mechanismen, die zur Zentralisierung der Verfügungsmacht über Produktionsmittel, zur Konzentration der Unternehmen sowie zur Freisetzung von Arbeitskräften und zum Lohndruck führen. Dies bedeutet zunehmende Macht und Reichtum der Kapitalisten und zunehmende Verelendung der Lohnarbeiter.

4. Die Zusammenballung wirtschaftlicher und politischer Macht bei den Produktionsmittelbesitzern führt dazu, dass sich die Gesellschaftsordnung allmählich so entwickelt, dass primär die Interessen dieser Gruppen gesichert werden und ihre Vorstellungen (Ideologien) Verbreitung finden.

5. Ausgehend von den Produktionsverhältnissen spaltet sich also die Gesellschaft in ständiger Wechselwirkung zwischen wirtschaftlichen, politischen, ideellen und weiteren Antriebskräften in Bevorzugte und Benachteiligte auf. Sie haben ungleiche Lebenschancen und befinden sich in grundsätzlich ungleichen Lebenslagen. Ihre Interessen sind einander entgegengesetzt (antagonistisch).

6. Auf Dauer werden diese Interessen den Lohnarbeitern ebenso wie den Produktionsmittelbesitzern bewusst werden. Klassenbewusstsein wird sich herausbilden. Die beiden Klassen werden sich organisieren. Ein Klassenkampf wird entstehen.

7. Der Klassenkampf endet mit dem Sieg der besitzlosen Arbeiterklasse. Eine Revolution wird die kapitalistischen Produktionsverhältnisse und das Privateigentum an Produktionsmitteln beseitigen.

Stefan Hradil, Soziale Ungleichheit in Deutschland, 8. Aufl., Opladen 2001, S. 55 f.

M 13 ● Schichtmodelle nach Dahrendorf und Geißler

Schichtmodell nach Ralf Dahrendorf

Schichtmodell nach Rainer Geißler: Soziale Schichtung der deutschen Bevölkerung 2009

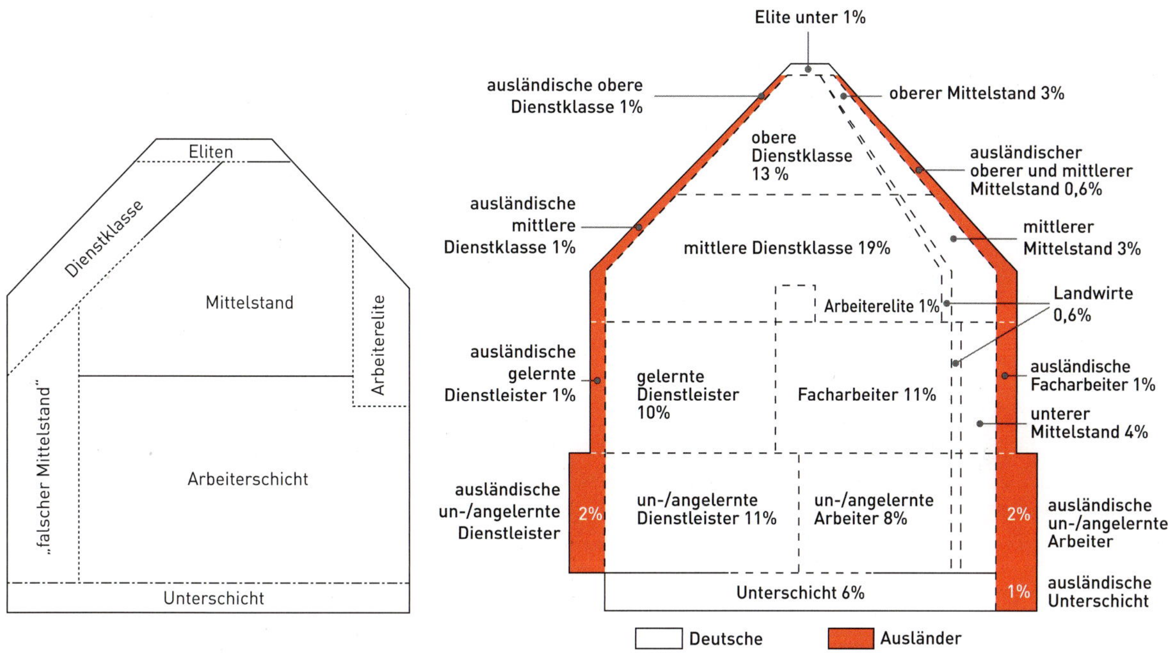

Quelle: Ralf Dahrendorf, Gesellschaft und Demokratie in Deutschland, München 1965, S. 105

Quelle: Rainer Geißler, Die Sozialstruktur Deutschlands, 7., grundlegend überarbeitete Auflage, Wiesbaden 2014, S. 101

M 14 ● Das modernisierte Hausmodell

Ein modernisiertes Hausmodell für die soziale Schichtung der Bevölkerung Deutschlands im Jahr 2009 orientiert sich an dem von Dahrendorf erkannten Grundmuster, zieht jedoch einige weitere Differenzierungslinien ein und macht die massiven Umschichtungen im vergangenem halben Jahrhundert deutlich. […]

Es gibt eine langfristige historische Tendenz zur Differenzierung und Auflockerung der Schichtstruktur: Die Zusammenhänge zwischen äußeren Lebensbedingungen einerseits und Mentalitäten und Verhaltensweisen andererseits lockern sich in einigen Bereichen auf; schichttypische und schichtunspezifische Verhaltensweisen existieren nebeneinander. […]

Schichttypische Unterschiede sind im Zeitalter des Massenkonsums manchmal nicht auf den ersten Blick an der lebensweltlichen Oberfläche zu beobachten […]. So steht zum Beispiel heute in den Wohnungen aller Schichten das sofort wahrnehmbare Farbfernsehgerät, aber die Art, wie es genutzt wird und welche Sendungen geschaut werden, ist nach wie vor schichttypisch unterschiedlich.

Schließlich sind die Schichten durch soziale Mobilität durchlässiger geworden. Menschen wechseln häufiger von einer Schicht in eine andere; auch die Chancen, sozial aufzusteigen, haben zugenommen.

Rainer Geißler, Bundeszentrale für politische Bildung, 16.12.2014

M 15 ● Wozu dienen Milieustudien?

Die Menschen, die einem bestimmten sozialen Milieu angehören, denken und verhalten sich in der Praxis relativ ähnlich; Menschen, die verschiedenen sozialen Milieus angehören, denken und handeln oft unterschiedlich. [...] Weil die Zugehörigkeit zu sozialen Milieus die jeweilige Selbstdefinition und Alltagspraxis der Menschen beeinflusst, wurden Milieustudien in den letzten beiden Jahrzehnten in zunehmendem Maße zur Erklärung von Verhaltensunterschieden und so auch zur Lösung praktischer Probleme eingesetzt. [...]
Ist die Milieuzugehörigkeit eines Menschen bekannt, so weiß man viel darüber, welche Sehnsüchte, welche Interpretationen, Motive und Nutzenerwartungen er aufweisen wird.

Stefan Hradil, Soziale Milieus - eine praxisorientierte Forschungsperspektive, APuZ, 44-45/2006, S. 8

M 16 ● Die Milieulandschaft in den 1980er Jahren und im Jahr 2017

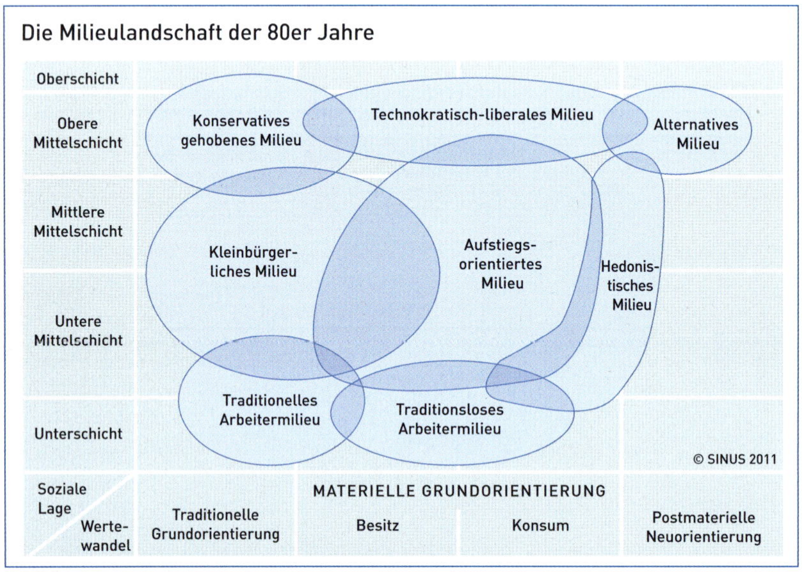

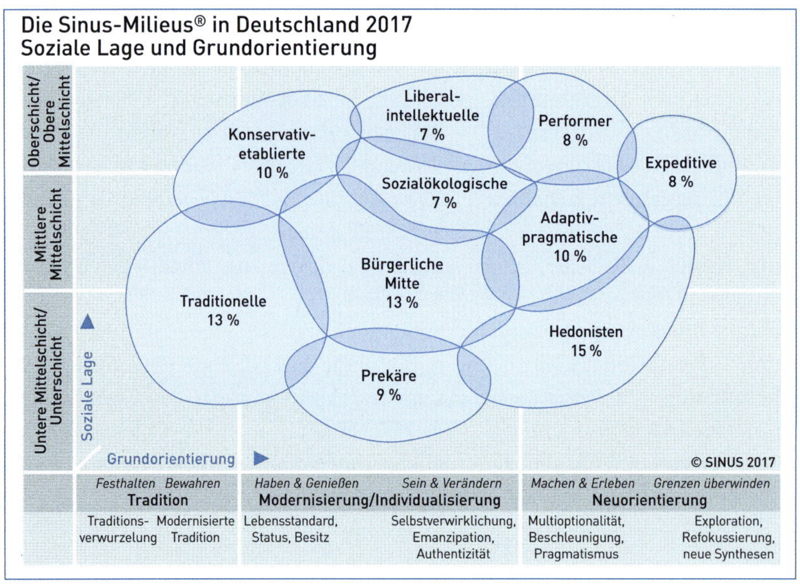

Quelle: Sinus Sociovision GmbH, Heidelberg 2017

Soziale Milieus

Soziale Milieus verändern sich im Laufe der Zeit. Sie werden größer oder kleiner. Neue Milieus bilden sich heraus, alte verschwinden oder teilen sich. Allein seit den achtziger Jahren hat sich der Bevölkerungsanteil traditioneller Milieus fast halbiert. Dies geschah wohl seltener, weil Menschen ihre Milieuzugehörigkeit wechselten. Vielmehr sind die Menschen in den genannten Milieus häufig schon alt. Diese Milieus sterben langsam aus.

Stefan Hradil, Soziale Milieus - eine praxisorientierte Forschungsperspektive, APuZ, 44-45/2006, S. 3 ff.

M 17 ● Tabelle mit Kurzcharakteristik der Milieus

	Milieu	Kurzcharakteristik der Sinus-Milieus
Oberschicht/Obere Mittelschicht	Konservativ-Etablierte 10%	Das klassische Establishment: Verantwortungs- und Erfolgsethik; Exklusivitäts- und Führungsansprüche, Standesbewusstsein; zunehmender Wunsch nach Ordnung und Balance
	Liberal-Intellektuelle 7%	Die aufgeklärte Bildungselite: kritische Weltsicht, liberale Grundhaltung und postmaterielle Wurzeln; Wunsch nach Selbstbestimmung und Selbstentfaltung
	Performer 8%	Die multi-optionale, effizienz-orientierte Leistungselite: globalökonomisches Denken; Selbstbild als Konsum- und Stil-Avantgarde; hohe Technik- und IT-Affinität; Etablierungstendenz, Erosion des visionären Elans
	Expeditive 8%	Die ambitionierte kreative Avantgarde: Transnationale Trendsetter – mental, kulturell und geografisch mobil; online und offline vernetzt; nonkonformistisch, auf der Suche nach neuen Grenzen und neuen Lösungen
Mittlere Mittelschicht	Bürgerliche Mitte 13%	Der leistungs- und anpassungsbereite bürgerliche Mainstream: generelle Bejahung der gesellschaftlichen Ordnung; Wunsch nach beruflicher und sozialer Etablierung, nach gesicherten und harmonischen Verhältnissen; wachsende Überforderung und Abstiegsängste
	Adaptiv-Pragmatische 10%	Die moderne junge Mitte mit ausgeprägtem Lebenspragmatismus und Nützlichkeitsdenken: Leistungs- und anpassungsbereit, aber auch Wunsch nach Spaß und Unterhaltung; zielstrebig, flexibel, weltoffen – gleichzeitig starkes Bedürfnis nach Verankerung und Zugehörigkeit
	Sozialökologische 7%	Engagiert gesellschaftskritisches Milieu mit normativen Vorstellungen vom „richtigen" Leben: ausgeprägtes ökologisches und soziales Gewissen; Globalisierungs-Skeptiker, Bannerträger von Political Correctness und Diversity (Multikulti)
Untere Mittelschicht/Unterschicht	Traditionelle 13%	Die Sicherheit und Ordnung liebende ältere Generation: verhaftet in der kleinbürgerlichen Welt bzw. in der traditionellen Arbeiterkultur; Sparsamkeit und Anpassung an die Notwendigkeiten; zunehmende Resignation und Gefühl des Abgehängtseins
	Prekäre 9%	Die um Orientierung und Teilhabe („dazu gehören") bemühte Unterschicht: Wunsch, Anschluss zu halten an die Konsumstandards der breiten Mitte – aber Häufung sozialer Benachteiligungen, Ausgrenzungserfahrungen, Verbitterung und Ressentiments
	Hedonisten 15%	Die spaß- und erlebnisorientierte moderne Unterschicht/untere Mitte: Leben im Hier und Jetzt, unbekümmert und spontan; häufig angepasst im Beruf, aber Ausbrechen aus den Zwängen des Alltags in der Freizeit

© Copyright by SINUS Markt- und Sozialforschung GmbH, Informationen zu den Sinus-Milieus 2017, Stand: 01/2017, S. 16

Aufgaben

1. Grenzen Sie die unterschiedlichen Gesellschaftsmodelle voneinander ab. Erläutern Sie, warum die Modelle zur Beschreibung der Gesellschaft immer stärker ausdifferenziert wurden (M 12 – M 15).
2. Bewerten Sie die Aussagekraft und die Zweckmäßigkeit bzw. die Möglichkeiten und Grenzen von Gesellschaftsmodellen (M 13, M 16).
3. Beziehen Sie Stellung: Welches Modell vertritt Ihrer Ansicht nach die heutige Gesellschaft am treffendsten? Berücksichtigen Sie hierbei auch aktuelle Spannungsfelder, wie Bildung, Arbeit, Vermögen, etc.

Einsatzgebiete der Sinus-Milieus

Neben Anwendungen in Politik, Kirche, Publizistik oder Pädagogik gibt es in der klassischen Marketingforschung kaum eine Marktkategorie, für welche die Sinus-Milieus noch nicht eingesetzt wurden. Sie dienen der differenzierten Beschreibung von Kunden- und Käufergruppen, der gezielten Positionierung von Produkten und Dienstleistungen, der Definition von Marktsegmenten für neue Produkte und Relaunches, der Aufspürung von Marktnischen, der effizienten Ansprache von Käuferpotentialen und nicht zuletzt der Früherkennung und Lokalisierung von neuen Motivationen und Verfassungen.

SINUS Markt- und Sozialforschung GmbH, www.sinus-institut.de (22.11.2017)

Ungleichheit
M 1, M 2

Auch wenn alle Menschen gleich sind, leben sie dennoch unter sehr ungleichen Umständen. Deshalb ist Ungleichheit auch ein **Strukturmerkmal von Gesellschaft**. Ungleichheit wird aber individuell erfahren. Ungleichheit wird zu **sozialer Ungleichheit**, wenn damit eine **Besser- oder Schlechterstellung** und die **unterschiedliche Teilhabe an der Gesellschaft** verbunden ist.

Soziale Ungleichheit
M 3, M 4

Soziologen haben sich auf keine einheitliche Definition von sozialer Ungleichheit einigen können. Soziale Ungleichheit ist eine Frage der Verteilung von wertvollen Gütern (Ressourcen), worunter man in modernen Gesellschaften Vermögen, Bildung und auch die Möglichkeit zur Erwerbstätigkeit sowie Lebenschancen versteht. Man unterscheidet unterschiedliche Formen sozialer Ungleichheit:

- **Verteilungsungleichheit** beschreibt die ungleiche Verteilung von wichtigen Ressourcen, also Vermögen oder auch Lebensbedingungen.
- **Chancenungleichheit** liegt dann vor, wenn bestimmte Gruppen innerhalb der Gesellschaft nicht dieselben Möglichkeiten haben die gleiche Stellung zu erlangen wie andere. Sie zeigt sich in vielen Bereichen der Gesellschaft. So besteht z. B. zwischen Bewohnern unterschiedlicher Regionen in Deutschland keine Chancengleichheit.

Anders als in anderen modernen westlichen Gesellschaften sind die Vermögen in Deutschland sehr ungleich verteilt. Man spricht davon, dass sich die Schere zwischen Arm und Reich immer weiter öffnet, was sich letztlich ungünstig auf den Zusammenhalt der Gesellschaft auswirken könnte.

Armut und Reichtum
M 5 – M 10

Die Grenze zur Armut zu bestimmen, ist äußerst schwierig, da die objektive Höhe des Einkommens darüber wenig Aussagen zulässt. Entscheidend ist, ab wann man innerhalb der Gesellschaft, in der man lebt, als arm gilt. Deshalb unterscheidet man zwischen absoluter und relativer Armut:

- Als **absolut arm** gilt, wer am physischen Existenzminimum lebt. Die Weltbank legt dieses bei einem Einkommen von weniger als 1,90 US-Dollar pro Tag an.
- **Relativ arm** ist, wer am Rand des soziokulturellen Existenzminimums lebt, also in seiner Teilhabe an den materiellen, kulturellen und sozialen Möglichkeiten der Gesellschaft stark eingeschränkt ist.

Armut geht in der Regel mit einem erhöhten Krankheitsrisiko und einer kürzeren Lebenserwartung einher.
Als **armutsgefährdet** gilt in Deutschland, wer weniger als 60% des Äquivalenzeinkommens besitzt. Besonders armutsgefährdet sind in Deutschland Erwerbslose und Einelternfamilien.

Interpretationen von Statistiken und Schaubildern
Methode

Eine Statistik ist die **systematische Sammlung und Ordnung von Informationen in Form von Zahlen**. Diese Zahlen werden entweder in **Tabellen** oder optisch aufbereitet als **Diagramme** und **Schaubilder** ausgewertet und dargestellt.
Es gibt kaum einen Lebensbereich, der nicht statistisch erfasst wird. So gibt es u. a. Statistiken zu den Bereichen Bevölkerung, Beschäftigung, Gesundheit, Kriminalität, Wohnungen, Verkehr, Wirtschaft. Aus diesen Statistiken können **wichtige Erkenntnis-**

se zum Beispiel für die Verkehrsplanung oder den Bau von Kindergärten und Schulen **gewonnen** werden.

Beim Umgang mit Zahlen, Statistiken und Diagrammen ist Vorsicht geboten. Der bekannte Satz „Trau keiner Statistik, die du nicht selbst gefälscht hast" macht auf die Problematik im Umgang mit scheinbar objektiven Zahlen aufmerksam. Es sollte sich immer wieder bewusst gemacht werden, dass mit der Unterstützung von Zahlenmaterial Tatsachen verfälscht dargestellt werden können. Häufig werden damit ganz bestimmte Interessen verfolgt. Dies gilt v. a. in der Wirtschafts- und Sozialstatistik. Deshalb ist es notwendig, nicht nur nach der Quelle einer Statistik zu fragen, sondern auch **kritisch zu überprüfen**, wie die Zahlen in einer grafischen Darstellung präsentiert wurden. Denn mit unterschiedlichen Darstellungen lassen sich bei denselben Zahlen durchaus unterschiedliche Wirkungen erzielen. Sachverhalte können verharmlost oder dramatisiert werden.

Vertikale Gesellschaftsmodelle
M 12 – M 14

Zentrale Dimensionen zur Erfassung der vertikalen (oben-unten) Aufgliederung einer Gesellschaft sind: **Berufsstand, Einkommen, Vermögen, Bildung, Macht, Einfluss** und **Ansehen**.

Nach **Karl Marx (Klassenmodell)** befinden sich die Kapitalisten *(Besitzer von Produktionsmitteln)* am oberen Ende der Hierarchie, während das Proletariat *(Nicht-Besitzende, die gezwungen sind, ihre Arbeitskraft zu verkaufen, um den Lebensunterhalt bestreiten zu können)* am unteren Rand der Gesellschaft steht. Aufgrund des unauflöslichen Gegensatzes zwischen diesen beiden Klassen (Antagonismus) prophezeite Marx eine Revolution der Arbeiter, die zur Diktatur des Proletariats führen sollte.

Auch **Schichtungsmodelle** legen den Schwerpunkt auf **vertikale** Dimensionen bei der Gesellschaftsanalyse, berücksichtigen jedoch daneben einige horizontalen Aspekte (z. B. schichttypische Mentalitäten, Verhaltensweisen).

Mehrebenenmodelle
M 15 – M 17

Analog zur fortschreitenden Differenzierung der Gesellschaft sind auch die Beschreibungsmodelle detaillierter geworden. Neuere Ansätze wie die der **„sozialen Lagen"** oder der **„sozialen Milieus"** haben in ihren Analysen die vertikale Achse um eine **horizontale** („Nebeneinander": z. B. Alter, Konsumverhalten, Werteorientierung) erweitert. Dieser Ansatz geht davon aus, dass es z. B. die Mittelschicht nicht gibt: Ein sehr traditionsbewusster, gesellschaftlich (Über-)Angepasster mit einem hohen Bedürfnis nach umfassender Sicherheit im überschaubaren Lebensbereich unterscheide sich von einem Spaß- und Erlebnisorientierten, der v. a. die Langeweile scheut, grundlegend, obwohl beide den vertikalen Dimensionen nach derselben Schicht angehören können. Das Milieumodell z. B. passt folglich zur Individualisierung und Pluralisierung der Lebensformen und spiegelt aktuelle gesellschaftliche Entwicklungen wider.

Kritiker bemängeln neben des geringen Erkenntnisgewinns, den diese Modelle bieten, die Überbetonung der horizontalen Dimension: Auch heute beeinflussen die vertikalen Faktoren die Verteilung von Lebenschancen (z. B. im Bereich Bildung, Arbeitsmarkt-, Aufstiegschancen) entscheidend. Die Milieutheorie unterschätze und/oder kaschiere die Bedeutung finanzieller Faktoren.

2.3 Demografischer Wandel in Deutschland

2.3.1 Altersstruktur und Geburtenentwicklung

M 1 ● Altersaufbau der Bevölkerung

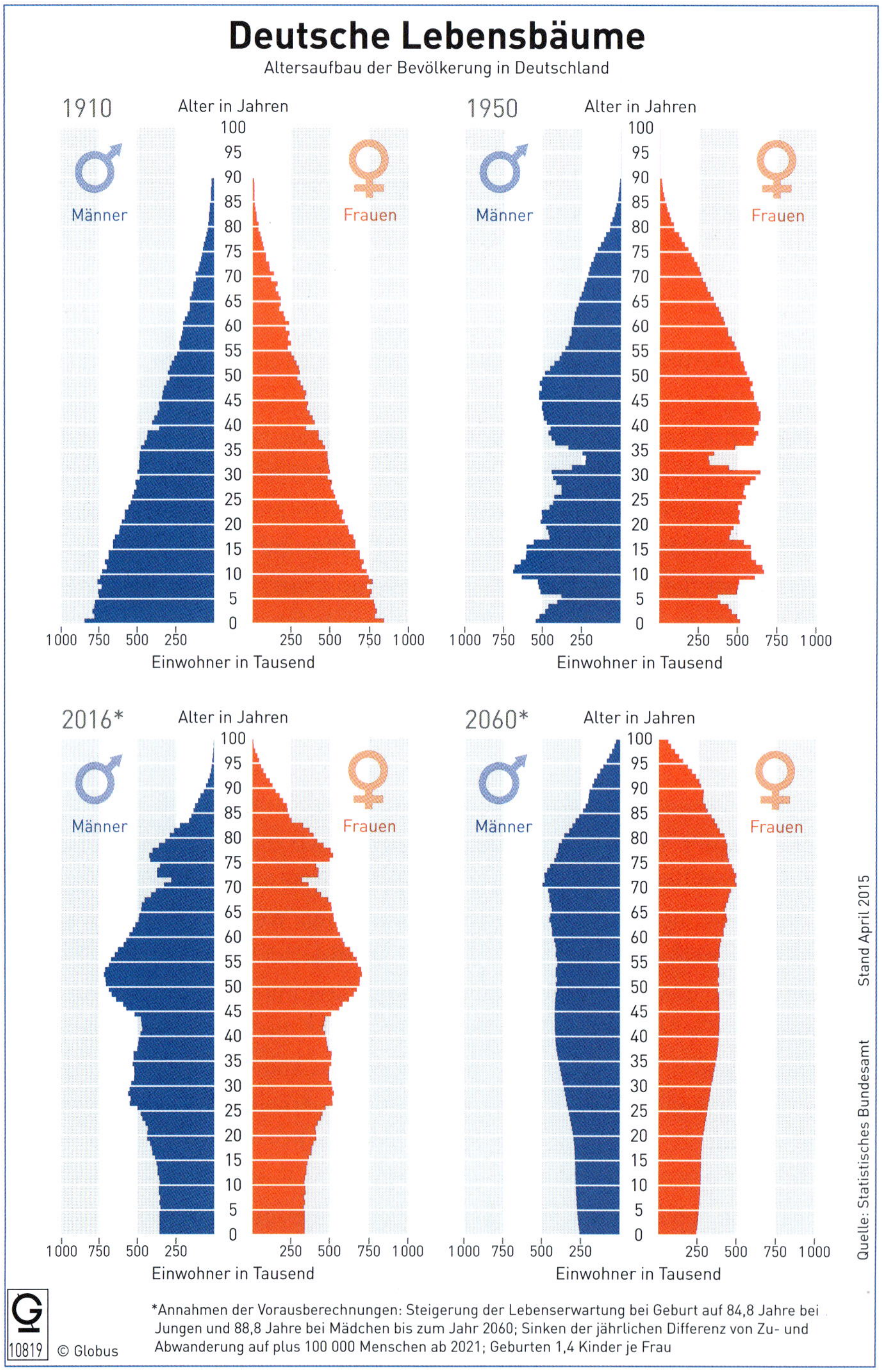

Erklärfilm „demografischer Wandel“

Mediencode: 72064-05

M 2 ● Geburtenentwicklung

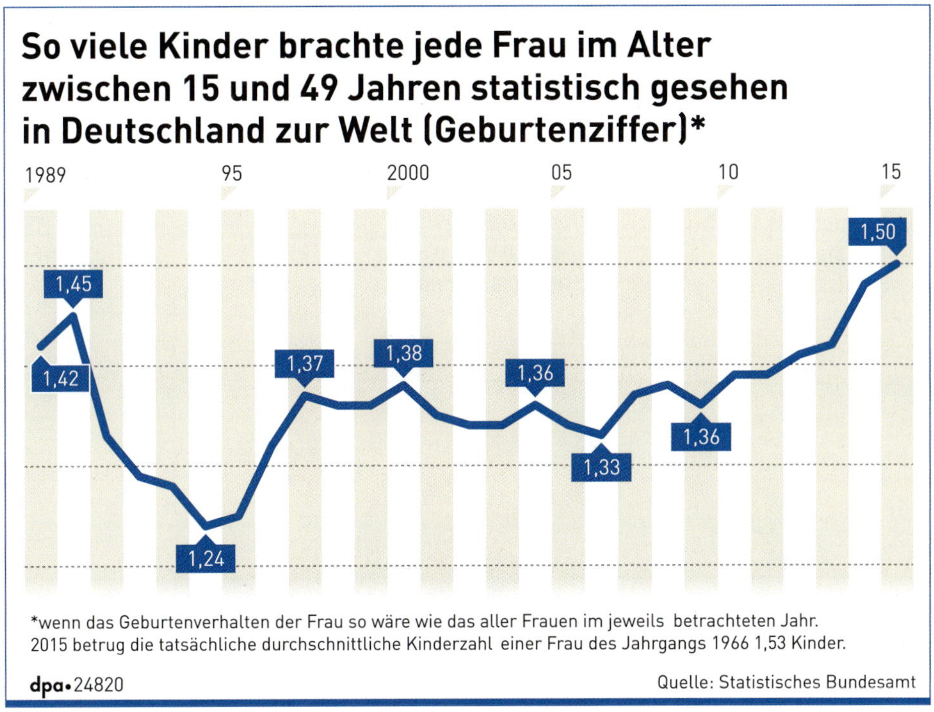

M 3 ● Lebenserwartung

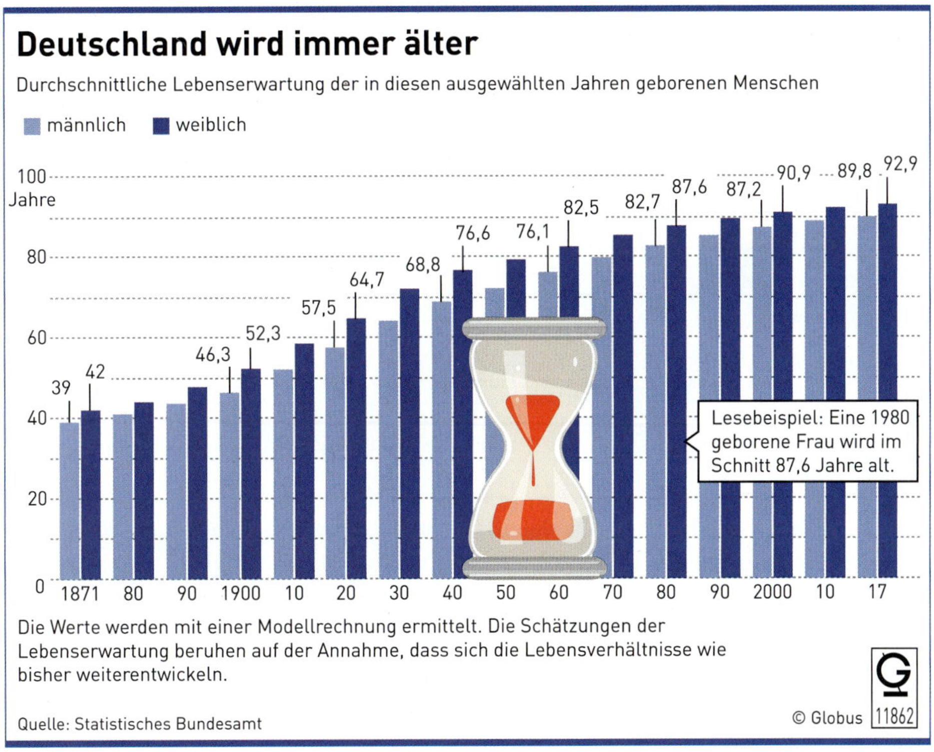

M 4 Deutschland „schrumpft“ – aber nicht überall gleich

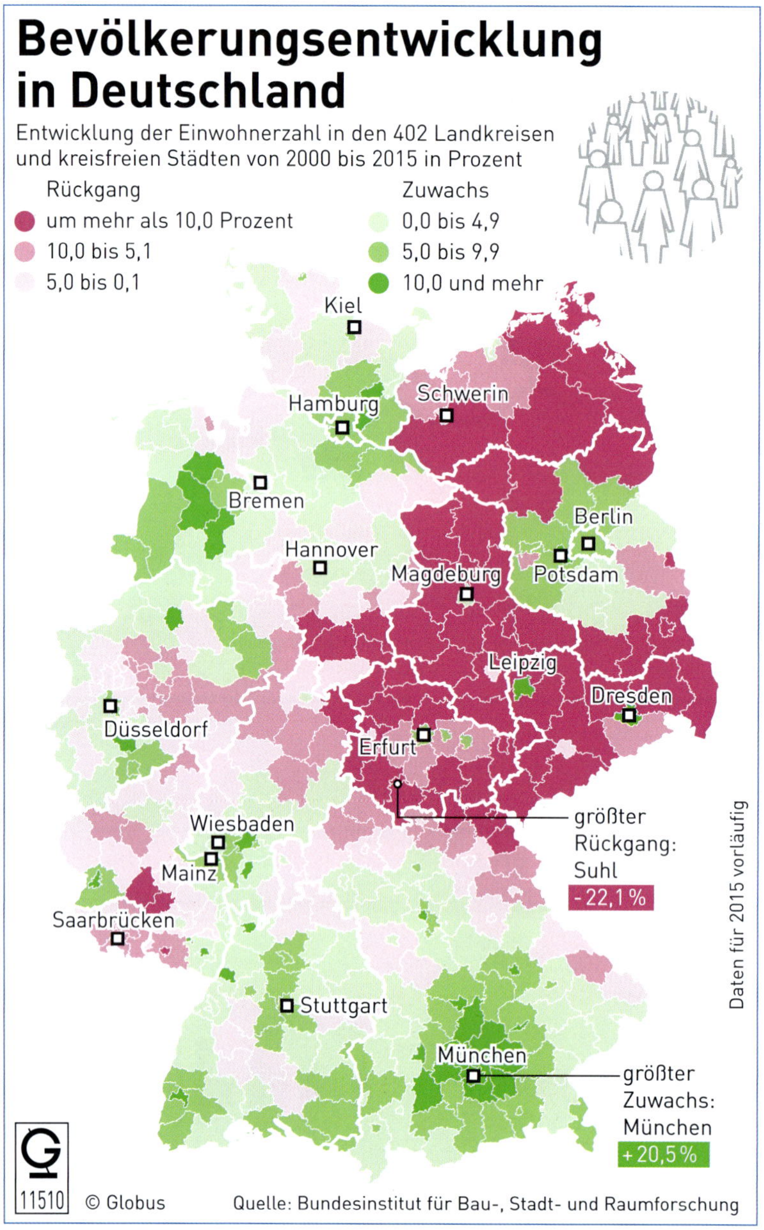

Aufgaben

1. Analysieren Sie aus M 1 – M 3 die Geburten- und Altersentwicklung in Deutschland.
2. Charakterisieren Sie die Lebensbäume in M 1, in dem Sie ihnen einprägsame Namen geben.
3. Ermitteln Sie mögliche Ursachen für den demografischen Wandel in Deutschland sowie die regional ungleiche Bevölkerungsentwicklung. Erkunden (→ Methode S. 130) Sie schließlich mit Hilfe der Ergebnisse die demografische Situation Ihrer Heimatregion, -stadt oder -gemeinde (M 4).

2.3.2 Migration – ein weiterer Faktor der Bevölkerungsentwicklung

M 5 Migranten fördern Entwicklung

Indischer IT-Experte im Rechenzentrum eines Softwareunternehmens in Baden-Württemberg

Arbeiter aus Portugal an einer Brückenbaustelle in der Nähe von Erfurt

Lange Zeit wurde die Bedeutung von Rücküberweisungen als wichtiger Entwicklungsfaktor in Rahmen der Migrationsforschung verkannt. Dies hat sich geändert, seit der wirtschaftliche Gewinn deutlich geworden ist, den die Herkunftsländer aus dem Geldtransfer erzielen, welchen Migranten von ihren neuen Standorten aus veranlassen. Im Jahr 2015 betrug der Wert von Rücküberweisungen in Entwicklungsländer 432 Milliarden US-Dollar. Außerdem spielen Rücküberweisungen eine große Rolle für die Privathaushalte in den Herkunftsländern, eröffnen neue Bildungschancen, verringern die Armut und führen zu Verbesserungen in der Gesundheitsversorgung. Migration bietet somit Potenziale für die Herkunftsländer der Migranten und fördert dort die lokale Wirtschaft und Infrastruktur.

UmweltDialog, Pedro Morazán/Katharina Mauz, www.umweltdialog.de, 13.2.2017

Die zehn Länder, die am meisten von Rücküberweisungen profitieren (als Anteil des BIP 2014)

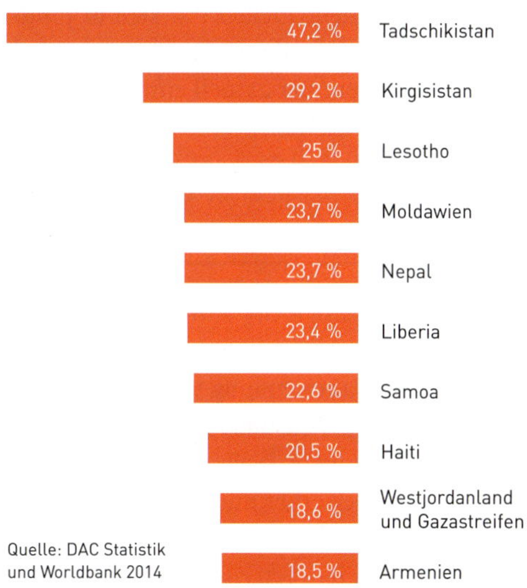

Quelle: DAC Statistik und Worldbank 2014

M 6 Voraussetzungen einer gelungenen Migrationspolitik

Sind Flüchtlinge die Hoffnungsträger des deutschen Arbeitsmarktes und Rettungsanker für den demografischen Wandel? Der Autor liefert Zahlen, wie realistisch diese Annahmen sind und plädiert für eine proaktive und gestaltende Migrationspolitik.

Internationale Migration und demografischer Wandel sind zwei herausragende gesellschaftspolitische Themen der Gegenwart. Die Migrationsfrage wurde in den letzten 15 bis 20 Jahren vorwiegend als Integrationsfrage diskutiert. Dabei ging es oft um die nachholende Integration von schon lange anwesenden Migrant(inn)en oder deren Kindern. Erst in der jüngeren Zeit vollzog sich ein Wandel. Das Augenmerk richtet sich nun stärker auf Fragen der gegenwärtigen und zukünftigen Migration als auf Integration. Die Frage nach einer proaktiven und gestaltenden Migrationspolitik gewinnt damit an Raum.

Gleichzeitig ist der demografische Wandel seit circa zehn Jahren auch zu einem großen gesellschaftlichen Thema geworden. Die Debatte rankt sich um die Themen Schrumpfung und Alterung der Wohnbevölkerung, aber auch zunehmend um das Thema Migration und Vielfalt. „Weniger", „älter" und „bunter" sind die Schlagworte dieser Debatte. Eine Verknüpfung der beiden Themenfelder hat sich in jüngster Zeit durch die Entwicklung am Arbeitsmarkt ergeben: Der aktuell zunehmende regional- und sektorenspezifische Mangel an Fachkräften und Auszubildenden führt in Politik und Wirtschaft zu Hoffnungen, diese Lücken durch Migrant(inn)en zu schließen.

Flüchtlinge als Hoffnungsträger des Arbeitsmarktes

Die Wahrnehmung von Flüchtlingen als demografische und Arbeitskraftreserve ändert sich rapide. Seit November 2014 ist für Asylbewerber nun schon nach dreimonatigem Aufenthalt die Arbeitsaufnahme möglich. Eine derzeit aufkommende politische Debatte gilt dem „Spurwechsel" aus dem Status des Asylbewerbers beziehungsweise Flüchtlings in jenen des Arbeitsmigranten. Diese neue Diskussion über die Potenziale von Flüchtlingen reiht sich in die allgemeine Debatte um Fachkräftemangel und den demografischen Wandel ein: Teils große Hoffnungen werden darauf gesetzt, die Schrumpfung und Alterung der Bevölkerung in Deutschland durch „Ersatzmigration (replacement migration)" wenn nicht aufzuhalten, so doch zu lindern. Verknüpft mit der Debatte um den „Spurwechsel" für bereits eingewanderte Flüchtlinge ist die Debatte um den „Torwechsel", also die Eröffnung neuer Zugangsmöglichkeiten für Migranten, die wirtschaftliche Motive haben.

Man könnte diesen Schwenk in der Migrationspolitik als einen Paradigmenwechsel bezeichnen, wenn er sich verstetigen und politisches Momentum gewinnen sollte. Dazu bedürfte es aber mehr als einzelner Initiativen und Pilotprojekte oder der vagen Hoffnung, ein neues Einwanderungsgesetz könne die Verstetigung des Wandels und der Reformen bringen.

Was wäre für eine Neuausrichtung der Migrationspolitik nötig?

1. Ein politischer und gesellschaftlicher Konsens über ebenjene Neuausrichtung. In Schlagworte gefasst hieße dies, den Schritt von der Anerkennung als Einwanderungsland zur (weiteren und) schnelleren Ausgestaltung zu gehen. Konkret wäre dafür in vielen Bereichen ein institutioneller Umbau nötig, der die Chance zur Umsetzung notwendiger Reformen mit sich bringt.
2. Die Entwicklung einer kohärenten Migrations- und Integrationspolitik, die sowohl das aufgeklärte Eigeninteresse des Einwanderungslandes Deutschland als auch die völkerrechtlich verbindlichen humanitären Verpflichtungen in Rechnung stellt, abwägt, aber nicht gegeneinander ausspielt.

3. Eine außen- und migrationspolitische Strategie, die als konzertierte Aktion geplant, gesteuert und proaktiv ausgerichtet ist. Dafür bedarf es der Kooperation aller relevanten Akteure: Auswärtiges Amt, Goethe-Institut, Außenhandelskammern, GIZ, Bundesamt für Migration und Flüchtlinge usw.
4. Einbettung in europäische und globale Zusammenhänge, angefangen bei außen- und sicherheitspolitischen Themen über die Neuausrichtung der Entwicklungspolitik bis hin zur Reform der Wirtschafts- und Handelspolitik gegenüber Drittstaaten.

Eine legitime Frage bliebe dennoch: Wie realistisch wäre die Aussicht, den demografischen Wandel und Arbeitsmarktengpässe im Land durch Migration signifikant zu beeinflussen? Ein realistisches Bild gibt eine UN-Prognose, die im Jahr 2000 für einen Zeitraum von 50 Jahren erstellt worden ist. Als Zielgrößen wurden in dieser Studie erstens die Aufrechterhaltung der Bevölkerungsgröße, zweitens die der Beschäftigtenzahl und drittens die des Verhältnisses der Erwerbstätigen (15-64 Jahre) zu Transferempfängern ab 65 Jahren projiziert. Wollte Deutschland bei gegebenen demografischen Bedingungen seine Bevölkerungsgröße stabilisieren, benötigte es demnach jährlich netto 344.000 Einwanderer. Wollte man die Beschäftigtenzahl stabil halten, wären es schon 487.000 Personen. Und um das Verhältnis Beschäftigte zu Rentnern aufrechtzuerhalten, bräuchte man jährlich netto 3,6 Millionen Einwanderer.

Könnte also eine neue proaktive Migrationspolitik Teil der Lösung sein? Ja, zum Teil. Migration kann demografische Entwicklungen beeinflussen. Allerdings sind bestimmte Entwicklungen schon in die demografischen Strukturen eingeschrieben. Der drastischen Schrumpfung mag die Gesellschaft in Deutschland entgehen, der Alterung nicht. Hinter die Aufrechterhaltung des Generationenvertrags als Solidarpakt mag man aber ein Fragezeichen setzen. Der Paradigmenwechsel hin zu einer proaktiven Migrationspolitik kann zu einer Lösung beitragen. Andere Maßnahmen wie zum Beispiel die Qualifizierung von Personen ohne Berufsabschluss, die Erhöhung der Erwerbsbeteiligung von Frauen sowie der Umbau der Sozialsysteme sind zusätzliche notwendige Schritte.

Rainer Ohliger, www.caritas.de, 23.10.2015

Das syrische Flüchtlingspaar Tema und Mamon Alhamza halten am 13.01.2016 in einer Flüchtlingsunterkunft in Duisburg ihre knapp drei Wochen alte Tochter in den Armen.

Aufgaben

1. Entwerfen Sie ausgehend von M 5 und M 6 ein Thesenpapier, das die in Teilen der Bevölkerung noch immer vorhandenen Vorurteile entkräftet, Zuwanderung sei eine Ursache für hohe Arbeitslosenzahlen und habe lediglich negative Auswirkungen auf die Herkunftsländer (Abwanderung von qualifizierten Arbeitskräften, „brain drain").
2. Entwickeln Sie einen Maßnahmenkatalog, mit dessen Hilfe sich die bevölkerungspolitischen Effekte einer geregelten Zuwanderung optimieren ließen (M 5, M 6).

2.3.3 Kinderwunsch und Altersglück

M 7 Das ganz normale Chaos

Mai	Kristin	Paolo	Michael	Mama	Papa
1. Dienstag					
2. Mittwoch			15.30 Gitarre	Projektsitzung	Sonder-
3. Donnerstag	9.00 Kinderarzt			Hamburg	urlaub
4. Freitag					
5. Samstag			KiGa-Ausflug		
6. Sonntag					
7. Montag		Hockeytraining			Fahrdienst
8. Dienstag				10.30 Schule	
9. Mittwoch	15.00 Kinderge-		15.30 Gitarre	(Sprechstunde wg. Michael)	
10. Donnerstag	burtstag bei Paul	Auto besorgen → Hannes!			Teambesprechung
11. Freitag				Paolo krank!	
12. Samstag				~~20.30 Kino mit Freunden~~	
13. Sonntag					
14. Montag		Hockeytraining		Fahrdienst	
15. Dienstag					Sabine wg.
16. Mittwoch			15.30 Gitarre		Babysitting!!!
17. Donnerstag	14.00 Schnupper-			Geschäftsessen FeBa	
18. Freitag	tag Ballettschule	Kein KiGa!	Schulflohmarkt	Sachen	11.22 Oma vom

Autorengrafik

M 8 Mütterdämmerung

Aus einer Untersuchung zum Thema „weiblicher Kinderwunsch“:

Besonders belastend ist [...] der „Perfektionszwang“, dem sich fast alle Befragten ausgesetzt sehen: Obwohl fast 80 Prozent der Mütter Gelassenheit als ihr großes Ziel beschreiben, fühlen sich nur 44 Prozent wirklich entspannt – viel zu sehr ist ihr Alltag geprägt von der „Zerrissenheit zwischen liebender Mutter und attraktiver beziehungsweise erfolgreicher Frau“, stellt die Untersuchung fest [...]. Das Problem ist also nicht nur, den Mittelweg zwischen [Karrierefrau] und überfürsorglicher Glucke zu finden – sondern auch, sich permanent dafür rechtfertigen zu müssen, diesen Weg gewählt zu haben.

Oft wird der größte Druck dabei allerdings gar nicht so sehr von außen aufgebaut. Sondern es sind vor allem Mütter, die andere Mütter verurteilen. So stellen die Kölner Forscher eine tiefe Kluft zwischen den „Vollzeitmamas“ und den „arbeitenden Müttern“ fest, wie sie bei jedem Schulfest zu beobachten ist: Am lautesten lachen die Hausfrauen über die Mütter, die bloß gekauften Kuchen mitbringen – und am geringschätzigsten schauen die berufstätigen Mütter auf die Selberbäckerinnen. [...]

Schwanger zu werden ist demnach aber auch mit ganz anderen Ängsten verbunden: So räumt gut die Hälfte der Befragten ein, dass seit der Geburt ihres Kindes dieses im Mittelpunkt stehe und die Partnerschaft in den Hintergrund gerückt sei. Auch Geldsorgen wurden genannt [...]. Daneben treibt viele Frauen die Sorge um, vom Vater des Kindes verlassen zu werden.

Charlotte Frank, Mütterdämmerung, Süddeutsche Zeitung, 25.11.2010, S. 10

M 9 Die jungen Alten kommen

Die Alten werden in Zukunft noch älter. In der Öffentlichkeit hat diese erfreuliche Entwicklung zu einigen Fehleinschätzungen geführt. Sie sind hauptsächlich auf ein verzerrtes Bild des Alterns zurückzuführen: Das einer senilen Bevölkerung, deren Alte für die Gemeinschaft vornehmlich eine Bürde sind. Symbolhaft haben sich dafür Begriffe wie „Vergreisung" oder „Überalterung" der Gesellschaft in der medialen Debatte breit gemacht, verbunden mit den Assoziationen von Krankheit, Schwäche und egoistischem Altersstarrsinn.

Die Diskussion leidet unter einem systematischen Denkfehler: der „Ceteris-Paribus-Logik", also der irrigen Annahme, dass sich nur ein Parameter ändert, alles andere aber so bleibt, wie es ist. Es wird zwar allgemein akzeptiert, dass wir sehr viel älter werden. Es wird aber ignoriert, dass wir auch sehr viel gesünder altern als früher. Tatsächlich verändert sich das Alter beträchtlich und ist gleichzeitig von uns selbst veränderbar. Es ist plastisch.

Es gibt begründete Hoffnung, dass sich die Lebensspanne, innerhalb derer wir noch gesund, leistungs- und arbeitsfähig sind, genauso schnell erweitert wie die Lebenserwartung steigt. Grob gesprochen ist damit ein heute 50-Jähriger so fit wie noch 1970 ein 40-Jähriger oder ein 65-Jähriger so gesund wie ein damals 55-Jähriger. Das Alter wird also immer aktiver und agiler, und Alte können (und wollen) gesellschaftlich mehr Verantwortung übernehmen als früher. [...]

Wieso dürfen wir so optimistisch sein? In der Tat ist wissenschaftlich noch nicht geklärt, wie genau sich Alterskrankheiten und funktionale Behinderungen im Licht der steigenden Lebenserwartung entwickeln. Es steht außer Frage, dass der Körper zum Ende des Lebens hin abbaut. Wir alle altern, und manche sind schon in frühem Alter von körperlichem Leid betroffen. Aber der große Trend ist ein anderer. Es scheint realistisch, davon auszugehen, dass der Anteil der kranken und schwachen Jahre am Lebensende im Verhältnis zur gesamten Lebenszeit immer kleiner wird. [...]

Ständige Fortschritte in der Medizin haben dazu geführt, dass viele Alte heute zwar in den Augen der Gesundheitsstatistik krank, aber durchaus fit sind. So lässt sich etwa mit einem Schrittmacher trotz Herzschwierigkeiten noch sehr lange und gut leben. Und künstliche Gelenke halten immer mehr Rentnerinnen und Rentner mobil, obwohl ihr Knie oder ihre Hüfte eigentlich verschlissen sind. Für medikamentöse und andere medizinische Behandlungsformen gelten ähnliche Effekte. Anders ist nicht zu erklären, wieso die Mortalität so eindeutig sinkt, während die Häufigkeit vieler Krankheiten steigt.

Es ist wahrscheinlich, dass sich der Alterungsprozess auch in Zukunft weiter aufschiebt; die Voraussetzungen dafür werden immer besser: Die Medizin wird sich weiter entwickeln und das Streben nach gesünderer Ernährung und Lebensweise lag selten so sehr im Trend wie heute.

Björn Schwentker, James W. Vaupel, Eine neue Kultur des Wandels, in: APuZ, 10-11/2011, S. 7 ff.

Ceteris-Paribus-Logik
(lat.) „Alles andere bleibt gleich"-Logik. In den Erfahrungswissenschaften gebräuchliche Annahme, dass man die Wirkung einer bestimmten Variablen nur dann eindeutig bestimmen könne, wenn man alle anderen Variablen konstant hält, um deren Einfluss auf das Ergebnis auszuschalten.

Aufgaben

1. Erarbeiten Sie die Belastungsfaktoren, die den Wunsch nach eigenen Kindern beeinflussen können (M 7, M 8).
2. Analysieren Sie, wie sich das Älterwerden im 21. Jahrhundert verändern wird (M 9).
3. Die soziale Welt ist ein vernetztes System. Diskutieren Sie, wie die beschriebenen demografischen Veränderungen sich auf andere gesellschaftliche Bereiche auswirken.
4. Erkunden (→ Methode S. 130) Sie Ihre Kommune und dokumentieren Sie die Spuren des demografischen Wandels in Form einer Fotoreportage.

H zu Aufgabe 1 → S. 194

2.3.4 Demografie – schwarzmalen mit Zahlen?

M 10 Die Sicht des Karikaturisten

Karikatur: Jan Tomaschoff/Baaske Cartoons

M 11 Demografie – Bedeutung und Kritik

Die Demografie (gr. démos „Volk“ und graphé „Beschreibung“) ist die wissenschaftliche Disziplin, die sich statistisch mit der Entwicklung von Bevölkerungen und deren strukturellen Eigenarten beschäftigt. Ihre Kernaufgaben liegen in der Beschreibung der Geburtenzahl (Fertilität) sowie der Sterblichkeit (Mortalität) in einer Gesellschaft und der sie betreffenden Wanderungsbewegungen (Migration). Aus den gewonnenen Erkenntnissen entwickelt die Demografie verallgemeinernde Beschreibungs- und Erklärungsmodelle.

Umstritten ist die Bevölkerungswissenschaft vor allem dort, wo sie Aussagen über zukünftige Entwicklungen (Prognosen) trifft. So können selbst komplexe Modelle mit wohl begründeten Annahmen nie alle Faktoren erfassen, die auf die künftige Entwicklung einer Bevölkerung einwirken. Viele Prognosen seien, so die Kritiker, nur Fortschreibungen aktueller Trends oder beruhten auf mehr oder weniger unausgesprochenen Vermutungen bzw. Vorannahmen ihrer Verfasser.

Auch sollte immer kritisch reflektiert werden, welchem Zweck eine Prognose dient, wer ihr Auftraggeber ist und ob mit ihrer Veröffentlichung nicht vielleicht eine bestimmte politische Absicht verfolgt oder einer Ideologie das Wort geredet wird. Schließlich täuscht gerade die Arbeit mit Zahlenmaterial Objektivität und wissenschaftliche Exaktheit vor, die in Wirklichkeit gar nicht gegeben ist.

Autorentext

M 12 ● Albtraum Demografie

Demografie gilt als Zukunftsthema. Dabei ist die Angst vor der demografischen Entwicklung viel älter, als man ahnt.

„Sozialstaat ist in der Sackgasse – wer zahlt morgen die Renten?“, fragte zum Beispiel 1959 die österreichische Neue Tageszeitung. Konrad Adenauer prophezeite 1953 angesichts der damaligen Bevölkerungsentwicklung: „Dann sterben wir ja aus.“ [...] Die Beobachtungen zur alternden Gesellschaft waren in der Tat auch schon damals korrekt [...] – doch die Katastrophe ist ausgeblieben. Offenbar war die demografische Entwicklung nicht der bestimmende Faktor des letzten Jahrhunderts. Wichtiger waren die enorme Entwicklung der Produktivität, die zunehmende Gesundheit der Älteren, die Wanderungen in einer mobilen Welt, die Zunahme der Bildung.

Doch dieser Blick in die Vergangenheit der Demografie ist nicht erwünscht. Denn wer ihn kennt, glaubt nicht mehr so leicht, dass soziale Einschnitte wie die Rente mit 67 oder Abstriche bei der Rentenhöhe, die Erhöhung der Krankenkassenbeiträge oder auch der angebliche Fachkräftemangel wirklich überwiegend demografische Gründe haben. [...] Selbst wenn die Produktivitätssteigerung je Arbeitnehmer jährlich nur ein Prozent beträgt, könnte jeder Beschäftigte im Jahre 2060 dreißig Prozent Rentenbeitrag zahlen und gleichzeitig noch sein verbleibendes Einkommen um über vierzig Prozent steigern, nach Abzug der Preissteigerung. Vorausgesetzt ist allerdings, dass die erhöhte Produktivität auch ausgezahlt wird, die Verteilung zwischen Arbeitnehmer und Arbeitgeber sich nicht zugunsten der Arbeitgeber ändert. Auch bei der Finanzierung der Renten ist das Hauptproblem also nicht die demografische Entwicklung. Die Umverteilung zugunsten der Unternehmer wirkt viel stärker. [...] Bürger, Politiker, Journalisten sollten kritischer mit den Zukunftsprognosen umgehen, die uns da vorgelegt werden. Die Prognostiker kennen die Zukunft auch nicht, sie rechnen Daten hoch. Leider manchmal mit versteckten und sogar dubiosen Annahmen. Was also wird bestimmend sein für die Zukunft des Landes und unseres Wohlstands? Neben der Bildung und der Verteilung des produzierten Reichtums beeinflussen sicherlich die Umweltschäden und die Finanzmärkte unsere Entwicklung. Dass Arbeitslosigkeit und niedrige Löhne zu Löchern in den sozialen Systemen führen, ist ebenfalls augenscheinlich. Bei all diesen wichtigen Themen scheinen die Regierenden in Wirtschaft und Politik aber nicht recht weiterzukommen. Vielleicht hören wir ja deshalb so viel über die angebliche demografische Bedrohung.

Gerd Bosbach, Warum wir positiv in die Zukunft blicken können, Süddeutsche Zeitung, 2.1.2012, S. 2

Demografie und Fachkräftemangel – Mythen der Arbeit

Tatsächlich haben die aktuell beobachteten Schwierigkeiten von Firmen bei der Rekrutierung bestimmter Fachkräfte noch nichts mit dem demografischen Wandel zu tun. Denn derzeit gibt es so viele Erwerbstätige wie nie zuvor in Deutschland, und auch die Zahl der Menschen, die dem Arbeitsmarkt zur Verfügung stehen – das sogenannte Erwerbspersonenpotential – ist nur im Jahr 2006 einmal kurzfristig höher gewesen als heute. Unterm Strich kann man sagen: Noch hat der Bevölkerungsrückgang den Arbeitsmarkt nicht im Griff. Im Gegenteil, wir befinden uns beim Arbeitskräfteangebot in der Nähe eines Allzeithochs. Wenn wir Rekrutierungsengpässe etwa bei Ingenieuren oder in bestimmten Sozial- und Gesundheitsberufen beobachten, dann muss dies andere Ursachen haben.

Joachim Möller, www.spiegel.de, 11.6.2012

Aufgaben

1. Sammeln Sie in der Gruppe mögliche Aufgabenbereiche der Demografie und beurteilen Sie die Reichweite ihrer Erkenntnisse.
2. Analysieren Sie die Probleme, die sich aus der öffentlichen Diskussion von Bevölkerungsprognosen ergeben können (M 10 – M 12). Gehen Sie in diesem Zusammenhang der Frage nach, ob eine Gesellschaft ohne Demografie zukunftsfähig wäre.
3. Suchen Sie weitere Beispiele, anhand derer sich der Missbrauch demografischer Aussagen zu parteipolitischen bzw. ideologischen Zwecken belegen lässt.
4. In M 9 auf Seite 111 wurde auf einen Denkfehler („Ceteris-paribus-Logik“) hingewiesen, der zu einer übertrieben dramatischen Darstellung des Alterungsprozesses unserer Gesellschaft führe. Überprüfen Sie, ob die Ceteris-paribus-Logik auch hinter der „Mär der unbezahlbaren Renten“ steckt (M 12).

Weitere familienpolitische Maßnahmen in Deutschland

- Kindergeld/Kinderfreibetrag
- Elterngeld Plus
- Mutterschaftsgeld
- Steuerliche Entlastungen/Ehegattensplitting
- Kündigungsschutz für werdende Mütter
- Kinderzuschlag (§ 6a BKGG)
- Leistungen für Bildung und Teilhabe (§ 6b BKGG, SGB II)

2.3.5 Bevölkerungspolitik im (Länder-)Vergleich

M 13 ● Familienpolitik in Deutschland – Beispiel Elterngeld und Elternzeit

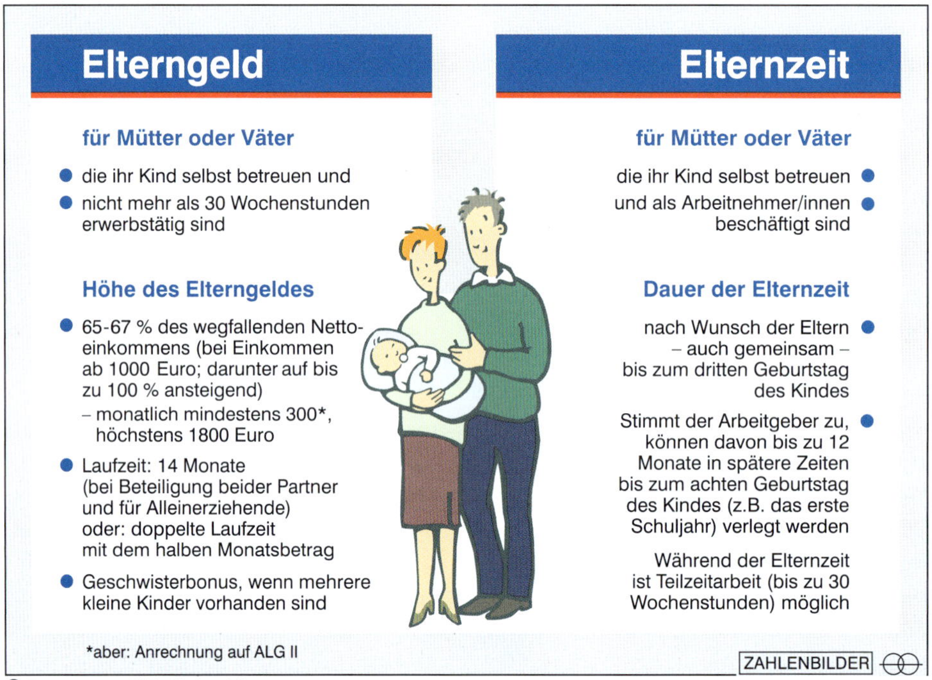

 141 214

M 14 ● Frankreichs Babyboom – wie erklärt sich dieser?

a) *Frankreich ist regelmäßig EU-Spitzenreiter bei der Geburtenrate, während Deutschland mit 1,5 Kindern im Mittelfeld rangiert. [...]*

[Auf] seinen Babyboom ist Frankreich [...] stolz: „Es sind die Hilfen bei der Kinderbetreuung, die den Müttern die Vereinbarkeit von Familie und Beruf ermöglichen und unsere Fruchtbarkeit unterstützen", bemerkte der Soziologe Olivier Thévenon vom Institut für Demographische Studien Ined in der Zeitung „Le Monde".

Die Betreuung fängt schon für die Babys an, die häufig mit drei Monaten in die Kinderkrippe kommen. So wie der kleine Lamine, der Sohn von Salomé Liebaut. Die 20-Jährige, die ihr Kind zusammen mit ihrem ebenfalls 20-jährigen Partner großzieht, will demnächst eine Ausbildung anfangen [...]. Das Paar bekommt Geld von der Familienkasse CAF, eine Wohnungsbeihilfe sowie eine Unterstützung für Eltern unter 25. [...] Die Betreuung ist [...] für alle Kinder ab zwei Jahren gewährleistet: Sie können dann in die dem Kindergarten ähnliche staatliche Vorschule gehen, die kostenlos ist und auf die ein Rechtsanspruch besteht. Es folgt die Grundschule, die grundsätzlich eine Ganztagsschule ist.

Für Mütter klingt das verlockend. Die Betreuung ist auch der Grund, weshalb deutlich mehr Französinnen mit kleinen Kindern arbeiten als deutsche Frauen: Die Quote liegt für Mütter mit einem Kind unter sechs Jahren bei 80 Prozent, in Deutschland bei 62 Prozent.

Christine Longin, www.rp-online.de, 8.3.2017

b) Seit 1993 hat Frankreich hohe Steuererleichterungen für Familien eingeführt, die eine Person zur Kinderbetreuung in ihrem Haushalt beschäftigen. Zu den weiteren Anreizen zählen ein vom dritten Kind an auf die doppelte Zeit (26 Wochen) verlängerter Mutterschutzurlaub bei vollem Lohnausgleich, ein Vaterschaftsurlaub von zwei Wochen, eine Geburtenprämie von 800 Euro bis zu einem bestimmten Monatseinkommen sowie ein einjähriges Elterngeld von monatlich 750 Euro.

Michaela Wiegel, Französinnen erobern Spitzenplatz, Frankfurter Allgemeine Zeitung, 17.1.2007, S. 9

M 15 ● Familienpolitik in den EU-Staaten

Die **Länder des nordischen Universalismus** investieren viel in Familienpolitik, wobei in dieser Statistik nur familienpolitische Leistungen im engeren Sinn wie Kindergeld, steuerliche Ermäßigungen für Kinder oder Kindertagesstätten erfasst sind. [...] In den nordischen Ländern liegt der Schwerpunkt auf den Dienstleistungen, zum Beispiel Kinderbetreuung. Außerdem investieren diese Länder viel in Bildung, worin sich eine starke individuelle Förderung von Kindern ausdrückt. Die hohe Vollzeit-Erwerbsquote von Müttern und die hohe Kinderbetreuungsquote belegen die Bedeutung der Vereinbarkeit von Familie und Beruf. [...] Insgesamt ist dieses Muster relativ erfolgreich, was sich in hohen Geburtenraten und niedriger Kinderarmut zeigt. [...] Die Wahlfreiheit zwischen Beruf und Familie ist für Normalverdiener [allerdings] sehr eingeschränkt, da aufgrund der hohen Steuern beide Eltern für ein durchschnittliches Familieneinkommen arbeiten müssen. Die Länder der **kontinentaleuropäischen Subsidiarität** investieren weniger in Familienpolitik. Der Schwerpunkt liegt [...] auf der finanziellen Förderung durch direkte Geldleistungen. Dabei spielt der Familienlastenausgleich [...] eine große Rolle. Beim Ziel der Vereinbarkeit von Familie und Beruf schneiden Frankreich und Belgien [...] besser ab als Deutschland und Österreich. Insgesamt ist die Kinderarmut in diesen Ländern moderat, aber höher als in den nordischen Ländern. Die Geburtenraten sind in Frankreich deutlich höher als in den anderen Ländern. Die **englischsprachigen Länder der Selektivität investieren** viel Geld in die finanzielle Familienförderung. Hohe Bildungsausgaben setzen einen weiteren Akzent auf die individuelle Förderung von Kindern. Die Vereinbarkeit von Familie und Beruf ist hingegen wenig ausgebaut. Dennoch ist die Kinderarmut moderat und die Geburtenrate hoch. Die **südeuropäischen Länder der Inaktivität** geben sehr wenig für Familienpolitik aus und haben auch eine schlechte Erfolgsbilanz mit sehr niedrigen Geburtenraten und hoher Kinderarmut. Investitionen in Bildung sind niedrig, aber Kinderbetreuung und Vollzeitbeschäftigung von Müttern sind auf mittlerem Niveau. [...] Auch die **osteuropäischen Länder in Transformation** weisen einige Gemeinsamkeiten auf: Die Geburtenraten sind niedrig und Kinderarmut ist [...] weit verbreitet. Die Kinderbetreuungsquote sowie Investitionen in familiäre Dienstleistungen und in Bildung sind sehr niedrig. Dennoch ist die Quote vollzeitbeschäftigter Mütter aufgrund des sozialistischen Erbes hoch, allerdings nicht, wenn die Kinder noch nicht in die Schule gehen.

Thomas Bahle, www.bpb.de, 19.4.2017

Aufgaben

1. Recherchieren (→ Methodenglossar) Sie nach den Erfolgen der familienpolitischen Maßnahmen in Deutschland und deren Auswirkungen auf die demografische Situation unseres Landes (M 13).
2. Arbeiten Sie die Gründe für die hohe Geburtenrate in Frankreich heraus (M 14).
3. Entwickeln Sie aus M 14 und M 15 einen Maßnahmenkatalog für die deutsche Politik.

F zu Aufgabe 3
Referieren (→ Methodenglossar) Sie vor der Klasse die familienpolitischen Maßnahmen eines ausgewählten Staates und deren Effekte.

2.3.6 Unsere Gesellschaft verändert sich – na und …?

M 16 Die Qual der Wahl?

Karikatur: Heiko Sakurai

M 17 Rente mit 70?

Wirtschaftswissenschaftler kritisieren die Festlegungen der Parteien. […] Die Rente mit 70 auszuklammern, schade der deutschen Gesellschaft. […]

Die Funktion der gesetzlichen Rentenversicherung fußt auf einem […] schlichten System, dem Umlageverfahren. Die Jüngeren zahlen Beiträge ein, von denen umgehend die Renten der aktuellen Rentner-Generation bezahlt werden. […] Das System leidet unter dem Wandel der Bevölkerungsstruktur in Deutschland. Die Zahl der Geburten ist gesunken, damit stehen in Zukunft immer weniger Arbeitskräfte – und damit Beitragszahler – zur Verfügung. Zudem steigt die Lebenserwartung älterer Menschen. […] Im Jahr 2040 werden 100 Jüngeren dann […] sogar mehr als 57 Ältere gegenüberstehen. […] Die Zahl der Rentner von morgen ist schon bekannt: Es sind die Beitragszahler von heute. Und aus der heutigen Zahl der Kinder ergibt sich im Wesentlichen das Arbeitskräftepotenzial von morgen. […] Axel Börsch-Supan [Rentenexperte vom Max-Planck-Institut für Sozialrecht und Sozialpolitik] hat gewisses Verständnis dafür, dass die Parteien über die „Rente mit 70“ nicht reden wollen. Das Thema ist zu unpopulär, viele Menschen haben den Eindruck, ihnen solle etwas vom wohlverdienten Ruhestand weggenommen werden. Um dem zu begegnen, schlägt der Wissenschaftler vor, das Rentenalter in Zukunft automatisch an die Entwicklung der Lebenserwartung zu koppeln: Sollte die Lebenserwartung etwa ähnlich wie bisher um drei weitere Jahre steigen, sollte das Renteneintrittsalter um zwei Jahre steigen. Das Arbeitsleben würde sich so verlängern – Versicherte hätten aber auch ein Jahr mehr Ruhestand. Diese Flexibilisierung hätte [einen Vorteil]: Sollte die Lebenserwartung auch einmal sinken, könnten Beschäftigte automatisch früher in Rente gehen.

Benjamin Bidder, www.spiegel.de, 5.9.2017

M 18 Wir brauchen tief greifende Reformen

Die Zukunft der Arbeit wird wesentlich auf Modellen der Teilzeitarbeit beruhen, und nicht mehr wie heute die Vollzeitarbeit zur – insbesondere für Männer – sozialen Norm erheben. Viele Menschen in ihren 60ern und 70ern wollen arbeiten, aber nebenher auch genug Freizeit haben. Und künftige Alte dürften viel eher gewillt sein, bis 70 und weit darüber hinaus zu arbeiten, wenn sie nicht in jüngeren Jahren unter dem Druck eines Vollzeitjobs und gleichzeitiger anderer Verpflichtungen in der „Rushhour des Lebens" vitale Energie gelassen hätten. [...]

Jedes heute in Deutschland geborene Kind wird sich, sobald es begreift, dass es hundert Jahre vor sich hat, fragen: Wie will ich eigentlich leben? Wie will ich mein Jahrhundert verbringen, wie meine Lebenszeit einteilen? So wie bisher sicherlich nicht.

Die traditionelle Aufteilung des Lebens in die drei Abschnitte Lernen – Arbeit – Freizeit wird aufbrechen. Es war eigentlich noch nie sinnvoll, die gesamte Ausbildung in die zwei ersten Lebensjahrzehnte zu stecken (und danach nicht oder kaum weiter zu lernen), in die nächsten drei oder vier Jahrzehnte maximale Arbeitslast und Elternschaft gleichzeitig hineinzudrängen, um dann in Rente zu gehen und endlich Zeit zu haben, wenn man sie für die Kinder gar nicht mehr braucht.

Künftig werden sich Arbeit, Ausbildung, Freizeit und Zeit für Kindererziehung im Lebensverlauf zu den verschiedensten Zeiten stark vermischen. Das bedeutet erhebliche strukturelle Veränderungen für jeden der Bereiche. Die Wirtschaft wird sich darauf einstellen müssen, die Arbeit besser an den Zeitbedürfnissen der Menschen zu orientieren und Vollzeitjobs in großem Stil in Teilzeitjobs umzuwandeln. [...]

Das Bildungssystem würde dann in 50 Jahren nicht mehr wiederzuerkennen sein – im positiven Sinn. Lebenslanges Lernen könnte vom Schlagwort zur Realität geworden sein. Universitäten und andere Bildungseinrichtungen würden von Menschen jeden Alters besucht, und regelmäßige, häufige und gründliche Weiterbildung sollte von den Arbeitgebern nicht nur toleriert, sondern gefordert und bezahlt werden. [...]

Chancen ergeben sich auch für das neben dem Altern zweite große Thema des demografischen Wandels: das Geburtenverhalten. Wenn sich die Arbeitszeit gleichmäßiger über das Leben verteilt, könnte das die Geburtenrate nach oben treiben. Denn dann müssen junge Menschen weniger arbeiten, haben wieder Zeit für Kinder, und die Belastung für beide Geschlechter, gleichzeitig Job und Elternschaft zu meistern, nimmt spürbar ab.

Auch wenn die Kinderzahl pro Frau in Deutschland seit etwa 40 Jahren bei ungefähr 1,4 liegt, wünschen sich junge Paare weiterhin mehr Kinder. Viele von ihnen können ihre Kinderwünsche nur derzeit nicht umsetzen. [...]

Auch hier hilft die Umverteilung der Arbeit. Wenn sie nämlich nicht nur entlang des Lebensverlaufs, sondern auch zwischen den Geschlechtern gelingt. Das ist schon deswegen nicht nur ein moralisches, sondern auch ein ökonomisches Gebot, weil die Wirtschaft auf die Expertise und Arbeitskraft der gut ausgebildeten Frauen nicht länger verzichten kann.

Björn Schwentker/James W. Vaupel, Eine neue Kultur des Wandels, in: APuZ, 10-11/2011, S. 9 f.

Aufgaben

1. Nehmen Sie persönlich Stellung zur Aussage der Karikatur (M 16).
2. Erörtern Sie, ob Kinderlose in unserer Gesellschaft steuerlich stärker belastet werden sollten, um finanzielle Nachteile für Familien teilweise auszugleichen.
3. Diskutieren Sie, inwieweit die genannten Reformvorschläge geeignet sind, die demografische Situation in Deutschland positiv zu beeinflussen (M 17, M 18).

F zu Aufgabe 3
Wie werden Sie im Alter leben? Verfassen Sie einen fiktiven Tagebucheintrag aus dem Jahr 2090.

ORIENTIERUNGSWISSEN

Horrorszenarien und nüchterne Fakten
M 1

„Die Deutschen sterben aus!" „Deutschland vergreist!" „Altenrepublik Deutschland" – seit etlichen Jahren weisen diese und ähnliche Schlagzeilen periodisch wiederkehrend auf ein Problem hin, das unsere Gesellschaft in den kommenden Jahrzehnten dauerhaft beschäftigen wird: auf einen tief greifenden **demografischen Wandel**, der viele Bereiche der deutschen Gesellschaft erfassen wird.

Geburtenentwicklung
M 2

Das natürliche Wachstum der deutschen Bevölkerung ist seit rund vierzig Jahren negativ. Die Demografen des Statistischen Bundesamts gehen davon aus, dass die insgesamt **niedrige Geburtenzahl** künftig noch weiter zurückgehen oder zumindest stagnieren wird. Die für die Bestandserhaltung der Gesellschaft notwendige Zahl von 2,1 Kindern pro gebärfähiger Frau wird somit auf unabsehbare Zeit nicht mehr erreicht werden. Faktisch beläuft sich die Geburtenzahl gegenwärtig (Stand: 2015) auf gerade einmal 1,5 Kinder.

Altersaufbau
M 1 – M 4

Trotz kontinuierlich **steigender Lebenserwartung** wird auch die Zahl der Sterbefälle zunehmen, da die geburtenstarken Jahrgänge allmählich ins hohe Alter kommen. Rechnet man diese Faktoren zusammen, ist mit einem **Bevölkerungsrückgang** von derzeit rund 82 Millionen Menschen auf 65 bis 70 Millionen Menschen bis zum Jahr 2060 zu rechnen. Auch die Altersstruktur wird sich gravierend verschieben. 2008 setzte sich die Bevölkerung noch zu 20 Prozent aus über 65-Jährigen zusammen; 2060 wird deren Anteil auf rund 34 Prozent gestiegen sein. Außerdem werden doppelt so viele 70-Jährige in Deutschland leben wie Kinder geboren werden. Jeder Siebente wird dann 80 Jahre oder älter sein.

Arbeitsmigration
M 5, M 6

Seit 2011 sind für die 2004 beigetretenen neuen EU-Staaten die letzten Zuzugshindernisse gefallen. Zudem hat die wirtschaftliche Krisensituation einiger Ländern Südeuropas in den letzten Jahren zu einem **Anstieg der Arbeitsmigration** beitragen. Es ist allerdings fraglich, ob dieser Trend mittel- bis langfristig anhält. Um die Bevölkerungszahl einigermaßen stabil zu halten, bedürfte es eines jährlichen Zuwanderungssaldos von 344.000 Personen. Davon gehen selbst optimistische Prognosen nicht aus, weshalb der **demografische Effekt des Faktors Migration** nicht allzu hoch eingeschätzt wird. Der prognostizierte Schrumpfungs- und Alterungsprozess der deutschen Gesellschaft kann somit allenfalls abgemildert, nicht aber umgekehrt werden.

Deutschland als Einwanderungsland
M 6

Deutschland ist längst – nicht erst seit den einsetzenden Flüchtlingsströmen aus Afrika und dem Nahen Osten – zum **Einwanderungsland** geworden. Es ist aber politisch noch immer umstritten, in welchem Ausmaß Immigration und Integration gefördert werden sollten. Die einen warnen vor den Folgen (unkontrollierter) Zuwanderung und führen häufig vermeintliche Integrationsprobleme von Menschen aus anderen Kulturkreisen an. Die anderen plädieren für gezielte Anreize und Fördermaßnahmen, um hoch qualifizierte Arbeitnehmer ins Land zu holen sowie Flüchtlinge zu qualifizieren und dem sich abzeichnenden Fachkräftemangel dadurch entgegen zu wirken.

Demografischer Wandel als komplexes Bedingungsgefüge
M 8, M 9, M 11

Die Demografie beschreibt und erklärt die **Entwicklung von Bevölkerungen**. Ihre statistischen Modelle versuchen dabei auch, künftige Entwicklungen möglichst genau vorherzusagen. Das ist keine einfache Aufgabe, da sich der demografische Wandel nur im Wechselspiel mit anderen gesellschaftlichen Veränderungen verstehen lässt.

Folgen im Alltag
M 10

Die beschriebene Alters- und Geburtenentwicklung hat **weit reichende Folgen für unsere Gesellschaft**. So wird sich das Bild vieler Kommunen in den nächsten Jahrzehnten deutlich verändern, da mehr Einrichtungen für ältere Menschen geschaffen und deren Bedürfnisse stärker berücksichtigt werden müssen.

Sozialer Frieden
M 12

Ob dies auf Kosten des zahlenmäßig kleiner werdenden Anteils jüngerer bzw. erwerbstätiger Menschen geht und ob es vielleicht sogar zu einem den **sozialen Frieden** gefährdenden **„Generationenkampf"** kommen könnte, wird kontrovers diskutiert.

Familienpolitische Maßnahmen
M 13

Bislang setzt die Bundesregierung u. a. mit Kinderfreibetrag/Kindergeld, Ehegattensplitting, BAföG und Elterngeld überwiegend auf **fiskalische Maßnahmen, um Familien zu entlasten**. Andere Instrumente sind der Kündigungsschutz für werdende Mütter sowie der Anspruch beider Elternteile auf Elternzeit, um sich für begrenzte Zeit ausschließlich der Erziehung ihres Kindes zu widmen.

Defizite in der Praxis

Demgegenüber sind die Versorgung mit Kinderbetreuungsplätzen, tarifliche Regelungen zur besseren **Vereinbarkeit von Familie und Beruf** oder zur Reintegration in die Arbeitswelt nach der Phase der Kindererziehung **unzureichend**.

Beispiele aus anderen Ländern
M 14, M 15

Dass es auch anders geht, zeigen z. B. **Frankreich** mit seiner **aktiven Geburtenförderung** und seinem **dichten Netz außerhäuslicher Kinderbetreuung** oder die **skandinavischen Länder**, wo deutlich mehr getan wird für eine **gleichberechtigte Rollenverteilung von Frauen und Männern und die Unterstützung erwerbstätiger Eltern**.

Was getan werden könnte
M 17, M 18

Wertesystem • Etablierung neuer Lebenskonzepte jenseits des Standards „Lernen – Arbeiten – Lebensabend" • Neudefinition des Älterwerdens; Entdeckung des spezifischen Beitrags der älteren Generationen im Beruf und für die soziale Gemeinschaft • Gleichberechtigung und gerechte Lastenverteilung als Grundlage der Geschlechterkultur	**Familie** • zügiger Ausbau außerhäuslicher Betreuungsangebote • Aufwertung pädagogischer Berufe im Vorschul- und Primarbereich • steuerliche Mehrbelastung Kinderloser zugunsten von Familien
Infrastruktur • Dezentralisierung wichtiger Einrichtungen und Dienste („System der kurzen Wege") • finanzielle Schwerpunktförderung für „ausblutende" Gemeinden • Niederlassungsanreize für bestimmte Berufsgruppen, z. B. Mediziner	**Bildungssystem** • Öffnung von Bildungseinrichtungen für alle Altersgruppen • Anreize für lebenslange Weiterbildung
	Arbeitswelt • Umverteilung von Arbeit, z. B. variables Renteneintrittsalter, flexible Teilzeitmodelle, lebenslange Arbeitszeitkonten • Aktivierung des brachliegenden Arbeitskräftepotenzials (Frauen, ausländische Arbeitnehmer)

2.4 Migration und Integration

2.4.1 Migration – ein Normalfall der Geschichte

M 1 Migration gibt es, seitdem es Menschen gibt

Bootsflüchtlinge vor der italienischen Insel Lampedusa, 2014

Migration ist ein universelles Phänomen. [...] Beispiele für bedeutende Wanderungsbewegungen in Europa sind die sogenannte Völkerwanderung der germanischen Völker nach dem Einbruch der Hunnen nach Ostmitteleuropa und der darauf folgenden Flüchtlingsbewegung anderer Völker sowie die Auswanderungsbewegung aus Europa nach Übersee. In der modernen Welt spielt die Migration eine zunehmend wichtige Rolle, sowohl in Hinsicht auf die wirtschaftliche als auch die gesellschaftliche Entwicklung. In den letzten 25 Jahren hat sich die Zahl der internationalen Migranten [...] verdoppelt, obwohl ihr Anteil im Verhältnis zur Gesamtbevölkerung, nämlich ungefähr drei Prozent, weltweit relativ gering ist. [...] Durch das steigende Wanderungsvolumen wird es immer schwieriger, die traditionelle Unterscheidung in Herkunfts-, Transit- und Zielländer aufrechtzuerhalten. [...] Migration ist somit der „Normalfall".

Sonja Haug, Migration, in: Steffen Mau/Nadine M. Schöneck (Hg.), Handwörterbuch zur Gesellschaft Deutschlands, Bonn, 2014, S. 596 f.

M 2 ● Deutschland – Vom Aus- zum Einwanderungsland

An Deck eines Schiffes mit deutschen Amerikaauswanderern, 1905

Nach der Jahrhundertwende [zum 20. Jahrhundert] nimmt die Zahl der Auswanderer stark ab, vor allem da in der inzwischen gefestigten Industriegesellschaft ausreichend Arbeitsplätze vorhanden sind und die Lebensbedingungen sich, auch durch die Sozialgesetzgebung, verbessern.

Nach der Wahl Adolf Hitlers zum Reichskanzler und dem Beginn der Diktatur des Nationalsozialismus 1933 nimmt die Zahl der politischen Emigranten wieder zu. Viele Deutsche jüdischen Glaubens fliehen, sofern sie können, bis zum Ausbruch des Zweiten Weltkriegs vor den Repressionen des NS-Regimes. Die sogenannte Reichsfluchtsteuer erschwert die Ausreise. So muss der Ausreisewillige ein Viertel seines Vermögens zahlen, sofern dieses 50.000 Reichsmark übersteigt. Aus den deutschen Gebieten östlich von Oder und Neiße fliehen gegen Ende des Zweiten Weltkriegs mehr als 10 Millionen Menschen vor der Roten Armee. Nach Kriegsende werden viele Deutsche aus den nun polnischen oder von der Sowjetunion besetzten Gebieten sowie dem Sudetenland vertrieben. Nach dem Zweiten Weltkrieg hat die Zuwanderung eine größere Bedeutung als die Auswanderung. Mitte der 1950er Jahre herrscht ein Mangel an Arbeitskräften, dem die Bundesregierung mit der Anwerbung von Arbeitern, vorwiegend aus Südeuropa, begegnet. Bis 1964 steigt die Zahl der sogenannten „Gastarbeiter“ auf eine Million. Viele von ihnen werden sesshaft in Deutschland und holen ihre Familien in die neue Heimat. 1973 leben rund 4 Millionen Ausländer in der Bundesrepublik.

Aus der DDR fliehen bis 1989 17 Millionen Menschen in die Bundesrepublik, die überwiegende Zahl vor der Abriegelung der Grenzen und dem Bau der Berliner Mauer 1961. Bei Fluchtversuchen kommen zwischen 1961 und 1989 mehr als 100 Menschen ums Leben. Die Abwanderung führt in der DDR zu einem Arbeitskräftemangel, sodass das SED-Regime ebenfalls Arbeitskräfte im Ausland anwirbt. Diese kommen überwiegend aus Vietnam, aber auch aus Polen, Kuba oder Angola, und leben isoliert vom Rest der Bevölkerung.

Bundesministerium für Arbeit und Soziales, In die Zukunft gedacht. Bilder und Dokumente zur Deutschen Sozialgeschichte, S. 84

M 3 ● Die deutsche Bevölkerung 2016 nach Migrationsstatus

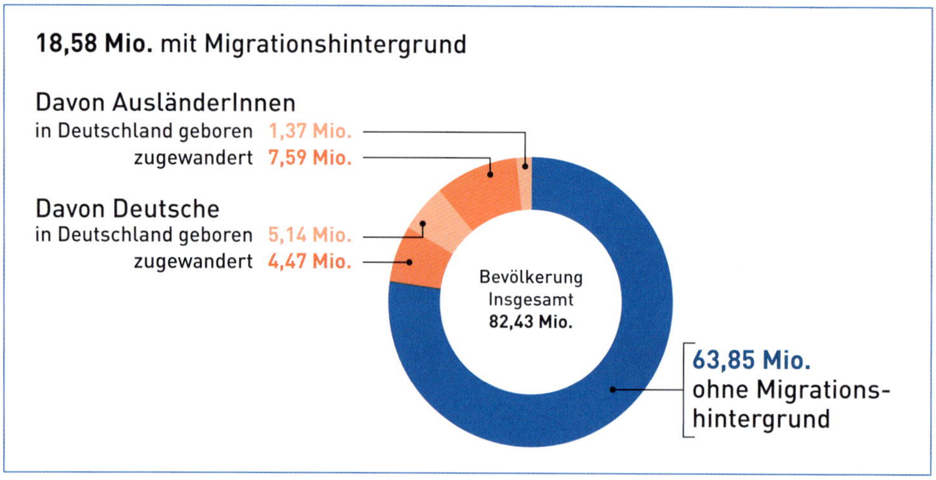

Statista

M 4 ● Deutschlands Wanderungsbilanz

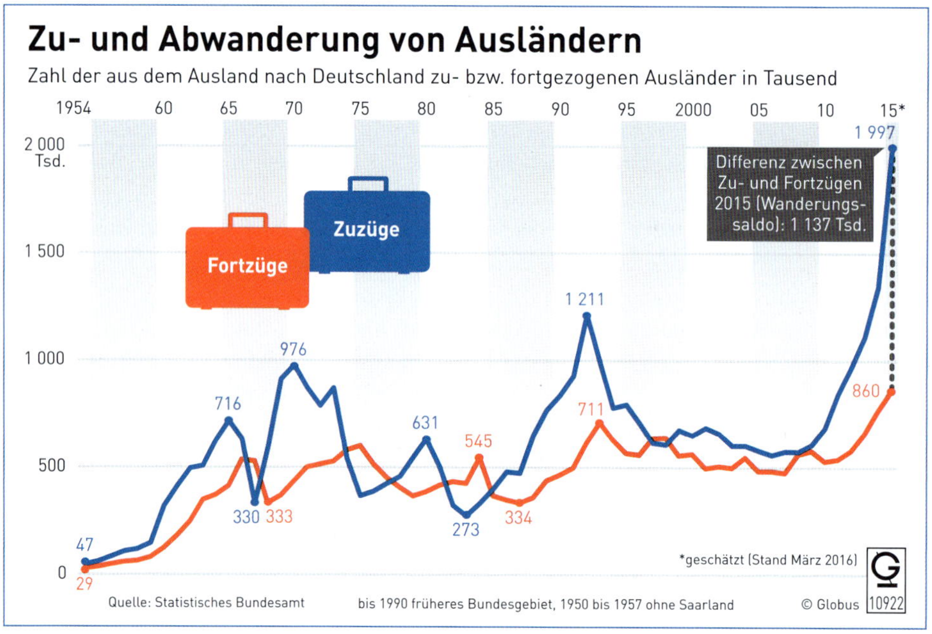

Aufgaben

1. Nennen Sie Ursachen dafür, weshalb Menschen ihre Heimat verlassen.
2. Erklären Sie, weshalb Migration der Normalfall ist, und nennen Sie weitere (historische) Beispiele (M 1).
3. Skizzieren Sie die Entwicklung Deutschlands vom Auswanderungs- zum Einwanderungsland (M 2 – M 4).
4. Benennen Sie Problemfelder, die sich mit der Aus- bzw. Einwanderung ergeben.

2.4.2 Integration – was heißt das?

M 5 ● Wann ist man integriert?

Menschen, die nach Deutschland zugewandert sind, sind integriert, wenn sie ...	stimme ich zu	stimme ich nicht zu
... die deutsche Sprache beherrschen.		
... das Wahlrecht besitzen und dieses auch ausüben.		
... deutsches Fernsehen schauen.		
... in einem vorwiegend von Deutschen bewohnten Wohnviertel wohnen.		
... deutsche Speisen kochen und essen.		
... eine Schule in Deutschland besuchen und abgeschlossen haben.		
... sich zu den Grundwerten unserer Demokratie bekennen.		
... in der Öffentlichkeit nicht durch ihre Kleidung (z. B. Kopftuch) auffallen.		
... sich zum christlichen Glauben bekennen.		
... die deutsche Fußballnationalmannschaft „anfeuern".		
... in deutschen Gaststätten speisen.		
... deutsche Freunde haben.		
... Weihnachten mit Weihnachtsbaum und Geschenken feiern.		
... auch zu Hause Deutsch sprechen.		
... einen Arbeitsplatz haben.		

Integration
die Verschmelzung von Einzelpersonen und Gruppen zur mehr oder weniger einheitlichen Gesellschaft

© 2014-2017 Konradin Medien GmbH, www.wissen.de (23.11.2017)

M 6 ● Integration – aus Sicht der Karikaturisten

Karikatur: Jan Tomaschoff/Baaske Cartoons

Integration – aus Sicht der Journalisten

„Integration ist der wichtigste Beitrag zum inneren Frieden."

Heribert Prantl, Deutsche Einheit die zweite, Süddeutsche Zeitung, 12.2.2008, S. 4

M 7 Wie Integration funktioniert – psychologisch

Dr. Elif Duygu Cindik-Herbrüggen (geb. 1970) ist Psychologin. Sie hört sich jeden Tag in ihrer Praxis die Geschichten der Menschen an, denen der Wechsel von der Türkei nach Deutschland zu schaffen macht.

Auswandern ist Stress pur für den Geist. Die Psychologie teilt sie in vier Phasen auf: die erste ist die „Honeymoon"-Phase, in der sich der Migrant sicher fühlt, weil er Armut und Perspektivlosigkeit hinter sich gelassen hat und einem neuen Leben entgegensieht; die zweite Phase ist von „Überkompensation" geprägt. Der Migrant gibt sich der Illusion einer Rückkehr in die alte Heimat hin, die er verklärt: Dort war alles schöner, dorthin will er irgendwann, wenn er genug Geld verdient hat, wieder zurück. Diese Phase kann lange anhalten.

Danach folgt eine Periode der „Dekompensation": Der Migrant hat mittlerweile Kinder in der Fremde, die seine Werte nicht mehr bedingungslos teilen. Die Tochter hat einen deutschen Freund, der Sohn will lieber Schauspieler werden und nicht Anwalt, wie es sich seine Eltern erträumen, und auch die Erwartungen an das Auswanderungsland haben sich womöglich nicht erfüllt. Langsam schleicht sich ein Gefühl ein: Die alte Heimat und ihre Menschen sind fremd geworden. In der vierten Phase steht eine generationenübergreifende Anpassung an, in der sich gemischte Ehen und bikulturelle Identitäten herausbilden. „Diese letzte Phase wird von Politik und Medien verhindert. Dabei muss man sie eigentlich verstehen und fördern", sagt Elif Cindik.

Sie kennt die vier Phasen gut. Die 41-Jährige begegnet ihnen jeden Tag in ihrer Münchner Praxis. Jeden Tag hört sie dort die Geschichten der Menschen, denen der Wechsel von der Türkei nach Deutschland zu schaffen macht – nicht nur ihnen, sondern auch ihren Nachkommen. Schwule türkische Männer, die sich wegen ihres Schwulseins hassen und sie inständig bitten: „Therapieren Sie mir das weg!" Heiratsmigrantinnen, die noch nie „ihre Scheide im Spiegel" betrachtet haben, so Cindik, und aus Angst den ersten Sex verweigern – jahrelang. Männer, die depressiv werden, weil sie nach 30 Jahren am Band bei BMW arbeitslos geworden sind und nun für Schmarotzer gehalten werden. Lesbische türkische Frauen, deren Mütter mit Selbstmord drohen, wenn die Töchter nicht „damit" aufhören. Oder junge türkische Frauen, die unter dem Druck stehen zu heiraten, aber keine Männer finden, weil ihnen Hans zu verklemmt und Ahmet zu prollig ist. Cindik hat gut zu tun. Unter ihren Patienten ist die türkische Putzfrau und der aufstrebende türkischstämmige Manager, aber auch der niederbayerische Metzger. Sie eint die Suche nach Hilfe und das Bedürfnis, ihr Leid in ihrer Muttersprache zu erzählen. „Auch wenn sie diese nur noch radebrechen", sagt sie. Viele der in Deutschland Aufgewachsenen fingen auf Türkisch an, um dann die Sprachen zu mixen.

Es gibt nicht viele wie Cindik. Die psychosoziale Versorgung in Deutschland ist eine fast komplett türkenfreie Zone.

Özlem Topcu/Bernd Ulrich, www.zeit.de, 20.10.2011

radebrechen
etwas nur mühsam und nicht korrekt ausdrücken können

M 8 ● Fakt ist: Integrationsprobleme gibt es

ZEIT ONLINE: Herr El-Mafaalani, Sie haben muslimische Kinder und Jugendliche untersucht, die sich in Deutschland schwer integrieren. Welche Rolle spielt die Religion?

Aladin El-Mafaalani: Der Schwerpunkt unserer Untersuchung lag auf türkisch- und arabischstämmigen Jugendlichen. Der Islam bedeutet für sie ganz Unterschiedliches und hat meistens wenig Einfluss darauf, wie gut sich ein Kind in die Gesellschaft integrieren kann. Problematischer sind die Traditionen, die aus muslimisch geprägten Gesellschaften mit nach Deutschland gebracht wurden.

Die Kultur bereitet also mehr Schwierigkeiten als die Religion?

Es ist eine Mischung aus kulturellen und sozialen Faktoren. Manche Eltern schreiben ihren Kindern traditionelle Werte und Denkweisen aus den armen, ländlichen Regionen ihrer Heimatländer vor, die sich hier nicht mehr umsetzen lassen. Was die Kinder in der deutschen Schule erleben, steht im Gegensatz dazu. Beide Überzeugungen prallen aufeinander und die Jugendlichen werden mit diesem Konflikt alleine gelassen.

Können Sie ein Beispiel nennen?

Mein Co-Autor Ahmet Toprak hat drei typische Erziehungsstile in muslimischen Familien definiert. Der konservative, autoritäre betrifft zwar nur 30 bis 40 Prozent der Familien, kann aber sehr problematisch werden. Er setzt auf sichtbaren Respekt. Zum Beispiel: Ein Vater, der mit seinem Kind schimpft, erwartet, dass das Kind schweigt und erträgt. Fragen sind immer rhetorisch und dürfen nicht beantwortet werden. Es macht gar nichts, wenn das Kind genervt guckt, aber es darf die Autoritätsperson nicht anschauen. Verhält sich dasselbe Kind aber einem deutschen Lehrer gegenüber genauso – es guckt genervt, schweigt, wenn es gefragt wird, schaut den Lehrer nicht an – findet der das Verhalten respektlos. Und das Kind versteht gar nicht, was die Lehrer von ihm wollen.

Doch inzwischen sind viele Eltern mit Migrationshintergrund selbst in Deutschland zur Schule gegangen. Sie wünschen sich auch eine gute Bildung für ihre Kinder.

Zum Teil sind türkischstämmige Eltern tatsächlich noch Analphabeten. Die Eltern, die hier schon zur Schule gegangen sind, waren damals oft in reinen Ausländerklassen untergebracht oder lebten in Vierteln, in denen die meisten Klassenkameraden aus der Türkei kamen. Sie fühlten sich selbst diskriminiert. Die Bildungswünsche sind zwar wirklich vergleichsweise hoch. Das hat aber keine Konsequenzen, weil die Eltern nicht wissen, was die deutsche Schule von ihnen erwartet.

Welche Missverständnisse entstehen zwischen deutschen Lehrern und muslimischen Eltern?

Die Schule hat in der Türkei oder in arabischen Ländern einen umfassenderen Auftrag. Da wird auch erzogen. Lehrkräfte fordern nichts von den Eltern. Ruft also ein deutscher Lehrer die Eltern wegen einer vermeintlichen Lappalie an, wird der Lehrer als inkompetent wahrgenommen. In benachteiligten Milieus werden die Eltern infolgedessen vielleicht noch strenger, als sie ohnehin schon sind, weil sie glauben, dass das vermeintliche Laissez-faire der deutschen Schule ihren Kindern schadet und zu der Erfolglosigkeit in der Schule führt. Der Lehrer wiederum denkt: Die Eltern sind desinteressiert und müssten ihre Kinder mehr unterstützen. Dabei sind beide Seiten eigentlich am Erfolg interessiert.

Sie müssten einander nur verstehen?

Oft hilft es ja schon viel, wenn der Lehrer den Schülern sagt: Hier machen wir das so: Wir schauen uns in die Augen und sprechen miteinander. Wir empfehlen Lehrern natürlich auch die Eltern zu besuchen, das hat aber seine Grenzen. Es gibt noch andere Schwierigkeiten, die muslimische Jugendliche oft allein bewältigen müssen. Viele Probleme können sie zu Hause nicht besprechen. Sexualität ist zum Beispiel oft tabu. Aber die Lehrkräfte werden nicht als Bezugspersonen wahrgenommen.

Aladin El-Mafaalani (geb. 1978) ist Soziologe. Er untersucht u.a. die Sozialisationsbedingungen in Deutschland geborener Migrantenkinder, um Lehrern und Erziehern eine sensiblere pädagogische Praxis vorzuschlagen.

Wie muss also das Bildungssystem damit umgehen?

Die Funktion der Schule kann nicht mehr allein die Wissensvermittlung sein. Das gilt nicht nur für Migrantenkinder. Man muss mehr an der Persönlichkeit orientiert arbeiten. Wir verschwenden unheimlich viele Ressourcen mit Bewertungen und Auslese. Wir brauchen richtige Ganztagsschulen und interdisziplinäre Ansätze. Schulsozialarbeiter sollten nicht nur da eingesetzt werden, wo schon nichts mehr geht. Es gibt auch Gymnasien, die in der 5. Klasse einen sehr hohen Migrantenanteil haben, aber kaum noch ein Migrantenkind im Abitur. Denn wenn die Eltern nicht mithelfen können, haben die Kinder keine Chance.

Was halten Sie vom Islamunterricht, wenn doch der Islam gar keine so große Rolle für die Integration spielt?

Der würde gut tun, gar nicht wegen der inhaltlichen Dimension. Sondern weil er eine institutionelle Form der Anerkennung darstellt. Die Jugendlichen erleben oft, dass ihnen Dinge aufgestülpt werden: Mach unseren Religionsunterricht mit oder du hast eben frei. Fremdsprachen sind wichtig, sogar Chinesisch und Russisch, aber Türkisch und Arabisch werden nirgendwo angeboten. Auch die arabische Geschichte spielt keine Rolle. Antisemitismus und Diskriminierung werden nur im Rahmen des Holocaust besprochen, also in der Erinnerungskultur. Dass die Jugendlichen aktuell antisemitische Tendenzen zeigen, wird ebenso wenig im Unterricht behandelt wie die Islamophobie, unter der sie leiden. Ich bin ja selbst Lehrer: Mir ist noch kein Jugendlicher über den Weg gelaufen, der für Themen rund um kulturelle und religiöse Missverständnisse nicht zugänglich gewesen wäre.

Wie entsteht dann Gewalt, Kriminalität oder religiöse Radikalität?

Die Jugendlichen empfinden die eigenen Eltern oft als hilfsbedürftig – sie können kein Formular selbstständig ausfüllen, leben nicht zeitgemäß und können also nicht als Rollenmodell dienen. Da junge Menschen auch in der Schule weder Anerkennung noch Orientierung finden, wird dieses Vakuum anders gefüllt. Unkontrolliert. Hier kommen die Peers ins Spiel, die natürlich für alle Jugendlichen wichtig sind. Problematisch ist das, wenn die einzige relevante Lebenswelt aus den anderen perspektivlosen Jugendlichen besteht. So können radikale Formen entstehen. Das ist nicht so häufig, aber wenn es passiert, sind Gewaltexzesse zum Beispiel extremer als früher.

Aladin El-Mafaalani im Interview mit Parvin Sadigh, www.zeit.de, 28.9.2011

Aufgaben

1. Wann ist man integriert? Bearbeiten Sie den Fragebogen M 5 zunächst alleine auf einem Papier und vergleichen Sie anschließend Ihre Ergebnisse in der Klasse.
2. Stellen Sie Überlegungen an, welche Aussageabsichten der Karikaturist in M 6 und der Journalist in der dazugehörigen Randspalte jeweils verfolgen könnten. Begründen Sie Ihre Ergebnisse.
3. Erstellen Sie mit den Informationen aus M 7 eine Verlaufsskizze (Schaubild) über die psychischen Abläufe im Integrationsprozess. Diskutieren Sie – vom Schaubild ausgehend – Integration fördernde bzw. behindernde Begleitumstände.
4. Erläutern Sie mit Hilfe von M 8 kulturelle und soziale Faktoren, die nach Meinung des Soziologen El-Mafaalani Integration erschweren.
5. El-Mafaalani spricht dem deutschen Bildungssystem eine herausragende Funktion bei der Integration Jugendlicher zu. Listen Sie auf, was Schule leisten kann und soll (M 8). Ergänzen Sie Ihre Auflistung durch eigene Vorschläge.

2.4.3 Integrationspolitik – Pflicht zur Integration?

M 9 Nun integriert euch mal schön ...

Karikatur: Gerhard Mester/Baaske Cartoons

M 10 Integration nach dem Zuwanderungsgesetz vom 1. Januar 2005

Mit dem Zuwanderungsgesetz (§ 43 Abs. 1 AufenthG) wird erstmals eine gesetzliche Selbstverpflichtung des Bundes und der Länder zur Förderung der Integration von Ausländern formuliert, wie sie vorher vergleichbar nur für den Aussiedlerbereich existierte. Ein Mindestrahmen staatlicher Integrationsangebote (Sprachkurse, Einführungen in die Rechtsordnung, die Kultur und die Geschichte Deutschlands) ist damit nun gesetzlich festgeschrieben. Ausländer, die sich dauerhaft im Bundesgebiet aufhalten, haben einen Anspruch auf die Teilnahme an den Integrationskursen. [...]

Wer unzureichend Deutsch spricht und weniger als sechs Jahre in Deutschland ist, muss nach dem Gesetz an einem Kurs teilnehmen. Wer dieser Pflicht nicht nachkommt, wird von der Ausländerbehörde zu einem Beratungsgespräch gebeten. Nichtteilnahme soll bei der Verlängerung der Aufenthaltserlaubnis berücksichtigt werden.

Ausreichende Kenntnisse der deutschen Sprache sowie Grundkenntnisse der Rechts- und Gesellschaftsordnung und der Lebensverhältnisse im Bundesgebiet sind auch Voraussetzung für die Gewährung eines dauerhaften Aufenthaltsrechts (Niederlassungserlaubnis). Darüber hinaus ermöglicht die erfolgreiche Kursteilnahme auch eine Fristverkürzung bei der Einbürgerung (d. h. Erwerb der deutschen Staatsbürgerschaft) von acht auf sieben Jahre.

Ende 2007 trat eine Novellierung des Zuwanderungsgesetzes in Kraft, die elf EU-Richtlinien umsetzte sowie Änderungen hinsichtlich des Bleiberechts, der Integration, der Einbürgerung und des Nachzugs von Ehepartnern beinhaltet. Künftig sind bei einer Verletzung der Teilnahmepflicht

Integrationskurse

Die Integrationskurse umfassen einen Basis- und Aufbaukurs von jeweils 300 Unterrichtsstunden sowie einen Orientierungskurs von bis zu 30 Unterrichtsstunden, in dem Kenntnisse der deutschen Rechtsordnung, Kultur und Geschichte vermittelt werden.

Integrationsgipfel im Kanzleramt

Seit 2006 finden regelmäßig Integrationsgipfel und Islamkonferenzen im Kanzleramt statt. Diese sind ein Ansatz, die Integration von Ausländern in Deutschland im Dialog mit den Betroffenen zu gestalten.

Integration – aus Sicht der Politiker

[B]eide Seiten seien angesprochen. „Man kann dem Vater einer jungen Migrantin klar machen, dass es keinen moralischen Untergang bedeutet, wenn sie sich die Nägel lackiert. Umgekehrt sollte sie aber auch akzeptiert werden und arbeiten dürfen, wenn sie einen Schleier tragen will", sagte der Kanzleramtschef [Peter Altmaier, CDU] und enge Vertraute der Kanzlerin, der seit 2015 auch Flüchtlingskoordinator der Bundesregierung ist.

Andrea Dernbach, www.tagesspiegel.de, 23.8.2017

Diversität

Der Begriff Diversität bezeichnet die Vielfalt in unserer Gesellschaft, die sich mit Hilfe vieler Aspekte untersuchen und beschreiben lässt: Kultur, Geschlecht, Alter, sexuelle Orientierung, Religion, Behinderung, chronische Erkrankung, Bildungsbiografie, soziale Herkunft, Sprache, kultureller Hintergrund, familiäre Verpflichtungen. Ähnliche Begriffe sind Vielfalt, Verschiedenheit oder Heterogenität.

an einem Integrationskurs finanzielle Sanktionen möglich, etwa eine Kürzung von Sozialleistungen. Ehepartner aus Nicht-EU-Staaten dürfen erst nach Deutschland ziehen, wenn sie mindestens 18 Jahre alt sind und deutsche Sprachkenntnisse nachweisen können. Diese Maßnahmen sollen sog. „Zwangsehen" vermeiden helfen und Integration erleichtern.

Autorentext

M 11 ● Einwanderungsland wider Willen?

Zu einer Annahme der gesellschaftspolitischen Herausforderungen auf dem Weg in die Einwanderungsgesellschaft kam es in Deutschland erst sehr spät; denn Deutschland blieb lange ein in seiner Selbsterkenntnis verspätetes Einwanderungsland wider Willen. Es litt an einer aus der defensiven Erkenntnisverweigerung seiner politischen Eliten resultierenden realitätsfernen Selbstdefinition als Nicht-Einwanderungsland. Daraus resultierte eine starke Unterschätzung der eigenen Integrationskraft als Einwanderungsgesellschaft.

Diese Selbstunterschätzung war verbunden mit Ängsten vor ökonomischer Benachteiligung, sozialer Überforderung und kultureller „Überfremdung". Diese Ängste und daraus resultierende Abwehrhaltungen wurden jahrzehntelang stets neu geschürt. Das galt besonders für die Agitation populistischer Politiker und Medien in den berüchtigten, sozial aggressiven und oft kulturrassistischen „Ausländerdiskussionen" zu Wahlkampfzeiten. [...]

Erst im ersten Jahrzehnt des 21. Jahrhunderts kam es zu kraftvollen integrationspolitischen und zögerlich auch zu migrationspolitischen Initiativen. Diese migrations- und integrationspolitische Aufholjagd war durchaus beeindruckend, trotz aller Verschlimmbesserungen von oft zukunftsweisenden Vorlagen im Ringen um parteipolitischen Konsens.

Aber die Ergebnisse kamen historisch meist mehr als ein Vierteljahrhundert zu spät. Das galt z. B. für das Zuwanderungsgesetz von 2005 [...] Und es galt [...] für das ebenfalls seit langem überfällige, heute zu Recht vielgelobte auf der zuständigen Länderebene aber zum Teil bis heute nicht umgesetzte und insgesamt unterfinanzierte Anerkennungsgesetz (2007). [...] Dass Integration auf der - immer entscheidenden - kommunalen Ebene trotzdem meist relativ erfolgreich verlaufen ist, grenzt an ein Wunder, angesichts der gesamtpolitisch wenig hilfreichen bis miserablen Rahmenbedingungen, unter denen sie sich entfalten musste.

Klaus J. Bade, Integration verschlafen? Von der Integrationspolitik zur Gesellschaftspolitik. Referat auf der Tagung der Friedrich-Ebert-Stiftung, Berlin 2013

Klaus J. Bade ist pensionierter Professor für Geschichte sowie Experte für Migration und Politikberater.

M 12 ● Von der Integrations- zur Gesellschaftspolitik

„Integration" [ist] [...] ein Begriff, den wir in der Einwanderungsgesellschaft heute nur noch in Anführungszeichen gebrauchen können. Denn in einer „reifer" gewordenen, also schon mehrere Einwanderergenerationen umfassenden Einwanderungsgesellschaft kann man nicht [...] Einwanderern der dritten Generation dem Sinne nach sagen: Nun integriert Euch mal schön. Es geht in der Einwanderungsgesellschaft also nicht um sozialtherapeutische Hilfsbereitschaft oder huldvoll gewährte „Toleranz" im Sinne einer Art kultureller Duldung. Es geht um Anerkennung und Teilhabe in sozialem Frieden in einer Bürgergesellschaft, die sich als Einwanderungsgesellschaft von Bürgern mit und ohne Migrationshintergrund versteht. Die gesellschaftliche Basis für Vielfalt in Einheit oder Einheit in Vielfalt ist ein solidarisches Wir. Dazu brauchen wir einen neuen Gesellschaftsvertrag, der nicht ein Vertrag zu Lasten Dritter, der Einwanderer nämlich, sein darf. Für das neue Selbstbild der demokratischen Einwanderungsgesellschaft brauchen wir gemeinsam erarbeitete Leitorientierungen und darauf gegründete Spielregeln für alle. Die wichtigsten stehen schon im Grundgesetz, dessen Botschaften hierzulande aber nicht eben jeder kennt. [...] Klar bleibt in jedem Fall: Wir brauchen endlich eine mutige, schlüssige und attraktive Selbstbeschreibung der demokratischen Einwanderungsgesellschaft in Deutschland, die schon gelebt wird, aber noch keinen Namen hat. Wir können nicht so tun, als bräuchten wir nur neue kommunikative Verkehrsregeln, so als sei Deutschland [2015] noch immer das alte Land. Das ist es nicht und das kann es auch in Zukunft nie wieder sein, ob man das nun kulturell als identitätsöffnenden Gewinn versteht oder als identitätszehrenden Verlust beklagt. Nötig zu alldem ist, durchaus im Sinne der Orientierungskurse im Paket der Integrationskurse für Zuwanderer, ein lebensbegleitendes Orientierungsangebot für alle in der Einwanderungsgesellschaft, also auch für Bürger ohne den sogenannten Migrationshintergrund. Das reicht von der vorschulischen Erziehung, schulischen Bildung und beruflichen Ausbildung über die Kommunikation am Arbeitsplatz bis hin zur kultursensiblen Altenpflege, also gewissermaßen von der Kindergärtnerin bis zum Friedhofsgärtner.

Dieses neue Orientierungsangebot sollte sich besonders in einer entsprechenden Ausrichtung publikumsintensiver öffentlicher Einrichtungen spiegeln; denn dort werden, Umfragen zu Folge, von Zuwanderern nach wie vor die meisten Diskriminierungen erfahren oder empfunden. Das reicht von den noch immer besonders beklagten Umgangsformen im Ausländer- oder Einwohnermeldeamt bis zu Kundenpflege und Literaturangebot in der Stadtbibliothek.

Klaus J. Bade, Integration verschlafen? Von der Integrationspolitik zur Gesellschaftspolitik. Referat auf der Tagung der Friedrich-Ebert-Stiftung, Berlin 2013

Einwanderer beim Integrationskurs „Deutsch als Fremdsprache"

Aufgaben

1. Analysieren (→ Methodenglossar) Sie die Karikatur M 9.
2. Entwerfen Sie davon ausgehend Leitgedanken einer „Willkommenskultur" (Randspalte), wie sie von Peter Altmaier gefordert wird/wurde.
3. Erarbeiten Sie, weshalb Bade vom Einwanderungsland wider Willen spricht... (M 11).
4. Erklären Sie, weshalb Bade fordert, künftig nicht mehr von Integrations-, sondern von Gesellschaftspolitik zu sprechen, und erläutern Sie in diesem Zusammenhang den Begriff der Diversität (M 12, Randspalte).
5. Diskutieren Sie Bades Forderungen (M 12).

Eine Erkundung planen, durchführen und auswerten

Die Erkundung führt Sie aus der Schule hinaus in die außerschulische Lebenswelt. Ziel ist es, diese Lebenswelt unter einer selbst entwickelten Fragestellung kennenzulernen und zu erforschen. Das zuvor theoretisch Gelernte kann nun selbständig in der Praxis überprüft werden. Anders als bei einer Besichtigung oder Exkursion bestimmen Sie den Erkundungsinhalt selbst und übernehmen alle organisatorischen Aufgaben.

Vorbereitung	• Erkundungsfeld und -ziel festlegen: Was wollen Sie wo erkunden? z. B. einen Ort – Institution – Unternehmen – Behörde • Gibt es Ansprechpartner vor Ort für das Thema? • Müssen im Vorfeld Gespräche mit diesen geführt werden? • Welchen zeitlichen Umfang soll die Erkundung einnehmen? • Welche technischen (Aufnahmegerät, Kamera usw.) und organisatorischen Hilfen werden benötigt?
Planung	• Erkundungsziel noch einmal genau überdenken und ggf. neu formulieren • Organisation: Zeitplan möglichst großzügig erstellen - Termine absprechen – • Sollen Interviews geführt werden? Leitfragen formulieren (→ Methodenglossar) • Form der Präsentation festlegen - technische Geräte zur Dokumentation überprüfen oder ggf. ausleihen
Durchführung	• Versuchen Sie möglichst, Ihren „Fahrplan" einzuhalten.
Auswertung und Präsentation	• Werten Sie die Ergebnisse (z. B. Interviews) aus, fassen Sie Ihre Ergebnisse zusammen. • Ergänzen und vertiefen Sie ggf. die gewonnen Erkenntnisse durch weitere Recherchen. • Bereiten Sie die Ergebnisse für eine Präsentation (z. B. Poster, schul- oder gemeindeöffentliche Ausstellung, Beitrag für die Schulhomepage o. ä.) vor.

Beispiel: Islamisch-religionskundlicher Unterricht an schleswig-holsteinischen Schulen

An 18 schleswig-holsteinischen Grundschulen und einer Gemeinschaftsschule ohne Oberstufe wird im Schuljahr 2016/17 islamisch-religionskundlicher Unterricht in deutscher Sprache angeboten. Dies ist ein freiwilliges Unterrichtsangebot und wird von Lehrerinnen und Lehrern muslimischer Herkunft erteilt, die bereits im Schuldienst sind und das Erste und Zweite Staatsexamen haben. Dadurch sollen muslimische Schülerinnen und Schüler die Möglichkeit erhalten, sich im alltäglichen Lernen und Leben mit ihrer religiösen Identität auseinanderzusetzen. Zugleich ist dies ein wichtiger Schritt zur Integration, weil sich Schule und Umfeld für die Religion dieser Mädchen und Jungen öffnen. Grundlage des Islamunterrichtes ist ein eigens erarbeiteter Lehrplan.

© 2017 Landesportal Schleswig-Holstein, www.schleswig-holstein.de (29.11.2017)

Arbeitsauftrag:
Führen Sie eine Erkundung zum islamisch-religionskundlichen Unterricht an schleswig-holsteinischen Schulen durch.

Tipp:
Parallel zu dieser Erkundung könnten weitere Gruppen folgende Institutionen/Behörden erkunden:
- der kommunale Ausländerbeirat, die gewählte Vertretung der Migrantinnen und Migranten in der Stadt bzw. Gemeinde
- einen islamischen Moscheeverein
- eine Behörde, die sich mit Zuwanderung und Integration beschäftigt
- eine Migrationsberatungsstelle

Vorbereitung	• Bilden Sie sich zunächst selbst eine Meinung. Wie stehen Sie selbst zum islamisch-religionskundlichen Unterricht? Halten Sie ihn im Hinblick auf die Förderung von Integration für sinnvoll? • Was wissen sie bereits über diesen islamisch-religionskundlichen Unterricht? • Was möchten Sie über den islamisch-religionskundlichen Unterricht erfahren? (z. B.: Wer darf unterrichten? Wie werden die Lehrer ausgebildet? Wer schreibt die Lehrpläne? usw.) • Wie viele Schülerinnen und Schüler nehmen daran teil? • Welche Erfahrungen wurden bislang mit dem Unterricht gemacht? • Wie stehen die Eltern islamischen und nichtislamischen Glaubens zu diesem Unterricht? • Wie stehen die Schülerinnen und Schüler zum islamisch-religionskundlichen Unterricht? • Möglicherweise gibt es in Ihrem Schulort oder der Umgebung eine Schule, die den islamisch-religionskundlichen Unterricht durchführt und sich für eine Erkundung anbietet. • Informationen erhalten Sie auch beim Landesportal Schleswig-Holstein: www.schleswig-holstein.de

↓

Planung	• Erkundungen lassen sich am besten in Kleingruppen (max. vier Personen) durchführen, weil man die Aufgaben besser verteilen kann. • Legen Sie genau fest, was Sie während der Erkundung erfahren möchten. • Nehmen Sie Kontakt zur Schule auf. • Vereinbaren Sie den Erkundungstermin und stellen Sie dabei sicher, dass Ihre möglichen Gesprächspartner (z. B. Lehrerpersonen, Schulleitung, Eltern) an diesem Tag auch anwesend sind. • Erarbeiten Sie einen genauen „Fahrplan" Ihrer Erkundung. Legen Sie fest, wer welche Aufgabe übernimmt. • Erstellen Sie Interviewleitfäden (→ Methodenglossar). • Legen Sie die Form der Dokumentation (Aufzeichnung der Interviews) fest. Funktion der Geräte überprüfen. • Besprechen Sie die Möglichkeiten der Aufzeichnung mit der Schulleitung. Sie muss das Einverständnis geben.

↓

Durchführung	• Seien Sie pünktlich zum verabredeten Zeitpunkt vor Ort und stellen Sie sich den entsprechenden Personen vor. • Versuchen Sie, Ihren Erkundungsfahrplan einzuhalten. • Verabschieden und bedanken Sie sich bei Ihren Interviewpartnern und vereinbaren Sie ggf. einen weiteren Termin, falls noch Fragen offen geblieben sind.

↓

Auswertung und Präsentation	• Werten Sie die Erkundungsergebnisse aus. Haben Sie Antworten auf Ihre Fragen erhalten? • Fassen Sie die Ergebnisse zusammen und bereiten Sie diese für die Präsentation vor.

ORIENTIERUNGSWISSEN

Normalfall Migration
M 1 – M 4

Migration gibt es, seitdem es Menschen gibt, und gilt deshalb als Normalfall der Geschichte. Zu allen Zeiten verließen Menschen ihre Heimat, um sich in fernen Ländern und anderen Orten eine neue Existenz aufzubauen. Die Gründe waren in der Vergangenheit sehr unterschiedlich und sind es auch noch in der Gegenwart: **Kriege und Bürgerkriege, Hunger, Not und Elend, politische oder religiöse Verfolgung**, aber auch **Abenteuerlust** treiben die Menschen fort. In Deutschland haben mittlerweile **22,5 % der Bevölkerung ausländische Wurzeln**. Dabei leben Menschen mit einem Migrationshintergrund überwiegend in den westlichen Bundesländern. In allen fünf östlichen Bundesländern leben zusammen nur fünf Prozent der Bevölkerung mit ausländischen Wurzeln, wohingegen 13,2 Prozent der schleswig-holsteinischen Bevölkerung einen Migrationshintergrund hat.

Integration
M 5 – M 7

Die Bundesrepublik Deutschland ist seit den 1960er Jahren faktisch ein **Einwanderungsland**, wenngleich sie diesen Status erst sehr spät akzeptiert und eine entsprechende Politik betrieben hat. Einwanderungspolitik wurde bis zur Jahrtausendwende als Ausländerpolitik verstanden. Die Integration in die Mehrheitsgesellschaft wurde allein den Migranten überlassen. Mittlerweile hat sich die Einsicht durchgesetzt, dass die forcierte Einwanderung einerseits hilft, dem **Bevölkerungsrückgang und wirtschaftlichen Engpässen (Fachkräftemangel) entgegenzuwirken**. Außerdem hat man eingesehen, dass eine **aktive staatliche Integrationspolitik** – gerade auch vor dem Hintergrund und den Auswirkungen der Flüchtlingsbewegungen – für den Zusammenhalt der Gesellschaft unabdingbar ist.

Integrationsprobleme
M 8 – M 11

Dennoch darf und soll der Blick nicht davor verschlossen werden, dass v. a. muslimische Jugendliche Probleme bei der Integration haben. **Soziale und kulturelle Faktoren**, weniger jedoch die Religion, scheinen hier die Ursache zu sein. Ein Bildungssystem, das frühzeitig einsetzt, das die Persönlichkeitsbildung der Kinder und Jugendlichen, nicht nur ihre Selektion im Auge hat, das ihnen Perspektiven gibt und ihre Kultur nicht außen vor lässt, könnte hier Abhilfe schaffen.

Integrationspolitik als Gesellschaftspolitik
M 12

Die aktuelle Integrationspolitik betont mittlerweile die **gesellschaftliche Vielfalt** der Gesellschaft **als Chance**. Schleswig-Holstein ist das einzige Land in Deutschland, in dem zwei nationale Minderheiten und eine Volksgruppe leben: Die dänische Minderheit, die friesische Volksgruppe und die deutschen Sinti und Roma. Die größten Migrantengruppen in Schleswig-Holstein besitzen türkische, polnische und russische Wurzeln. Die Vielfalt beschränkt sich aber nicht auf Herkunft, sondern umfasst auch die Lebenserfahrungen mehrerer Generationen, die große Spannbreite beruflicher Werdegänge und sozialer Lagen. Politik und Gesellschaft sind deshalb gleichermaßen gefordert, alles dafür zu tun, um das Zusammenleben offen und tolerant zu ermöglichen.

KOMPETENZEN ANWENDEN

Integration in der Karikatur

Karikatur: Thomas Plaßmann/Baaske Cartoons

Karikatur: Thomas Plaßmann/Baaske Cartoons

Karikatur: Gerhard Mester/Baaske Cartoons

Aufgabe

Analysieren (→ Methodenglossar) Sie die Karikaturen in arbeitsteiliger Gruppenarbeit. Arbeiten Sie heraus, inwiefern der vielzitierte Satz „Integration ist keine Einbahnstraße" auf jede Karikatur anwendbar ist.

Gleiche Spieler, anderes Spiel:
„Die Spielregeln zu ändern ist leichter,
als den Charakter der Spieler zu beeinflussen."

James M. Buchanan, Träger des Alfred-Nobel-Gedächtnispreises für Wirtschaftswissenschaften

3 Die Soziale Marktwirtschaft zwischen Kontinuität und Wandel

Zentrale ökonomische Fragestellungen sind: Wie verhalten sich Wirtschaftsakteure in Entscheidungssituationen? Welche Ziele verfolgen sie, welche Mittel stehen ihnen zur Verfügung? Kernprinzip allen Wirtschaftens ist das Knappheitsprinzip. Die Bedingung der Knappheit erfordert ein Verhalten, das die vorhandenen Güter möglichst effizient einsetzt, um die menschlichen Bedürfnisse zu erfüllen.

Bei der Versorgung der Bevölkerung mit Waren und Dienstleistungen spielen Märkte eine zentrale Rolle. Grundsätzlich stellen sich Fragen, wie Märkte funktionieren, was sie leisten und wo sie versagen. Angebot und Nachfrage bestimmen den Preis auf einem Markt, Nachfrage und Angebot hängen wiederum vom Preis ab. Von welchen weiteren Faktoren hängen Nachfrage und Angebot ab? Wie reagieren Nachfrage und Angebot auf Veränderungen am Markt? Führen Märkte immer zu wünschenswerten Ergebnissen?

Wirtschaftsordnungen umfassen die Gesamtheit der vorhandenen Institutionen- und Regelsysteme in einer Volkswirtschaft. Durch einen Vergleich unterschiedlicher gegenwärtiger und historischer Wirtschaftsordnungen lassen sich Erkenntnisse über das Zusammenspiel und die Auswirkungen der vorhandenen Institutionen- und Regelsysteme auf die Entwicklung einer Volkswirtschaft gewinnen. Dabei beantwortet der Vergleich zwischen Marktwirtschaft und Planwirtschaft in erster Linie ein historisches Interesse, während gegenwärtig der genaue Blick auf die Soziale Marktwirtschaft im Zentrum der Aufmerksamkeit steht.

Was wissen und können Sie schon?

Der Träger des Alfred-Nobel-Gedächtnispreises für Wirtschaftswissenschaften, James M. Buchanan, spricht von Spielregeln. Beschreiben Sie, welche (Spiel-)Regeln in Ihren Augen die richtigen für die Wirtschaft sind. Einigen Sie sich zunächst darauf, was eine Wirtschaftsordnung leisten sollte.

KOMPETENZEN

Am Ende dieses Kapitels sollten Sie Folgendes wissen und können:

- ... wirtschaftliche Entscheidungssituationen unter Rückgriff auf die Kernprinzipien allen Wirtschaftens erläutern und begründen.
- ... das Funktionieren von Gütermärkten und deren Einflussgrößen erläutern.
- ... Marktformen im Spannungsfeld unterschiedlicher Interessen und von Effizienz und Gerechtigkeit beurteilen.
- ... mit Hilfe von ökonomischen Modellen wirtschaftliche Entscheidungssituationen und Wirkungsweisen darstellen und erklären.
- ... ökonomische Modelle hinsichtlich ihrer Erkenntnismöglichkeiten und Grenzen beurteilen.

3.1 Individuelle Entscheidungen und ihre Folgen in einer Welt der Knappheit – Kosten und Nutzen für die Gesellschaft

3.1.1 Die Welt der Knappheit – wie werden Entscheidungen getroffen?

M 1 Wie soll man sich entscheiden?

Knappheit als Differenz zwischen Erwünschtem und Vorhandenem betrifft fast alle Lebensbereiche. Die Entscheidungssituation eines Schülers der 12. Klasse an einem Montagmorgen könnte wie folgt aussehen:

1./2. Stunde: Unterricht in Deutsch (hier wird ein Film angesehen und analysiert). Deutsch ist Lieblingsfach, vielleicht auch später Studienfach.

3./4. Stunde: Unterricht in Mathematik. Der Lehrer hält einen sehr anspruchsvollen, die volle Aufmerksamkeit verlangenden Unterricht.

5./6. Stunde: Klausur in Biologie. Versagen in der Klausur führt zu einem Punkteabzug im Abiturzeugnis.

Problem des Schülers: Er hat zu wenig für die Biologie-Klausur gelernt.

Wie soll er sich entscheiden?

Autorentext

Bedürfnisse

Die Stufenleiter der Bedürfnisse wurde von dem US-amerikanischen Forscher Abraham Maslow (1908-1970) entwickelt. Er unterscheidet physiologische Grundbedürfnisse (Essen, Trinken), Sicherheitsbedürfnisse (Schutz vor Gefahren), Soziale Bedürfnisse (Anerkennung und Geborgenheit), Individualbedürfnisse (Geltung, Ansehen) und das Bedürfnis der Selbstverwirklichung (Individualität und Entfaltung). Die ersten drei Bedürfnisse nennt Maslow auch „Defizitbedürfnisse", da sie ein Gefühl des Mangels hervorrufen und negative Folgen wie z. B. Krankheit zu erwarten sind, wenn diese Bedürfnisse nicht ausreichend befriedigt werden. Wenn ein Bedürfnis erfüllt ist, tritt das nächst höhere an seine Stelle.

M 2 Knappheit – Kernprinzip allen Wirtschaftens

Knappheit im umgangssprachlichen Sinn bedeutet, dass etwas nicht in ausreichender Menge zur Verfügung steht, um einen Bedarf zu decken. Ökonomisch formuliert herrscht Knappheit, wenn mit den vorhandenen Ressourcen nicht alle existenten Bedürfnisse befriedigt werden können. Bei Ressourcen handelt es sich um materielle und immaterielle Güter zu Produktions- und Konsumzwecken, aber auch um persönliche Fähigkeiten, Wissen und Zeit.

Nun ist Knappheit in individueller Perspektive immer mit dem Verzicht auf bestimmte Entscheidungsalternativen verbunden: Angenommen, man hat an einem Wochenende die Möglichkeit, ein Musikkonzert oder ein Theaterstück zu besuchen; die Ressourcen (Zeit, vielleicht auch das Geld) reichen aber nicht aus, beide Handlungsalternativen zu realisieren. Die Knappheitsbedingungen werden spürbar. Weitere Beispiele verdeutlichen, dass Knappheit allgegenwärtig ist: Der Autokauf von Herrn Frisch führt zugleich zu seinem finanziell bedingten (temporären) Urlaubsverzicht, die Software-Anschaffung der Firma CLIO bedeutet einen Verzicht auf Weiterentwicklung eines eigenen EDV-Systems, Frau Heines Heirat mit dem Bibliothekar zieht einen Verzicht auf die Heiratsanträge des vielsprechenden Nachwuchssängers sowie des Amateurboxers nach sich. Man kann davon sprechen, dass menschliches Leben unter der „Bedingung universaler Knappheit" [...] steht. [...]

Nun verursacht ein Individuum in sozialen Handlungszusammenhängen nicht nur Kosten bei sich selbst, sondern auch bei anderen Individuen: Jeder Nutzer eines knappen Guts (seien es Nahrungsmittel, Eintrittskarten oder heiratswillige Männer) entzieht dieses Gut einem anderen potenziellen Nutzer. Jener verursacht damit Knappheitsfolgen in Form ungestillter Bedürfnisse bei diesem. Diese Knappheitsfolgen, oder anders formuliert: Diese Knappheitspreise, also die nicht gestillten Bedürfnisse, die man bei der Nutzung eines Guts unbekannten Dritten aufbürdet, sind schwierig zu erfassen, da sie subjektiv und zudem äußerst wandelbar sind. Es bedarf also eines Informationssystems, welches die Nutzer über die von ihnen verursachten Knappheitsfolgen informiert. Und es bedarf eines Koordinationssystems, welches die aus den Knappheitsfolgen resultierenden Interessenkonflikte koordiniert. Viele Interessenkonflikte speisen sich aus konfligierenden Ressourcenansprüchen. [...] Nutzer von Ressourcen entziehen anderen Individuen Nutzungsmöglichkeiten. Aus diesem Sachverhalt heraus entwickeln sich ubiquitäre Konfliktsituationen. Wie lassen sich solche Konfliktsituationen entschärfen bzw. koordinieren? [...] Eine gewisse antagonistische Beziehung zwischen individuellen Interessen bleibt unaufhebbar. Insofern kann es nur darum gehen, entgegenstehende Einzelinteressen durch kollektive Regelungen für Knappheitskonflikte zu koordinieren. Diese Regelungen sind äußerst mannigfaltig: Sie umfassen archaisch anmutende Verfahren zur interpersonellen Aufteilung knapper Ressourcen wie das Prinzip der Stärke oder das Windhundverfahren („Wer zuerst kommt, mahlt zuerst.“). Weitere denkbare Koordinationsregeln sind das Losverfahren, die Bürokratie, politische Eliten und – preislich geregelte Märkte. Letztere gelten als besonders effiziente Koordinationsverfahren, da sie über tatsächlich herrschende Knappheit recht verlässliche Auskunft geben. Dies gilt aber nur unter der Voraussetzung, dass sich Markt- und Knappheitspreise entsprechen.

Gerd-Jan Krol/Jan Karpe/Andreas Zoerner, Die Stellung der Privaten Haushalte im Wirtschaftsgeschehen, Braunschweig 2005, S. 40 – 43

ubiquitär
überall verbreitet

M 3 ● Wie das Kosten-Nutzen-Prinzip unsere Entscheidungen beeinflusst

Weil die Menschen Zielkonflikten ausgesetzt sind, erfordern Entscheidungen einen Vergleich von Kosten und Nutzen alternativer Aktionen. In vielen Fällen sind die Kosten einer Aktivität jedoch nicht so offensichtlich, wie es zunächst erscheinen mag. [...] Die Opportunitätskosten einer Gütereinheit bestehen in dem, was man aufgibt, um die Einheit zu erlangen. Bei jedweder Entscheidung sollten sich die Entscheidungsträger der Opportunitätskosten bewusst sein, die jede mögliche Aktion begleiten. [...] Ökonomen gehen in der Regel davon aus, dass sich die Menschen rational verhalten. Rationale Menschen setzen unter den gegebenen Möglichkeiten systematisch und zielstrebig alle ihre Fähigkeiten und Fertigkeiten ein, um ihre Ziele zu erreichen. In der Volkswirtschaftslehre werden Sie Unternehmungen kennen lernen, die vor der Entscheidung stehen, wie viele Arbeitskräfte sie einstellen sollen und wie viel sie produzieren sollen, um ihren Gewinn zu maximieren. Sie werden Konsumenten begegnen, die versuchen, mit ihrem Einkommen unter Berücksichtigung der gegebenen Preise das Bündel an Gütern und Dienstleistungen zu kaufen, das ihnen den höchstmöglichen Nutzen verschafft. Rationale Menschen sind sich bewusst, dass die Entscheidungen im Leben nicht nur schwarz oder weiß sind, sondern gewöhnlich irgendwo dazwischen. Zum Abendbrot besteht die Entscheidung nicht darin, zu Fasten oder sich den Bauch vollzuschlagen, sondern darin, noch ein Stück Pizza mehr zu essen oder nicht. [...]

Viele Entscheidungen im Leben richten sich darauf, bestehende Pläne in kleinen Schritten abzuwandeln. Nationalökonomen nennen dies marginale Veränderungen. Rationale Menschen treffen ihre Entscheidungen in der Regel dadurch, dass sie den marginalen Nutzen (Grenznutzen) und die marginalen Kosten (Grenzkosten) miteinander vergleichen. [...] Ein rationaler Entscheidungsträger entscheidet sich dann und nur dann für eine bestimmte Aktion, wenn der Grenznutzen der Aktion die Grenzkosten übersteigt.

N. Gregory Mankiw/Mark P. Taylor, Grundzüge der Volkswirtschaftslehre, 5. Aufl., Stuttgart 2012, S. 6 f. (übers. v. Adolf Wagner und Marco Herrmann)

Opportunitätskosten
→ S. 139

M 4 Was wir uns leisten können

Für Christiane, Heike, Jens und Xaver beträgt das monatliche Budget für Bier und Kinobesuch 120 Euro. Damit könnten sie pro Monat maximal 40 Gläser Bier in der Kneipe trinken oder aber 20-mal ins Kino gehen. Natürlich könnten sie auch beides kombinieren. Die für sie bei einem gegebenen Einkommen möglichen Konsum-Kombinationen werden durch eine sogenannte *Budgetgerade* abgebildet:

120 Euro = 3 Euro · Bier + 6 Euro · Kino

[Folgendes] Schaubild stellt diese Gerade dar:

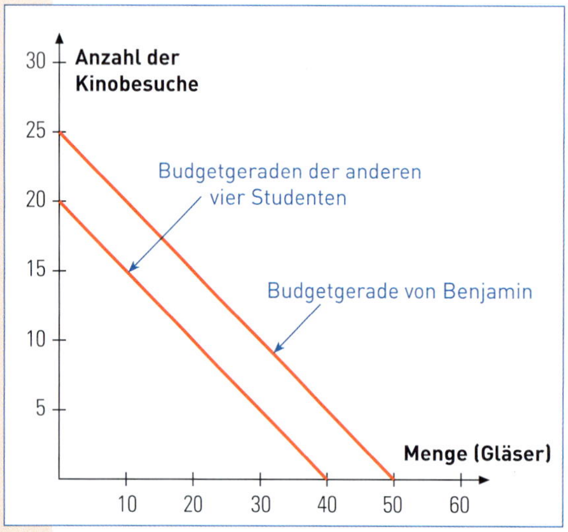

In allgemeiner Form lautet diese Budgetgerade:

$$y = p_1 x_1 + p_2 x_2$$

Dabei ist y das verfügbare Einkommen, p_1 ist der Preis von Gut 1, x_1 ist die Menge von Gut 1, p_2 ist der Preis von Gut 2 und x_2 ist die Menge von Gut 2.

Löst man die Gleichung nach x_2 auf, erhält man:

$$x_2 = \frac{y - p_1 x_1}{p_2 \; p_2}$$

Die Steigung der Budgetgeraden wird also vom Verhältnis der Preise der beiden Güter bestimmt, der y-Achsenabschnitt vom Einkommen und dem Preis des auf der y-Achse abgebildeten Gutes x_2. Durch ein höheres Einkommen verschiebt sich die Budgetgerade nach oben, bei einer Veränderung des Verhältnisses der Güterpreise dreht sie sich. Wird z. B. Gut x_2 billiger, dreht sie sich nach oben.

Alle Kombinationen von Kinobesuch und Bier, die auf der Budgetgeraden liegen, können von den Studenten realisiert werden. Kombinationen, die darüber liegen, sind nicht zu bezahlen und damit auch nicht zu verwirklichen. Die Gerade wird deshalb auch als Budgetrestriktion bezeichnet. Von der Möglichkeit, sich bei anderen Studenten zu verschulden oder das Konto zu überziehen, wird in der Haushaltstheorie abgesehen. Kombinationen, die unterhalb dieser Linie liegen, sind nicht effizient, da die vorhandenen Konsummöglichkeiten nicht voll ausgeschöpft werden. Natürlich könnte man dann das verbleibende Geld sparen, aber auch diese Option wird in der einfachen Mikrotheorie nicht berücksichtigt.

[Benjamin hat reiche Eltern und deshalb 150 Euro für Bier und Kino zur Verfügung.] Die Budgetgerade von Benjamin lautet:

150 Euro = 3 Euro · Bier + 6 Euro · Kino

Wie das Schaubild verdeutlicht, liegt sie rechts von den Budgetgeraden der vier anderen Studenten. Benjamin kann sich also mehr Bier und mehr Kinobesuche leisten. Nachdem sich die Studenten ihre Budgetgerade aufgestellt haben, wissen sie immerhin, was sie sich leisten können.

Peter Bofinger, Grundzüge der Volkswirtschaftslehre, 3., aktualisierte Aufl., München 2011, S. 83 f.

M 5 ● Die Folgen der Knappheit: Opportunitätskosten

Greifen wir zu einem Beispiel. Ich kenne einen Professor, der auf der Tastatur wahre Wunder vollbringt und genauso schnell tippt wie sein Sekretär. Sollte er deshalb seinen Mitarbeiter entlassen und all seine Arbeiten und Briefe selbst tippen? Auf keinen Fall! Es liegt ganz in seinem Interesse, seine extrem gut bezahlten Arbeitsstunden und seine Energie auf die eigenen Studien zu verwenden und seinem Sekretär, der einen geringeren Stundenlohn hat, das Tippen zu überlassen. Warum? Weil das Tippen – und sei es auch auf einem noch so leistungsfähigen Computer – für unseren Professor höhere Kosten mit sich bringt. Man spricht von den sogenannten Opportunitätskosten, die in unserem Fall dadurch entstehen, dass der Professor seine Zeit damit verbringt, die eigenen Manuskripte abzutippen, anstatt viele wichtige, brillante Artikel und Bücher zu schreiben (eine Arbeit, die nur eine hoch qualifizierte und folglich teure Kraft leisten kann). Selbst wenn er noch schneller tippen könnte als sein Sekretär (dem gegenüber er dann einen „absoluten Kostenvorteil" besäße), sollte er sich trotzdem besser auf seine eigentlichen Aufgaben, Lehre und Forschung, spezialisieren. Denn hier ist sein absoluter Kostenvorteil ihm gegenüber natürlich noch viel größer (was man zumindest hoffen sollte ...).

André Fourcans, Die Welt der Wirtschaft, 4. Aufl., Frankfurt/New York 1998, S. 108 f. (übers. v. Sabine Schwenk)

Aufgaben

1. a) Diskutieren Sie, welche Ressourcen im Beispiel knapp sind (M 1).
   b) Stellen Sie in der Gruppe Handlungsmöglichkeiten des Schülers zusammen. Wie soll sich der Schüler entscheiden? Begründen Sie Ihre Entscheidung mit Hilfe einer Gegenüberstellung der jeweiligen Kosten und des jeweiligen Nutzens (M 1).
   c) Arbeiten Sie heraus, welche Folgen die Knappheit allgemein hat und welche Koordinationssysteme zur Lösung der daraus resultierenden Interessenkonflikte denkbar sind (M 2).
2. Arbeiten Sie Kosten und Nutzen eines zusätzlichen Jahres an der Universität heraus (M 3).
3. Betrachten Sie das Schaubild in M 4. Für das Verständnis des Marktgeschehens ist es nun interessant zu sehen, wie sich die Situation für die Studenten verändert, wenn Bier teurer wird. Angenommen, der Preis für einen Bier steigt von 3 € auf 4 €: Zeichnen Sie die veränderten Budgetgeraden bei unverändertem Budget ein. Vergleichen Sie die Situation vor und nach der Preiserhöhung.
4. a) Erläutern Sie den Begriff „Opportunitätskosten" (M 5).
   b) Nennen Sie mögliche Opportunitätskosten folgender Entscheidungen:
      - Sie gehen abends ins Kino.
      - Sie machen eine Ausbildung.
      - Sie gehen eine feste Beziehung ein.

3.1.2 Sind Menschen rationale Nutzenmaximierer?

M 6 Wie bringt man Menschen zum Kühlschranktausch?

Die durchschnittliche Nutzungsdauer von Kühlschränken in deutschen und österreichischen Haushalten liegt bei 14 Jahren, für Kühltruhen sogar bei 17 Jahren. Man ist beinahe mit seinem Kühlschrank verheiratet! In einem solchen Zeitraum werden allerdings deutlich energieeffizientere Geräte entwickelt, deren Kauf sich nach 6 bis 10 Jahren allein durch eingesparte Stromkosten amortisieren würde. Dazu hätten die Strom-Einsparungen einen Umweltschutz-Effekt, da weniger Strom aus Kern- oder Verbrennungskraftwerken benötigt würde. Dennoch hat sich die Nutzungsdauer in den letzten Jahren nicht verringert.

Das österreichische Umweltministerium hat 2009 gemeinsam mit dem Umweltforum Haushalt mit der sogenannten „Trennungsprämie“ ein – auch mit Fernsehspots beworbenes – Programm zum energetischen Kühlschranktausch ins Leben gerufen: Der Kauf von stromsparenden Kühlschrankmodellen (Energieeffizienzklasse A++) wurde – je nach Größe des neuen Modells – bei Entsorgung des Altgeräts mit 50 bzw. 100 € bezuschusst. Die Entsorgung des alten Kühlschranks musste von den Händlern und kommunalen Sammelstellen kostenlos angeboten werden, die Prämie konnte direkt beim Verkäufer oder über ein Online-Portal beantragt werden. Die Frist für den Erhalt des Zuschusses lief vom 1. September bis zum 31. Dezember 2009. Allerdings endet sie schon früher, wenn die maximal zur Ver fügung stehenden 2,5 Mio. Euro zuvor ausgeschöpft wären. Zum Ende der Laufzeit war die Prämie aufgebraucht.

Autorentext

Neue Haushaltsgeräte machen wirtschaftlich Sinn.

M 7 Welche Bedeutung sollen Anreize haben?

Weil die Menschen bei Entscheidungen Kosten und Nutzen vergleichen, wird sich ihr Verhalten oft dadurch verändern, dass sich die Kosten oder die Nutzen verändern. Das bedeutet, dass Menschen auf Anreize regieren. Wenn z. B. der Preis eines Apfels steigt, werden sich die Leute dafür entscheiden, mehr Birnen und weniger Äpfel zu essen, weil die Kosten eines Apfels höher sind. Gleichzeitig werden die Apfelplantagen mehr Arbeitskräfte einstellen und mehr Äpfel ernten wollen, weil der Stückgewinn aus dem Verkauf eines Apfels höher ist. Die zentrale Bedeutung der Anreize auf die Festlegung wirtschaftlichen Verhaltens ist für jene wichtig, die unsere Wirtschaftspolitik konzipieren. Politische Maßnahmen verändern oft die Kosten und die Nutzen privater Handlungen. Wenn die Politiker nicht in der Lage sind, die von staatlichen Maßnahmen ausgelösten Verhaltensänderungen richtig abzuschätzen, können sich die Maßnahmen in nicht beabsichtigter Art und Weise auswirken.

N. Gregory Mankiw/Mark P. Taylor, Grundzüge der Volkswirtschaftslehre, 5. Aufl., Stuttgart 2012, S. 8 (übers. v. Adolf Wagner und Marco Herrmann)

M 8 ● Typen wirtschafts- und umweltpolitischer Anreize

Bezeichnung	Informations- und Überzeugungsarbeit (moral suasion)	Ordnungsrechtliche Auflagen	Marktwirtschaftliche Instrumente
erwünschte Wirkungsweise	Alle Maßnahmen, über die man eine freiwillige Verhaltensänderung herbeizuführen versucht.	Staat „zwingt" die Verursacher quasi zu einem wirtschafts- bzw. umweltpolitisch erwünschten Verhalten. Ge- und Verbote werden gesetzlich verankert.	Unerwünschtes Verhalten (z. B. Umweltverschmutzung) mit einem Preis belegen bzw. verteuern, erwünschtes Verhalten bezuschussen. Politisch erwünschtes Verhalten lohnt sich für Unternehmen und private Haushalte, wenn dadurch Kosten gesenkt (und Gewinne erhöht werden) können.
Beispiele	Plakatkampagnen, anstatt des Autos den öffentlichen Nahverkehr zu nutzen.	maximale Rußausstoß-Menge bei PKW	Ökosteuern Emissionszertifikate-Handel der Europäischen Union

Autorentext

M 9 ● Der Homo Oeconomicus – die ökonomische Verhaltenstheorie

Was genau ist unter der „ökonomischen Verhaltenstheorie" zu verstehen? Hier sind sechs wesentliche Elemente zu nennen:

1. Die ökonomische Verhaltenstheorie trifft Aussagen über Entscheidungen und Handlungen von Individuen. Dabei bildet sie nicht „jedes beobachtbare Verhalten von Individuen und nicht [das] beobachtete Verhalten jedes einzelnen Individuums" ab. Vielmehr bietet sie Mustererklärungen an, die für sich in Anspruch nehmen, für große Gesamtheiten das übliche Verhalten vieler Menschen (nicht eines Durchschnitts!) zu erklären. So mag es immer auch beobachtbare Fälle/Situationen geben, in denen einzelne Menschen sich anders entscheiden bzw. anders handeln als von der Theorie für die Mehrheit prognostiziert.

2. Die ökonomische Verhaltenstheorie erklärt Entscheidungen und Handlungen von Menschen aus einem Zusammenspiel von (individuellen) Präferenzen – das sind Wünsche, Ziele, Werte usw. – und überindividuellen Rahmenbedingungen [...]. Nicht jedes Ziel kann (sofort) erreicht werden. Restriktionen begrenzen den Handlungsraum von Individuen. Nicht immer reicht das Einkommen, um der Tochter den Wunsch nach einem Pferd zu erfüllen; und isst jemand gerne Fisch, auf dem Büfett findet sich jedoch nur Fleisch, Wurst und Salat, dann kann er – auch wenn er es möchte – keinen Fisch essen. Individuelle Ziele werden – nach einer Formulierung von Homann und Suchanek – „unter Nebenbedingungen" verfolgt.

3. Wie wählen Menschen nun aus vielen möglichen Optionen ihre Handlungen aus? Die ökonomische Verhaltenstheorie unterstellt, dass Menschen dies nicht immer wieder willkürlich, sondern nach einem bestimmten Muster tun: Sie entscheiden sich rational unter den Möglichkeiten, die ihnen ins Blickfeld geraten, i. d. R. systematisch für die für sie vorteilhafteste Alternative. Aber Achtung: Dies bedeutet nicht, dass die gewählte Handlungsoption objektiv die beste ist: Schon die Lebensweisheit „Hinterher ist man immer schlauer!" zeigt, dass man sich auch trotz (vermeintlich) guter Argumente falsch entscheiden kann. Es kommt also auf die wahrgenommenen (entdeckten) Möglichkeiten und deren Bewer-

tungen durch die Individuen an. Unter diesen wird dann diejenige verfolgt, die die kostengünstigste Erreichung des Ziels verspricht. Dabei bezieht sich „Kosten“ nicht nur auf monetär messbare Größen wie Ausgaben, Verlust usw. [...], vielmehr unterstellt die ökonomische Verhaltenstheorie auch die Einbeziehung immaterieller Größen wie Prestige, Zeit, Macht, Status usw. in die individuelle Nutzenabwägung.

4. Nun haben in der ökonomischen Verhaltenstheorie die beiden Erklärungsvariablen – Präferenzen und Restriktionen – einen unterschiedlichen Rang: Wenn auch beide Faktoren das Handeln beeinflussen, so erklärt die ökonomische Verhaltenstheorie das Verhalten der Menschen mit den Anreizen, denen diese ausgesetzt sind, und somit auch Verhaltensveränderungen zunächst nicht mit einer Veränderung der Präferenzen, sondern mit Veränderungen der Restriktionen bzw. der (äußeren) Handlungsanreize. [...] Rahmenbedingungen (und vor allem deren Veränderungen) lassen sich viel leichter ermitteln und beobachten als individuelle Präferenzen. Werden Ökonomen um Empfehlungen gebeten, wie bestimmte Missstände zu entschärfen sind, so raten sie ebenfalls zu Veränderungen der Handlungsbedingungen, da diese i. d. R. leichter und sicherer zu bewerkstelligen sind als die Beeinflussung unzähliger individueller Einstellungen.

5. Daher untersucht die ökonomische Verhaltenstheorie eher Situationen als Personen: Deren Ziele werden als mittelfristig konstant angesehen. Was dann das Handeln beeinflusst und Handlungsveränderungen hervorruft, sind die (Veränderungen der) Rahmenbedingungen bzw. Anreize in der jeweiligen Handlungssituation.

6. Wenn sich die ökonomische Verhaltenstheorie auf individuelle Entscheidungen und Handlungen bezieht [sog. methodologischer Individualismus], welchen Beitrag kann sie dann zur Erklärung gesellschaftlicher Phänomene, zum Verhalten von Gruppen, von Kollektiven leisten? Der Ansatz der ökonomischen Verhaltenstheorie führt kollektives Verhalten bzw. dessen Auswirkungen (bspw. Umweltbelastungen) stets auf das Verhalten/die Handlungen von Individuen zurück. Parteien, Gewerkschaften, Verbände usw. entscheiden und handeln nicht wie eine Person, sondern Stellungnahmen und das Verhalten dieser Gruppen ergeben sich aus dem Zusammenspiel des Verhaltens ihrer einzelnen Mitglieder. Diese wiederum, so unterstellt die ökonomische Verhaltenstheorie, folgen auch innerhalb ihrer Verbände rational ihren jeweils eigenen Interessen.

Andreas Zoerner, Unterricht Wirtschaft, Heft 22, 2/2005, S. 27

Aufgaben

1. Beschreiben Sie Umsetzung und Erfolg der „Trennungsprämie“ als umweltpolitisches Instrument (M 6).
2. Fassen Sie die Grundannahmen der ökonomischen Verhaltenstheorie (*Homo Oeconomicus*-Modell) zusammen (M 7 – M 9).
3. Erläutern Sie, inwieweit das Konzept der „Trennungsprämie“ auf dem *Homo Oeconomicus*-Modell fußt.
4. Überprüfen Sie das ökonomische Verhaltensmodell anhand des Verhaltens der österreichischen Kühlschrankbesitzer.

H zu Aufgabe 4 → S. 194

3.1.3 Welche Grenzen hat das Homo Oeconomicus-Modell?

M 10 Das Ultimatumspiel

Spielanleitung
Jeder Schüler nimmt zuerst die Rolle von Spieler A ein und entscheidet sich laut Aufgabenblatt für eine von elf festgelegten Verteilungen von 1.000 (fiktiven) Euro. In der zweiten Runde übernimmt er die Rolle von B und entscheidet, welchen der elf Verteilungen er zustimmen würde beziehungsweise welche er ablehnen würde. Das Ergebnis lässt sich nach dem Muster der Abbildung darstellen und analysieren.

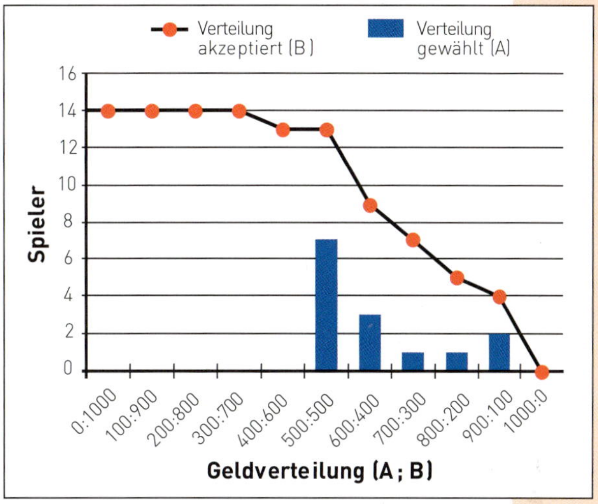

Muster für eine Auswertung (bei einer Gruppe von 14 Spielern)

Spielbeschreibung:
Ein Betrag von 1000 (fiktiven) Euro soll unter zwei Personen aufgeteilt werden. Spieler A muss Spieler B ein Angebot machen, wie viel letzterer erhalten soll. Spieler B kann dem Angebot zustimmen oder es ablehnen.
Wenn Spieler B zustimmt, wird das Geld dem Vorschlag gemäß aufgeteilt. Lehnt er jedoch ab, so gehen beide leer aus.
Die Regeln sind sehr streng: Beide Personen dürfen nicht miteinander kommunizieren, sodass Feilschen unmöglich ist. Spieler A stellt B ein Ultimatum. Die Summe verschwindet, wenn sie nicht beim ersten Versuch aufgeteilt wird, und das Spiel ist nicht wiederholbar.

Rollenkarte Spieler A

Aufgabe:
Sie sind in der Rolle von Spieler A: Entscheiden Sie sich für eine der folgenden elf Verteilungen (die Auszahlung an Spieler A ist zuerst genannt):
1000:0 / 900:100 / 800:200 / 700:300 / 600:400 / 500:500 / 400:600 / 300:700 / 200:800 / 100:900 / 0:1000

Spielbeschreibung:
Ein Betrag von 1000 (fiktiven) Euro soll unter zwei Personen aufgeteilt werden. Spieler A muss Spieler B ein Angebot machen, wie viel letzterer erhalten soll. Spieler B kann dem Angebot zustimmen oder es ablehnen.
Wenn Spieler B zustimmt, wird das Geld dem Vorschlag gemäß aufgeteilt. Lehnt er jedoch ab, so gehen beide leer aus.
Die Regeln sind sehr streng: Beide Personen dürfen nicht miteinander kommunizieren, sodass Feilschen unmöglich ist. Spieler A stellt B ein Ultimatum. Die Summe verschwindet, wenn sie nicht beim ersten Versuch aufgeteilt wird, und das Spiel ist nicht wiederholbar.

Rollenkarte Spieler B

Aufgabe:
Sie sind in der Rolle von Spieler B: Entscheiden Sie, welchen der von Spieler A vorgeschlagenen Verteilungen Sie zustimmen würden (die Auszahlung an Spieler A ist zuerst genannt):
1000:0 / 900:100 / 800:200 / 700:300 / 600:400 / 500:500 / 400:600 / 300:700 / 200:800 / 100:900 / 0:1000

M 11 ● Ökonomisches Verhalten im Experiment

a) In den USA gibt es ein […] vom Staat gefördertes Sparprogramm, die sogenannten „401(k) plans". Es gibt Firmen, bei denen die Arbeitnehmer einen einfachen Antrag ausfüllen müssen, wenn sie an diesem Programm teilnehmen möchten. In anderen Firmen zahlen die Arbeitnehmer automatisch in dieses Sparprogramm ein, wenn sie nicht widersprechen. Das Ergebnis ist, dass im zweiten Fall viel mehr Arbeitnehmer an diesem Plan teilnehmen als im ersten Fall.

Karlheinz Ruckriegel, Quo vadis, Homo oeconomicus?, in: Das Wirtschaftsstudium 36 (2007) H. 2, S. 200

b) Wir [Forscher des Massachusetts Institut of Technology] stellten vor einem großen öffentlichen Gebäude einen Tisch auf und boten zwei Sorten Schokolade an – Lindt-Trüffel und Hershey's Kisses. Über dem Tisch stand auf einem großen Plakat:

„Eine Praline pro Kunde." Wenn die potenziellen Kunden näher traten, konnten sie die beiden Sorten und ihren Preis sehen. […] Die Schokotrüffel von Lindt gelten als besonders hervorragend […]. Sie kosten in den USA pro Stück etwa 50 (Dollar-)Cent, wenn man sie lose kauft. Die Hershey's Kisses hingegen […] sind […] ziemlich gewöhnlich: Hershey produziert davon täglich 80 Millionen Stück. […]

Als wir den Preis für eine Lindt-Trüffel auf 15 ct festsetzten und den für einen Hershey's Kiss auf 1 ct […], verglichen unsere Kunden den Preis und die Qualität der Hershey-Praline mit dem Preis und der Qualität der Lindt-Trüffel und trafen dann ihre Wahl: Etwa 73 Prozent wählten eine Trüffel und 27 Prozent einen Kiss.

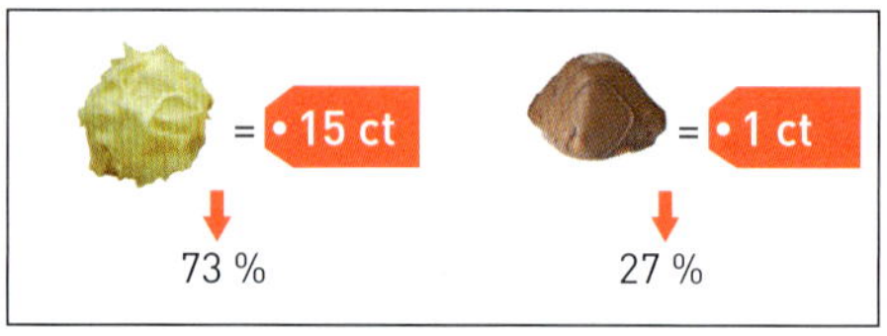

Anschließend […] boten wir die Lindt-Trüffel für 14 ct und den Kiss gratis an. Würde nun ein anderes Ergebnis herauskommen? […] An die 69 Prozent unserer Kunden entschieden sich für den Gratis-Kiss, während die Lindt-Trüffel regelrecht abstürzte: Der Anteil der Kunden, die sich für sie entschieden, sank von 73 auf 31 Prozent.

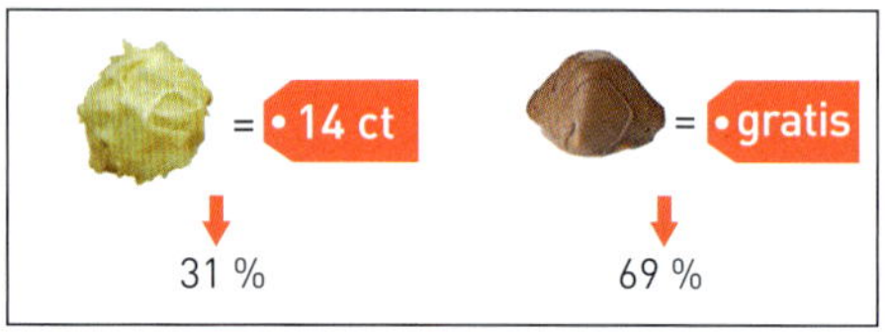

Dan Ariely, Denken hilft zwar, nützt aber nichts, München 2008, S. 77 f. (übers. v. Gabriele Gockel und Maria Zyback)

M 12 ● Abschied vom Homo Oeconomicus? Die Verhaltensökonomik

Die vielfältigen Forschungsergebnisse der Verhaltensökonomik zeigen immer wieder systematische Abweichungen von dem, was man auf Grund rationaler Entscheidungsfindung erwarten würde.

Diese Ergebnisse lassen sich in fünf Punkten zusammenfassen. Erstens können Menschen gar nicht perfekt rational entscheiden, weil ihnen in der Praxis die Voraussetzungen dafür fehlen. Sie verfügen weder über alle notwendigen Informationen noch sind ihre Zielsetzungen (Präferenzen) stabil. Bei ihren Entscheidungen orientieren sie sich vielmehr an erprobten und bewährten Heuristiken [vereinfachende Erklärungstechniken], nach denen Verhaltensweisen zustande kommen, die vom Rationalverhalten deutlich abweichen können. Derartige Alltagsheuristiken bestehen darin, dass man sich erstens mit befriedigenden Alternativen anstelle einer optimalen zufrieden gibt (satisficing), man sich an hervorstechenden Merkmalen orientiert (Repräsentativität) oder auch verschiedenen Schemata folgt, Ankersituationen bevorzugt, bei Gewinnchancen Verzerrungen in Kauf nimmt oder einfach Verluste vermeidet. Menschen streben zweitens nicht immer nur nach Vorteilen, sie zeigen häufig auch ein beachtlich starkes Gefühl der Fairness/Gerechtigkeit. Daraus lassen sich ethisch begründete Abweichungen vom logisch rationalen Handeln ableiten [...], so die Neigung der Menschen, anderen möglichst wenig schaden zu wollen (no harm). Auch zeigt es sich häufig, dass Menschen einen kurzfristigen, schnell zu erzielenden Nutzen einem langfristigen späteren vorziehen (fixed pie), dass sie sich gerne am Herkömmlichen, am Gewohnten orientieren (status quo), dass sie Fremden gegenüber Vorbehalte zeigen und dass sie ihre subjektiven Ansprüche legitimer einschätzen als die anderer Leute [...]. Darüber hinaus verfügen Menschen drittens nur über ein begrenztes Maß an Selbstkontrolle, sodass sie [...] nur begrenzt längerfristig planen und daher rational entscheiden können, Außerdem unterliegen sie viertens einem hohen Konformitätsdruck, weil sie ihr Verhalten am Verhalten anderer Leute messen und mit diesen „mithalten" wollen. Darin zeigt sich u. a., dass sie fünftens auch andere als rationale Ziele verfolgen und gelegentlich intrinsischen Motivationen, z. B. der sozialen Wertschätzung, den Vorzug vor rationalen geben.

Menschen entscheiden sich eher für den kurzfristigen, schnell zu erzielenden Nutzen, als für den langfristigen, späteren („fixed pie").

Diese Beobachtungen und Einwendungen gegen das neoklassische Modell des *Homo Oeconomicus* dürfen allerdings nicht in dem Sinne missverstanden werden, als ob die Verhaltensökonomik daraus schlussfolgern würde, die Menschen verhielten sich bei ihren ökonomischen Entscheidungen schlichtweg irrational. [...] Menschen handeln in konkreten ökonomischen Situationen nicht irrational, sondern eben beschränkt rational.

Toni Pierenkemper, Geschichte des modernen ökonomischen Denkens, Göttingen 2012, S. 214 ff.

Aufgaben

1. Fassen Sie die Ergebnisse des Ultimatumspiels sowie der beschriebenen ökonomischen Experimente zusammen (M 10, M 11).
2. Überprüfen Sie, ob bzw. inwieweit die Ergebnisse mit dem *Homo Oeconomicus*-Modell erklärt werden können (M 10, M 11, Kap. 3.1.2 M 9).
3. a) Entwickeln Sie verallgemeinerte, möglichst realitätsnahe Annahmen über das ökonomische Verhalten von Menschen in den in der Randspalte angegebenen Situationen.
   b) Vergleichen Sie Ihre Annahmen über das menschliche Verhalten mit den Erkenntnissen der Verhaltensökonomik (M 12).
4. Beurteilen Sie vergleichend den Erklärungswert des *Homo Oeconomicus*-Modells und den der Verhaltensökonomie für menschliches Agieren in wirtschaftlichen Entscheidungssituationen (M 9 – M 12).

H zu Aufgabe 4 → S. 194

3.1.4 Individuelle Entscheidungen – welche Folgen haben sie für die Gesellschaft?

Die unsichtbare Hand

Und [der Mensch] wird wie von einer unsichtbaren Hand geleitet, um einen Zweck zu fördern, den zu erfüllen er in keiner Weise beabsichtigt hat. [...] [J]a gerade dadurch, dass er das eigene Interesse verfolgt, fördert er häufig das der Gesellschaft nachhaltiger, als wenn er wirklich beabsichtigt, es zu tun.

Adam Smith (1723-1790), Der Wohlstand der Nationen, München 1974 (engl. Original: 1776), S. 371 (übers. v. Horst Claus Recktenwald)

M 13 Das Gemeinwohl als „Nebenwirkung" individueller Nutzenmaximierung

Arbeit kostet den Menschen Zeit und auch Energie. Die meisten denken wohl mit Sympathie an das Märchen vom Schlaraffenland, wo Milch und Honig fließen und den Menschen die gebratenen Tauben in den Mund fliegen, wo also eine Befriedigung der materiellen Bedürfnisse ohne jede Anstrengung vollzogen werden kann. Und sie wären sehr froh, wenn sie mehr freie Zeit und mehr Geld hätten. Daher haben wir ein Interesse daran, mit möglichst wenig Arbeit möglichst viel Geld zu verdienen. Wir sind Egoisten. Damit sind die wichtigsten Elemente des Menschenbildes der Marktwirtschaft schon beschrieben. Denn wie jedes System baut die Marktwirtschaft auf bestimmten Annahmen und Erkenntnisse auf. Die Ausgangspunkte der Marktwirtschaft sind:

1. Der Mensch hat Bedürfnisse und muss sie befriedigen.
2. Der Mensch ist ein soziales Wesen, er lebt und agiert in einer Gesellschaft.
3. Der Mensch ist egoistisch, sein Bestreben ist wesentlich darauf ausgerichtet, dass es ihm selbst gut geht.

Der menschliche Egoismus hat viele religiöse, politische und philosophische Führer und Denker herausgefordert, die durch alle möglichen Appelle und Überlegungen versucht haben, den Menschen von seinem Egoismus und Materialismus zu „heilen". Zu einer nachhaltigen Verhaltensänderung hat das zumindest bei der Mehrheit der Menschen jedoch nicht geführt. Die Stärke der Marktwirtschaft (oder ihr Realismus?) liegt darin, dass sie nicht versucht, den menschlichen Egoismus auszumerzen, sondern ihn in Betracht zieht und ausnutzt. Egoismus ist eigentlich asozial, denn er bedeutet schließlich, dass jeder nur an sich denkt. Aber andererseits kann der egoistische Mensch sein Bedürfnis nur mit anderen befriedigen. Wenn der Mensch mit geringem Aufwand gut leben will, braucht er andere, die ihm das ermöglichen. [...]
Antrieb des ökonomischen Handels ist das Interesse, Gewinn zu erzielen. Dieser Gewinn lässt sich aber nur realisieren, wenn ein Marktteilnehmer auch für andere gewinnbringend ist. Nur wenn er Produkte anbietet, die anderen ein Bedürfnis in der erwarteten Qualität und zu einem akzeptablen Preis befriedigen, kann er seinen Vorteil sichern. [...]
Die Marktwirtschaft geht also vom menschlichen Egoismus aus, nutzt ihn jedoch zur Sicherung des Gemeinwohls.

Eckart Stratenschulte, Wirtschaft in Deutschland, Bonn 2006, S. 20 f.

M 14 Die unsichtbare Hand des Marktes – eine Win-win-Situation

Das Schöne an unserem einfachen Beispiel für den Aktienmarkt ist, dass wir daraus bereits sehr wichtige Einsichten in den Marktprozess gewinnen können. Der Markt ermöglicht Handel und sorgt dafür, dass sich Käufer und Verkäufer besser stellen können als in einer Situation ohne einen Markt. Nehmen wir an, es werden Aktien der HyperTec AG zum Kurs von 123 € gehandelt. Schauen wir dazu einen Verkäufer an, der eine Verkaufsorder zum Kurs von 120 € abgegeben hat. Da er die Aktie bei einem Kurs von 119 € noch behalten hätte, bringt er damit zum Ausdruck, dass er einer Aktie der HyperTec AG einen Wert von maximal 119 € beimisst. Da er die Aktie zu

einem Kurs von 123 € verkaufen kann, erzielt er einen Handelsgewinn von 4 €. Mit umgekehrtem Vorzeichen gilt das auch für einen Käufer. Wer eine Kauforder für 126 € abgibt, bringt damit zum Ausdruck, dass er der Aktie einen Wert von mindestens 126 € beimisst. Wenn er die Aktie dann zu 123 € erhält, erzielt er einen Handelsvorteil von 3 €.
Entscheidend für Marktprozesse ist daher, dass Käufer und Verkäufer den Wert eines Gutes unterschiedlich einschätzen. [...] Dies ist darauf zurückzuführen, dass Anleger in der Regel ganz unterschiedliche Einschätzungen darüber haben, wie sich die Geschäftslage eines Unternehmens entwickeln wird. Ganz allgemein gibt es daher in der Volkswirtschaftslehre (wie auch in der Betriebswirtschaftslehre) keinen objektiven Wertbegriff. [...] Der Wert eines Gutes oder einer Aktie wird immer durch die individuelle Situation eines Anbieters oder eines Nachfragers bestimmt. [...] Im Fall einer Aktie wie der HyperTec AG ist die höhere Wertschätzung der Nachfrager, die mit ihren Orders zum Zuge gekommen sind, darauf zurückzuführen, dass sie die Entwicklung des Unternehmens deutlich optimistischer einschätzen als diejenigen Anbieter, die ihre Aktien verkaufen wollten und es auch konnten.

Nach: Peter Bofinger, Grundzüge der Volkswirtschaftslehre, 3. Aufl., München 2011, S. 18

M 15 ● Dilemma-Situationen – von wegen Win-win

Dieses Spiel verdankt seinen Namen der folgenden Anekdote: Zwei isoliert voneinander inhaftierten Gefangenen legt der Staatsanwalt jeweils ein minder schweres und ein schweres Verbrechen zur Last. Ersteres kann er beweisen, für den Nachweis des letzteren benötigt er das Geständnis mindestens eines Gefangenen. Er bietet nun jedem Gefangenen eine Kronzeugenregelung an. Gesteht Gefangener A und schweigt Gefangener B, so wird A als Kronzeuge freigelassen und B zu zehn Jahren Gefängnis verurteilt. Ein entsprechendes Angebot ergeht an B. Gestehen beide Gefangenen, so wird das Geständnis strafmildernd bewertet: Sowohl für A als auch B lautet das Urteil auf fünf Jahre. Schweigen aber beide, so können sie nur für das minder schwere Verbrechen zu einem Jahr Gefängnis verurteilt werden (→ Abbildung S. 148).
Versetzen wir uns in dem symmetrischen Entscheidungskonflikt in die Lage des Gefangenen A. Schweigt mein Mitgefangener B – so räsoniert A –, dann ist es besser zu gestehen (Freispruch anstelle von einem Jahr Gefängnis). Gesteht dagegen B, so ist „gestehen" gleichfalls günstiger („nur" 5 anstelle von 10 Jahren). Ergo werde ich (A) gestehen. Was A recht ist, ist B billig. Folgen beide dieser Logik, werden sowohl A als auch B gestehen. Das Resultat ist fünf Jahre Gefängnis, obwohl wechselseitige Kooperation („schweigen") zu einem wesentlich günstigeren Ergebnis von je einem Jahr Haft verholfen hätte. Ohne vertragliche Abmachung (oder eine gehörige Portion Vertrauen) ist die Kooperationslösung jedoch nicht realisierbar.
Die erste Zahl in jeder der vier Zellen ist die Höhe der Strafe für Gefangenen A, die zweite Zahl bezeichnet das Strafmaß für Gefangenen B. Sind beide Gefangenen kooperativ, d. h. schweigen beide, dann beträgt ihre Strafe jeweils nur ein Jahr. Jeder der beiden Gefangenen hat aber einen Anreiz zu gestehen, sei es, um als Kronzeuge zu profitieren (aggressives Motiv) oder aber, um der Höchststrafe mit Sicherheit zu entgehen (defensives Motiv). Folgen beide der individuell-rationalen Strategie „gestehen", dann ist das Resultat für A und B fünf Jahre Haft. Hätten sie dagegen beide geschwiegen, wären sie mit einem Jahr wesentlich besser davon gekommen. Das Dilemma besteht darin, dass die individuell rationalen Strategien zu einem kollektiv uner-

Gefangenendilemma

Bezeichnung für eine Situation aus der Spieltheorie, in der individuell rationales Verhalten der einzelnen Gruppenmitglieder zu einem für die Gruppe nicht Pareto-optimalem (niemand kann besser gestellt werden, ohne dass ein anderer schlechter gestellt wird) Ergebnis führt.

Helge Peukert, http://wirtschaftslexikon.gabler.de (19.4.2016) wünschten (suboptimalen) Resultat führen. Weshalb ist das Gefangenendilemma von so großer Bedeutung in den Sozialwissenschaften und – nebenbei bemerkt – auch in einer Naturwissenschaft wie der Biologie? Das Modell, abstrahieren wir einmal von der Anekdote, illustriert den Grundkonflikt zwischen rationalen, eigeninteressierten Handlungen und den für alle Betroffenen „irrationalen" Konsequenzen. Anwendungsbeispiele sind das Problem sozialer Ordnung in Thomas Hobbes „Leviathan", der Rüstungswettlauf im Kalten Krieg (Aufrüstung ist hier „gestehen", Abrüstung „schweigen"), Situationen von Konflikt und Symbiose in der Biologie, das Problem der Erzeugung kollektiver Güter in der Ökonomie, die Nutzung knapper Ressourcen in der Ökologie u. a. m. Während die Theorie von Adam Smith die Harmonie der rationalen Verfolgung von Eigeninteressen mit der allgemeinen Wohlfahrt in den Mittelpunkt rückt, bildet das Modell des Gefangenendilemmas einen Gegenpol. Es beschreibt diejenigen Konfliktsituationen, in denen keine „invisible hand" existiert, welche individuell-rationale Entscheidungen und kollektive Vernunft zur Deckung bringt.

Anmerkung:

Die „Auszahlungen" stehen hier für die Anzahl der Haftjahre.

Zwei-Personen-Gefangenendilemma

		Gefangener B	
		Schweigen	Gestehen
Gefangener A	Schweigen (≈ Kooperation)	1;1	10;0
	Gestehen (≈ Nichtkooperation)	0;10	5;5

Andreas Diekmann, Empirische Sozialforschung, 9. Aufl. 2014, S. 205 f.

M 16 ● Was die Kuh des einen Bauern frisst, fehlt der anderen

Schaffner
hier: Gutsverwalter

Für den Bauern Jakob Marti war die Welt noch in Ordnung. Was auch immer geschah: Jeden Morgen trieb er seine Kühe auf die Weide, jeden Abend brachte er sie zurück in den Stall.
Weit musste Bauer Marti nicht laufen, denn sein Hof grenzte unmittelbar an die große Weide, auf der auch seine Nachbarn ihr Vieh grasen ließen. Und wenn der Jakob Marti einmal Holz brauchte für seinen Ofen, dann ging er einfach in den Wald und fällte welches. Das machten sie damals alle so in Dürrenroth im Bezirk Trachselwald im Schweizer Kanton Bern. Und genau das war das Problem.
Denn nicht nur der Jakob Marti und seine Freunde, die Alteingesessenen, durften Wald und Weide benutzen, sondern auch die Neuzugezogenen – und die wurden immer mehr. Eng war es plötzlich auf der Weide und licht im Wald. Streit brach aus zwischen den Dorfbewohnern, die ihre Kühe nicht mehr satt bekamen. Der zuständige Schaffner Samuel Glasner musste einschreiten. Und das Ergebnis war, dass jeder Bauer seine eigene Wiese einzäunen durfte und von nun an jeder Herr über die eigenen Grashalme war. Im Jahr 1596 war das gewesen. Während der folgenden dreihundert Jahre folgten viele Dörfer diesem Beispiel. Die Gemeinde-Äcker wurden aufgelöst, sie galten als altmodisch, angestaubt und deshalb abwrackreif.
Schon der griechische Philosoph Aristoteles hatte beobachtet, dass „dem Gut, das der größten Zahl gemeinsam ist, die geringste Fürsorge zuteil wird". Zu Deutsch: Wenn etwas allen gehört, dann gehört's niemandem. Dann muss sich auch niemand kümmern oder einschränken. Eigentum verpflichtet,

Gemeintum eben nicht – Hauptsache, die eigenen Kühe werden satt. Man nennt das „die Tragödie des Gemeindeackers".

Dummerweise sieht die Wirklichkeit heute ganz anders aus. Die Alpen sind weder von einem schwarz-weiß muhenden Millionenheer kahlgefressen, noch glaubt jemand, dass das droht. Mehr noch: Auch die Gemeinschaftswiesen sind nicht verschwunden!

Im Gegenteil: Die Gemeindealm lebt. Jedes Jahr im Herbst treiben die Bauern in vielen Alpengegenden ihr Vieh von der Alm ins Dorf hinunter. Sie schmücken ihre Kühe aufwendig. Aus jeder Bauernfamilie muss einer mit, wenn keiner Zeit hat, ist sogar ein Obolus fällig. Anschließend begießen sie den Almabtrieb mit ausreichend Bier im Dorfgasthaus zu zünftiger Musik.

Was denn nun? Funktionieren Gemeinschaftsgüter jetzt doch, obwohl sie eigentlich gar nicht sein dürften? Eine Politikwissenschaftlerin namens Elinor Ostrom wollte das genau wissen und verließ den Elfenbeinturm, um überall auf der Welt anzuschauen, wie die Menschen im Kleinen verwalteten, was allen gehört und wofür per Gesetz niemand im Besonderen zuständig ist. Jahrzehntelang war Olstrom unterwegs, schrieb alles auf und stellte fest: Der Gemeinde-Acker funktioniert unter bestimmten Bedingungen sehr gut – gerade auch auf der Alm in den Bergen.

„Wir haben seit vielen Jahren eine solche Gemeinschaftsalm", sagt der Bauer Johann Mangold aus dem kleinen Eschenlohe bei Garmisch, unweit der Zugspitze. „Und es funktioniert gut." Mehr als 200 Kühe treiben die Bauern von Eschenlohe jedes Jahr auf die „unverteilten Gemeindegründe", wie die Wiesen hoch droben in den Bergen offiziell heißen. Sie gehören der Gemeinde. Die Bauern haben nur ein gemeinschaftliches „Weiderecht". Wie es sich für ein ordentliches bayerisches Dorf gehört, ist das Ganze institutionalisiert: Schon 1912 haben die Bauern von Eschenlohe einen Verein gegründet, in dem abgesprochen wird, wer wie viele Kühe hochtreiben darf, damit die Alm nicht überweidet wird. Streit gibt es zwar manchmal, wird aber rasch beigelegt. „Der Streit liegt im Bier", sagt Mangold. Bis jetzt habe man sich noch immer einigen können.

In den Alpen lassen viele Bauern ihre Kühe im Sommer auf Gemeinschaftswiesen („Allmende") hoch in den Bergen weiden.

Sogar einen Hirten haben die Bauern eingestellt. Der lebt mit seiner Familie im Sommer oben auf der Alm und sorgt dafür, dass alles in Schuss bleibt und keine Tiere abstürzen. Bezahlt wird er von allen Bauern gemeinsam. Probleme, dass das Gras irgendwann weggefressen ist, haben die Bauern von Eschenlohe nicht. „Kein Bauer schickt da übertrieben viele Rinder auf die Weide", sagt Mangold. „Das macht man nicht." Die Größe der Herde ist seit Jahren etwa gleich geblieben.

Das mit dem Gemeinde-Acker klappt also doch. Menschen können ihn, und zwar egal ob's eine Wiese, ein Waldstück oder ein Fluss ist, auch so behandeln, dass er erhalten bleibt. Bestimmte Regeln sind dafür fast immer wichtig, ganz gleich, ob sie aufgeschrieben oder weitergesagt worden sind. Größe zahlt sich hier nicht aus, denn nur wenn jeder jeden kennt, droht Fieslingen, dass sie niemand mag – was oft stärker wirkt als ein komplizierter Gesetzestext.

Offenbar sind die Menschen (oder wenigstens die klugen Alpenbauern) weniger egoistisch, als man denkt. Sie hegen und pflegen ihr Gemeingut, ohne dass es dafür den Staat braucht. „Ein einziges Lösungsprinzip für alle Probleme existiert aber nicht", sagt der Sankt Gallener Wirtschaftswissen-

Obolus

Gebühr, Spende

schaftler Martin Kolmar. Die einen machen es so, die anderen anders.

Und die einen sind erfolgreich, die anderen nicht. Nicht nur auf der Alm. Der amerikanische Evolutionsbiologe Jared Diamond hat gezeigt, warum ganze Gesellschaften untergegangen sind, während andere lange bleiben. Sein Ergebnis: Die „verschwundenen", etwa die Bewohner der Osterinseln, haben zumeist ihren Gemeinde-Acker übernutzt. Die Osterinsulaner fällten ihre Bäume zu schnell – und hatten am Ende kein Holz mehr, um Kanus zu bauen oder Öfen zu befeuern.

Sogar für die allergrößten Herausforderungen der Menschheit wie etwa die Kohlendioxidverschmutzung der Atmosphäre oder die Überfischung der Ozeane [...] taugt dieses lokale und dezentrale Wissen. Denn wenn jeder so viel CO_2 emittiert, wie er will, dann gibt's im Himmel bald so ein großes Gedrängel wie auf der Alm, auf der zu viele Kühe grasen. Und auch den Fisch, den einer fängt, kann kein anderer angeln. Viele kleine Privathimmel oder -ozeane „einzuzäunen" ist schlicht nicht realistisch. Nicht mal eine Weltregierung, die ein Weltgesetz erlassen könnte, gibt es.

Deswegen werden sich in diesen Fällen die Staaten wohl oder übel ebenfalls zusammensetzen und die Probleme lösen müssen. Ganz so, wie es die Bauern von Eschenlohe mit ihrer Alm gemacht haben. Oder wie der Bauer Jakob Marti. Übrigens: Die Wissenschaftlerin Elinor Ostrom hat für ihre Forschungen gerade den Nobelpreis für Ökonomik erhalten.

Alexander Armbruster/Christian Siedenbiedel, Frankfurter Allgemeine Sonntagszeitung, 18.10.2009

Aufgaben

1. Erläutern Sie, warum man den Markt als Win-win-Situation, also als Situation mit zwei Gewinnern, bezeichnen kann (M 13, M 14).
2. Beschreiben Sie die Rolle der „unsichtbaren Hand" auf dem Markt (M 13, M 14).
3. 1714 schrieb der Londoner Arzt und gebürtige Hugenotte Bernard Mandeville „Die Bienenfabel" mit dem Untertitel „Private Laster, öffentliche Vorteile". Interpretieren Sie, ausgehend von M 13, diesen Untertitel.
4. Die Autohersteller A und B müssen beide über die Investition in ein neues Großprojekt entscheiden (z. B. den Einstieg in die Entwicklung des Brennstoffzellenantriebs). Die Spiele 1 und 2 zeigen, wie ihre Profite (in Millionen €) von den jeweiligen Entscheidungen des Konkurrenten abhängen. Erklären Sie, welches der beiden Spiele ein Gefangenendilemma ist, und erläutern Sie die Dilemmasituation (M 15).

SPIEL 1

A \ B	Nicht investieren	Investieren
Nicht investieren	10;10	4;12
Investieren	12;4	5;5

SPIEL 2

A \ B	Nicht investieren	Investieren
Nicht investieren	4;12	5;5
Investieren	10;10	12;4

5. Erläutern Sie in den Kategorien der Ökonomie, warum dort bald kein Gras mehr wächst, wenn alle Bauern ihre Kühe auf dieselbe Wiese schicken (M 16).
6. „Wenn die Bauern aber ein bisschen aufpassen, dann muss es nicht so schlimm kommen." Offensichtlich lässt sich aus dieser Einsicht der Nobelpreisträgerin Ostrom auch etwas für den Schutz von Luft und Wasser lernen. Erörtern Sie, ausgehend von der Regelung des Jahres 1596, mögliche Lösungen (M 16).

Welt der Knappheit
M 2, M 4

Die „Welt der Ökonomen" ist von wenigen grundlegenden Prinzipien bestimmt. **Das Knappheitsprinzip ist das Kernprinzip allen Wirtschaftens**. Während die **Bedürfnisse** und Wünsche tendenziell **grenzenlos** sind, sind die verfügbaren **Ressourcen begrenzt**. Von einem Gut mehr zu haben, bedeutet in der Regel, von einem anderen Gut weniger zu haben. Dabei muss sich Knappheit nicht nur auf materielle Ressourcen beziehen. Andere Beispiele sind Zeit und Wissen.

Kosten-Nutzen-Prinzip
M 3

In **wirtschaftlichen Entscheidungssituationen** werden Kosten und Nutzen gegeneinander abgewogen **(Handeln nach dem Kosten-Nutzen-Prinzip)**. Gewählt wird die Alternative, die einen zusätzlichen Nutzen verspricht, der höher ist als die zusätzlichen Kosten.

Opportunitätskosten
M 5

Knappheit erzeugt Kosten: Die Wahl einer Alternative bedingt, dass die zweitbeste Alternative nicht genutzt werden kann. Die dadurch entstehenden Kosten bezeichnet man als **Opportunitätskosten**. Sie entsprechen dem Nutzen, der einem dadurch entgeht, dass man die alternative Aktivität nicht ausführen kann.

Das neoklassische ökonomische Verhaltensmodell (Homo Oeconomicus)
M 9

Das **Verhaltensmodell des Homo Oeconomicus** ist eine rein theoretische Annahme, die als Ausgangspunkt für die Berechnung bzw. Abschätzung des Verhaltens von Gruppen in ökonomischen Entscheidungssituationen dient. Es wird festgestellt, dass sich der **ökonomisch handelnde Mensch** auf der Basis umfassender Informationen und feststehender Präferenzen **rational und egoistisch bzw. seinen eigenen Nutzen maximierend verhält** (wobei Nutzen nicht nur materiell oder gar finanziell verstanden wird). Ökonomische Akteure würden also auf äußere Restriktionen bzw. Anreize berechenbar reagieren. Diese Grundannahme macht die neoklassische Verhaltenstheorie vor allem für die Wirtschafts- und Umweltpolitik besonders interessant. Da mit dem Modell Schlüsse über das Kollektiv- auf der Basis von Annahmen über das Individualverhalten gezogen werden sollen, spricht man auch von „methodologischem Individualismus". Nicht erst seit dem irrationalen Verhalten vieler Finanzmarktakteure im Entstehen und im Zuge der Finanz- und Wirtschaftskrisen der vergangenen Jahre wird das lange Zeit wissenschaftlich vorherrschende Modell als deutlich zu realitätsfern und teilweise als ideologisch kritisiert. Wirtschaftspolitische Entscheidungen fänden hier eine nur unzureichende Basis.

Theorie des menschlichen Verhaltens nach dem Ansatz der Behavioural Economics („Verhaltensökonomik")
M 12

Im Gegensatz zur neoklassischen Wirtschaftswissenschaft geht die Schule der Verhaltensökonomik empirisch vor. Annahmen und (Alltags-)Beobachtungen sollen mittels geeigneter Experimente überprüft werden.
Dabei haben die „Behavioural Economics" eine Reihe von (kulturell teilweise abweichenden) Verhaltensweisen identifiziert, die sich in drei Kategorien unterteilen und die den **Menschen keineswegs als rationalen, egoistischen Nutzenmaximierer erscheinen lassen:** Erstens **arbeiten Menschen in (ökonomischen) Entscheidungssituationen mit Heuristiken**. Z. B. orientieren sie sich beim Abschätzen von Mengen an ihrem ersten Richtwert, obwohl das Schätzergebnis objektiv unwahrscheinlich ist

(„Verankerungsheuristik"). Zweitens kommt es zu **kognitiven Verzerrungen**. Z. B. neigen Menschen dazu, das Gleiche immer wieder zu tun (etwa beim Kauf eines Produkts), auch wenn dadurch höhere ökonomische Kosten entstehen als bei einer Alternative („Status Quo Bias"); oder an etwas (z. B. einer Aktie) wird trotz absehbar steigender ökonomischer Verluste festgehalten („Sunk-Cost-Fallacy"). Auch der sogenannte Herdentrieb (sich irrationalen Gruppenentscheidungen anschließen) und der „Confirmation Bias" (Bestätigungstendenz der einmal gefassten Meinung) gehören in diese Kategorie. Drittens sind **Fairness und Gerechtigkeitsempfinden kulturell tief verwurzelt**, weswegen in ökonomischen Experimenten (z. B. Ultimatumspiel) eigene **wirtschaftliche Nachteile in Kauf genommen** werden, um Spieler zu „bestrafen", die sich zuvor unkooperativ zeigten.
Alle diese Verhaltensweisen dienen entweder der kognitiven Komplexitätsreduktion oder der Konsolidierung des sozialen Zusammenhalts, haben also wichtige Funktionen. Nicht alle angenommenen ökonomischen Verhaltensweisen lassen sich allerdings experimentell nachweisen (z. B. Herdenverhalten).

Der Markt – eine Win-win-Situation
M 13, M 14

Jeder **Markt** ist durch das **Zusammentreffen von Angebot und Nachfrage** gekennzeichnet. Der Markt ist dabei nicht zwingend an einen bestimmten Ort oder eine bestimmte Zeit gebunden. Es ist egal, ob es sich um einen zentralen Markt wie einen Wochenmarkt handelt, der an einen bestimmten Ort gebunden ist, oder ob der Markt dezentral, zum Beispiel in elektronischer Form, existiert. Man spricht überall dort von einem Markt, wo Güter getauscht werden oder wo sich ein Güteraustausch durch das Zusammentreffen von Angebot und Nachfrage anbahnt.

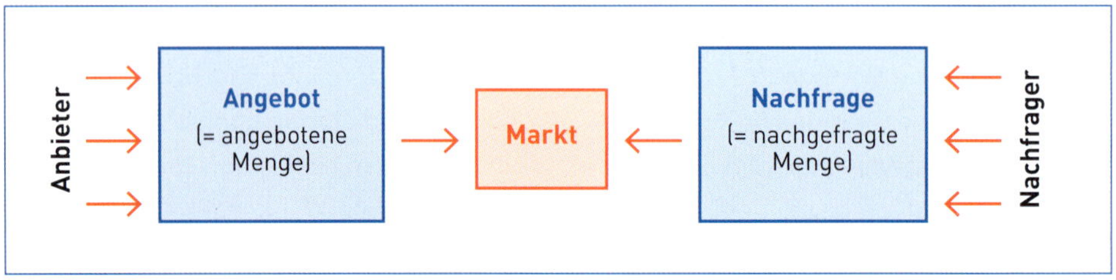

Der Markt erfüllt durch das Zusammentreffen von Angebot und Nachfrage eine wichtige Aufgabe: Güter können ausgetauscht werden. Dies ist die Grundvoraussetzung für eine funktionsfähige arbeitsteilige Wirtschaft. Denn wenn der Einzelne nicht mehr das produziert, was er selber benötigt, sondern sich auf die Produktion dessen spezialisiert, was er am besten kann, ist eine effiziente Koordination von Angebot und Nachfrage erforderlich. Und diese Koordination erfolgt auf dem Markt.
Der Markt wird wichtig, weil die Ökonomie nicht nur versucht, zu erklären, wie Menschen mit knappen Gütern umgehen, sondern weil sie auch danach fragt, welche Resultate diese Entscheidungen für die Gesellschaft haben. Das Ergebnis mag überraschen: Die **„unsichtbare Hand des Marktes"** (Adam Smith), d. h. der Marktprozess selbst, führt in dieser Theorie nämlich dazu, dass sich **die Verfolgung des individuellen Vorteils durch den Einzelnen zum gegenseitigen Vorteil aller auswirkt**. In den

berühmten Worten von Adam Smith (1776): „Nicht vom Wohlwollen des Metzgers, Brauers und Bäckers erwarten wir das, was wir zum Essen brauchen, sondern davon, dass sie ihre eigenen Interessen wahrnehmen. Wir wenden uns nicht an ihre Menschen-, sondern an ihre Eigenliebe, und wir erwähnen nicht die eigenen Bedürfnisse, sondern sprechen von ihrem Vorteil." **Individuelle Kosten-Nutzen-Überlegungen bewirken** auf freien Märkten, dass beide Marktpartner – Käufer wie Verkäufer, Nachfrager wie Anbieter – aus arbeitsteiliger Produktion und anschließendem Tausch **Vorteile** für sich ziehen. Man bezeichnet eine solche Situation auch als **Win-win-Situation**.

Dilemma-Situationen
Gefangenendilemma
„Tragödie der Allmende"
M 15, M 16

Doch es gibt Ausnahmen: **Manchmal führen individuelle Kosten-Nutzen Überlegungen auch zu unerwünschten Ergebnissen**. Um diese Ergebnisse zu verstehen, werden Entscheidungssituationen unter anderem mit den Mitteln der Spieltheorie genau beschrieben. Eine bekannte Entscheidungssituation ist das **Gefangenendilemma**. Die Anreizstruktur dieser Situation führt zu dem Ergebnis, dass am Ende beide Parteien schlechter gestellt sind, weil bzw. obwohl beide Parteien unabhängig voneinander dieselbe rationale Strategie verfolgen. Das Dilemma besteht also darin, dass sich **individuelle und kollektive Rationalität widersprechen**. Beispiele sind die extrem hohen Werbeausgaben in der Wirtschaft, die Übernutzung von öffentlichen Gütern, wie zum Beispiel saubere Luft oder das Fischfangverhalten in den Weltmeeren, der Warmwasserverbrauch in Mietshäusern, wenn gemeinsam abgerechnet wird, oder die Tatsache, dass manche Länder versucht sind, die Stabilitätsgrenzen des Euro nicht einzuhalten. Neben dem Gefangendilemma gibt es weitere Situationen, in denen individuelle, vom Eigeninteresse geleitete Entscheidungen nicht zum Vorteil aller ausfallen: auch diese sogenannten **externen Effekte** behindern die unsichtbare Hand. Die private Entscheidung, den Gartenabfall an Ort und Stelle zu verbrennen – und damit die Entsorgungskosten zu sparen –, hat durch die Rauchentwicklung negative Folgen für die Nachbarn, ohne dass diese externen Kosten berücksichtigt würden.

3.2 Angebot, Nachfrage, Preisbildung und Effizienz auf Märkten

3.2.1 Welche Faktoren bestimmen die Nachfrage auf einem Markt?

M 1 ● Grundprinzip des Marktes

Suk
arabisch für „Markt“

Pippin
von 751 – 768 König der Franken

Märkte sind eine der erstaunlichsten Entwicklungen der Menschheit. Es gab sie zu allen Zeiten und überall auf der Welt. Niemand hat jemals das Prinzip des Marktes „erfunden“, die Menschen entwickelten es unbewusst, indem sie einfach ihren eigenen Bedürfnissen nachgingen. Es funktionierte auf den Wochenmärkten zu Pippins Zeiten nicht anders als in den Suks der arabischen Städte, auf Flohmärkten oder an den modernen Börsen: Wer etwas anzubieten hat, möchte dies möglichst teuer verkaufen, wer etwas braucht, möchte dafür möglichst wenig bezahlen.

Nikolaus Piper, Geschichte der Wirtschaft, Weinheim/Basel 2005, S. 52

M 2 ● Wie viel sind Sie bereit, für Ihren Lieblingskaffee to go zu bezahlen?

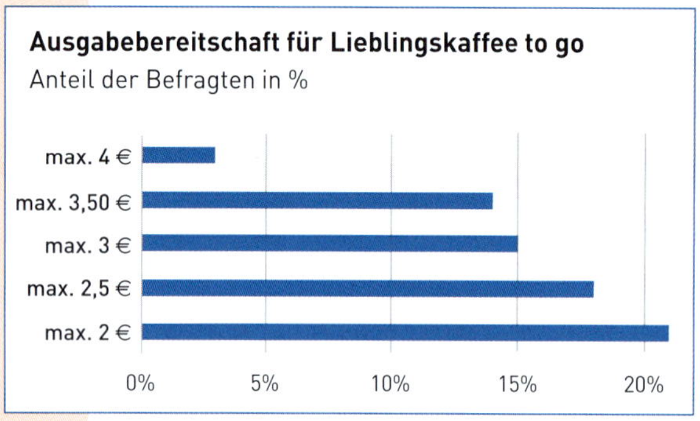

Die Statistik zeigt die Ergebnisse einer Umfrage zur Ausgabebereitschaft für den Lieblingskaffee im Außer-Haus-Konsum (Café oder to go) von Verbrauchern in Deutschland im Jahr 2014. [...] Durchschnittlich ergab sich eine Ausgabebereitschaft von rund 2,30 Euro (Männer: 2,23 Euro; Frauen: 2,37 Euro).

Nach: © Statista 2016

M 3 ● Wie hängt die Nachfrage vom Preis ab?

Die individuelle Nachfrage eines Haushalts nach einem Gut ist bei einem geringeren Preis normalerweise höher als bei einem höheren Preis. Dies liegt daran, dass der Nutzenzuwachs jeder zusätzlich konsumierten Einheit eines Gutes (Grenznutzen) dem Haushalt immer geringerer wird, je mehr Einheiten des Gutes konsumiert werden. Die grafische Darstellung dieses Zusammenhangs in Form der Preis-Konsum-Kurve stellt die geplante Nachfrage eines Haushalts nach einem Gut zu unterschiedlichen Preisen dar – im fiktiven Beispiel wird der Konsum von Kaffee to go-Bechern pro Woche durch eine Person dargestellt. Die Preis-Konsum-Kurve ist normalerweise eine fallende Kurve, sie hat eine negative Steigung. Die geplanten Nachfragemengen entsprechen den Gütermengen, mit denen der Haushalt bei den jeweiligen Preisen sein Nutzenmaximum erzielt.
Ändert sich der Preis des Gutes und bleiben alle anderen Bestimmungsgründe der Nachfrage gleich, so ergibt sich eine neue Preis-Mengen-Kombination (Preiserhöhung von A nach B, Preissenkung von A nach C). Die Lage der Kurve bleibt aber unverändert.

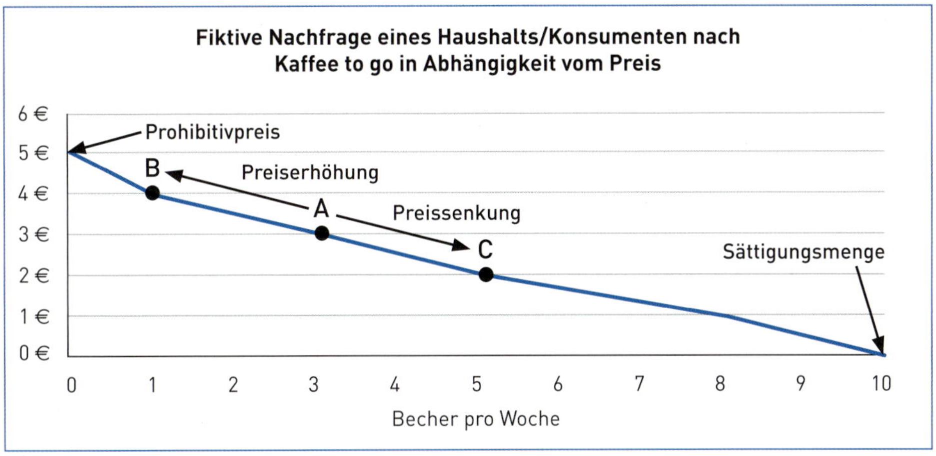

Die Nachfrage nach einem Gut auf einem Markt setzt sich aus der Summe aller individuellen Nachfragen der Haushalte zusammen.

Für die **Marktnachfrage** gelten somit normalerweise die gleichen Regeln wie für die individuellen Nachfragen der Haushalte:

- Bei einem höheren Preis wird die Nachfrage auf einem Markt nach einem Gut normalerweise geringer sein als bei einem geringeren Preis.
- Ein Ansteigen des Preises ($p_0 \rightarrow p_1$) für ein Gut auf einem Markt führt in der Regel zu einem Rückgang der Nachfrage nach dem Gut ($m_0 \rightarrow m_1$).

In der Realität sind die meisten Nachfragekurven nicht linear. Die Nachfragekurve für Kaffee to go wird im oberen Bereich steiler

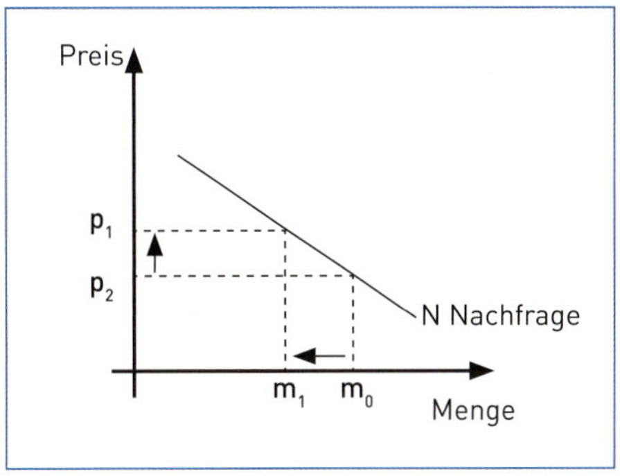

verlaufen, da manche Konsumenten bereit sind, einen Becher Kaffee auch zu einem sehr hohen Preis zu kaufen. Meistens betrachtet man nur lineare Teilstücke einer Nachfragekurve, die für die Erklärung eines Sachverhalts wichtig sind.

Autorentext und -grafiken

M 4 ● Ökonomische Modellbildung – die Ceteris paribus-Klausel

Die (Markt-)Nachfrage nach Kaffee to go hängt sicher von vielen Faktoren ab, die sich gleichzeitig verändern können. Da ist zum einen der Preis pro Becher: je niedriger der Preis, desto höher die Nachfrage. Außerdem bestimmt auch das Einkommensniveau die Nachfrage nach Kaffee to go, denn bei steigendem Einkommensniveau können sich immer mehr Menschen diesen leisten. Wenn die Becher stark durch Schadstoffe belastet sind, werden immer weniger Haushalte Kaffee to go konsumieren wollen und die Nachfrage wird sinken. Die Nachfrage hängt auch von den Preisen anderer Güter ab. Steigen die Preise für kalten Kaffee to go aus dem Kühlregal des Supermarkts, so werden Haushalte/Konsumenten (z. B. Schülerinnen und Schüler in der Mittagspause) diese weniger konsumieren und eventuell auf warmen Kaffee to go umsteigen. Die Zahl der Einflussfaktoren auf die Nachfrage nach einem Gut (z. B. Kaffee to go) ist so groß, dass sie modellhaft nicht abgebildet werden können. Ökonomen untersuchen

Sättigungsmenge

Schnittpunkt der Nachfragekurve mit der Mengenachse – auch wenn das Gut kostenlos angeboten wird, wächst der Konsum nicht weiter.

Prohibitivpreis

Der kleinste Preis zu dem der Haushalt keine Einheit des Gutes mehr nachfragt („kleinste obere Schranke").

Beispiel für die Ceteris paribus-Klausel

Will man z. B. die Veränderung des Bremswegs eines Autos in Abhängigkeit von der Bereifung untersuchen, darf man während der Versuche nicht den Straßenbelag, das Auto und seine Zuladung oder die Fahrbahnneigung ändern, da man sonst vielleicht zu der Schlussfolgerung kommen könnte, dass Autos mit abgefahrenen Reifen einen kürzeren Bremsweg haben.

deshalb Wirkungszusammenhänge zwischen einzelnen Größen oft mit Hilfe der Ceteris paribus-Klausel. Ceteris paribus (wörtlich: „andere Dinge gleichbleibend") beschreibt eine hypothetische Situation, bei der man annimmt, dass alle anderen Einflussfaktoren auf die zu untersuchende Größe konstant bleiben, obwohl sich in der Realität zahlreiche Größen gleichzeitig verändern. Unter dieser Annahme (ceteris paribus) stimmt dann auch die Aussage: Die Nachfragekurve fällt, weil niedrigere Preise zu einer größeren Nachfragemenge führen.

Abhängigkeiten der individuellen Nachfrage in der Übersicht:

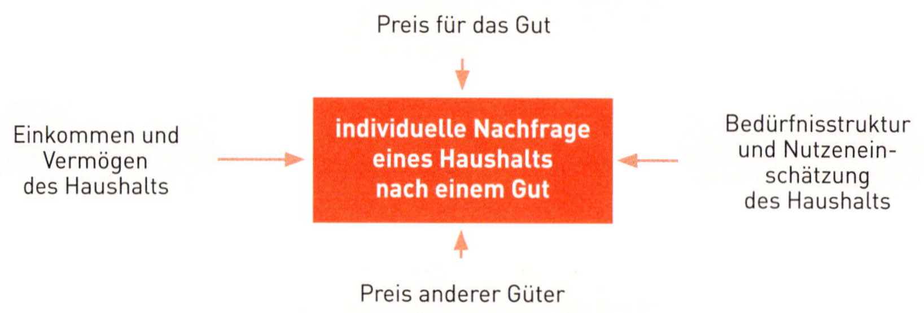

Autorentext und -grafik

Superiore Güter

Güter bei denen die Nachfrage steigt, wenn das Einkommen steigt.

Inferiore Güter

Güter bei denen die Nachfrage sinkt, wenn das Einkommen steigt, z. B. Margarine (bei höherem Einkommen wird eher Butter konsumiert).

Substitutionsgüter

Güter die sich ganz oder teilweise gegenseitig ersetzen können, ohne dass die Bedürfnisbefriedigung eingeschränkt wird, z. B. Butter-Margarine, Öl-Gas, ...

Komplementärgüter

Güter deren Konsum den Konsum eines anderen Gutes zur Folge hat, z. B. Mobilfunktarif-Smartphone, Füller-Tinte,...

M 5 ● Kann sich die Nachfrage ändern, obwohl der Preis gleich bleibt?

Die Nachfrage nach Smartphones von Apple, z. B. dem iPhone6, hängt nicht nur vom Preis ab. Für die Größe der Nachfrage sind z.B. auch die Einkommen der Haushalte, die Nutzeneinschätzung der Haushalte und der Preis von Smartphones anderer Hersteller von Bedeutung.
In der Regel (ceteris paribus) führt eine **Steigerung der Nutzeneinschätzung** der Haushalte zu einer Ausweitung der Nachfrage - zum gleichen Preis wird mehr nachgefragt. Wenn das iPhone6 bei immer mehr Jugendlichen das Image eines „must have" bekommt, wird die Nachfrage steigen, auch wenn sich der Preis nicht ändert. Grafisch wird dies durch eine Rechtsverschiebung der Nachfragekurve von N_0 auf N_1 verdeutlicht. Wenn besondere technische Mängel des Produkts bekannt würden, wäre ein Rückgang der Nachfrage nach dem Produkt zu erwarten, zum gleichen Preis würde jetzt weniger nachgefragt. Grafisch würde dies mit einer Linksverschiebung der Nachfragekurve von N_0 nach N_2 verdeutlicht.
Eine **Steigerung des Einkommens** der Haushalte wird beim iPhone6 zu einer Ausweitung der Nachfrage führen (Verschiebung der Nachfragekurve nach rechts). Eine Minderung des Einkommens wird zu einer Verringerung der Nachfrage führen (Verschiebung der Nachfragekurve nach links).
Steigt der Preis für ein Substitutionsgut, erhöht sich z. B. der Preis für Smartphones der Konkurrenz, so wird die Nachfrage nach dem iPhone6 steigen, obwohl sich sein Preis nicht verändert hat. Verringert sich der Preis für die Konkurrenzprodukte, sinkt die Nachfrage nach dem iPhone6.
Verringert sich der Preis für ein Komplementärgut, verringert sich z. B. der Preis für die zum iPhone6 wählbaren Mobilfunktarife, so wird die Nachfrage nach dem iPhone6 steigen, obwohl sich sein Preis nicht verändert hat. Steigt der Preis für die zum iPhone6 wählbaren Mobilfunktarife, so sinkt die Nachfrage nach dem iPhone6.

Autorentext

Bestimmungsfaktoren der Nachfrage nach einem Gut:

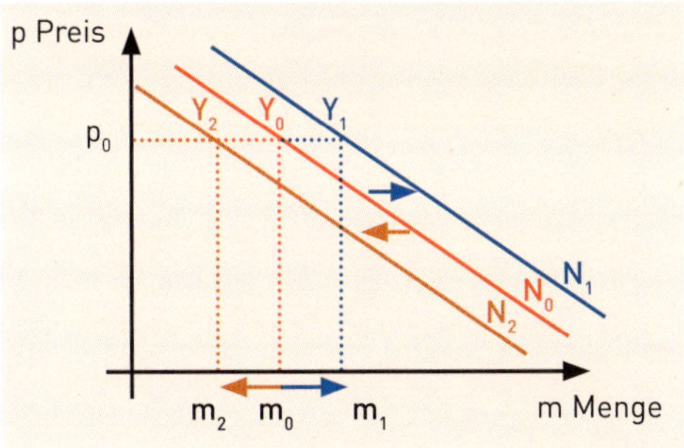

Veränderung der „Nutzeneinschätzung“:

„Nutzeneinschätzung“ der Haushalte für das Gut ist gestiegen:
$N_0 \rightarrow N_1$

„Nutzeneinschätzung“ der Haushalte für das Gut ist gefallen:
$N_0 \rightarrow N_2$

Veränderung des Einkommens der Haushalte (Steigerung/Senkung)
Veränderung des Preises eines Substitutionsguts (Erhöhung/Senkung)
Veränderung des Preises eines Komplementärguts (Senkung/Erhöhung)

Autorengrafik

M 6 ● Geländewagen: SUVs überschwemmen den Markt

Fast jeder fünfte Neuwagen, der in Deutschland zugelassen wird, ist bald ein SUV. Und die Nachfrage wird weiter zunehmen. Experten rechnen damit, dass bis zum Jahr 2020 die SUVs zum größten Marktsegment in Deutschland werden könnten. Grund für den SUV-Boom ist der niedrige Dieselpreis. Er macht die Unterhaltskosten sowohl für Privat- als auch für Firmenkunden günstiger. [...]

SUVs kosten [...] durchschnittlich rund 34.000 €. Zum Vergleich: Andere Neuwagen sind im Schnitt rund 6.000 € günstiger. Und trotzdem gehen die Verkaufszahlen der SUVs [s]teil nach oben. [Autohändler] Christian Pflughaupt weiß, wie er die SUVs an den Mann bringt: „Sie können nicht nur damit fahren. Sie können damit laden. Sie können damit ihren Hobbys nachgehen. [...] Notfalls kann man auch drin schlafen.“ Komfortable Autos, in denen Platz ist und die auf der Straße was her machen. Der Verbrauch ist für viele Kunden kein großes Thema. [...] „Der SUV verbraucht so ca. 25 bis 30 Prozent mehr Treibstoff – einfach weil er schwerer ist, weil er höher aufbaut, mehr Luftwiderstand hat. Das heißt, die Autofahrer sind gerne bereit, 30 Prozent mehr Kraftstoffverbrauch in Kauf zu nehmen, um in einem SUV zu sitzen.“ (Prof. Ferdinand Dudenhöffer, Uni Duisburg-Essen). Dass viele SUVs in der Realität viel mehr Sprit schlucken, als die Hersteller behaupten, interessiert die meisten Kunden nicht.

plusminus, www.daserste.de, 24.2.2016

Aufgaben

1. Stellen Sie die Auswirkung einer Preissenkung für das iPhone6 auf die Nachfrage grafisch dar und erklären Sie Ihre Darstellung (M 2 – M 5).
2. Charakterisieren Sie die Einflussgrößen der Nachfrage von Kursstufenschülern nach Kaffee to go (M 2 – M 5).
3. Erläutern Sie die Ursachen für die sich verändernde Nachfrage nach SUVs und stellen Sie die Entwicklung grafisch dar (M 6).

3.2.2 Wie stark wirkt sich eine Preisänderung auf die Nachfrage aus?

Preiselastizität der Nachfrage

Die Nachfrage reagiert elastisch auf eine Preisänderung: $El_N > 1$
Die Nachfrage reagiert unelastisch auf eine Preisänderung: $El_N < 1$

M 7 Die Preiselastizität der Nachfrage

Konsumenten werden stets versuchen, Preissteigerungen (z.B. als Folge einer zusätzlichen Belastung durch höhere Steuern) auszuweichen. Sie können dies, indem sie den Konsum gänzlich einstellen, von teuren zu billigeren Substitutionsgütern wechseln, oder das Gut aus Quellen beziehen, die dieser Preissteigerung nicht unterliegen (z.B. Importware). Das Ausmaß der Ausweichreaktionen messen Ökonomen durch die direkte Preiselastizität der Nachfrage. Diese gibt an, um wie viel Prozent die Nachfrage nach Tabakwaren zurückgeht, wenn der Preis dieser Waren um ein Prozent ansteigt. Für die Gesamtnachfrage nach Zigaretten werden in verschiedenen Studien Elastizitäten zwischen 0,3 und 0,5 ausgewiesen (d.h. eine Preiserhöhung um 10 Prozent reduziert die Nachfrage um 3 bis 5 Prozent). Die Preiselastizität ist jedoch nicht für alle Konsumenten gleich hoch. Bei einem besonders ausgeprägten Bedürfnis nach Konsum des Gutes (Abhängigkeit, Sucht) wird der Nachfragerückgang nur gering sein. „Einsteiger" (Jugendliche) dagegen reagieren meist stärker auf Preissteigerungen (empirische Studien weisen hier direkte Preiselastizitäten von etwa 1,3 aus).

$$El_N = \left| \frac{\text{prozentuale Änderung der Nachfragemenge}}{\text{prozentuale Preisänderung}} \right| = \left| \frac{\frac{\Delta N \cdot 100}{N}}{\frac{\Delta P \cdot 100}{P}} \right|$$

Unter der **direkten Preiselastizität der Nachfrage** versteht man also das Verhältnis zwischen der prozentualen Änderung der nachgefragten Menge eines Gutes zur prozentualen Preisänderung dieses Gutes. Da man üblicherweise die direkte Preiselastizität der Nachfrage als positive Zahl angibt, beschreibt die Größe in der Formel der Randspalte die direkte Preiselastizität der Nachfrage. Die Größe der direkten Preiselastizität der Nachfrage ist zum Beispiel für die Beurteilung steuerpolitischer Maßnahmen mit von Bedeutung. Will der Staat den Tabakkonsum Jugendlicher verringern, kann die direkte Preiselastizität der Nachfrage eine Auskunft darüber geben, wie stark die Tabaksteuer angehoben werden muss, um einen bestimmten Nachfragerückgang zu erzielen.

Autorentext

M 8 Bei Biofleisch sind Verbraucherinnen und Verbraucher am preissensibelsten

Der wirtschaftliche Erfolg eines Betriebes hängt maßgeblich von den Preisen ab, die er mit seinen Produkten am Markt erzielen kann und die letztlich die Verbraucherinnen und Verbraucher bereit sind zu zahlen. Interessant ist hierzu ein Forschungsprojekt der Universität Gießen, das durch das Bundesprogramm Ökologischer Landbau und andere Formen nachhaltiger Landwirtschaft (BÖLN) gefördert wurde. Im Rahmen dieser Studie wurde untersucht, wie sich der Preis auf die Nachfrage nach ausgewählten Bioprodukten auswirkt – wie preissensibel sich Biokundinnen und -kunden also verhalten. Als charakteristische Größe wurde die Preiselastizität der Nachfrage am Institut für Agrarpolitik und Marktforschung ermittelt. Zu den untersuchten Produkten zählten Milch, Eier, Fleisch und Gemüse, jeweils in ökologischer sowie konventioneller Qualität. [...]

Die Preisanalysen haben ergeben, dass die Verbraucherinnen und Verbraucher ihr Einkaufsverhalten in fast allen Lebensmittelgruppen (Eier, Milch, Obst oder Gemüse) bei steigenden oder sinkenden Preisen kaum verändern, egal, ob es sich um Bio- oder konventionelle Produkte handelte. Als besonders preisunelastisch hat sich ihre Nachfrage nach Biomilch erwiesen: Für Biomarkenmilch liegt der ermittelte Wert bei 0,25, für Biohandelsmarkenmilch bei 0,41. Unter anderem deshalb, weil bei Milch die Preiskenntnis der Verbraucherinnen und Verbraucher relativ gut ist und ihr Milchkonsum mehr oder weniger konstant ist.

Im Vergleich dazu reagieren Konsumentinnen und Konsumenten bei Biogemüse (1,10) und Bioeiern (0,95) etwas preissensibler. Angenommen, der Kaufpreis für Biogemüse im Geschäft würde sich um ein Prozent verteuern, so würden die Kundinnen und Kunden entsprechend weniger Biogemüse kaufen – und zwar exakt 1,1 Prozent. Die mit Abstand höchste Preiselastizität zeigt sich mit einem Wert von 2,0 in der Warengruppe Fleisch. Hier reagieren die Verbraucherinnen und Verbraucher stark auf Preisänderungen und weichen bei höheren Preisen oft auf konventionelle Fleischprodukte aus. Eine sehr preissensible Nachfrage ist typisch für Warengruppen, deren Bioanteil noch recht klein ist und in denen Bioqualität längst noch nicht in allen Einkaufstätten erhältlich ist. Ein weiterer Grund für die hohe Preissensibilität bei Biofleisch ist, dass die Preisdifferenz zwischen Bio und konventionell bei keiner anderen Lebensmittelgruppe so groß ist wie bei Fleisch.

Doch interessanterweise variiert die Zahlungsbereitschaft der Kundinnen und Kunden nicht nur produktabhängig. Maßgeblich ist auch deren Biokaufintensität: Wer nur gelegentlich oder so gut wie nie zu Bioprodukten greift, verhält sich in der Regel weitaus preissensibler als die sogenannten Biovielkäufer. Letztere kaufen aus Überzeugung und verbinden mit dem ökologischen Landbau einen Mehrwert, der den Biopreisaufschlag rechtfertigt.

Dies erklärt, warum Biovielkäufer auf Preisnachlässe kaum ansprechen. Deshalb sind Preisaktionen ausschließlich in Discountern und dem klassischen [Lebensmitteleinzelhandel] sinnvoll, also dort, wo die meisten Selten- und Gelegenheitskäufer Biolebensmittel einkaufen. In diesen Vertriebstypen können Preissenkungen zu einem Umsatzplus führen. Dagegen versprechen Preisaktionen in Biosupermärkten und Naturkostfachgeschäften keinen Umsatzzuwachs. Selbst bei einem größeren Preisnachlass würde dieser Kundenkreis kaum wesentlich mehr Ökolebensmittel kaufen. Noch dazu ist zu befürchten, dass es auf Kosten der Glaubwürdigkeit geht, wenn Bioprodukte zu billig verkauft werden. Vielmehr können Naturkostfachhändler und Direktvermarktungsbetriebe sogar über moderate Preissteigerungen nachdenken. Denn die preisunelastische Nachfrage, wie sie für den Biofachhandel charakteristisch ist, eröffnet durchaus Preisspielräume nach oben.

Nina Weiler/Rebecca Schröck, www.oekolandbau.de, 20.10.2015

M 9 ● Welche Faktoren beeinflussen die Nachfrageelastizität?

Das Gesetz der Nachfrage besagt, dass ein Preisrückgang für ein Gut die Nachfragemenge ansteigen lässt. Die Preiselastizität der Nachfrage misst, wie die Nachfragemenge auf eine Preisänderung reagiert. Man bezeichnet die Nachfrage als elastisch, wenn Preisänderungen relativ große Mengenänderungen bewirken. Reagiert die Nachfragemenge kaum merklich auf Preisänderungen, so gilt die Nachfrage als unelastisch. Welche Einflussgrößen sind ausschlaggebend für eine elastische oder unelastische Nachfrage nach einem Gut? Da die Nachfrage nach jedem Gut auf Konsumentenpräferenzen beruht, hängt auch die Preiselastizität der Nachfrage von den zahlreichen ökonomischen, sozialen und psychischen Faktoren ab, die individuelle Wünsche von Konsumenten formen.

Lebensnotwendiges und Luxusgüter – Lebensnotwendige Güter oder Güter zur Befriedigung von Grundbedürfnissen weisen eine unelastische Nachfrage auf, während die Nachfrage nach Luxusgütern gewöhnlich elastisch ist. Die Leute nutzen Strom und Gas, um ihre Wohnungen zu beheizen und Essen zu kochen. Wenn die Preise für Gas und Strom steigen, werden sie nicht wesentlich weniger Gas und Strom nachfragen. Anders ist es beim Preisanstieg für ein Segelboot. Hier wird die Nachfrage deutlich zurückgehen. [...] Wie ein Gut klassifiziert wird, hängt jedoch nicht von den technischen Eigenschaften des Gutes ab, sondern von den Präferenzen und höchstpersönlichen Wertungen der Nachfrager. Für einen begeisterten Segler mag ein Segelboot ein schon fast lebensnotwendiges Gut sein.

Erhältlichkeit substitutiver Güter – Güter, zu denen es nahe verwandte Substitute gibt, haben eine relativ elastische Nachfrage, weil die potentiellen Käufer bei Preisänderungen leicht zwischen dem Gut und den Substituten wechseln können. Zum Beispiel stehen Butter und Margarine in einer engen substitutiven Beziehung. Ein Anstieg des Butterpreises wird deshalb – bei konstantem Margarinepreis – einen deutlichen Rückgang der Nachfrage nach Butter bewirken. Im Gegensatz dazu wird die Nachfrage nach Eiern weniger preiselastisch sein, weil es in den Augen der meisten Konsumenten keine nahen Substitute für Eier gibt.

Marktabgrenzung – Die Nachfrageelastizität hängt stets davon ab, wie klar ein Markt abgegrenzt ist. Speziell definierte Märkte und Güter werden eine elastischere Nachfrage aufweisen als breit abgegrenzte Märkte und Güter, da man zu den speziell und eng definierten Gütern leichter Substitute findet. So werden z. B. „Nahrungsmittel" eine ziemlich unelastische Nachfrage aufweisen, weil es dazu keine geeigneten Substitute gibt. Zu „Eiscreme" findet man viel leichter substitutive Güter und die noch engere Kategorie „Vanilleeis" ist wiederum spezieller mit einem breiteren Umfeld substitutiver Güter. „Vanilleeis" hat eine elastischere Nachfrage als „Eiscreme" und Eiscreme wiederum eine erheblich elastischere Nachfrage als „Nahrungsmittel".

Zeithorizont – Auf lange Sicht und in langen Untersuchungsperioden weisen alle Güter eine größere Preiselastizität der Nachfrage auf als in kurzen Perioden der Analyse. Wenn der Benzinpreis steigt, geht die Nachfrage nach Benzin zunächst langsam zurück. Erst nach vielen Monaten oder Jahren – mit dem Übergang vieler Autofahrer zu öffentlichen Verkehrsmitteln oder treibstoffsparenden Autos – stellt man einen kräftigeren Nachfragerückgang fest.

Nach: N. Gregory Mankiw/Mark P. Taylor, Grundzüge der Volkswirtschaftslehre, 5. Aufl., Stuttgart 2012, S. 112 f. (übers. v. Adolf Wagner und Marco Herrmann)

Aufgaben

1. Stellen Sie mit den Werten aus M 7 rechnerisch dar, um wie viel Prozent der Preis für Zigaretten angehoben werden muss, um einen Rückgang des Konsums bei Jugendlichen um 20 Prozent zu erreichen.
2. Erklären Sie ausgehend von M 8, warum eine Preiserhöhung bei Biomilch voraussichtlich den Umsatz (Preis · verkaufte Menge) eines Lebensmittelgeschäfts vergrößert, während eine Preiserhöhung bei Biofleisch diesen voraussichtlich verringert.
3. Erklären Sie, warum die direkte Preiselastizität der Nachfrage nach Diesel in kurzen Zeiträumen gering und in langen Zeiträumen groß ist (M 9).

F Erörtern Sie die unterschiedlichen Chancen und Risiken von Preisnachlässen für Biolebensmittel für Discounter und Naturkostfachgeschäfte.

3.2.3 Welche Faktoren bestimmen das Angebot auf einem Markt?

M 10 ● Bei steigendem Preis wächst das Angebot

Entsprechend der Marktnachfrage versteht man unter dem Marktangebot die Summe der individuellen Angebote für ein Gut. Mit steigendem Preis eines Gutes wächst die Angebotsmenge dieses Gutes. Da sich die Gewinnchancen verbessern, lasten die Anbieter ihre Kapazitäten weiter aus oder vergrößern sie sogar und weitere Anbieter treten in den Markt ein. Bei sinkendem Preis eines Gutes wird auch die angebotene Menge sinken, da sich zunehmend mehr Anbieter aus dem Markt zurückziehen oder zumindest ihre Angebotsmenge verringern, weil es sich aus Kostengründen nicht mehr lohnt, weiter die gleiche Menge zu produzieren. Dieser Zusammenhang zwischen dem Preis und der angebotenen Menge wird grafisch mit der Angebotskurve veranschaulicht (Abbildung rechts).

In beiden oben genannten Fällen handelt es sich um eine Verschiebung der Preis-Mengen-Kombination für dieses Gut auf der Angebotskurve. Es handelt sich nicht um eine Verschiebung der Kurve. Entsprechend zur Preiselastizität der Nachfrage bezeichnet man das Angebot als elastisch, wenn es stark auf eine Preisänderung reagiert. Reagiert die Angebotsmenge kaum merklich auf Preisänderungen, so gilt das Angebot als unelastisch.

Für die **Preiselastizität des Angebots** gilt:

$$El_A = \left| \frac{\text{prozentuale Änderung der Angebotsmenge}}{\text{prozentuale Preisänderung}} \right| = \left| \frac{\frac{\Delta A \cdot 100}{A}}{\frac{\Delta P \cdot 100}{P}} \right|$$

Beispiel Nachhilfe

Ein Schüler bietet Mathematiknachhilfe für Unterstufenschüler an. Er hat zurzeit fünf Nachhilfeschüler und verlangt 10 € pro Stunde. Da er dadurch zeitlich stark belastet ist, bleibt ihm kaum noch Freizeit. Er wird deshalb einen weiteren Nachhilfeschüler nur annehmen, wenn er von diesem einen höheren Preis erhält (die Opportunitätskosten für die letzte angebotene Nachhilfestunde sind höher als die der vorhergehenden). Das Angebot steigt also bei steigendem Preis.

Autorentext und -grafiken

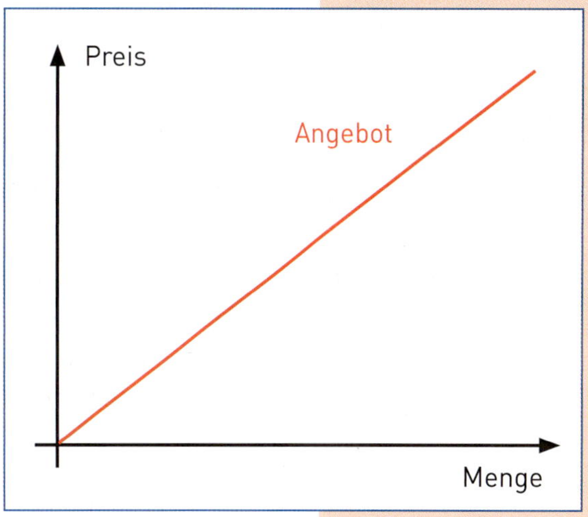

M 11 ● Die Grenzkosten eines Anbieters bestimmen seine Angebotsmenge

Vorausgesetzt, die (Maschinen-)Ausstattung eines Unternehmens wird nicht verändert, so steigen die Kosten für jede zusätzlich produzierte Einheit kurzfristig mit wachsender Produktionsmenge. Dies ist z. B. darin begründet, dass jede für die Produktionsausweitung notwendige, zusätzlich beschäftigte Arbeitskraft mehr Koordinationsaufwand bedeutet. Im Extremfall behindern sich die Arbeitskräfte gegenseitig (z. B. Aushilfskoch oder -kellner in einem Restaurant). Die Produktivität der letzten zusätzlich eingestellten Arbeitskraft ist also geringer als die durchschnittliche Produktivität der bislang beschäftigten Arbeitskräfte. Deshalb steigen die Grenzkosten mit der angebotenen Menge.

Sobald die Kosten der letzten produzierten

Grenzkosten

Zusätzliche Kosten der letzten produzierten Einheit, d. h. Anstieg der Gesamtkosten für Herstellung einer zusätzlichen Produkteinheit.

Grenzerlös

Zusätzlicher Erlös der letzten produzierten Einheit, d. h. Zunahme des Gesamterlöses, den eine zusätzlich abgesetzte Produkteinheit verursacht.

Einheit höher sind als der mit ihr zu erzielende Erlös, lohnt sich die Produktion dieser Einheit rechnerisch nicht mehr. Die gewinnmaximale Produktionsmenge ist deshalb genau dann erreicht, wenn die Grenzkosten gleich dem Grenzerlös (= Marktpreis für das Gut) sind. Die Grenzkostenkurve eines Unternehmens legt also fest, welche Mengen dieses bei den verschiedenen Preisen anbieten wird – je höher der Preis desto mehr.

Autorentext

M 12 ● Welche weiteren Faktoren beeinflussen das Angebot?

Das (Markt-)Angebot für ein bestimmtes Gut, z. B. SUVs, vergrößert sich bei gleichbleibendem Preis (ceteris paribus) z.B. in den folgenden Fällen aufgrund:

- **einer Preissenkung bei anderen Gütern** – z. B. lässt die Preissenkung bei Kompaktwagen oder Limousinen die Gewinnerwartungen in diesen Segmenten sinken, werden Automobilhersteller mehr SUVs anbieten,
- **einer Preissenkung bei den Produktionsfaktoren** – sinken z. B. die Preise für Zulieferteile in der Automobilherstellung, kann bei gleichbleibendem Preis das Angebot an SUVs ausgeweitet werden,
- **der Verbesserung des angewandten technischen Wissens** – wird z. B. durch eine Innovation in der Fertigung die Automobilproduktion erleichtert, können mehr SUVs zum gleichen Preis angeboten werden,
- **verbesserter Absatz- und Gewinnerwartungen** – z. B. steigen die Gewinnerwartungen im Segment der SUVs, werden die Unternehmen mehr Fahrzeuge aus diesem Segment anbieten,
- **einer Erhöhung der Zahl der Anbieter** – wenn z. B. ein neuer Anbieter in den Markt der SUVs einsteigt, wird sich das Angebot insgesamt vergrößern.

Grafisch bedeutet dies jeweils eine Verschiebung der Angebotskurve nach rechts, da sich nicht der Preis dieses Gutes, sondern einer oder mehrere der anderen Bestimmungsfaktoren ändern. Im jeweils umgekehrten Fall ergibt sich eine Linksverschiebung der Angebotskurve (Abnahme des Angebots).

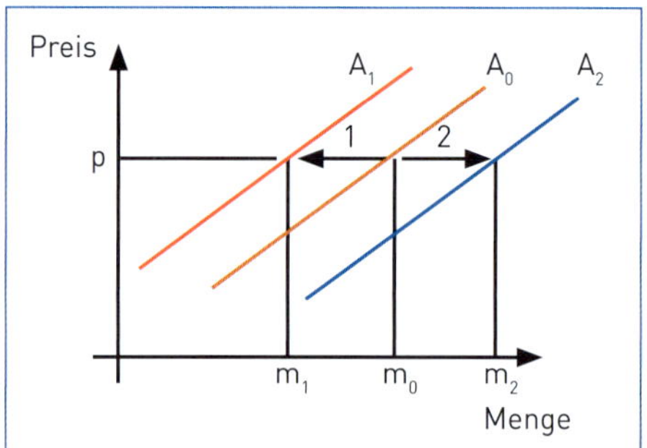

Autorentext und -grafik

Aufgaben

1. Erläutern Sie anhand des Beispiels eines Wohnungsbauunternehmens in einer Großstadt die Bestimmungsfaktoren seiner Angebotsmenge an Wohnungen (M 10 – M 12).
2. Stellen Sie grafisch die Auswirkung einer hervorragenden Apfelernte auf die Angebotsmenge von frisch gepresstem Apfelsaft dar und erklären Sie Ihre Darstellung (M 10 – M 12).
3. Erläutern Sie mit Hilfe des Begriffs der Grenzkosten, warum die Angebotskurve eine steigende Kurve ist (M 11).

3.2.4 Wie wirken sich Preisänderungen auf unterschiedlichen Märkten aus?

M 13 ● Der vollkommene Markt – ein Idealbild

Der vollkommene Markt dient in der ökonomischen Theorie der Preisbildung als Bezugspunkt für die in der Wirklichkeit vorherrschenden unvollkommenen Märkte (heterogene Märkte). Die Börse erfüllt die Bedingungen eines vollkommenen Marktes allerdings recht gut. Darüber hinaus findet man in der Realität kaum vollkommene Märkte, verfolgt doch fast jede Unternehmung das Ziel, ihr Angebot von denen anderer Anbieter unterscheidbar zu machen. Für die Existenz eines vollkommenen Marktes müssen folgende Voraussetzungen erfüllt sein:

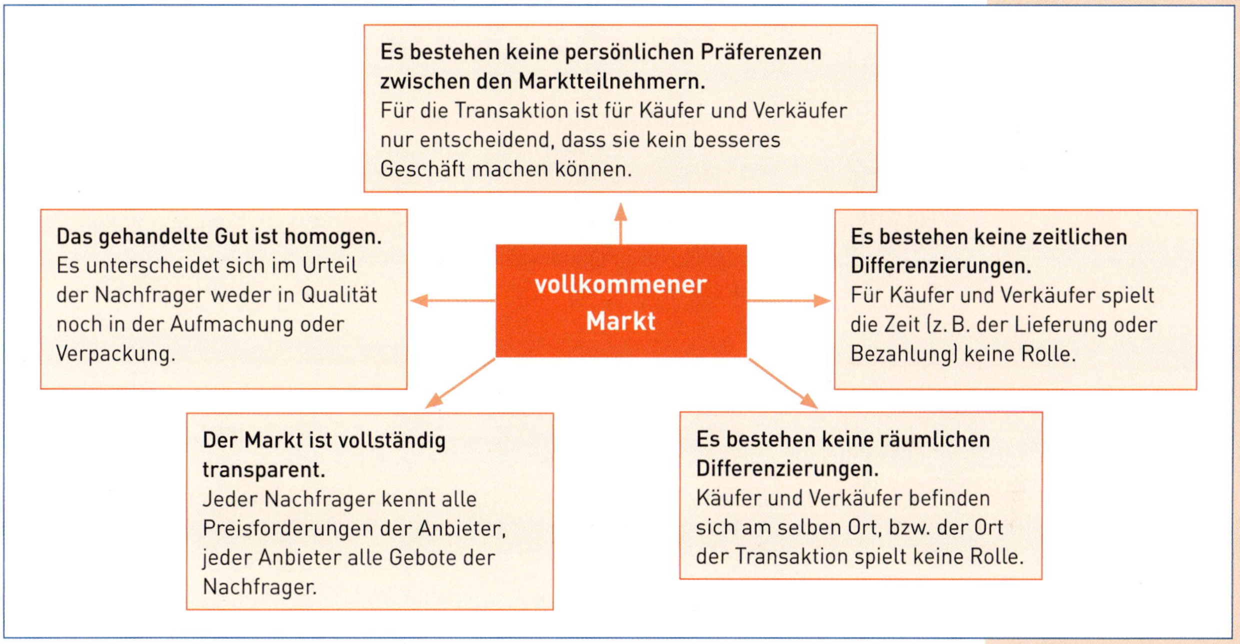

Autorentext und -grafik

M 14 ● Unterschiedliche Marktformen – unterschiedliche Wirkungen von Veränderungen des Preises

Neben dem Grad der Marktvollkommenheit wird die Art des Marktes auch nach der relativen Anzahl und Größe von Anbietern und Nachfragern unterschieden. Die Abgrenzung zwischen den Marktformen allein über die Zahl der Nachfrager und Anbieter ist schwierig – ab welcher Anzahl der Anbieter erfolgt z. B. der Übergang vom Polypol zum Oligopol? Deshalb wird in der Regel die Beweglichkeit der Nachfrage bei Preisänderungen (also der Effekt, den die Preissenkung eines Anbieters auf die Nachfrage der konkurrierenden Anbieter ausübt) als zusätzliches Kriterium zur Unterscheidung der verschiedenen Marktformen benutzt. Die Beweglichkeit der Nachfrage hängt natürlich auch von der Zahl der Nachfrager ab. In der Tabelle auf der folgenden S. 164 wird zur Vereinfachung von einer großen Zahl an Nachfragern ausgegangen.

Autorentext

Erklärfilm „Marktformen"

Mediencode: 72064-06

Zahl der Anbieter	Marktform	Effekt auf Nachfrage
viele Anbieter	Polypol z. B. Obst- und Gemüsehändler und Verbraucher auf einem großen Wochenmarkt	Die Nachfrage ist aufgrund einer preispolitischen Maßnahme eines Anbieters nur für diesen, nicht aber für seine Konkurrenten spürbar beweglich. Bietet z. B. ein Händler A auf dem Wochenmarkt seine Tomaten deutlich über dem Durchschnittspreis an, werden fast alle potenziellen Kunden bei anderen Anbietern kaufen. Die Zahl der Anbieter ist aber so groß, dass die anderen Anbieter die Zunahme an Kunden nicht wahrnehmen. Auch eine deutliche Preissenkung durch den Händler A spüren die anderen Anbieter nicht.
wenige Anbieter	Oligopol z. B. Flugzeughersteller und Fluggesellschaften	Die Nachfrage ist zwischen den konkurrierenden Anbietern für beide Seiten spürbar beweglich. Z. B. erzielt ein Anbieter durch eine Preissenkung zunächst eine Umsatzerhöhung. Da die Zahl der Anbieter gering ist, spüren die Konkurrenten den Nachfragerückgang deutlich und reagieren u. U. mit eigenen Preissenkungen.
ein Anbieter	Monopol z. B. kommunaler Verkehrsbetrieb in einer Großstadt	Der Monopolist muss um den Absatz seines Produktes nicht mit anderen konkurrieren. Z. B. kann ein kommunaler Verkehrsbetrieb die Fahrtentgelte für Busse/Bahnen erhöhen, ohne dass die Nachfrager zu einem anderen Anbieter im ÖPNV wechseln können. Die Nachfrage wird nur in dem Maß sinken, wie die Fahrgäste auf die Nutzung des ÖPNV verzichten.

Autorentext

M 15 ● Die Realität: unvollkommene Märkte

Absatzkurve für ein bestimmtes Gut eines Anbieters mit monopolistischem Preisspielraum:

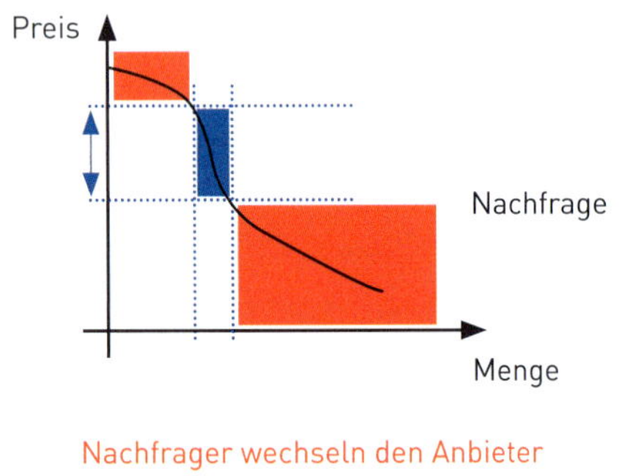

Im blau markierten Bereich vergrößert sich die Nachfrage bei einer Preissenkung nur dadurch, dass Nachfrager neu dazukommen, die bei einem höheren Preis gar nicht nachgefragt hätten (auch nicht bei der Konkurrenz). Außerhalb des blauen Bereichs verliert/gewinnt der Anbieter Nachfrager an/von andere/n Anbieter/n.

Autorentext und -grafik

Meistens findet man bei der Untersuchung eines Marktes weder vollständige Transparenz noch die Homogenität der Güter. Anbieter und Konsumenten sind meist nicht vollständig über die Qualität, Verpackung und Preise der (Konkurrenz-)Produkte informiert. Persönliche, zeitliche und örtliche Vorlieben (Präferenzen) der Käufer und Verkäufer sind auf den Märkten die Regel. Auch die vollständige Konkurrenz ist auf einem Markt nur selten gegeben. So haben z. B. Tankstellen im ländlichen Raum einen monopolistischen Preisspielraum, d. h. in einem bestimmten Preisspielraum wirkt sich eine Preisänderung kaum spürbar auf den Absatz aus.

Aufgaben

1. Charakterisieren Sie jeweils die Marktform, die die Märkte für Smartphones und für T-Shirts (keine Markenware) am besten beschreibt (M 13 – M 15).
2. Erklären Sie, warum der einzige Bäcker in einem Vorort einer Stadt mit einem Gymnasium einen monopolistischen Preisspielraum bei seinem Kaffee to go-Angebot hat (M 15).

3.2.5 Wie bildet sich ein Preis auf dem Markt?

M 16 ● London: Wohnen in der Schuhschachtel

Alles da, was Mensch zum Leben braucht: Abwasch, Kleiderkasten, Matratze in der Londoner „Schuhschachtel".

Der Immobilienmarkt in London zeigt immer skurilere Auswüchse. Nachdem vor kurzem ein Penthouse im Stadtteil Knightsbridge um umgerechnet 170 Millionen Euro verkauft worden ist, wurde nun ein kleines Zimmer für 900 Euro im Monat vermietet. Das berichtet der britische Guardian und schreibt von „Schuhschachtel-Verhältnissen". In dem kleinen Raum befindet sich eine Küchenzeile, ein Kasten und eine Matratze. Freier Raum zum Bewegen ist kaum vorhanden. Dusche und WC sind immerhin separat.

Trotz der beengten Verhältnisse gab es rund 40 Interessenten. Nach wenigen Stunden war das Appartement vermietet. Das zeigt die extreme Nachfrage nach Wohnraum in der britischen Hauptstadt. Laut der größten Bausparkasse des Landes Nationwide lagen die Hauspreise im Mai 11,1 Prozent höher als ein Jahr zuvor. Dies ist der stärkste Zuwachs seit Mitte 2007, also kurz vor Ausbruch der Finanz- und Immobilienkrise. Ein Ende der Preisanstiege wird zwar ständig vorhergesagt, ist aber noch nicht in Sicht. [...] In dem nun bekannt gewordenen Fall wurden allerdings die Behörden aktiv. Paul Convery, ein Lokalpolitiker der Labour Partei, hat die Baupolizei eingeschaltet. Er vermutet illegale Wohneinheiten. Der Besitzer des Gebäudes, Andrew Panayi, streitet dies jedoch ab. Der Umbau des vierstöckigen Gebäudes in 40 Einzelapartments sei mit Zustimmung der Behörden erfolgt.

Laut Convery ist das Gebäude kein Einzelfall. Alleine in diesem Stadtteil gebe es hunderte ähnliche Fälle. Viele junge Leute, auch aus dem Ausland, seien betroffen. „Aber sie beschweren sich nicht, sondern nehmen die Kluft zwischen Qualität und Preis hin."

Robert Kleedorfer, www.kurier.at, 25.6.2014

M 17 Welche Funktionen hat der Preis auf einem Markt?

Funktionen von Preisen auf Märkten

Informationsfunktion
Der Preis gibt Auskunft über den relativen Knappheitsgrad eines Gutes oder einer Dienstleistung. Der Preis spiegelt die Wertschätzung (nicht den Wert!) des Gutes oder der Dienstleistung wider. Ein hoher Preis deutet auf eine hohe Knappheit hin.
Knappheitsindikator

Koordinationsfunktion
Anbieter und Nachfrager planen ihr Angebot bzw. ihre Nachfrage nach einem Gut oder einer Dienstleistung auf der Grundlage des Preises. Steigt der Preis, wird mittelfristig das Angebot ausgeweitet und die Nachfrage eingeschränkt.
Ausgleich von Angebot und Nachfrage

Selektionsfunktion
Es können nur Unternehmen auf dem Markt bestehen, die zumindest kostendeckend anbieten, die anderen scheiden aus dem Markt aus. Nur Nachfrager, die bereit sind, den Preis zu bezahlen, erhalten das Gut oder die Dienstleistung.
Zuteilung und Auslese

Allokationsfunktion
Preise lenken die Produktionsfaktoren Arbeit und Kapital in die Wirtschaftsbereiche, wo die erzielbaren Einkommen (Gewinne) am höchsten sind. Unternehmen haben einen permanenten Anreiz für die effiziente Verwendung knapper Ressourcen.
Anreize und Lenkung

Autorengrafik

M 18 Wie bestimmen Angebot und Nachfrage den Preis von Erdbeeren auf einem Markt?

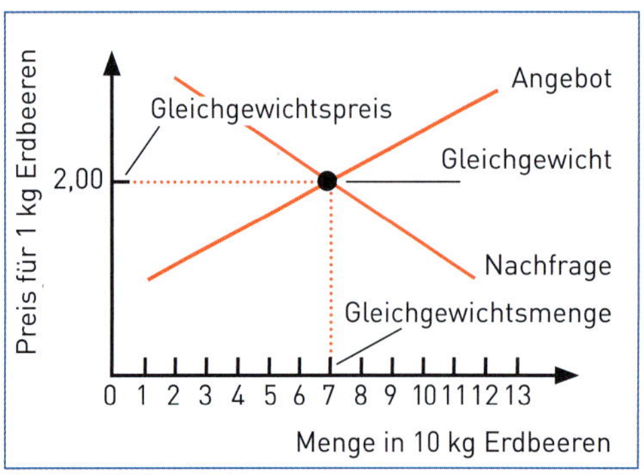

Märkte im Gleichgewicht

Der Markt befindet sich im Gleichgewicht, die zum Gleichgewichtspreis angebotene Menge an Erdbeeren entspricht genau der nachgefragten Menge. Das Gleichgewicht findet man da, wo sich Angebots- und Nachfragekurve schneiden. Hier beträgt der Gleichgewichtspreis 2,00 € je kg Erdbeeren: Zu diesem Preis werden 70 kg Erdbeeren angeboten und nachgefragt.

Märkte abseits des Gleichgewichts

Bei einem Marktpreis von 2,50 € (liegt über dem Gleichgewichtspreis) werden 40 kg Erdbeeren nachgefragt und 100 kg angeboten (Angebotsüberschuss). Die Anbieter versuchen, den Absatz durch Preissenkungen zu steigern; dies verändert den Preis in Richtung des Gleichgewichtspreises. Bei einem Preis von 1,50 € werden 100 kg Erdbeeren nachgefragt und 40 kg angeboten (Nachfrageüberschuss). Die Anbieter werden den Preis in Richtung des Gleichgewichtspreises anheben.

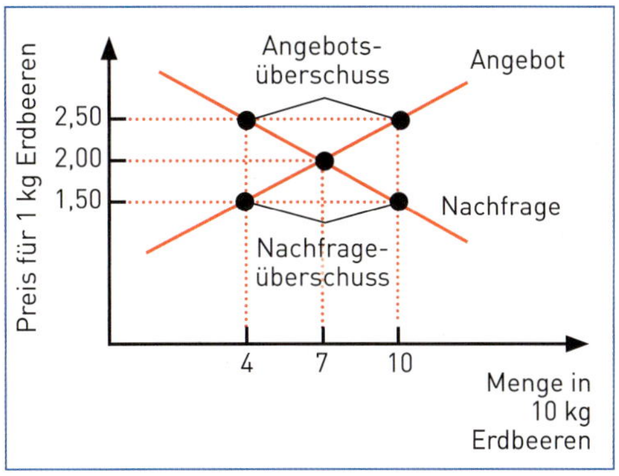

Folgen eines Angebotsrückgangs

Ein Unwetter vermindert die Angebotsmenge, zum gleichen Preis wird jetzt weniger angeboten als vor dem Unwetter. Dies bewirkt eine Linksverschiebung der Angebotskurve von A_1 nach A_2. Der Gleichgewichtspreis steigt von 2,00 € auf 2,50 € und die Gleichgewichtsmenge sinkt von 70 kg auf 40 kg.

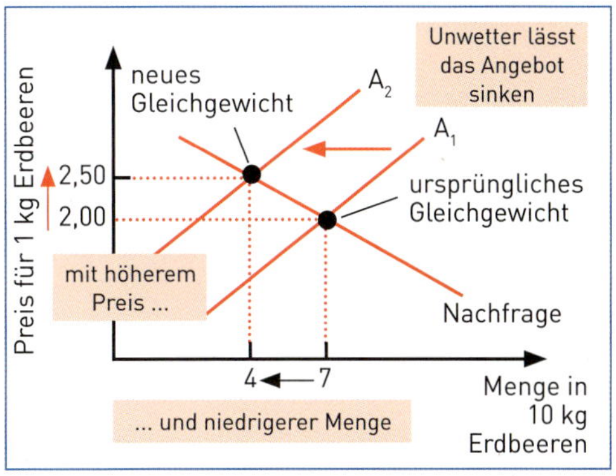

Folgen einer Nachfragesteigerung

Ein großes regionales Fest lässt die nachgefragte Menge an Erdbeeren auf dem Markt steigen, da hier viele Haushalte mehr Erdbeeren konsumieren. Zum gleichen Preis wird also jetzt mehr nachgefragt als vorher. Die Nachfragekurve verschiebt sich nach rechts. Der Gleichgewichtspreis steigt von 2,00 € auf 2,50 €, die Gleichgewichtsmenge steigt von 70 kg auf 100 kg.

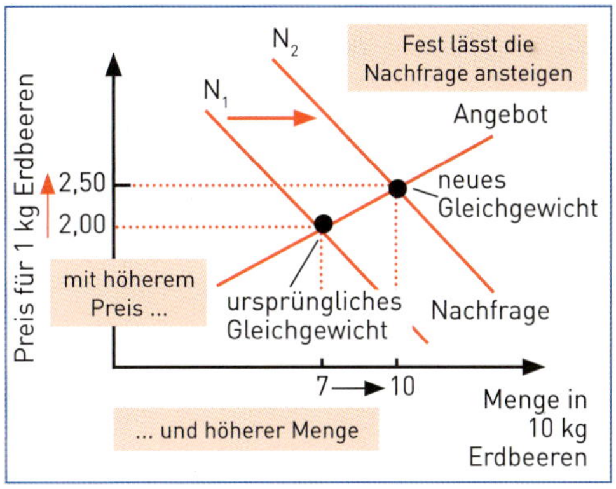

Autorentext und -grafiken

Marie Esprit Léon Walras (1834 – 1910) war ein französischer Ökonom. Er gilt als einer der führenden Vertreter der Neoklassik und Urheber des allgemeinen Gleichgewichtsmodells.

Alfred Marshall (1842 – 1924) war einer der einflussreichsten Nationalökonomen seiner Zeit. Das von ihm popularisierte Angebots- und Nachfragediagramm, bei dem der Preis auf der vertikalen Achse abgetragen wird, ist innerhalb der Wirtschaftswissenschaften immer noch Standard.

Aufgaben

1. Beschreiben Sie die Funktionen von Preisen am Beispiel des Marktes für Erdbeeren und am Beispiel des Marktes für Abiturvorbereitungskurse (M 17).
2. Erklären Sie, warum die Mieten in London extrem hoch sind, und stellen Sie die Entwicklung auf diesem Markt grafisch in einem Preis-Mengen-Diagramm dar (M 16 – M 18).
3. Stellen Sie grafisch dar, wie sich eine besonders gute Apfelernte auf den Markt für heimischen Apfelsaft auswirkt, und erklären Sie Ihre Darstellung (M 18).

H zu Aufgabe 3 → S. 194

3.2.6 Ist der Markt ein effizientes und gerechtes Instrument zur Güterverteilung?

M 19 Wer profitiert auf einem Markt im Gleichgewicht?

(Individuelle) **Konsumentenrente =** Zahlungsbereitschaft – Marktpreis

(Individuelle) **Produzentenrente =** Marktpreis – Reservationspreis

Gesamtwohlfahrt = Konsumentenrente + Produzentenrente

Die Nachfrager, die bereit wären, ein Gut auch zu einem höheren als dem aktuellen Marktpreis (p_0) zu kaufen (individuelle Zahlungsbereitschaft), erzielen beim Kauf des Gutes einen Vorteil – sie „sparen" etwas und erzielen eine (Konsumenten-)Rente. Die Anbieter, die bereit wären, ein Gut auch zu einem geringeren als dem Marktpreis (p_0) anzubieten (individueller Reservationspreis), erzielen ebenfalls einen Vorteil, eine (Produzenten-)Rente (vgl. Schaubild unten). Der Austausch von Gütern auf einem Markt ist somit in der Regel eine Win-win-Situation, von der beide Seiten – Anbieter und Nachfrager – gleichermaßen profitieren.

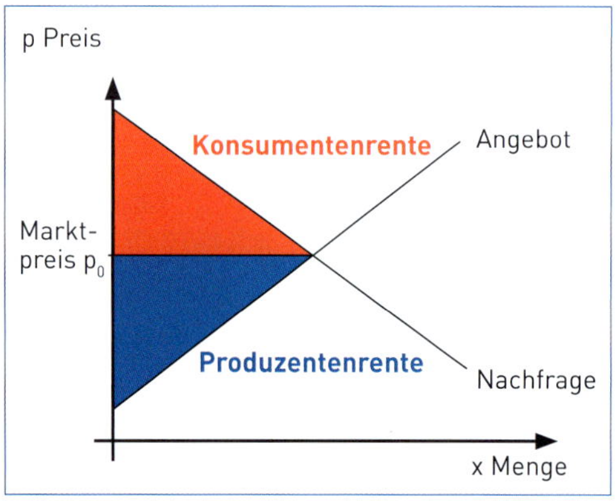

Auf den Gesamtmarkt bezogen bezeichnet man die Summe aller individuellen Konsumentenrenten als **Konsumentenrente** (rote Fläche) und die Summe aller individuellen Produzentenrenten als **Produzentenrente** (blaue Fläche).

Die Summe der Konsumentenrente und der Produzentenrente auf einem Markt wird mit **„Gesamtwohlfahrt"** oder „ökonomische Wohlfahrt" bezeichnet. Im Schaubild links wird die Gesamtwohlfahrt als die Summe der zwei Dreiecksflächen sichtbar.

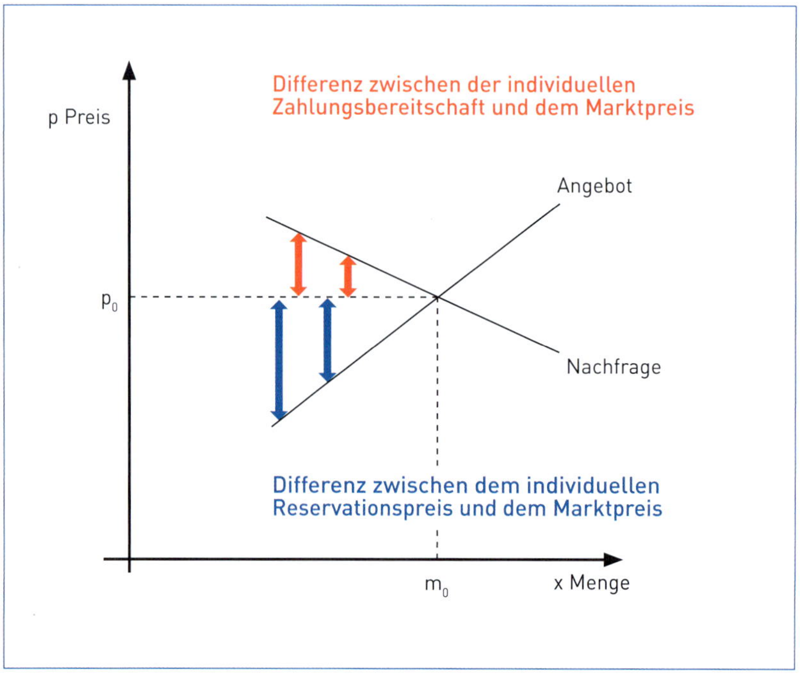

Autorentext und -grafiken

M 20 ● Warum ist der Markt effizient?

Damit kommen wir zu zwei Erkenntnissen über Marktergebnisse:

1. Freie Märkte teilen das Güterangebot jenen Käufern zu, die es – gemessen an ihrer Zahlungsbereitschaft – am höchsten schätzen und bewerten.
2. Freie Märkte teilen die Güternachfrage jenen Verkäufern zu, die zur Produktion mit den niedrigsten Kosten in der Lage sind.

Das bedeutet, dass die im Marktgleichgewicht produzierte und verkaufte Menge durch den Staat durch Umverteilung und Anbietern und Nachfragern nicht so verändert werden kann, dass die Gesamtwohlfahrt größer würde. Kann der Staat dadurch die Gesamtwohlfahrt steigern, dass er die Gütermenge erhöht oder vermindert? Die Antwort ist Nein, wie in der dritten Erkenntnis über Marktergebnisse festgehalten:

3. Freie Märkte führen zur Produktion jener Gütermenge, die zum Maximum der Gesamtwohlfahrt führt. [...]

Die drei Erkenntnisse über Marktergebnisse sagen uns, dass das Marktgleichgewicht die Summe aus Konsumenten- und Produzentenrente [also die Gesamtwohlfahrt] maximiert. [...]

Stellen wir uns vor der Staat würde versuchen, eine effiziente Allokation der Ressourcen zu finden. Dafür benötigt er zunächst Informationen über die Zahlungsbereitschaft aller potentiellen Nachfrager sowie die Produktionskosten aller potentiellen Anbieter. Außerdem müsste der Staat über alle Anbieter und Nachfrager in Tausenden Märkten der Volkswirtschaft Bescheid wissen. Das ist natürlich unmöglich. Und damit wird verständlich, warum zentrale Planwirtschaften niemals richtig funktionieren. [...] Der Markt berücksichtigt alle Informationen über Anbieter und Nachfrager und führt alle Aktivitäten im Markt zum bestmöglichen Ergebnis vom Standpunkt der ökonomischen Effizienz. Aus diesem Grund vertreten Nationalökonomen in der

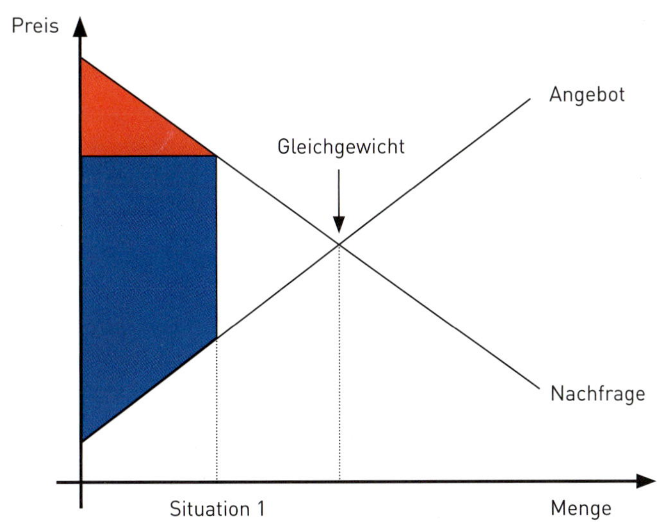

Situation 1 – Menge unter der Gleichgewichtsmenge:
Der Wert für Käufer ist größer als die Kosten der Verkäufer, die Produzentenrente wurde zu Lasten der Konsumenten vergrößert. Eine Steigerung der Menge führt zu einer Erhöhung der Gesamtwohlfahrt, bis das Gleichgewicht erreicht ist.

Wirtschaftlichkeit

Ein allgemeines Maß für die **Effizienz** im Sinne der Kosten-Nutzen-Relation, bzw. für den rationalen Umgang mit knappen Ressourcen. Sie wird allgemein als das Verhältnis zwischen erreichtem Erfolg und dafür benötigtem Mitteleinsatz definiert. Das Ziel ist, mit einem möglichst geringen Aufwand einen gegebenen Ertrag zu erreichen oder mit einem gegebenen Aufwand einen möglichst großen Ertrag zu erreichen.

Regel die Auffassung, dass freie Märkte die beste Organisationsform für ökonomische Aktivität sind. [...] Ein warnendes Wort ist angebracht. Voraussetzung für diese Effizienz des Marktes sind die vollständige Konkurrenz und die Annahme, dass die Marktergebnisse nur die Käufer und Verkäufer in diesem Markt tangieren. Sind diese Voraussetzungen nicht erfüllt, so mag auch die Schlussfolgerung, dass Marktgleichgewichte effizient sind, nicht länger zutreffen.
In der wirklichen Welt gibt es nur selten einen Markt mit vollständiger Konkurrenz. Häufig sind einzelne Käufer und Verkäufer durch ihre Marktmacht in der Lage, den Marktpreis zu beeinflussen. Dies kann zu einer Ineffizienz des Marktes führen, da die Marktmacht Preis und Menge vom Gleichgewicht fernhält.
Marktergebnisse betreffen häufig nicht nur die Käufer und Verkäufer auf dem Markt, sondern auch Menschen, die nicht Marktteilnehmer sind. Die Luftverschmutzung gilt hierfür als klassisches Beispiel. Nebenwirkungen (Externalitäten) führen dazu, dass die Wohlfahrt durch Märkte von mehr als nur der Käuferbewertung der Verkäuferkosten abhängt. Marktgleichgewichte können vom Standpunkt der Gesellschaft aus ineffizient sein.

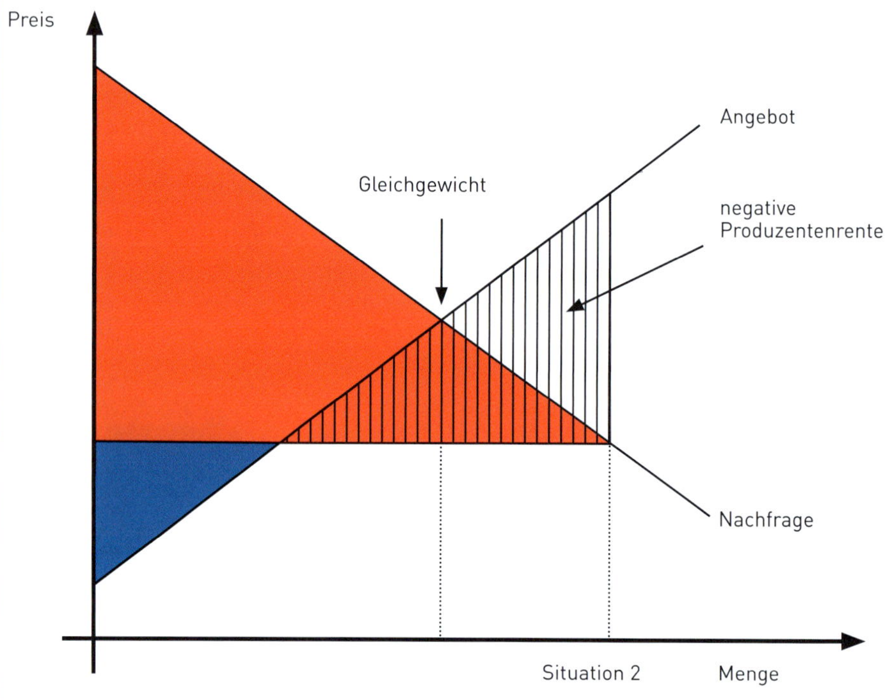

Situation 2 – Menge über der Gleichgewichtsmenge:
Der Wert für Käufer ist kleiner als die Kosten der Verkäufer, die Konsumentenrente wurde zu Lasten der Produzenten vergrößert. Eine Senkung der Menge führt zu einer Erhöhung der Gesamtwohlfahrt, bis das Gleichgewicht erreicht ist.

Nach: N. Gregory Mankiw/Mark P. Taylor, Grundzüge der Volkswirtschaftslehre, 5. Aufl., Stuttgart 2012, S. 188 ff. (übers. v. Adolf Wagner und Marco Herrmann)

Vilfredo Federico Pareto (1848 – 1923) war ein italienischer Ingenieur, Ökonom und Soziologe. Er gilt (wie Léon Walras) als Vertreter der Lausanner Schule der volkswirtschaftlichen Neoklassik und machte sich als Begründer der Wohlfahrtsökonomik einen Namen.

Pareto-Kriterium

Die in einem Wettbewerbsprozess erzielten Marktergebnisse sind i. d. R. nicht verbesserungsfähig. Hierfür maßgeblich ist das „Pareto-Kriterium" oder auch „Pareto-Optimum", welches nach dem Ökonomen Vilfredo Pareto benannt ist. Nach dem Pareto-Kriterium für den Tausch wird eine Situation dann als effizient angesehen, wenn es zwei Menschen durch Handel nicht mehr möglich ist, ihre Lage so zu verbessern,dass keiner der beiden schlechter gestellt wird.

Nach: Peter Bofinger, Grundzüge der Volkswirtschaftslehre, 3. Aufl., München 2011, S. 194

M 21 Hängen Effizienz und Verteilung voneinander ab?

Vertiefende Darstellungen zur Mikroökonomie leiten formal ab, dass die in einem idealtypischen Wettbewerbsprozess erzielten Markt-Ergebnisse in der Regel nicht verbesserungsfähig sind. Das hierfür maßgebliche Kriterium ist das **„Pareto-Kriterium“**. Es ist nach dem Ökonom und Soziologen Vilfredo Pareto (1848 - 1923) benannt. [...] Nach dem Pareto-Kriterium für den Tausch wird eine Situation dann als effizient angesehen, wenn es zwei Menschen durch Handel nicht mehr möglich ist, ihre Lage so zu verbessern, dass keiner der beiden schlechter gestellt wird. Eine Situation ist also noch nicht pareto-effizient, wenn es durch Tausch möglich ist, die Situation zumindest eines Beteiligten zu verbessern, ohne die des anderen zu verschlechtern. Wichtig ist dabei, dass es für diese spezielle Form der Effizienz völlig ohne Bedeutung ist, wie die vorhandenen Güter auf zwei oder mehr Menschen verteilt sind.

Peter Bofinger, Grundzüge der Volkswirtschaftslehre, 4. aktual. Auflage, München 2015, S. 172

M 22 Gehen Effizienz und Gerechtigkeit Hand in Hand?

Die Anfangsverteilung hat aber Einfluss auf das Verteilungsergebnis. Die Bewertung, die Menschen einem Gut entgegenbringen, hängt davon ab, inwieweit sie bereits über es verfügen, d. h. wie die Güter unter den Gesellschaftsmitgliedern verteilt sind. [...] Der Markt gibt nur demjenigen Tauschmacht, der bereits über tauschfähige Positionen verfügt. Wer nicht geben kann, bekommt auch nichts. Individuen ohne Rechte und Güter sind hier systematisch benachteiligt. [...] Der Markt misst nur die zahlungskräftige Nachfrage. Adam Smith beschreibt die Problemlage plastisch: „So kann man in einem gewissen Sinne sagen, ein sehr armer Mann habe eine Nachfrage nach einem Sechsspänner, da er diesen gern haben möchte, doch handelt es sich hier nicht um eine wirksame Nachfrage“. [...] Das Konzept der Effizienz klammert das Problem der Verteilung aus, über die Gerechtigkeit von wirtschaftlichen Zuständen sagt es als solches nichts aus. Effizienz und Gerechtigkeit gehen nicht Hand in Hand [...]. Während Effizienz danach strebt, den Kuchen zu vergrößern und den Saldo aus Vor- und Nachteilen zu maximieren, interessiert sich die Gerechtigkeit dafür, bei wem die Vor- und Nachteile anfallen, d. h. wie der Kuchen auf die Gesellschaftsmitglieder verteilt wird. [...] Ein höheres Sozialprodukt, dessen Verteilung als ungerecht empfunden wird, muss einer Gesellschaft nicht notwendig günstiger erscheinen als ein niedriges, aber „gerecht“ verteiltes Sozialprodukt.

Mario Martini, Der Markt als Instrument hoheitlicher Verteilungslenkung, München 2008, S. 239

Effizienzprinzip und Verteilungsgerechtigkeit

Der Begründer der Wohlfahrtsökonomie [Arthur C.] Pigou kam [...] zu dem Schluss, dass eine Einkommensumverteilung von einem reichen Mann auf einen armen die Gesamtsumme der gesellschaftlichen Befriedigung erhöhe. [...] Wenn man dem Reichen einen Euro wegnimmt, steigt der Nutzen des Armen dadurch stärker an, als der des Reichen sinkt [Gesetz vom sinkenden Grenznutzen des Einkommens]. [...] Die Umverteilung darf [aber] nicht zu einem Verlust von Produktionsanreizen führen. [Hier] liegt [...] die offene Flanke der Pigouschen Wohlfahrtstheorie. Umverteilungen sind in der Regel mit direkten Effizienzverlusten verbunden. Sie führen zu einer Minderung des Leistungsanreizes.

Mario Martini, Der Markt als Instrument hoheitlicher Verteilungslenkung, München 2008, S. 246

Aufgaben

1. Auf dem Markt werden an einem Tag Kartoffeln zum Marktpreis angeboten. Erklären Sie, warum die Festsetzung eines höheren Preises (z. B. durch die Marktaufsicht) zu einem Verlust an (Pareto-)Effizienz führt, und stellen Sie diese Situation grafisch dar (M 19, M 20).
2. „Die EU-Kommission fühlt sich bemüßigt, Europas Stahlindustrie mit Importzöllen zu schützen – das schädigt diejenigen, die Stahl für ihre Produkte verbauen. Deswegen beschweren sich jetzt Siemens und ABB in Brüssel [...].“ Erklären Sie diesen Sachverhalt aus der Frankfurter Allgemeinen Sonntagszeitung vom 24.5.2015 mit Hilfe einer Grafik.
3. Erörtern Sie, inwiefern Märkte zu einer gerechten Güterverteilung führen können (M 21, M 22).

H zu Aufgabe 1 → S. 194

ORIENTIERUNGSWISSEN

Ceteris paribus-Klausel
M 4

Auf einem Markt hängen Nachfrage und Angebot vom Preis ab. Nachfrage und Angebot sind darüber hinaus abhängig von einer Vielzahl von Bestimmungsfaktoren. Um Wirkungszusammenhänge aufzeigen zu können, verwendet man in der Ökonomie häufig die **Ceteris paribus-Klausel**, d. h. man betrachtet einen **ausgewählten Wirkungszusammenhang zwischen Größen unter der Annahme, dass alle anderen Einflussfaktoren konstant sind**. Deshalb ist es sinnvoll, zuerst isoliert die Bestimmungsfaktoren der Nachfrage und des Angebots genauer zu betrachten.

Der Grenznutzen fällt mit der Zahl der konsumierten Einheiten
M 3

Das **Bedürfnis nach einem Gut hängt vom Nutzen ab**, den das Gut stiftet. Der **Nutzen sinkt mit der Zahl der konsumierten Einheiten** (der Grenznutzen sinkt), so stiftet das fünfte Auto in einer Familie in der Regel weniger Nutzen als das erste oder zweite. Ein Haushalt wird demnach für die erste Einheit eines Gutes bereit sein, mehr zu zahlen als für die zweite und für die zweite mehr als für die dritte usw. Die **nachgefragte Menge** eines Haushalts **sinkt** also, **wenn die Preise steigen**.

Die Nachfragekurve ist eine fallende Kurve
M 3

Die **Nachfrage** nach einem Marktgut ist die Summe der individuellen Nachfragen. Sie **hängt in erster Linie vom Preis des Gutes ab**. In der Regel gilt: je höher der Preis des Gutes, desto geringer die Nachfrage. Grafisch bedeutet dies im Preis Mengen-Diagramm: **Die Nachfragekurve ist eine fallende Kurve**.

Einflussfaktoren auf die Nachfrage
M 5

Die **Nachfrage** nach einem Gut **hängt neben dem Preis** für dieses Gut **auch vom Preis anderer Güter ab**. Lässt sich das Gut einfach durch ein anderes ersetzen, so werden die Nachfrager bei einer Preiserhöhung auf das **Substitutionsgut** ausweichen. **Komplementärgüter** werden immer dann mehr nachgefragt, wenn das zu ihnen komplementäre Gut auch mehr nachgefragt wird (z. B. PKWs und Benzin). Steigt der Preis für ein Gut, so sinkt auch die Nachfrage nach dem Komplementärgut. Die Nachfrage ist außerdem abhängig vom **Einkommen der Nachfrager**. In der Regel wird die Nachfrage bei steigendem Einkommen wachsen **(superiore Güter)**. Allerdings gibt es auch Güter **(inferiore Güter)**, bei denen die Nachfrage sinkt, wenn das Einkommen steigt – z. B. billiger Sekt.

Preiselastizität der Nachfrage
M 7 – M 9

Für Unternehmen und den Staat ist von großem Interesse, wie die **Nachfrage auf Veränderungen des Preises reagiert**. Das Maß dieser „Sensibilität" ist die **Preiselastizität der Nachfrage** (Quotient der prozentualen Mengenänderung und der prozentualen Preisänderung). Ist die **Elastizität kleiner 1**, so spricht man von einer **unelastischen Nachfrage**, eine Preisänderung um z. B. 5 % wirkt sich dann um weniger als 5 % auf die Nachfrage aus. Wirkt sich eine 5 %ige Preisänderung stärker als 5 % auf die Nachfrage aus, so ist die Elastizität größer 1. Die Preiselastitizität der Nachfrage hängt von verschiendenen Faktoren ab. Dazu zählen die Art des Gutes (z. B. Luxusgut oder lebensnotwendiges Gut) und die Erhältlichkeit substitutiver Güter (z. B. Mohnbrötchen und Sesambrötchen). Eine Rolle spielt auch die Marktabgrenzung, je enger der Markt abgegrenzt ist, desto eher gibt es Substitutionsgüter (ein SUV kann z. B. leicht durch einen anderen PKW ersetzt werden, ein PKW als Fortbewegungsmittel schwerer). Ebenso spielt der Zeithorizont eine Rolle: **Die Preiselastizität der Nachfrage ist auf lange Sicht bei allen Gütern groß**.

Die Angebotskurve ist eine steigende Kurve
M 10

Da es sich für Anbieter bei steigenden Preisen immer mehr lohnt, das Gut anzubieten, wird ein Anbieter seine **Produktionsmenge erhöhen, wenn der Preis für das Gut steigt**. Außerdem werden neue Anbieter auf den Markt kommen, für die es sich bei steigenden Preisen lohnt zu produzieren und das Gut anzubieten. Die **Angebotskurve** im Preis-Mengen-Diagramm **ist** also **eine steigende Kurve**.

Die Grenzkosten steigen mit der Zahl der angebotenen Einheiten
M 11

Der einzelne Anbieter kann seine Kosten (Fixkosten und variable Kosten) erst ab einer bestimmten Absatzmenge über die Erlöse decken. **Ein Anbieter wird ein zusätzliches Gut auf Dauer nur anbieten, wenn die Grenzkosten** (Kosten der letzten produzierten Einheit) **kleiner oder gleich sind wie der Grenzerlös** (Erlös der letzten produzierten Einheit = Marktpreis). Da die Grenzkosten mit zunehmender Menge steigen (z. B. aufgrund des Einsatzes weiterer Maschinen oder weiteren Personals), wird jeder Anbieter maximal so viel von einem Gut anbieten, bis die Grenzkosten gleich dem Grenzerlös sind und damit die gewinnmaximale Menge erreicht ist. Da der Grenzerlös dem jeweiligen Marktpreis entspricht, ist die Angebotskurve des einzelnen Anbieters identisch mit seiner Grenzkostenkurve.

Bestimmungsfaktoren des Angebots
M 12

Das **Angebot** eines Gutes **hängt neben dem Preis** des Gutes von vielen weiteren Bestimmungsfaktoren ab. Dazu gehören die **Herstellungskosten**. Fallen diese, kann das Angebot zum gleichen Preis ausgeweitet werden. Auch **technologische Entwicklungen** wirken sich auf die Angebotsmenge aus, da sie die Herstellung eines Gutes erleichtern können. Die **(Gewinn-)Erwartungen** der Anbieter spielen ebenfalls eine Rolle. Steigen diese, so wird das Angebot ausgeweitet. **Veränderungen der Preise anderer Güter** wirken sich – über die sich verändernden Gewinnerwartungen – auf das Angebot aus, da sie z. B. dazu führen können, dass Unternehmen ihren Produktionsmix verändern.

Preiselastizität des Angebots
M 10

Die **Preiselastizität** des Angebots ist ein **Maß für die Reagibilität des Angebots auf Veränderungen des Preises**, d. h. sie gibt an wie stark sich das Angebot verändert, wenn sich der Preis verändert. Berechnet wird sie als Quotient der prozentualen Mengenänderung und der prozentualen Preisänderung. **Kurzfristig ist die Preiselastizität des Angebots meist gering**. Sie ist z. B. abhängig von der Kapazitätsauslastung der Unternehmen, da das Angebot nur ausgeweitet werden kann, wenn dafür auch Produktionskapazitäten zur Verfügung stehen. Auch bei sinkenden Preisen können Unternehmen oft das Angebot nicht sehr schnell reduzieren. **Auf lange Sicht ist die Preiselastizität des Angebots bei fast allen Gütern hoch**. Gegebenenfalls werden Produktionskapazitäten aufgebaut oder abgebaut.

Marktformen
M 14

Untersucht man den Zusammenhang zwischen Nachfrage, Angebot und Preis in der Realität, so stellt man fest, dass sich **Veränderungen der Größen auf unterschiedlichen Märkten sehr unterschiedlich** auswirken. Um dies zu erklären, kann man z. B. die folgende Systematik anwenden: Unterscheidung von Märkten nach der Zahl der Anbieter und Nachfrager und nach dem Maß der Vollkommenheit des Marktes.

Vollkommener Markt
M 13

Unter einem **vollkommenen Markt** versteht man einen Markt, auf dem **Nachfrage und Angebot allein über den Preis voneinander abhängen**. Bedingung dafür ist, dass die

ORIENTIERUNGSWISSEN

Güter homogen sind, **Anbieter und Nachfrager keine räumlichen**, zeitlichen oder **persönlichen Präferenzen** haben und der **Markt** transparent, also **vollkommen überschaubar** ist. Die Annahme eines vollkommenen Marktes bildet die Grundlage für das Modell der Preisbildung und des Marktmechanismus. In der **Realität findet man** kaum einen vollkommenen Markt, sondern **meist unvollkommene Märkte**. Die Börse kommt dem Idealbild des vollkommenen Marktes relativ nah. Der in Kapitel 3.2 beschriebene Preismechanismus erklärt Vorgänge auf dem Markt nur unter den Bedingungen des vollkommenen Marktes gut. Das Modell des vollkommenen Markts dient insofern nur als Referenz, um die Unterschiede der Preisbildung auf den verschiedenen Märkten beschreiben zu können.

Märkte ohne vollständige Konkurrenz: Monopole und Oligopole
M 14

Märkte mit nur einem Anbieter bezeichnet man als **Monopolmärkte**. Hier kann der Monopolist Preis und Absatz/Nachfrage selbst bestimmen. **Märkte mit wenigen Anbietern** werden als **Oligopolmärkte** bezeichnet. Sie sind dadurch gekennzeichnet, dass sich eine Preisänderung durch einen Anbieter auf alle anderen Anbieter bzw. die Nachfrage nach ihren Produkten auswirkt. **Märkte mit sehr vielen Anbietern** werden als **Polypolmärkte** bezeichnet. Hier wirkt sich eine Preisänderung durch einen Anbieter nur auf diesen selbst aus, die anderen Anbieter spüren von der Preisänderung nichts.

Monopolistischer Preisspielraum
M 15

Oft haben Anbieter einen monopolistischen Preisspielraum. Dies bedeutet, dass der **Anbieter** in einem bestimmten Preisspielraum **den Preis verändern kann, ohne** eine bedeutsame **Veränderung der Nachfrage zu spüren**. Innerhalb dieses Spielraums akzeptieren die Kunden des Anbieters jede Preisveränderung, ohne den Anbieter zu wechseln. Der **monopolistische Preisspielraum** eines Anbieters ist **umso größer**, **je schwieriger** oder aufwändiger **es für Kunden ist, den Anbieter zu wechseln**. Deutlich wird dies z. B. bei einem Bäcker in einem kleinen Ort auf dem Land (oder in einem Vorort einer Stadt), der hier der einzige Bäcker ist. Viele Kunden werden ihre Backwaren auch bei einer Preiserhöhung des Bäckers weiter dort kaufen, da der Aufwand die Backwaren bei einem anderen Bäcker in einem anderen Ort zu kaufen hoch ist.

Funktionen von Preisen
M 17

Auf dem Markt wird der Preis für ein Gut durch Angebot und Nachfrage bestimmt. Umgekehrt beeinflusst der Preis wesentlich Nachfrage und Angebot. Der **Preis gibt** auf einem Markt mit vollkommener Konkurrenz **Auskunft über die Knappheit eines Gutes**, setzt Anreize zur Produktion, lenkt den Einsatz von Produktionsfaktoren und entscheidet darüber, welche Nachfrager das Gut erhalten. **Über den Preismechanismus werden Angebot und Nachfrage ausgeglichen**.

Preismechanismus, Gleichgewichtspreis, Gleichgewichtsmenge
M 18

Zur Erklärung des Preismechanismus bedient man sich des Marktmodells mit vollkommener Konkurrenz. Auf einem solchen Markt wird sich der Preis für ein Gut in der Regel mit der Zeit in einem Gleichgewicht einpendeln. In diesem **Gleichgewicht wird die angebotene Menge** des Gutes **vollständig nachgefragt**, der Markt also geräumt. Den entsprechenden Preis nennt man den **Gleichgewichtspreis**. In der grafischen Darstellung (Preis-Mengen-Diagramm) findet sich dieses Gleichgewicht am Schnittpunkt der Angebots- mit der Nachfragekurve. Ist der Preis auf dem Markt oberhalb des

Gleichgewichtspreises, wird mehr angeboten als nachgefragt **(Angebotsüberschuss)**, liegt der Preis unterhalb des Gleichgewichtspreises, wird mehr nachgefragt als angeboten **(Nachfrageüberschuss)**. Im ersten Fall werden die Anbieter den Preis senken, im zweiten Fall anheben bis das Gleichgewicht erreicht ist.

Verschiebungen der Angebots- und Nachfragekurven führen zu neuen Gleichgewichtspreisen
M 18

Verändern sich die Bedingungen des Angebots oder der Nachfrage, verschieben sich die Angebots- und die Nachfragekurven. **Bestimmungsfaktoren der Nachfrage** sind z. B. das **Einkommen**, der **Preis anderer Güter**, die **Nutzeneinschätzung** bezüglich des Guts, **Zahl der Nachfrager**. **Bestimmungsfaktoren des Angebots** sind z. B. die **Gewinnerwartungen** der **Anbieter**, die **Herstellungskosten**, die **Zahl der Anbieter**. Verschieben sich aufgrund von Veränderungen am Markt die Angebots- und/oder die Nachfragekurve, **so verschiebt sich** auch **der Gleichgewichtspunkt**. Höhere Kosten bei der Produktion führen – ceteris paribus – zu einer Linksverschiebung der Angebotskurve und damit zu einem höheren Gleichgewichtspreis. Umgekehrt führt z. B. eine Preissenkung für ein Substitutionsgut – ceteris paribus – zu einer Linksverschiebung der Nachfragekurve und damit zu einem niedrigeren Gleichgewichtspreis.

Konsumenten- und Produzentenrente, Gesamtwohlfahrt
M 19

Die **Differenz zwischen der individuellen Zahlungsbereitschaft für ein Gut und dem Marktpreis für das Gut nennt man die individuelle Konsumentenrente**. Analog nennt man die **Differenz zwischen dem Marktpreis und dem Reservationspreis** (niedrigster Preis zu dem der Anbieter eine Einheit des Gutes anbieten würde) **die Produzentenrente**. Die **Summe aller individuellen Konsumentenrenten wird als Konsumentenrente**, die **Summe aller individuellen Produzentenrenten wird als Produzentenrente bezeichnet**. Die **Summe aus Konsumentenrente und Produzentenrente** auf einem Markt **nennt man** die **Gesamtwohlfahrt** (ökonomische Wohlfahrt) auf dem Markt.

Auf dem vollkommenen Markt führt der Preismechanismus zu maximaler Wohlfahrt
M 20

Gesamtwirtschaftlich beschreibt das **Gleichgewicht auf dem Markt ein Optimum**, da genau **in diesem Punkt die Summe der Konsumenten- und der Produzentenrente maximal wird**. Entspricht der **Preis für ein Gut nicht dem Gleichgewichtspreis**, so wird ein Teil der möglichen Nachfrage und des möglichen Angebots nicht zum Zuge kommen und insgesamt ein **gesamtwirtschaftlicher Wohlfahrtsverlust** entstehen.

Pareto-Optimum – der Marktmechanismus ist effizient
M 20

Auf einem **vollkommenen Markt** mit vollkommener Konkurrenz führt der **Preismechanismus** zu einem **gesamtwirtschaftlichen Optimum**, dem sogenannten **Pareto-Optimum**: Kein Teilnehmer auf dem Markt kann durch Tausch einen Vorteil erlangen, ohne dass ein anderer einen Nachteil in Kauf nehmen muss.

Effizent bedeutet nicht unbedingt gerecht
M 21, M 22

Der **Marktmechanismus ist** insofern ein **effizientes**, aber **nicht notwendigerweise gerechtes Instrument der Verteilung**. So spielt z. B. die Anfangsverteilung der Güter vor dem Tausch eine zentrale Rolle – wer nichts zum Tauschen hat, kann auch nichts bekommen.

3.3 Prinzipien der Zentralverwaltungswirtschaft, der freien Marktwirtschaft und der Sozialen Marktwirtschaft

3.3.1 Wirtschaftsordnungen im Vergleich – wie lassen sich Wirtschaftsordnungen analysieren?

M 1 Welche Funktionen haben Institutionen?

Institutionen sind Regelsysteme, in denen bestimmte Verhaltensweisen verbindlich festgelegt sind. Ihr Sinn besteht darin, die Verlässlichkeit wechselseitiger Verhaltenserwartungen herzustellen, damit Interaktionen möglichst problemlos, zügig, kostengünstig durchgeführt werden können – zum Vorteil aller. Institutionen legen standardisierte Verhaltensweisen für häufig wiederkehrende Interaktionsprobleme fest, sie sind gewissermaßen geronnene Formen für das Management von Interaktionsproblemen. Als deren Verkörperung tritt der Staat auf. Aber es gibt unzählige andere institutionelle Arrangements zur Lösung von Interaktionsproblemen, angefangen von Konventionen über Moral, Sitte bis hin zu Branchen- oder Berufskodizes. [...] Es sind also die Institutionen, die darüber entscheiden, welche Resultate aus Interaktionen aufgrund der Handlungen der Einzelnen herauskommen. Institutionen kanalisieren die Aktionen in Interaktionen, und solche Kanalisierungen können zweckmäßig oder unzweckmäßig bis desaströs sein, wie die Implosion des Sozialismus 1989/90 gezeigt hat.

Karl Homann/Andreas Suchanek, Ökonomik. Eine Einführung, Tübingen 2005, S. 24 f.

Institution

Eine Institution ist ein System miteinander verknüpfter Regeln mit dem Zweck, das individuelle Verhalten in eine bestimmte Richtung zu steuern. Institutionen bringen Ordnung in alltägliche Handlungen und vermindern damit die Unsicherheit von Individuen darüber, was andere Individuen wohl in bestimmten Situationen tun werden. Beispiele: das Eigentum, die Ehe, das Geldwesen, die Unternehmung.

M 2 Bausteine von Wirtschaftsordnungen

Zur vollständigen Beschreibung eines Wirtschaftssystems müssten sämtliche Bausteine herangezogen werden. Zwei der Bausteine spielen indes in der Diskussion eine besondere Rolle:

- der Koordinationsmechanismus und
- die Eigentumsordnung für Produktionsmittel.

Es ist fraglich, ob diese beiden Elemente eines Wirtschaftssystems voneinander unabhängig sind. Wahrscheinlich funktioniert die Koordination über Preise bei Privateigentum anders als bei Gemeineigentum an Produktionsmitteln. Und möglicherweise setzt eine zentrale Planung die Aufhebung des Privateigentums voraus. [...] Im Rahmen des bereits beschriebenen Koordinationsmechanismus unterscheidet man

- die zentrale Planung, auch zentrale Verwaltungswirtschaft, Kommandowirtschaft, vertikale Koordination oder verkürzt nur Planwirtschaft genannt und
- die dezentrale Planung, auch Marktwirtschaft, horizontale Koordination oder freie Verkehrswirtschaft genannt.

Die Eigentumsordnung gilt als zentrales Element, bisweilen sogar als entscheidendes Element eines Wirtschaftssystems, weil sie die Art des Sanktionssystems bestimmt. Dabei geht es nur um die Frage des Eigentums an Produktionsmitteln (Maschinen, Anlagen, Fabriken: kurz, um das „Kapital"), weil die Handlungsmotive von Unternehmern von zentraler Bedeutung sind. Das Eigentum an Konsumgütern wird dagegen in allen Wirtschaftssystemen immer als Pri-

Wirtschaftsordnung

Jede Wirtschaftsordnung muss grundsätzlich die Fragen beantworten, wer (Entscheidungssystem), was und wieviel (Koordinationssystem) für wen (Verteilungssystem) produzieren soll.

vateigentum vorgesehen. Eigentum an Produktionsmitteln kann grundsätzlich zwei Formen annehmen:

- Privateigentum und
- Gemeineigentum (Gesellschafts-, Volks- oder Staatseigentum).

Eine Gesellschaft, in der die Produktionsmittel Privaten gehören, bezeichnet man als kapitalistisches Wirtschaftssystem. Eine Gesellschaft, in der die Produktionsmittel Gemeineigentum sind, nennt man ein sozialistisches Wirtschaftssystem. Hervorzuheben ist, dass die Begriffe „kapitalistisch“ und „sozialistisch“ hier ohne jede Wertung als Fachbegriffe nur für die bestehende Eigentumsordnung verwendet werden.

Ulrich Baßeler/Jürgen Heinrich/Burkhard Utecht, Grundlagen und Probleme der Volkswirtschaft, 19. Aufl., Stuttgart 2010, S. 29

Anm.: Die Begriffe Wirtschaftssystem und Wirtschaftsordnung werden hier synonym verwendet.

M 3 ● Was macht eine Wirtschaftsordnung aus?

Die Gesamtheit der wirtschaftlich relevanten rechtlichen Vorschriften, Koordinationsmechanismen, Zielsetzungen, Verhaltensweisen und Institutionen, die den organisatorischen Ablauf und Aufbau einer Volkswirtschaft bestimmen, werden als Wirtschaftsordnung bzw. Wirtschaftssystem bezeichnet. Wirtschaftsordnungen bzw. Wirtschaftssysteme setzen sich aus unterschiedlichen Bausteinen zusammen:

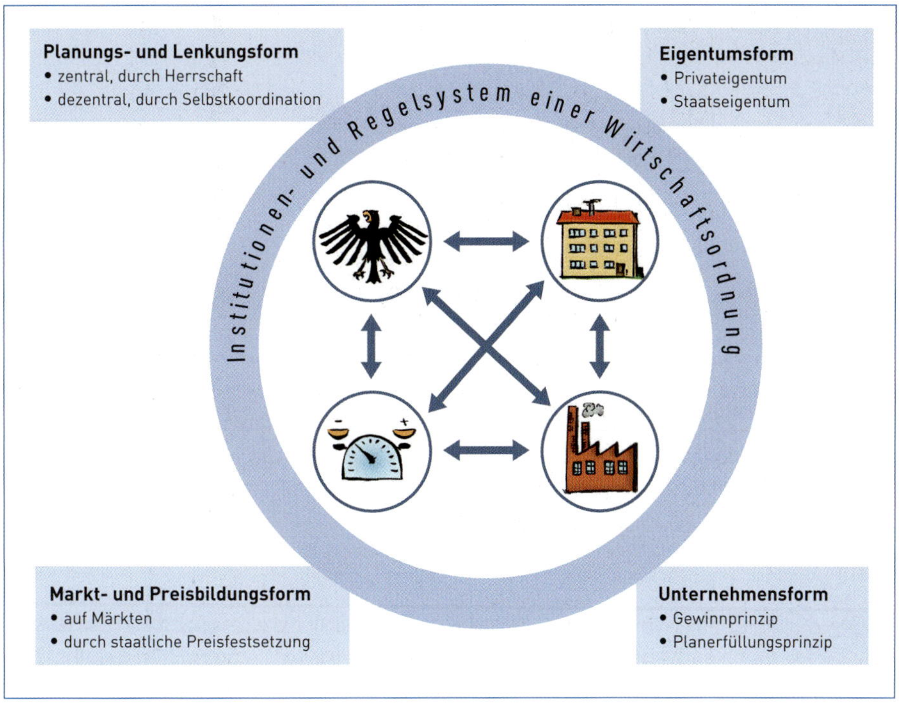

Nach: Institut für Ökonomische Bildung Oldenburg

Aufgaben

1. Erläutern Sie die Funktionen von Institutionen (M 1).
2. Zeigen Sie an selbst gewählten Beispielen auf, inwieweit die Ausgestaltung der Institutionen das Verhalten der Individuen und ganzer Volkswirtschaften beeinflusst (M 2, M 3).

Die Ökonomische Modellbildung – Erkenntnisgewinnung durch Vereinfachung?

Die ökonomische Modellbildung ist die Untersuchungs- und Erklärungsmethode der Wirtschaftstheorie. Dabei werden komplizierte wirtschaftliche Zusammenhänge auf möglichst einfache Art und Weise dargestellt. [...] Außerdem wird häufig angenommen, dass alle Einflussgrößen und Begleitumstände, die nicht untersucht werden sollen, im Modell unverändert bleiben, die sog. Ceteris-paribus-Methode (unter sonst gleichen Bedingungen). Unter diesen modellhaften Bedingungen werden verschiedene ökonomische Einflussgrößen wie der Nutzen, den verschiedene Güter stiften, oder Preise und Konsummengen untersucht. Das Modell hat dabei den Vorteil, dass ökonomische Zusammenhänge (z. B. zwischen Inflation und Arbeitslosigkeit) leichter zu durchschauen sind und Teilausschnitte der Wirklichkeit (deshalb auch Partialanalyse genannt) untersucht werden können, während die sonstigen Rahmenbedingungen unverändert bleiben.

Duden Wirtschaft von A bis Z: Grundlagenwissen für Schule und Studium, Beruf und Alltag. 5. Aufl. Mannheim: Bibliographisches Institut 2013. Lizenzausgabe Bonn: Bundeszentrale für politische Bildung 2013

Der einfache Wirtschaftskreislauf

Der Wirtschaftskreislauf ist ein Modell zur Darstellung der volkswirtschaftlichen Tauschvorgänge in der Form eines Kreislaufschemas. Ausgangspunkt bei der Kreislaufdarstellung ist der Umstand, dass es in der Volkswirtschaft zwei Wertkreisläufe gibt, den Geldkreislauf und den Güterkreislauf. Geldkreislauf und Güterkreislauf verlaufen in der Volkswirtschaft meistens entgegengesetzt, da Güter mit Geld bezahlt werden. Beim einfachen Wirtschaftskreislauf wird von der Modellvorstellung ausgegangen, dass die Austauschbeziehungen lediglich zwischen zwei Teilnehmern am Wirtschaftsleben (Wirtschaftssubjekten), den Unternehmen und den privaten Haushalten, stattfinden. Diese beiden Gruppen sind zu sog. Sektoren zusammengefasst. Im Modell des einfachen Wirtschaftskreislaufs bestehen keine außenwirtschaftlichen Beziehungen und auch der Staat greift nicht in das Wirtschaftsleben ein. Die privaten Haushalte stellen die Produktionsfaktoren Arbeit, Boden und Kapital den Unternehmen zur Verfügung, produzieren keine Güter selbst und verbrauchen ihr gesamtes Einkommen. Die Unternehmen bieten den Menschen Arbeitsplätze und produzieren Waren und Dienstleistungen, die am Markt angeboten werden. Das Kreislaufschema zeigt nun, dass die privaten Haushalte am Markt ihre Arbeitsleistung sowie die Faktoren Kapital und Boden den Unternehmen anbieten, die diese nutzen und die Haushalte dafür bezahlen. Die Unternehmen ihrerseits erzeugen durch Kombination der von den Haushalten erworbenen Produktionsfaktoren Güter, die sie an die Haushalte verkaufen. Die Haushalte kaufen die von den Unternehmen produzierten Güter und zahlen dafür mit ihren Geldeinkommen, das den Unternehmen als Erlös zufließt.

Duden Wirtschaft von A bis Z: Grundlagenwissen für Schule und Studium, Beruf und Alltag. 5. Aufl. Mannheim: Bibliographisches Institut 2013. Lizenzausgabe Bonn: Bundeszentrale für politische Bildung 2013

Der erweiterte Wirtschaftskreislauf

Im erweiterten Wirtschaftskreislauf wird davon ausgegangen, dass die privaten Haushalte einen Teil ihres Einkommens nicht für Konsumzwecke ausgeben, sondern Ersparnisse bilden und nicht alle produzierten Güter verbraucht, sondern teilweise für Investitionszwecke genutzt werden. Kapitalsammelstellen (Banken) sorgen dabei für die Sammlung der Ersparnisse der privaten Haushalte und deren Weitergabe zur Finanzierung von Investitionen an die Unternehmen. Die mit den volkswirtschaftlichen Ersparnissen finanzierten Investitionen sorgen für eine stetige Verbesserung und Erneuerung der Maschinen und Anlagen in den Unternehmen. Durch die Einbeziehung des Staates (Bund, Länder, Gemeinden und Sozialversicherung) wird der Wirtschaftskreislauf nochmals erweitert. Der staatliche Sektor produziert öffentliche Güter und leistet Transferzahlungen (z. B. Sozialleistungen, Subventionen), dafür fließen ihm Mittel zu (z. B. Steuern und Gebühren), die von Unternehmen und privaten Haushalten aufgebracht werden. Anhand dieser Darstellung lässt sich gut beobachten, welche Rolle das staatliche Eingreifen, insbesondere in die Finanzströme, für die Volkswirtschaft spielt: Wenn bspw. der Sparanteil gegenüber den Investitionen überwiegt, kann die staatliche Kreditaufnahme, also eine Erhöhung der Staatsverschuldung, das Ungleichgewicht beseitigen und somit dafür sorgen, dass die Wirtschaftsleistung der Volkswirtschaft nicht weiter sinkt. Handelt es sich aber gar nicht um ein Ungleichgewicht, stehen Investitionen und Sparen demnach in ausgewogenem Verhältnis zueinander, dann führt eine höhere Staatsverschuldung dazu, dass Kreditnehmer von den Kapitalsammelstellen verdrängt werden, was sich wiederum auf die Sachanlageinvestitionen der Unternehmen auswirkt.

Z. 1 – 20: Duden Wirtschaft von A bis Z: Grundlagenwissen für Schule und Studium, Beruf und Alltag. 5. Aufl. Mannheim: Bibliographisches Institut 2013. Lizenzausgabe Bonn: Bundeszentrale für politische Bildung 2013/Z. 21 – 41 nach: Sario Marketing GmbH (20.8.2014)

Der vollständige Wirtschaftskreislauf

Moderne Volkswirtschaften verfügen über eine Vielzahl von Wirtschaftsbeziehungen zum Ausland. Ein nicht unerheblicher Teil der inländischen Produktion wird vom Ausland nachgefragt und als Exporte bezeichnet. Im Gegenzug importiert die inländische Volkswirtschaft Güter aus dem Ausland, die im Inland entweder weiterverarbeitet werden (Rohstoffe) oder zu Konsumzwecken dienen. Sind die Exporte größer als die Importe, erhöhen sich im Umfang des Ausfuhrüberschusses die Forderungen des Inlands gegenüber dem Ausland. Umgekehrte Vermögenseffekte treten ein, wenn die Exporte kleiner als die Importe sind. Mit der Einführung des Sektors Ausland ist auch der Saldo der Erwerbs- und Vermögenseinkommen aus der übrigen Welt abzüglich der Erwerbs- und Vermögenseinkommen an die übrige Welt als Geldstrom zum Sektor Unternehmen zu berücksichtigen. Werden die staatlichen Aktivitäten und die grenzüberschreitenden Transaktionen durch die Einführung des Sektors Ausland erfasst, gelangt man zum Kreislaufmodell einer offenen Volkswirtschaft mit staatlicher Aktivität.

Max Bauer, Buchners Kompendium Politik, Bamberg 2013, S. 92 f.

Ökonomische Ströme im vollständigen Wirtschaftskreislauf

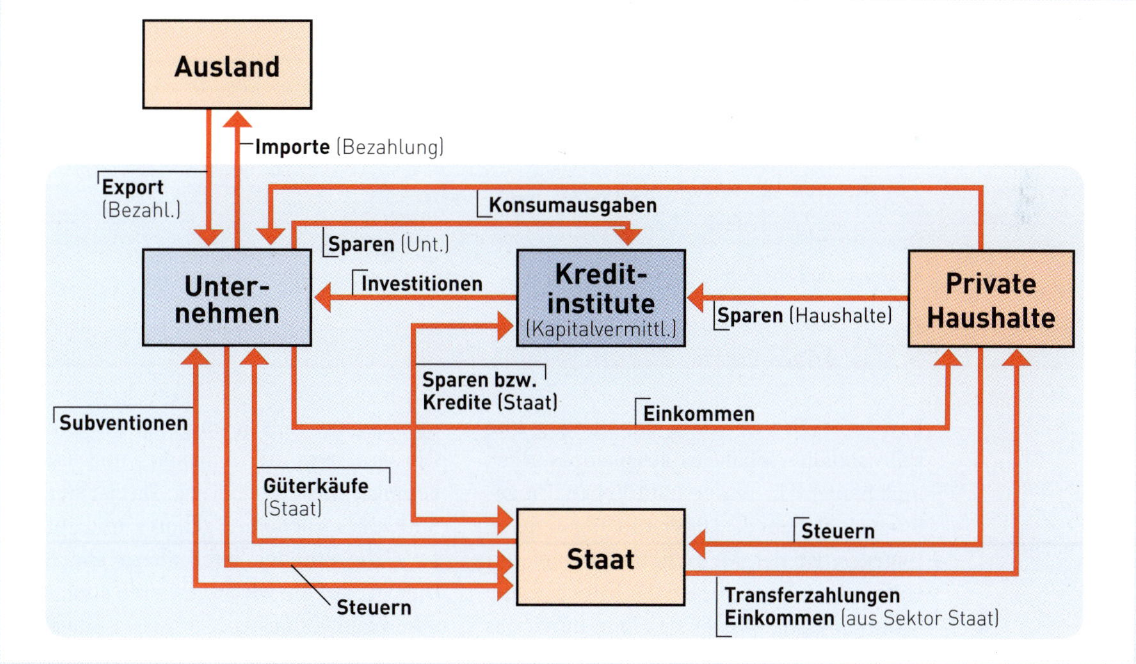

Nach: Siegfried von Känel, www.iwk-svk-dresden.de (27.1.2015)

Aufgabe

Erarbeiten Sie Vorzüge und Grenzen des Modells zum vollständigen Wirtschaftskreislauf. Nehmen Sie anschließend persönlich Stellung, inwiefern das Modell eine geeignete Methode zur Erkenntnisgewinnung darstellt.

Erklärfilm „Wirtschaftskreislauf“

Mediencode: 72064-07

3.3.2 Die freie Marktwirtschaft – eine optimale Versorgung?

M 4 Motive des Wirtschaftens

Karikatur: Dirk Meissner

M 5 Adam Smith: Warum freie Marktwirtschaft?

Fast jedes Tier ist völlig unabhängig und selbstständig, sobald es ausgewachsen ist, und braucht in seiner natürlichen Umgebung nicht mehr die Unterstützung anderer. Dagegen ist der Mensch fast immer auf Hilfe angewiesen, wobei er jedoch kaum erwarten kann, dass er sie allein durch das Wohlwollen der Mitmenschen erhalten wird. Er wird sein Ziel wahrscheinlich viel eher erreichen, wenn er deren Eigenliebe zu seinen Gunsten zu nutzen versteht, indem er ihnen zeigt, dass es in ihrem eigenen Interesse liegt, das für ihn zu tun, was er von ihnen wünscht. Jeder, der einem anderen irgendeinen Tausch anbietet, schlägt vor: Gib mir, was ich wünsche, und du bekommst, was du benötigst. Das ist stets der Sinn eines solchen Angebotes, und auf diese Weise erhalten wir nahezu alle guten Dienste, auf die wir angewiesen sind. Nicht vom Wohlwollen des Metzgers, Brauers und Bäckers erwarten wir das, was wir zum Essen brauchen, sondern davon, dass sie ihre eigenen Interessen wahrnehmen. Wir wenden uns nicht an ihre Menschen-, sondern an ihre Eigenliebe, und wir erwähnen nicht die eigenen Bedürfnisse, sondern sprechen von ihrem Vorteil. Niemand möchte weitgehend vom Wohlwollen seiner Mitmenschen abhängen. [...]

Da aber jeder Mensch Kapital zur Unterstützung seines Erwerbsstrebens nur mit Aussicht auf Gewinn einsetzt, wird er stets bestrebt sein, es zur Hilfe für solche Erwerbe anzulegen, deren Ertrag voraussichtlich den höchsten Wert haben wird, oder für den er das meiste Geld oder die meisten anderen Waren bekommen kann. Nun ist aber das Volkseinkommen eines Landes immer genau so groß wie der Tauschwert des gesamten Jahresertrags oder, besser, es ist genau dasselbe, nur anders ausgedrückt.

[...] Wenn daher jeder Einzelne so viel wie nur möglich danach trachtet, sein Kapital zur Unterstützung der einheimischen Erwerbstätigkeit einzusetzen und dadurch diese so lenkt, dass ihr Ertrag den höchsten Wertzuwachs erwarten lässt, dann bemüht sich auch jeder Einzelne ganz zwangsläufig, dass das Volkseinkommen im Jahr so groß wie möglich werden wird. Tatsächlich fördert er in der Regel nicht bewusst das Allgemeinwohl, noch weiß er, wie hoch der eigene Beitrag ist. [...]

[Der Bürger] wird [...] von einer unsichtbaren Hand geleitet, um einen Zweck zu fördern, den zu erfüllen er in keiner Weise beabsichtigt hat. [...] Der Einzelne vermag ganz offensichtlich aus seiner Kenntnis der örtlichen Verhältnisse weit besser zu beurteilen, als es irgendein Staatsmann oder Gesetzgeber für ihn tun kann, welcher Erwerbszweig im Lande für den Einsatz seines Kapitals geeignet ist und welcher einen Ertrag abwirft, der den höchsten Wertzuwachs verspricht. [...]

So wird in jeder Wirtschaftsordnung, in der durch besondere Förderung mehr volkswirtschaftliches Kapital in einzelne Erwerbszweige gelenkt werden soll, als von selbst dorthin fließen würde oder durch außerordentliche Beschränkung Teile des Kapitals von Branchen ferngehalten werden, in denen sie sonst investiert worden wären, in Wirklichkeit das Hauptziel unterlaufen, das man zu fördern vermeint. Sie verzögert den Fortschritt des Landes zu Wohlstand und Größe, anstatt ihn zu beschleunigen, und sie verringert den wirklichen Wert des Jahresprodukts aus Boden und Arbeit, statt ihn zu vergrößern. Gibt man daher alle Systeme der Begünstigung und Beschränkung auf, so stellt sich ganz von selbst das einsichtige und einfache System der natürlichen Freiheit her. [...] Im System der natürlichen Freiheit hat der Souverän lediglich drei Aufgaben zu erfüllen, die sicherlich von höchster Wichtigkeit sind, aber einfach und dem normalen Verstand zugänglich: Erstens das Land gegen Gewalttätigkeit und Angriff anderer unabhängiger Staaten zu schützen, zweitens die Aufgabe, jedes Mitglied der Gesellschaft soweit wie möglich vor Ungerechtigkeit oder Unterdrückung durch einen Mitbürger in Schutz zu nehmen oder ein zuverlässiges Justizwesen einzurichten, und drittens die Pflicht, bestimmte öffentliche Anstalten und Einrichtungen zu gründen und zu unterhalten, die ein Einzelner oder eine kleine Gruppe aus eigenem Interesse nicht betreiben kann, weil der Gewinn ihre Kosten niemals decken könnte, obwohl er häufig höher sein mag als die Kosten für das ganze Gemeinwesen.

Adam Smith (1723–1790) war Moralphilosoph und Wirtschaftstheoretiker. Er gilt als Begründer der modernen Nationalökonomie.

Adam Smith, Der Wohlstand der Nationen (aus dem Englischen übertragen und herausgegeben von Horst Claus Recktenwald), München 2003, S. 16 f., 370 f., 582 f.

M 6 Lactanien – eine fiktive freie Marktwirtschaft

Hügeliges Weideland – gute Voraussetzung für die Milchwirtschaft

Nach der Unabhängigkeit hat Lactanien die freie Marktwirtschaft als Wirtschaftsordnung in der Verfassung verankert. Lactanien ist weltweit berühmt für seine Milchprodukte. Geprägt von vielen Wäldern, aber vor allem von leicht hügeligen Wiesengegenden finden Rinder, Schafe und Ziegenherden hier traditionell hervorragende Weiden vor. Viele Bewohner Lactaniens sind seit langem in kleinen und mittleren Betrieben in der Milchproduktion und -verarbeitung (Molkereien, Käsereien) beschäftigt.

a) Vor einiger Zeit schlossen sich im Süden Lactaniens ein Großteil der dort ansässigen Milchproduzenten und -verarbeiter zusammen, wodurch das erste Großunternehmen – „Südlac" – des Landes entstand, das nun 80 % der Milchwirtschaft im Südteil kontrolliert. Als Unternehmensstrategie hat „Südlac" ausgegeben, seine Produkte nicht mehr nur schwerpunktmäßig regional zu vertreiben, sondern auch im großen Stil in die anderen Landesteile zu liefern.

b) Das Großunternehmen „Südlac" verfügt – auch das eine Neuerung in der lactanischen Volkswirtschaft – über eine Entwicklungsabteilung. Als erstes großes Projekt wurde ein völlig neues Düngemittel entwickelt, das zugleich schädlingsvertilgend wirkt. Das Gras auf den Weiden des südlactanischen Konzerns ist damit deutlich ergiebiger als zuvor, was zu einer erhöhten Milchproduktion bei den Kühen führt. Dadurch kann „Südlac" den Preis von einem Liter Frischmilch von 89 auf 82 Lactan-Cent senken und trotzdem profitabel arbeiten. Zwei eher unbeabsichtigte Folgen hat das Mittel darüber hinaus: Erstens leuchtet das Gras auf den südlactanischen Hügeln in einem noch intensiveren Grün als ohnehin schon (das satte Grün wurde früher bereits von den Dichtern besungen). Zweitens verändert der Stoff die Verdauung der Kühe, sodass der Kot der Tiere drei- bis viermal stärker riecht als gewöhnlich. Besonders im Sommer, wenn ganz Südlactanien von den Kuherden beweidet wird, zieht ein widerwärtiger, säuerlich-fauliger Geruch über das gesamte Gebiet, auch durch die wenigen Großstädte.

c) Immer wieder geschehen in den Betrieben der lactanischen Milchwirtschaft Unfälle. Im Umgang mit giftigen Reinigungschemikalien kommt es zu schweren Verätzungen der Augen und der Lungen, mehrfach sind schon Mitarbeiter von Rindern so schwer verletzt worden, dass sie nicht mehr arbeiten konnten. Die Invaliden reihen sich ein in die nicht allzu kleine Gruppe derjenigen, die die anstrengenden Arbeiten nach 20 bis 25 Jahren aufgeben mussten und nun körperlich nicht mehr in der Lage sind, andere Erwerbsarbeiten aufzunehmen.

d) Relativ neu ist in Lactanien das Phänomen, dass junge Menschen ungeeignet sind für eine Ausbildung in der Milchwirtschaft. Aufgrund eines rasanten Strukturwandels (v. a. technischer Fortschritt) werden heutzutage und in Zukunft viel weniger Tierpfleger, Melker o. Ä. eingestellt, sondern Logistiker und Informatiker, Marketingkräfte, Tierärzte und Betriebswirte. Aber dafür braucht man die entsprechenden intellektuellen Fähigkeiten und schulischen Qualifikationen, über die lange nicht alle Lactanier verfügen. Allerdings eröffnet der Strukturwandel gut Ausgebildeten deutlich verbesserte Verdienstmöglichkeiten.

Autorentext

M 7 ● Die unsichtbare Hand

Daddy, why does Santa give **more** presents to rich kids than poor kids?

Son, Santa ist just a **story** we adults tell children to make things **exciting**.

The truth is, rich people have more because of the **invisible hand of the free market**. It brings wealth to the **good** adults who work hard and **deserve it**. The hand knows who's naughty and nice. And who should be **poor**.

He said a giant invisible hand with a gajillion dollars rules the universe.

Let's never grow up.

Karikatur: Matt Bors

M 8 ● Welche Grenzen hat die freie Marktwirtschaft?

Erstens ist der Markt insofern sozial blind, als er nur marktgängige Leistungen belohnt. Wer nicht am Markt teilnehmen kann durch das Angebot nachgefragter Güter, kann kein Einkommen erzielen. Er muss von anderen, die ein solches erhalten, mitversorgt werden. Das betrifft immer die Kinder, die Alten, die Kranken und Invaliden, die Arbeitslosen. Deren Versorgung muss durch entsprechende Sozialpolitik gewährleistet werden. Zweitens gibt es Güter und Dienste, die über den Markt gar nicht angeboten werden können. Das sind die sogenannten öffentlichen Güter. Sie sind dadurch gekennzeichnet, dass von ihrem Konsum niemand ausgeschlossen werden kann. Deshalb können ihre „Produktion“ und ihr „Konsum“ nicht durch Markt und Wettbewerb geregelt werden. Herkömmlicherweise sind dies vor allem die Güter der öffentlichen Ordnung, der inneren und äußeren Sicherheit, aber in moderner Gesellschaft zunehmend auch Güter der ökonomisch-sozialen Infrastruktur wie Verkehrs- und Kommunikationswege, Versorgungsnetze, saubere Luft [bzw. generell unzerstörte Umwelt] u.a. Über die Erstellung dieser Güter muss politisch verbindlich entschieden werden, weil hier der Markt versagt. In komplexen Gesellschaften hat die Zahl solcher Güter offensichtlich zugenommen, aber man kann in Grenzfällen auch darüber streiten, ob ein Gut als öffentliches oder über den Markt angeboten werden soll (z. B. im Bereich der kommunalen Versorgungs- und Entsorgungseinrichtungen).

Bernhard Sutor, Joachim Detjen, Politik. Ein Studienbuch zur politischen Bildung, Paderborn 2001, S. 270 f.

Aufgaben

1. Analysieren (→ Methodenglossar) Sie die Karikatur (M 4).
2. Stellen Sie Adam Smith' Vorstellung einer freien Marktwirtschaft dar (M 5).
3. Arbeiten Sie mögliche Nachteile einer freien Marktwirtschaft aus dem fiktiven Beispiel Lactaniens heraus (M 6).
4. Erörtern Sie das Konzept der freien Marktwirtschaft (M 4 – M 8).

H zu Aufgabe 2 → S. 194

H zu Aufgabe 3 → S. 194

3.3.3 Zentralverwaltungswirtschaft – Weg für effizientes Wirtschaften?

10-Pfennig-Briefmarke der DDR zum 5-Jahres-Plan

M 9 ● Warum Zentralverwaltungswirtschaft?

Wir werden der Einfachheit halber bloß zwei Typen der Gesellschaft ins Auge fassen [...]. Diese beiden Typen wollen wir die „kommerzielle" und die „sozialistische" Gesellschaft nennen. Die kommerzielle Gesellschaft ist zu definieren durch ein institutionelles System, aus dem wir nur zwei Elemente zu erwähnen brauchen: das Privateigentum an den Produktionsmitteln und die Regelung des Produktionsprozesses durch Privatvertrag. [...]

Mit sozialistischer Gesellschaft wollen wir ein institutionelles System bezeichnen, in dem die Kontrolle über die Produktionsmittel und über die Produktion selbst einer Zentralbehörde zusteht, – oder wie wir auch sagen können, in dem grundsätzlich die wirtschaftlichen Belange der Gesellschaft in die öffentliche und nicht in die private Sphäre gehören. [...] Die Verteilung [...] ist, wenigstens logisch, vollständig getrennt von der Produktion. [...] [Das Gemeinwesen] kann die Wünsche der einzelnen Genossen erforschen oder es kann beschließen, ihnen das zu geben, was die eine oder andere Behörde als das Beste für sie erachtet; das Schlagwort „jedem nach seinen Bedürfnissen" kann beide Bedeutungen haben. [...]

Nehmen wir an, dass die ethische Überzeugung unseres sozialistischen Gemeinwesens zutiefst egalitär ist, doch zu gleicher Zeit vorschreibt, es stehe den Genossen frei, unter allen Konsumgütern, die das Ministerium [Zentralbehörde] zu produzieren fähig und willens ist, nach Belieben zu wählen, so kann die Gemeinschaft selbstverständlich die Produktion gewisser Waren, zum Beispiel alkoholischer Getränke, verweigern. Wir wollen des Weiteren annehmen, dass dem in diesem Fall geltenden Gleichheitsideal dadurch Genüge geschieht, dass jeder Person [...] ein Gutschein ausgehändigt wird, der ihren Anspruch auf eine gewisse Menge von Konsumgütern darstellt, – diese Menge wäre gleich dem in der laufenden Rechnungsperiode zur Verfügung stehenden Sozialprodukt, geteilt durch die Zahl der Berechtigten –; und dass alle Gutscheine am Ende dieser Periode ihre Gültigkeit verlören. Man kann sich diese Gutscheine vorstellen als Ansprüche auf den x-ten Teil aller Nahrungsmittel, Kleider, Haushaltungsgegenstände, Häuser, Autos, Filmvorführungen usw., die während der in Betracht stehenden Periode für den Konsum [...] produziert wurden oder werden. [...]

Eine der wichtigsten Schwierigkeiten jeder Geschäftsführung [besteht in der freien Marktwirtschaft] in den Unsicherheiten, die jede Entscheidung umgeben. Eine ihrer wichtigsten Kategorien besteht wiederum in der Unsicherheit über die Reaktion der tatsächlichen und potentiellen Konkurrenten und darüber, wie sich die allgemeinen Wirtschaftsverhältnisse gestalten werden. [Es] ist mit guten Gründen zu erwarten, dass diese zwei beinahe vollständig verschwinden werden. Die Leitungen sozialisierter Industrien und Werke wären in der Lage, genau zu wissen, was die andern vorhaben, und nichts würde sie daran hindern, sich zu gemeinsamem Vorgehen zusammenzuschließen. Das Zentralamt könnte [...] die Entscheidungen aufeinander abstimmen.

Joseph A. Schumpeter, Kapitalismus, Sozialismus und Demokratie. 8. Auflage, Tübingen/Basel 2005, S. 268 f., 278 f., 297 f. (Rechtschreibung angepasst)

Joseph A. Schumpeter (1883–1950), Wirtschaftswissenschaftler, untersuchte als Vertreter der Marktwirtschaft die (zerstörerische) Dynamik kapitalistischer Systeme.

egalitär
gleichheitsorientiert

M 10 ● Wie soll Zentralverwaltungswirtschaft funktionieren?

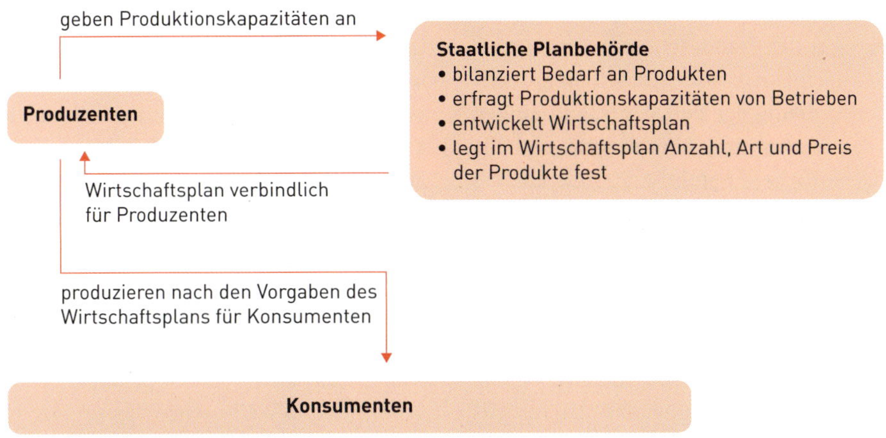

Rahmenbedingungen
- kein Privateigentum an den Produktionsmitteln
- Betriebe sind Volkseigentum und werden im Auftrag aller vom Staat verwaltet
- Existenz von Betrieben und Arbeitsplätzen grundsätzlich gesichert
- keine marktwirtschaftliche Konkurrenz zwischen Wirtschaftseinheiten

Christian Fischer, Planspiel Planwirtschaft, in: Gesellschaft – Wirtschaft – Politik 57 (Heft 1) 2008, S. 143

M 11 ● Ergebnis zentraler Wirtschaftssteuerung?!

„Wozu braucht man so'n Ding?"

„Keine Ahnung. Aber die Kunden sind listig; die kriegen es raus."

Illustration: Heinz Behling (1975); Heinz Behling (1920 – 2003) war in der DDR ein bekannter Karikaturist des Satiremagazins „Eulenspiegel".

M 12 Welche Grenzen hatte die reale Zentralverwaltungswirtschaft?

Der Versuch, [in der DDR] soziale Gerechtigkeit, Konsum für jedermann und stabile Preise [...] per Planbeschluss zu erreichen, ging mit einer rigorosen [drastischen] staatlichen Lenkung der Volkswirtschaft einher, die die Verwaltung überforderte und die wirtschaftliche Produktivität hemmte. So führten die verordnet stabilen und niedrigen Preise etwa für Grundnahrungsmittel, Wohnungsmieten, Heizung oder im sozialen Bereich zu immer horrenderen [extrem übertriebenen] Subventionssummen, die nur durch Überteuerung anderer Produkte (etwa technischer Geräte und „Luxusartikel") oder durch Kredite zu finanzieren waren. [...] Die DDR begann sich massiv zu verschulden, sie wurde zum „Sozialstaat auf Pump". [...]

Die DDR lebte über ihre Verhältnisse und konnte die versprochenen Leistungen nur noch unter rücksichtsloser Verschwendung ihrer Ressourcen aufbringen. Wenn überhaupt. 1977 [kam es] zu einer beispielhaften Versorgungskrise, der sogenannten „Kaffeekrise". Die stark gestiegenen Weltmarktpreise für Rohkaffee ließen die nötige Menge an Devisen, die zur Deckung des Inlandsbedarfs von ca. 50.000 Tonnen jährlich benötigt wurden, von ca. 150 Millionen Valutamark [in der DDR verwendete Bezeichnung für westdeutsche D-Mark] auf über 650 Millionen Valutamark steigen. Das war nicht mehr zu finanzieren. Die Experten schlugen vor: Einstellung der Kaffeeproduktion bis auf einen Mischkaffee aus 50 % Röstkaffee und 50 % Ersatzstoffen, Verdopplung des Kaffeepreises. [...] Die Bürger lehnten „Erichs Krönung", wie das Gemisch bald darauf genannt wurde, entschieden ab. Nur der schnelle Einkauf von Rohkaffee in Staaten der Dritten Welt konnte die Lage wieder stabilisieren, aber auch hierfür mussten erhebliche Beträge in Devisen bezahlt werden. [...]

Dass zur Erwirtschaftung der nötigen Devisen darüber hinaus massiv in DDR-Betrieben produzierte Waren ins Ausland verkauft wurden und somit der eigenen Bevölkerung fehlten (das betraf unter anderem sowohl den begehrten Weihnachtsschmuck aus dem Erzgebirge als auch Möbel, die in bundesdeutschen Versandhauskatalogen wieder auftauchten) zeigt deutlich, dass sich die DDR-Wirtschaft in einem Teufelskreis bewegte [...].

Bis zum Ende der DDR blieben Versorgungsschwierigkeiten ständiger Begleiter im Alltag. Es war tatsächlich eine eigene sozialistische Konsumkultur entstanden, anders aber, als sich das die wirtschaftliche Führung ausgemalt hatte: Das Schlangestehen vor den Geschäften gehörte ebenso dazu wie der Tauschhandel, die Eigenversorgung mit allem, was der Garten hergab, und die Verschwendung hochsubventionierter Lebensmittel wie zum Beispiel von Brot, das als Tierfutter billiger war als die Erzeugnisse der volkseigenen Futtermittelproduktion.

Mitteldeutscher Rundfunk/www.mdr.de, Wirtschaft der DDR, 16.2.2010

Versorgung in der DDR

Die Wartezeit für eine zentral vergebene Wohnung lag bei etwa 5 Jahren, die für einen Telefonanschluss bei 10, die für ein Auto der Marke „Wartburg" sogar bei 15 Jahren.

Aufgaben

1. Stellen Sie wesentliche Grundannahmen und Funktionselemente der Zentralverwaltungswirtschaft dar (M 9, M 10).
2. Vergleichen Sie die freie Marktwirtschaft mit der Zentralverwaltungswirtschaft in ihren Grundkonzeptionen.
3. Analysieren (→ Methodenglossar) Sie die Karikatur M 11.
4. Erörtern Sie vergleichend die Konzeption von Zentralverwaltungswirtschaft und freier Marktwirtschaft (Kap. 3.3.2, M 8, M 9).

H zu Aufgabe 2 → S. 194

F Führen Sie vor Ihrem Kurs ein fiktives Interview (→ Methodenglossar) zwischen Adam Smith, Joseph A. Schumpeter und einem Moderator zur Frage der optimalen Wirtschaftsordnung.

3.3.4 Die Soziale Marktwirtschaft – als „dritter Weg"?

M 13 ● Welchen Grundideen folgt die Soziale Marktwirtschaft?

1. Die Soziale Marktwirtschaft basiert auf den Funktionen eines beweglichen und sich dynamisch entwickelnden Marktes.
2. **Die Soziale Marktwirtschaft ist angetreten mit dem Anspruch, durch den marktwirtschaftlichen Prozess nicht nur die Gütererzeugung anzuheben, den Bereich persönlicher freier Gestaltungsmöglichkeiten für die Einzelnen zu erweitern, sondern auch soziale Fortschritte zu bringen.**
3. Die Soziale Marktwirtschaft fordert keinen schwachen Staat, sondern sieht in einem starken demokratischen Staat die Voraussetzungen für das Funktionieren dieser Ordnung. Der Staat hat nicht nur der Sicherung der Privatrechtsordnung zu dienen, er [hat] [...] sich für die Erhaltung eines echten Wettbewerbs [...] einzusetzen. Die vom Staat zu sichernde Wettbewerbsordnung wehrt zugleich Machteinflüsse auf dem Markt ab.
4. Garant des sozialen Anspruchs der Marktwirtschaft ist nicht nur der Markt, dessen wirtschaftliche Leistungen sehr oft schon sozialen Fortschritt bedeuten. Der Staat hat vielmehr die unbestrittene Aufgabe, über den Staatshaushalt und die öffentlichen Versicherungen die aus dem Markt resultierenden Einkommensströme umzuleiten und soziale Leistungen, wie Kindergeld, Mietbeihilfen, Renten, Pensionen, Sozialsubventionen und so weiter, zu ermöglichen. [...] Das bedeutet keineswegs ein Hinüberwechseln aus dem Markt in den staatlichen Bereich, sofern man sich dabei bewusst ist, dass die Mittel, die der Staat transformiert [hier: umleitet], von der wirtschaftlichen Leistung des Marktes abhängig bleiben und marktkonform sein müssen. Es muss die Grenze eingehalten werden, deren Überschreitung eine Störung der Marktvorgänge bewirkt.
5. Neben den engeren Aufgaben der Wettbewerbssicherung und den weiteren Aufgaben des sozialen Schutzes steht der Staat seit je und heute bewusster als früher vor Aufgaben der Gesellschaftspolitik, um die [...] Lebensumstände für alle zu verbessern. [...] Ich nenne Erweiterung der Vermögensbildung, Verbesserungen der Investitionen im Bereich des Verkehrs, des Gesundheitswesens, Aufwendungen für Bildung und Forschung, Schutz gegen die wachsende Verschlechterung vieler Umweltbedingungen, Städtebauförderung.

Der Wirtschaftswissenschaftler und Soziologe Alfred Müller-Armack (1901-1978) gilt als einer der Begründer der Sozialen Marktwirtschaft und schöpfte den Begriff bereits 1946. Ab 1952 war er enger Mitarbeiter von Wirtschaftsminister Ludwig Erhard.

6. Die Ordnung der Sozialen Marktwirtschaft schließt also alle Ziele, die wir auch für eine weitere Zukunft ins Auge zu fassen haben, ein. Sie bleibt insofern Marktwirtschaft, als sie darauf besteht, dass das durch freie Betätigung aller Gruppen gesicherte Privateigentum, eine gesicherte Rechtsordnung und stetes Wirtschaftswachstum auch [...] in der Zukunft die besten Grundlagen bieten, um die Fülle der vor uns stehenden Aufgaben im staatlichen und privaten Bereich zu fördern. [...] Die Soziale Marktwirtschaft ist ein Stil, der ein festes Formprinzip mit der Fülle der Gestaltungsmöglichkeiten im Einzelnen verbindet.

Alfred Müller-Armack, Unser Jahrhundert der Ordnungsexperimente, in: Genealogie der sozialen Marktwirtschaft, 2. Auflage, Bern/Stuttgart 1981, S. 150

M 14 ● Die Prinzipien der Sozialen Marktwirtschaft

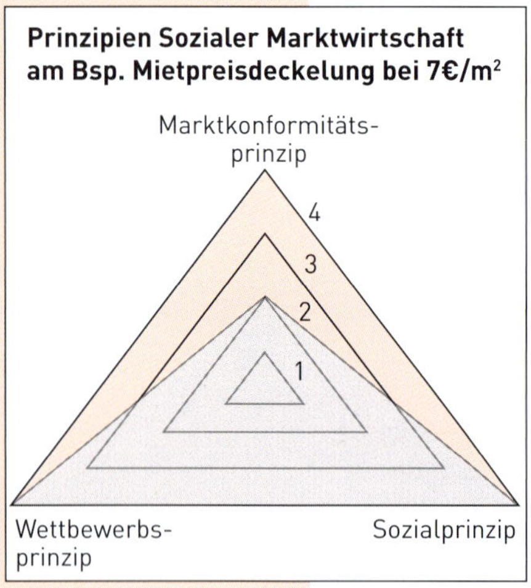

Prinzip...
4 = voll erfüllt
3 = überwiegend erfüllt
2 = in Teilen erfüllt
1 = nicht erfüllt

Die Konzeption Sozialer Marktwirtschaft basiert auf drei zentralen Prinzipien: (1) Nach dem **Wettbewerbsprinzip** muss der Staat dafür Sorge tragen, dass in allen Branchen und Sektoren möglichst (große) Konkurrenz herrscht. Monopole und Oligopole sind zu verhindern. In Deutschland übernehmen das Bundeskartellamt und der Bundeswirtschaftsminister diese Aufgabe. (2) **Das Prinzip der Marktkonformität** besagt, dass kein (wirtschafts)politischer Eingriff des Staates die Preisbildung aus Angebot und Nachfrage stören darf (z. B. dürften Vermietern keine festen Quadratmeterpreise vorgeschrieben werden). (3) Allerdings bleibt es nach dem **Sozialprinzip** möglich, aus sozialen Gründen Mitglieder der Gesellschaft zu unterstützen, damit sie (durch Konsum) am Markt teilnehmen können (z. B. Finanzierung der Wohnungsmiete).

Insbesondere das Sozial- und das Marktkonformitätsprinzip stehen also in einem Spannungsverhältnis zueinander. Wie stark das Sozialprinzip gewichtet wird, ist von der jeweiligen Konstellation in den politischen Entscheidungsgremien und der gesellschaftlichen Situation abhängig.

Um die Gewichtung der Prinzipien bei konkreten politischen Vorschlägen oder Entscheidungen zu veranschaulichen, kann man sich ein gleichschenkliges Dreieck vorstellen, dessen Ecken jeweils die vollständige Erfüllung eines der drei Prinzipien symbolisieren. Je weniger ein Prinzip berücksichtigt wurde, desto weiter zur Mitte des Dreiecks würde der Bezugspunkt rücken. Beispiel: Eine staatlich vorgeschriebene maximale Mietpreishöhe bei 7,- Euro pro Quadratmeter würde eine starke Umsetzung des Sozialprinzips bedeuten, da sich auch Mitglieder unterer Einkommensgruppen größere Wohnungen in begehrterer Lage leisten könnten (4). Allerdings wäre das Marktkonformitätsprinzip nur in Teilen berücksichtigt (2), da eine freie Preisbildung aus der Relation von Angebot und Nachfrage stark eingeschränkt würde. Das Wettbewerbsprinzip wäre nicht berührt (4).

Autorentext und -grafik

M 15 ● Wettbewerbsordnung in der Sozialen Martwirtschaft

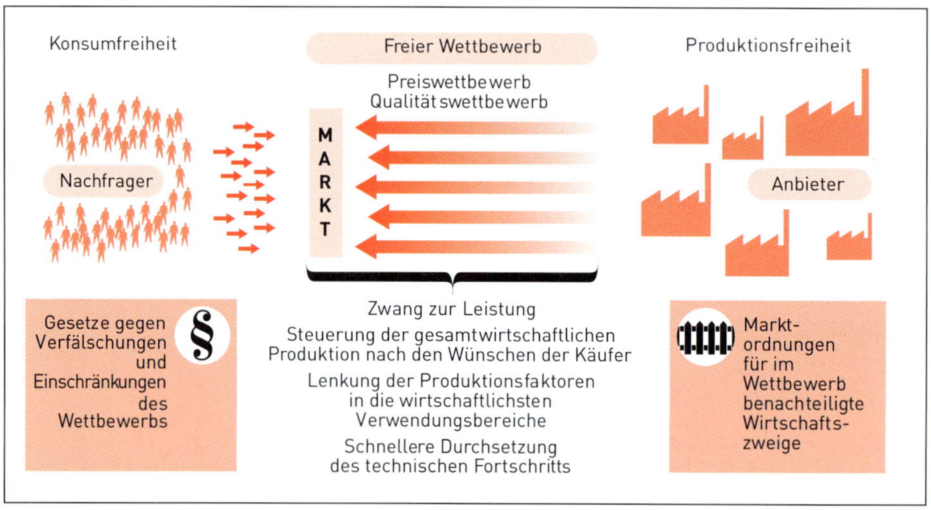

Bergmoser + Höller Verlag AG, Zahlenbilder 200290

M 16 ● Wie ist die Soziale Marktwirtschaft entstanden?

Dem allgemeinen Willen zum Wiederaufbau stehen im Nachkriegsdeutschland [nach 1945] vielfältige Hindernisse entgegen: Zu den Kriegsschäden [...] kommen die alliierten Demontagen. Rohstoffknappheit und Transportprobleme erweisen sich bald als ebenso hemmend wie die schlechte Ernährungslage. Nicht zuletzt ist der Wirtschaftskreislauf durch die Zerrüttung der Reichsmark-Währung und den Mangel an Waren jeder Art nachhaltig gestört; Zwangsbewirtschaftung und Schwarzer Markt bestimmen das Bild. [...] Nicht nur Kommunisten und Sozialdemokraten können sich 1945 [in Westdeutschland] einen Wiederaufbau allein unter sozialistischem Vorzeichen vorstellen. [In der Sowjetischen Besatzungszone (später DDR) wird sehr schnell eine Zentralverwaltungswirtschaft installiert.] Bis weit in die Reihen der CDU reichen die Befürworter einer Sozialisierung des Bergbaus und der Schlüsselindustrien, einer Umverteilung des landwirtschaftlichen Besitzes, eines umfassenden Ausbaus der Mitbestimmungsrechte [für Arbeitnehmer in Privatbetrieben] und lenkender Eingriffe des Staates in die Wirtschaft (Ahlener Programm vom Februar 1947). [...] Erst im Zeichen von Marshall-Plan[1] und Währungsreform[2] vollzieht sich ein Umschwung. Eine Koalition aus CDU/CSU, FDP und Deutscher Partei unterstützt im Frankfurter Wirtschaftsrat die von Ludwig Erhard initiierte Politik der Sozialen Marktwirtschaft.

Deutscher Bundestag (Hg.), Fragen an die deutsche Geschichte, Historische Ausstellung im Reichstagsgebäude Berlin, Bonn 1984, S. 357 f.

1) *Marshall-Plan: Wiederaufbauprogramm (1948–1952) der USA für Westeuropa nach dem Zweiten Weltkrieg in Höhe von insg. 13,1 Milliarden US-Dollar (entspricht 2010 ca. 80,3 Milliarden US-Dollar)*

2) *Währungsreform: hier der Wechsel der Währung von der faktisch wertlosen Reichsmark in die D-Mark 1948*

M 17 ● Ordoliberalismus – theoretische Grundlage der Sozialen Marktwirtschaft

Im deutschsprachigen Raum wurden bereits in den [1930er] Jahren, quasi im Untergrund, die Grundgedanken für eine marktwirtschaftliche Neukonzipierung der Wirtschaftspolitik nach dem Kriege entwickelt. [Walter] Eucken formulierte sieben konstituierende Ordnungsprinzipien. Sie lassen sich zu folgenden vier Grundpfeilern einer marktwirtschaftlichen Ordnungspolitik zusammenfassen:

a) Schaffung funktionsfähiger Märkte

Die Sicherung der Funktionsfähigkeit des Preismechanismus wird von Eucken als das wirtschaftsverfassungsrechtliche Grundprinzip schlechthin bezeichnet. Hierzu ist es erforderlich, die entsprechenden Grundfreiheiten zu gewährleisten: Gewerbe- und Konsumfreiheit, Freiheit der Berufs- und Arbeitsplatzwahl, Freizügigkeit, Vertragsfreiheit und Koalitionsfreiheit.

Weiterhin soll eine Wettbewerbspolitik betrieben werden, die in erster Linie darauf ausgerichtet ist, die Offenheit der Märkte für Newcomer zu gewährleisten (Prinzip der offenen Märkte). Denn nur bei möglichst freiem Marktzutritt können sich keine dauerhaften Monopole bilden. [...] Unvermeidbare Monopole [z.B. Strom- oder Schienennetze] sind einer staatlichen Missbrauchsaufsicht zu unterwerfen. [...] Die beste Marktöffnungspolitik ist zudem eine liberale Außenwirtschaftspolitik (Freihandelsprinzip).

[...] Von der Vertragsfreiheit auszunehmen sind jedoch Verträge, die dem Ziel dienen, den Wettbewerb auszuschalten (Verbot von Kartellverträgen).

b) Konsequente Politik der Preisniveaustabilität

Funktionierende Märkte setzen weiterhin eine strikt am Ziel der Preisniveaustabilität ausgerichtete Geldpolitik voraus. Denn nur

Der Begründer der sog. Freiburger Schule war der Wirtschaftswissenschaftler Walter Eucken (1893–1950). Die Freiburger Schule bezeichnete sich selbst auch als „ordoliberal“.

in einer inflationsfreien Wirtschaft vermag der Preismechanismus seine Signal- und Lenkungsfunktion voll zu entfalten. [...] Die Vorstellung läuft letztlich darauf hinaus, dass eine (unabhängige) Zentralbank die Geldmenge in dem Maße ausweitet, wie die gesamtwirtschaftliche Produktion wächst. [...]

c) Privateigentum und volle Haftung

Das Recht auf Privateigentum an Produktionsmitteln ist verfassungsrechtlich zu verankern. Hierdurch soll gewährleistet werden, dass die Produzenten in bedarfsgerechter Weise auf die Preissignale reagieren und das Produktivkapital effizient eingesetzt wird. Es muss insbesondere gewährleistet sein, dass die Eigentümer von Produktivkapital sich nicht nur die Gewinne aneignen, sondern auch die volle Haftung für getroffene Fehlentscheidungen tragen (Prinzip der vollen Haftung). [...]

d) Stetige und berechenbare Wirtschaftspolitik

Im Übrigen soll eine stetige und berechenbare Wirtschaftspolitik gewährleisten, dass ohnehin existierende [wirtschaftliche] Unsicherheiten nicht noch durch wirtschaftspolitisch verursachte Unsicherheiten verstärkt werden. [...] Plädiert wird dagegen für den Vorrang der Ordnungspolitik (Gestaltung der Rahmenbedingungen) und den Verzicht auf [...] prozesspolitische Interventionen in das Marktsystem. [...]

Nach [ordo]liberalem Verständnis ist eine marktwirtschaftliche Ordnung per se „sozial". Sie sichert die individuelle Freiheit der Individuen und führt [...] zu einer bestmöglichen Güterversorgung. [...] Korrekturen der herrschenden Verteilung von Einkommen und Vermögen, z.B. durch eine progressive [mit zunehmendem Einkommen prozentual steigende] Einkommensteuer, werden zwar nicht schlechthin abgelehnt, durch derartige Verteilungskorrekturen dürfe jedoch weder die Investitionsneigung zu stark belastet, noch die Leistungsbereitschaft der Individuen über Gebühr untergraben werden. [...]

Eine begrenzte betriebliche Mitwirkung der Arbeitnehmer bei der Gestaltung der Arbeitsbedingungen [wird] nicht ausgeschlossen [...]. Eine überbetriebliche paritätische Mitbestimmung [z.B. durch Gewerkschaften], die Kompetenzen aus den Betrieben hinaus verlagert, wird strikt abgelehnt. [...] Insgesamt hat die Sozialpolitik nur den Restbestand an Versorgungs- und Fürsorgeaufgaben zu übernehmen, der auch in einer funktionierenden Wettbewerbswirtschaft noch verbleibt. [...] Ein umfassender öffentlicher Sicherungs- und Versorgungsapparat [sei] nicht nur unnötig, sondern wegen der damit verbundenen Einschränkung des Leistungswillens der Individuen und dem bürokratischen Aufwand auch gefährlich.

Nach: Jürgen Pätzold, Soziale Marktwirtschaft, www.juergenpaetzold.de (29.12.2009)

Jürgen Pätzold ist Honorarprofessor für Wirtschaftswissenschaften an der Universität Hohenheim.

F zu Aufgabe 1
Die verfassungsrechtliche Wirtschaftsordnung der Bundesrepublik ist die Soziale Marktwirtschaft! Überprüfen Sie diese Aussage am Grundgesetz für die Bundesrepublik Deutschland (Art. 1 – 28 GG).

Aufgaben

1. Geben Sie die wesentlichen Ziele und Prinzipien des Konzepts der Sozialen Marktwirtschaft nach Müller-Armack wieder (M 13 – M 15).
2. Ordnen Sie die Grundüberlegungen der Sozialen Marktwirtschaft in den „Ordoliberalismus" ein. Zeigen Sie dabei aber auch Unterschiede zwischen Müller-Armacks und Euckens Überlegungen auf (M 16).
3. Vielfach wird die Soziale Marktwirtschaft als „dritter Weg" zwischen freier Marktwirtschaft und Zentralverwaltungswirtschaft bezeichnet. Nehmen Sie Stellung zu dieser Bezeichnung.

Wirtschaftsordnungen
M 2, M 3

Eine **Wirtschaftsordnung besteht aus einer** jeweils charakteristischen **Kombination von Institutionen und Regeln**, die als Anreize auf das Verhalten der Akteure wirken. Zu den wichtigsten Anreizstrukturen einer Wirtschaftsordnung zählt man die **Planungs- und Lenkungsform**, die **Eigentumsform**, die **Markt- und Preisbildungsform** sowie die **Unternehmensform**.

Marktwirtschaft
M 5, M 6, M 8

Bei der Marktwirtschaft handelt es sich um eine **Volkswirtschaft**, die ihre **Ressourcen durch** die **dezentralisierten Entscheidungen zahlreicher Unternehmen und Haushalte zuteilt**, die zu diesem Zweck auf Märkten für Güter und Produktionsfaktoren (Arbeit und Kapital) zusammenwirken. Der Bürger kann sich uneingeschränkt wirtschaftlich betätigen. Gewöhnlich sind Märkte gute Verfahren für die Koordination von Geschäften. Der Staat übernimmt nur die Minimalaufgaben der inneren und äußeren Sicherheit, der Justiz sowie der Bereitstellung nicht marktförmig handelbarer (öffentlicher) Güter (z. B. Deichbau).

Zentralverwaltungswirtschaft
M 9, M 10, M 12

Im Unterschied zur Marktwirtschaft wird die **Güterverteilung in der Zentralverwaltungswirtschaft** nicht über den Markt, sondern **über eine staatliche Behörde geregelt**. Auch Preise werden festgesetzt und bilden sich nicht über Angebot und Nachfrage.

Soziale Marktwirtschaft
M 13 – M 17

Die **Soziale Marktwirtschaft** ist die **Wirtschaftsordnung der Bundesrepublik Deutschland**. Sie ergänzt die Marktprozesse durch eine vom Staat durchgesetzte und kontrollierte Wettbewerbsordnung und eine staatliche Sozialordnung. Auf diesem Wege sollen die unerwünschten Ergebnisse der Freiheit auf dem Markt korrigiert und mit sozialem Ausgleich verbunden werden. Das Konzept der Sozialen Marktwirtschaft wurde in den frühen Nachkriegsjahren, z. T. gegen den Widerstand der Besatzungsmächte, von **Ludwig Erhard**, später erster Wirtschaftsminister der Bundesrepublik Deutschland, politisch durchgesetzt. Sein programmatisches Buch „Wohlstand für alle" erschien 1957.
Im System der Sozialen Marktwirtschaft setzt der Staat die Rahmenbedingungen für wirtschaftliches Handeln:

- Er **garantiert einen Rechtsrahmen**, der die Freiheitsrechte für alle Akteure sichert (Vertragsfreiheit, Konsumfreiheit, Freiheit der Berufswahl, Gewerbefreiheit, Privateigentum an Produktionsmitteln).
- Er sorgt für die **Sicherung des Wettbewerbs**, dem zentralen Steuerungsinstrument für das gesamt Wirtschaftsgeschehen. Er erreicht dies unter anderem dadurch, dass wettbewerbswidrige Kartelle (Zusammenschlüsse von Unternehmen) und der Machtmissbrauch durch die marktbeherrschende Stellung einzelner Unternehmen (Monopole) verhindert werden.
- Er etabliert ein **System der sozialen Sicherung**, welches durch die Ausgestaltung des Steuersystems, durch eine Sozialversicherungspflicht für jeden Einzelnen und staatliche Transferzahlungen für sozialen Ausgleich sorgen soll. Inwieweit allerdings dieses System der sozialen Sicherung einschlägigen Gerechtigkeitskriterien entspricht, ist politisch umstritten, zumal es sehr unterschiedliche Vorstellungen von sozialer Gerechtigkeit gibt. Die bekannteren Prinzipien sind das Gleichheits-, das Leistungs-, das Anrechts- und das Bedarfsprinzip.

Mietpreisbremse – was wird sie bringen?

So kommen die Forscher des arbeitgebernahen IW zu dem Schluss, dass die Mietpreisbremse eher schadet: „Was viele Mieter zumindest kurzfristig freut, dürfte Vermieter und Investoren abschrecken", sagt Michael Voigtländer, Immobilienexperte des IW. Sie könnten ihre Mieteinnahmen über längere Zeit nicht nennenswert steigern. Es sei daher nicht mehr attraktiv, neue Wohnungen zu bauen. Außerdem sei davon auszugehen, dass Mietwohnungen zunehmend an Selbstnutzer verkauft werden. Sein Fazit: „Der Mietmarkt wird kleiner und das Problem der Knappheit von Mietwohnungen verstärkt."

Das sieht der Deutsche Mieterbund (DMB) ganz anders: „Durch die Mietpreisbremse werden nicht mehr oder weniger Wohnungen gebaut. Es geht allein darum, den Anstieg der Mieten auf engen Wohnungsmärkten zu dämpfen", sagt Lukas Siebenkotten, Bundesdirektor des Deutschen Mieterbundes. Überall wo der Markt nicht angespannt sei, störe die Mietpreisbremse auch niemanden. „Dort kann sowieso kein Vermieter eine Mieterhöhung auf zehn Prozent über der ortsüblichen Vergleichsmiete durchsetzen."

Jörg Hackhausen, Handelsblatt, 11.12.2014

Mietpreisbremse: Nachfragebelebung, Angebotsverknappung

Wohnraum ist knapp – und was knapp ist, ist teuer.

Der Wohnungsmarkt war noch nie ein besonders freier Markt, doch er funktionierte. Deutschland, traditionell ein Volk der Mieter und nicht der Wohnungseigentümer, hatte einen starken Mietmarkt, der in anderen Ländern durchaus beneidet wurde, berichtet Michael Voigtländer, Immobilienmarktexperte des Instituts der deutschen Wirtschaft (IW) in Köln. Vor allem eines hat ihn ausgezeichnet: „Bisher gab es eine gute Balance zwischen Mieterschutz im Bestand und der Freiheit des Vermieters, nach Beendigung des Mietverhältnisses die Miete an den Markt anzupassen", sagt er. Oft hat er damit lange Jahre der Stagnation wieder aufgeholt, in denen er die Miete nicht erhöht hat, um den langjährigen Vertragspartner nicht zu vergraulen. „Diese Möglichkeit wurde dem Vermieter durch die Mietpreisbremse nun genommen." [...]

[Der] Markt hat sich dramatisch gewandelt. Seit 2010 trifft die Städte mit Wucht, womit sie nicht gerechnet haben: Sie sind beliebt. Jahrelang bereiteten sie sich auf schrumpfende Einwohnerzahlen vor und diskutierten den Abriss leerstehender Gebäude. Doch seit einigen Jahren strömen die Massen, die Mieten steigen wie verrückt, und die Politik reagiert mit dem, was sie am besten kann: Regulierung.

Der größte Coup kam im Juni mit der Mietpreisbremse. Seitdem haben Kommunen die Möglichkeit bei einem „angespannten Wohnungsmarkt", Mieterhöhungen bei Neuverträgen zu deckeln. [...]

Die Mietpreisbremse ist nur die Spitze einer neuen Qualität der Regulierung, von der Ökonomen wie Voigtländer befürchten: „Die Politik ist gerade dabei, viele Vermieter aus dem Markt zu drängen." Vor allem die vielen privaten „Amateurvermieter" – Handwerker, Rechtsanwälte, Ärzte –, die sich Wohnungen für die Altersvorsorge gekauft haben und nun genervt davon sind, wie kompliziert alles geworden ist. Ihnen gehören 37 Prozent der rund 40 Millionen Wohnungen in Deutschland. [...]

Investoren, die sich schon seit längerem im großen Stil in Berlin einkaufen, retten sich meist durch das Schlupfloch kostspieliger Modernisierungen. [...]

Mit dem Druck auf die Mieten versucht die Politik, die Gemüter zu beruhigen und wohl auch davon abzulenken, dass das Problem eigentlich ganz woanders liegt: Der Neubau von Wohnungen hat nicht annähernd mit den Bedürfnissen in der Bevölkerung Schritt gehalten. [...]

Doch durch Regulierung wird keine einzige neue Wohnung gebaut, sondern es werden lediglich die Mieten in Schach gehalten – mit der Konsequenz, dass die Nachfrage größer wird. „Die Mietpreisbremse wird damit letztlich das Gegenteil von dem erreichen, was sie beabsichtigt, denn sie wird sich gegen die Mieter wenden", schreiben Voigtländer und seine Kollegen in einer IW-Analyse. Das Angebot an Mietwohnungen sinke, gleichzeitig werde die Nachfrage noch weiter steigen, weil die Mietpreisbremse günstige Mieten suggeriere. Profitieren werden davon typischerweise nur gut verdienende Singles und Paare ohne Kinder, die von Vermietern bevorzugt ausgewählt werden. Die Familie mit niedrigem Einkommen bleibt außen vor.

Statt an den Mieten zu drehen und damit auch noch die gut verdienende Mittelschicht zu päppeln, plädiert Voigtländer dafür, das Wohngeld für einkommensschwache Bevölkerungsgruppen auszubauen. Zuletzt wurde es 2009 erhöht, jetzt ist für das kommende Jahr die nächste Steigerung geplant. „Mit Wohngeld* können Mieter viel gezielter und effektiver unterstützt werden", sagt Voigtländer. Und davon profitieren dann wirklich nur die Mieter, die es brauchen.

Corinna Budras, Frankfurter Allgemeine Zeitung, 9.11.2015

* *Wohngeld wird zur wirtschaftlichen Sicherung angemessenen und familiengerechten Wohnens als Miet- oder Lastenzuschuss (bei Eigentümern von Wohnraum) zu den Aufwendungen für den Wohnraum geleistet. Antragsberechtigt sind z. B. Empfänger von Arbeitslosengeld II. Die Höhe des Wohngelds richtet sich u. a. nach der Zahl der Familienmitglieder im Haushalt, dem Gesamteinkommen sowie der Höhe der Miete.*

Aufgaben

1. Beschreiben Sie mögliche Auswirkungen der Mietpreisbremse.
2. Stellen Sie die Auswirkungen einer Erhöhung des Wohngelds auf dem Mietwohnungsmarkt in einem Preis-Mengen-Diagramm dar.
3. Diskutieren Sie im Kurs, ob, und falls ja, inwiefern die Mietpreisbremse das Prinzip der Marktkonformität der Sozialen Marktwirtschaft tangiert.

Hilfen H zu den Aufgaben

Seite	Hilfe zu
19	**Aufgabe 6 a)** Die „17 Ziele“ der „Agenda 2013 zur nachhaltigen Entwicklung“ bestimmen seit 2015 die Entwicklungspolitik der Bundesregierung. Die UN-Kinderrechtskonvention wurde 1989 von der Generalversammlung der Vereinten Nationen verabschiedet, vorbehaltslos gilt sie in Deutschland seit 2010.
25	**Aufgabe 3** Nutzen Sie zur gegenseitigen Erklärung und Ergänzung ein „Kugellager“. 
30	**Aufgabe 2** Setzen Sie seine Aussagen in Beziehung zum Prinzip von checks and balances.
35	**Aufgabe 6** Beziehen Sie in Ihre Bewertung insbesondere die Repräsentationsfunktion von Wahlen mit ein.
40	**Aufgabe 2** Unterscheiden Sie z. B. nach folgenden Kriterien: Entstehungshintergrund, Wählerstruktur, Einflussfaktoren auf die Wahlentscheidung, Kritik.
42	**Aufgabe 1** Nennen Sie zunächst die Grundsätze, die Sie vor dem Hintergrund unseres Grundgesetzes, insbesondere von Artikel 38 GG, als gefährdet ansehen.
47	**Aufgabe 4** Berücksichtigen Sie insbesondere die Kernfunktionen von Wahlsystemen.
66	**Aufgabe 3** Achten Sie auf die Urteile und die Frage, wie die beteiligten Institutionen politisch legitimiert werden.
83	**Aufgabe 3** Versetzen Sie sich in verschiedene soziale Positionen wie z. B. Eltern von Studierenden, Jugendlichen mit Migrationshintergrund, Lehrern an verschiedenen allgemeinbildenden Schulen etc.
111	**Aufgabe 1** Befragen (→ Methodenglossar) Sie Eltern verschiedener Generationen nach ihren Erfahrungen und Motiven, eine Familie zu gründen.
142	**Aufgabe 4** Berücksichtigen Sie das Verhalten vor und nach Einführung der „Trennungsprämie“.
145	**Aufgabe 4** Berücksichtigen Sie folgende Aussage: Die „Vertreter [der Verhaltensökonomik] können lediglich auf Unzulänglichkeiten des Standardmodells [Homo Oeconomicus] [...] verweisen und Vorschläge zu einer systematischen Erweiterung des Modells unterbreiten.“ (Pierenkemper, a. a. O., S. 216)
167	**Aufgabe 3** Überlegen Sie zuerst, ob sich eine gute Apfelernte auf das Angebot oder die Nachfrage auswirkt. Klären Sie danach, wie sich die gute Apfelernte auf die Größe (Angebote oder Nachfrage) auswirkt und zeichnen Sie dies ein.
171	**Aufgabe 1** Die Festsetzung eines höheren Preises würde zu einer auf dem Markt umgesetzten Menge führen, die kleiner ist als die Gleichgewichtsmenge.
183	**Aufgabe 2** Gliedern Sie das Konzept nach den Kategorien Menschenbild, Art und Urheber der Wirtschaftslenkung, Preisbildung (für Güter und Arbeit), Eigentumsverfassung, Rolle wirtschaftlicher Freiheiten, Verteilungsprinzipien. Halten Sie Ihre Ergebnisse in einem möglichst systematischen Schaubild fest. **Aufgabe 3** Berücksichtigen Sie folgende Perspektiven: Bürger (u. a. als Arbeitnehmer, Arbeitslose, Konsumenten), Unternehmen, Volkswirtschaft als Ganze.
186	**Aufgabe 2** Gliedern Sie den Vergleich nach den Kategorien Menschenbild, Art und Urheber der Wirtschaftslenkung, Preisbildung (für Güter und Arbeit), Eigentumsverfassung, Rolle wirtschaftlicher Freiheiten, Verteilungsprinzipien.

Methoden zur Bearbeitung der Aufgaben

Zur Bearbeitung der Aufgaben werden an einigen Stellen nachfolgende Bearbeitungsmethoden angeboten. Diese werden im Folgenden ausführlich erklärt.

Eine Befragung/ein Interview durchführen

I. Um was geht es?

Die Befragung ist eine Methode, die dazu dient, Informationen über Einstellungen, Meinungen, Wissen und Verhaltensweisen von Menschen zu gewinnen. Vor allem im Journalismus sowie für mündliche Befragungsmethoden in der Wissenschaft ist auch die Bezeichnung Interview gängig. Die Begriffe Umfrage bzw. Meinungsumfrage sind in der Wirtschaft üblich, um repräsentative Aussagen zu erhalten.

II. Gehen Sie dabei so vor:

1. Schritt: Vorklärungen

- Klären Sie, was genau Sie wissen wollen und warum. Nur so können Sie passgenaue Fragen finden.
- Stellen Sie Überlegungen an, welcher Experte sich am besten für das Thema eignet.
- Planen Sie den zeitlichen, räumlichen und situativen Rahmen Ihrer Befragung. Wo soll sie durchgeführt werden?

2. Schritt: Inhaltliche Vorbereitung (Erstellung eines Fragenkatalogs)

- Formulieren Sie kurze, aber keine geschlossenen Fragen („Sind Sie der Meinung ... oder nicht?"). Vermeiden Sie W-Fragen und wählen Sie stattdessen Fragemuster, die einen weiteren Antworthorizont zulassen („Können Sie uns bitte erläutern ...").
- Fragen Sie präzise. Der Experte sollte sich nicht gegängelt fühlen, aber auch nicht zu Abschweifungen verleitet werden.
- Bringen Sie faktenorientierte „Einpunktfragen" und problemorientierte offene Fragen in ein ausgewogenes Verhältnis.
- Verboten sind Suggestivfragen und Fragen mit versteckter Wertung sowie unfaire Fragen.

3. Schritt: Durchführung

- Sorgen Sie für ein angenehmes Gesprächsklima (Raumregie, Getränkeauswahl für den Experten, Begrüßung und Vorstellung, Danksagung etc.).
- Bestimmen Sie einen Moderator, der auf eine saubere Trennung von Befragung und Gedankenaustausch achtet und sich auch um die Einhaltung der übrigen Gesprächsregeln kümmert.
- Legen Sie fest, wie die Ergebnisse der Befragung festgehalten werden sollen (Beobachtungsbogen).

Nachbereitung

Reflektieren Sie den Erfolg der Befragung. Haben Sie herausgefunden, was Sie wissen wollten?

Autorentext

METHODE

Eine Pro- und Kontra-Debatte durchführen

I. Um was geht es?

Die Pro-Kontra-Debatte ist eine hoch formalisierte, an strengen Regeln orientierte Methode für den Politikunterricht, die vor allem einen Beitrag zur rationalen politischen Urteilsbildung leisten soll. [...] Insofern eignet sich diese Methode auch in besonderer Weise für politisches Lernen. Obgleich jede Debatte in eine Entscheidung durch Abstimmung mündet, ist nicht die Entscheidung das zentrale Element, sondern deren Begründung sowie die Analyse der Argumente usw., die das Entscheidungsverhalten beeinflusst haben. Auf diese Weise kann die Debatte einen Beitrag zur politischen Urteilsbildung leisten. [...] In der Debatte werden die zum Teil rationalen, zum Teil aber auch emotionalen Gründe als Urteilskriterien bewusst gemacht und mit anderen, ebenfalls rationalen oder emotionalen Urteilskriterien konfrontiert. [...] Sinn der Debatte im Politikunterricht ist es, Schüler mit möglichst vielen Begründungen vertraut zu machen, mit denen Urteile gerechtfertigt werden können, um zu zeigen, dass sie sich im Dialog erörtern lassen. Über diesen inhaltlichen Aspekt hinaus können Schüler und Schülerinnen lernen, genau zuzuhören, abzuwarten, Aussagen der Gesprächspartner präzise widerzugeben, sie zu kommentieren, Gegenthesen zu formulieren oder stützende Argumente zu finden. Auf der kommunikativen Ebene ist die Debatte eine gute Übung für die Praxis politischen Redens.

Peter Massing, Pro-Contra-Debatte, in: Mickel 1999, S. 403 – 407

II. Gehen Sie dabei so vor:

1. Schritt: Grundlegende Entscheidungen

Bei der Planung einer Pro-Kontra-Debatte sollte zunächst die grundlegende Entscheidung getroffen werden, ob man eine simulative oder nicht-simulative Debatte durchführen will, denn dies bedingt die Auswahl der Problem- oder Entscheidungsfrage. Der Problem- und Entscheidungsfrage kommt eine entscheidende Bedeutung für den Verlauf der Debatte zu. Es sollte sich um eine bedeutungsvolle, konkret formulierte und in den Auswirkungen für Bürger, Bürgerinnen und Jugendliche spürbare Frage handeln. Die Frage sollte sinnvoll mit Ja oder Nein zu beantworten und zu begründen sein.

2. Schritt: Festlegung des Szenarios, die Gestaltung des Raumes und die Auswahl der Akteure

Der zweite Schritt einer Pro-Kontra-Debatte besteht darin, das Szenario festzulegen:
- Auswahl der Akteure,
- die Gestaltung des (Klassen-)Raumes,
- Verständigung über den Ablauf.

Die Auswahl der Akteure ist durch die Methode vorgegeben:

- Ein/e Moderator/in: Sie/Er führt die Abstimmung durch und achtet darauf, dass Spielregeln und Zeitvorgaben eingehalten werden. Er bzw. sie „trägt Prozessverantwortung, nicht die Inhaltsverantwortung".
- Zwei Anwälte (Pro und Kontra): Sie halten das Eingangs- und Schlussplädoyer und befragen die Sachverständigen. Es ist durchaus erwünscht, Meinungen zu vertreten, die nicht der eigenen entsprechen, um festgefahrene Positionen aufzubrechen und die Thematik neu zu durchdenken.
- Zwei bis vier Sachverständige: Sie artikulieren keine eigene Position, sondern sie bieten nur Informationen, Erfahrungen und Wissen zu Begründungen für einzelne Positionen. Die Rollen der Sachverständigen müssen in Arbeitsgruppen intensiv vorbereitet, sowie durch Rollenkarten und zusätzliches Material gestützt werden.

- Das Publikum: Es darf die Beobachtungsrolle nicht vernachlässigen. Denn indem die vorgetragenen Argumente gesammelt werden und deren strategisch-taktische Relevanz für den Debattenverlauf beurteilt wird, kann ein Perspektivenwechsel zur Innenansicht aller Akteure gelingen.

Die Gestaltung des Raumes:
Die Gestaltung des Raumes sollte einer mediengerechten Inszenierung nahe kommen. Sie räumt dem Moderator einen zentralen Standort ein. Die beiden Anwälte können (an Stehpulten oder Tischen) nebeneinander platziert werden, die Sachverständigen werden seitlich aufgereiht. Für die Befragungen wechseln die Sachverständigen zu einem Stuhl, der in der Mitte steht. Das Publikum kann einen Halbkreis bilden. Zwischen den Akteuren sollte auf guten Blickkontakt und gutes Verstehen geachtet werden.

Autorentext

Im Internet recherchieren

I. Worum geht es?
Suchmaschinen bieten oft viele Tausend verschiedene Internetseiten an. Eine Recherche im Internet muss daher strukturiert angegangen werden.

II. Gehen Sie dabei so vor:

1. Schritt: Suche eingrenzen, Begriffe finden

Sie sollten die Suchanfrage genau eingrenzen. Am besten schreiben Sie passende Begriffe so genau wie möglich in das Suchfeld. Durch das +-Zeichen sucht die Suchmaschine nach Internetseiten, in denen alle Begriffe vorkommen, durch Anführungsstriche können Sie Begriffe verbinden, die Suchmaschine sucht dann nur nach dieser Kombination (z. B. „Mindestlohn Arbeitsmarkt"). Wenn Sie bei der ersten Eingabe nicht erfolgreich waren, können Sie einen oder mehrere Suchbegriffe wieder herausnehmen oder austauschen.

2. Schritt: Suchergebnis auswählen

Als Ergebnis erhalten Sie in der Regel eine lange Liste an Treffern von Internetseiten. Wenn die ersten Angaben Ihrer Suche entsprechen, lesen Sie die kurze Beschreibung unter der Überschrift. Die URL (fängt mit „www." an und wird häufig in grüner Schrift dargestellt) gibt oft darüber Auskunft, wer der Anbieter der Internetseite ist. Einrichtungen, Ministerien, Tageszeitungen u. Ä. verwenden in der Regel ihren Namen als URL, sodass Sie gleich wissen, dass Sie sich auf die Informationen verlassen können. Klicken Sie die Seite an, die am besten zu Ihrer Suche passt, und überfliegen Sie den Inhalt. War die Seite nicht richtig für Sie, gehen Sie im Browser (wahrscheinlich arbeiten Sie mit dem Internet Explorer oder Mozilla Firefox) oben links auf den Pfeil nach links (zurück).

3. Schritt: Die Bewertung von Internetseiten

Sie können die Identität des Verfassers beispielsweise über das Impressum oder die Rubrik „Wir über uns" herausfinden. Auch der Hintergrund des Autors sollte bekannt sein, d. h. in welchem Umfeld die Website veröffentlicht wurde (z. B. Universität, Unternehmen, Organisation). Schließlich sollte der Text aktuell sein. Dabei kann ein Blick auf weiterführende Links helfen.

4. Schritt: Ergebnisse sichern

Vor dem Schließen der Browserfenster sichern Sie Ihre Ergebnisse (z. B. durch Ausdrucken, Link speichern ...).

Autorentext

Karikaturen analysieren

I. Worum geht es?

Eine Karikatur (ital. caricare = „übertreiben“, „verzerren“) ist eine Darstellungsform, bei der ein Zeichner gesellschaftliche, politische und wirtschaftliche Sachverhalte bewusst überspitzt darstellt. Dabei soll der Betrachter nicht nur unterhalten, sondern auch zum Nachdenken über die dargestellten Ereignisse, Entwicklungen, Zustände oder Personen angeregt werden. Um die Aussageabsicht einer Karikatur zu entschlüsseln, muss diese zunächst genau analysiert werden.

II. Gehen Sie dabei so vor:

1. Schritt: Beschreiben

- Wie ist die Karikatur aufgebaut (Bild-/Textelemente, ...)?
- Wen oder was zeigt die Karikatur?
- Was wird thematisiert?
- Welche Darstellungsmittel werden gewählt?

2. Schritt: Deutung

- Welche Bedeutung haben verwendete Symbole?
- Was ist die Kernaussage?
- Wer ist der Adressat?
- Welchen Standpunkt nimmt der Karikaturist ein?

3. Schritt: Bewertung

- Worin ist dem Karikaturisten zuzustimmen?
- Was ist dem Karikaturisten entgegen zu halten?
- Wie ist die zeichnerische Qualität einzuschätzen?

Autorentext

Einen Kommentar verfassen

I. Worum geht es?

Als Kommentar wird eine meinungsbildende und journalistische Textsorte bezeichnet, wobei auch die Sammlung von Anmerkungen zu einem literarischen Text unter diesem Begriff gefasst wird sowie eine persönliche Anmerkung zu einem beliebigen Thema.

II. Gehen Sie dabei so vor:

1. Schritt: Merkmale des Kommentars

Innerhalb der journalistischen Textsorten gehört der Kommentar zu den meinungsbetonten Texten und ähnelt insofern der Glosse. Der Kommentar teilt sich vornehmlich in die Sonderformen Leitartikel und Kolumne. Der Leitartikel ist meist auf der Titelseite zu finden, ein besonders herausgestellter Meinungsartikel und meist neben den wichtigsten Meldungen einer Zeitung platziert. Der Leitartikel spiegelt allerdings immer die Meinung eines Redakteurs, meist des Chefredakteurs, wider und ist eben keine aktuelle Nachricht, sondern gewissermaßen Ansichtssache. Alles, was einen Nachrichtenwert hat, kann Inhalt eines solchen Kommentars sein. Wichtig ist aber, dass das Thema eine Meinungsäußerung provoziert und öffentliches Interesse am Thema besteht, wobei der Kommentar den Blickwinkel ändern soll.

1. Da der Kommentar eine meinungsbetonte Textsorte ist, steht natürlich die Ansicht, Perspektive und Meinung des jeweiligen Redakteurs im Vordergrund. Die subjektive, persönliche Meinung zum Sachverhalt ist also die Kernaussage des Textes. Meist werden anfangs alle relevanten Informationen des Themas knapp angerissen und durch den Autor analysiert. Anschließend findet sich meist eine Stellungnahme und Bewertung des jeweiligen Themas, die die weiteren Folgen erläutern.
2. Oftmals zeichnet er sich durch eine reißerische Überschrift und einen prägnanten Untertitel aus, der den Leser zum Lesen des Textes animieren soll.
3. Die Textsorte zeichnet sich vornehmlich durch die Stilmittel Ironie, Sarkasmus, Polemik, Humor oder durch einen absichtlich aggressiven Sprachstil aus. Diese können den Leser maßgeblich beeinflussen, was durch treffsichere, zum Inhalt passende Adjektive unterstrichen wird.
4. Sehr häufig zeichnen sich Kommentare durch Parataxen aus. Das meint, dass die Sätze nicht sehr lang sind. Dies kann die Aussage verstärken und vor allem dafür Sorge tragen, dass die Gedankengänge für jeden Leser nachvollziehbar bleiben.
5. Verstärkt wird die eigene Meinung des Kommentators oftmals dadurch, dass die eigene, ganz individuelle Meinung so formuliert wird, als würde viele Menschen diese teilen, wodurch sie gewissermaßen zum Zeitgeist erhoben wird (Zeitgeist ~ Denkweise eines Zeitalters).
6. Der Leser soll sich mit der Meinung des Kommentars zumeist identifizieren. Deshalb werden komplexe Sachverhalte für die jeweilige Leserschaft sehr häufig vereinfacht dargestellt und verallgemeinert, wobei komplizierte Theorien meist auf der Strecke bleiben.

2. Schritt: Aufbau eines Kommentars

1. Die Überschrift ist kurz und prägnant, oft reißerisch und soll den Leser zum Lesen animieren.
2. These, um Kontakt zum Leser aufzubauen. Umso mehr Widerstand seitens der Leserschaft zu erwarten ist, umso effektiver ist sie auch.
3. Zusammenfassung der Nachricht oder des Sachverhalts auf die sich der Kommentar bezieht. Hierfür werden nur wenige Zeilen beansprucht, die aber wichtig sind, um den Leser ins Thema zu bringen.
4. Argumentation des Autors für seine Sichtweise. Sie verdeutlicht den Standpunkt des Redakteurs.
5. Widerlegung gegnerischer Argumente, wenn nötig
6. Schluss, wobei die anfängliche These aufgegriffen wird und die Folgerungen, Forderungen oder Mahnungen, die sich aus der Argumentation ergeben haben, dargelegt werden.
7. Der Name des Kommentators steht grundsätzlich am Ende des Beitrags.

Autorentext

METHODE

Ein Lern-/Wandplakat erstellen

I. Worum geht es?

Neben der permanenten Präsenz im Klassenraum bietet ein Lern-/Wandplakat den Vorteil, den gelernten Inhalt zu visualisieren. Während die Visualisierung oftmals von der Lehrperson geleistet wird, besteht die Aufgabe nicht selten darin, zuzuschauen, zuzuhören sowie den Inhalt nachzuvollziehen und abzuschreiben. Problematisch ist dieses Vorgehen insofern, als die visuellen Vorgaben der Lehrkraft oftmals nicht so nachzuvollziehen sind, wie dies aus Lehrersicht erscheint. Somit empfiehlt es sich, möglichst eigene visuelle Grundmuster zu entwickeln, da sich so eigene gedankliche Verknüpfungen und Verankerungen ausbilden.

II. Gehen Sie dabei so vor:

1. Schritt: Vorbereitung

Halten Sie das Wichtigste fest. Hierbei können Ihnen folgende Materialien helfen:
- Bilder, Tabellen, Fotos ...
- Kurze Informationstexte

2. Schritt: Gestaltung

- klare, saubere, deutliche Schrift
- keine Rechtschreibfehler
- Farben verwenden, die auch von weitem gut erkennbar sind
- Raum gut aufteilen (nicht dicht gedrängt)

Nach: Heinz Klippert, Methodentraining. Übungsbausteine für den Unterricht, Weinheim und Basel, S. 168

Eine Positionslinie bilden

I. Worum geht es?

Mithilfe einer Positionslinie können Einstellungen körperlich zum Ausdruck gebracht werden. Dies kann in jedem größeren Raum geschehen, z. B. in Ihrem Klassenraum.

II. Gehen Sie dabei so vor:

1. Schritt: Vorbereitung

Auf einer gedachten oder durch einen Klebestreifen auf dem Boden markierten Linie positionieren sich die Schüler zu einer Frage oder zu einem Problem. Die Enden dieser Linie stellen alternative Pole (ja/nein; stimmt/stimmt nicht), der Abstand zwischen diesen Punkten entsprechend abgestufte Positionen dar.

2. Schritt: Durchführung

Die Schüler werden dann aufgefordert, ihre Positionen zu begründen und sich auch argumentativ aufeinander zu beziehen.

Lothar Scholz, Spielerisch Politik lernen. Methoden des Kompetenzerwerbs im Politik- und Sozialkundeunterricht, Schmalbach/Ts, 2003, S. 114

Eine Recherche durchführen

I. Worum geht es?
An Wissen und Informationen heranzukommen, ist heute sehr einfach geworden. Neben Bibliotheken ist es vor allem das Internet mit seinem bekannten „World Wide Web", das weltweit Daten digital bereithält.

II. Gehen Sie dabei so vor:

1. Schritt: Überlegen Sie, was Sie suchen

Je präziser Sie wissen, was Sie suchen, umso besser können Sie am Ende beurteilen, ob die gefundenen Informationen Ihren Erwartungen entsprechen. Hilfreich ist eine schriftliche Formulierung der Fragen oder eine Gliederung des Themas.

2. Schritt: Überlegen Sie, wo Sie suchen

In der Bibliothek können Sie sich eine erste Übersicht über ein Thema verschaffen. Die Bücher, Zeitungen und Zeitschriften sind geordnet und übersichtlich aufbereitet, die Informationen sind vertrauenswürdig und jahrelang verfügbar. Das Internet bietet eine unüberschaubare Fülle an Material an, ist aktueller und überall verfügbar. Allerdings ist es schwierig, die wichtigen, zutreffenden und verlässlichen Informationen zu finden. Hier helfen Entscheidungskriterien für Ihre Auswahl.

3. Schritt: Überlegen Sie, wie Sie suchen

In Bibliotheken können Sie die Kataloge nutzen und oft auch jemanden fragen, der Ihnen Suchhinweise oder Hilfestellungen geben kann. Im Internet erhalten Sie durch die Eingabe von Wörtern in das Suchfeld einer Suchmaschine unzählige Einträge, Texte, Websites, die Ihre Suchwörter enthalten. Aber Achtung: Es ist unendlich viel Datenmüll dabei.

4. Schritt: Beurteilen Sie Ihre Rechercheergebnisse: Wie gut sind sie?

Hilft das Gefundene bei der Klärung der ursprünglichen Aufgabe? Haben Sie die passenden Informationen gefunden? Genügen sie Ihren Qualitätsansprüchen?

Nach: Lothar Scholz, Methoden-Kiste, Bundeszentrale für politische Bildung (Hg.), Bonn 2010, S. 22

Ein Referat halten

I. Worum geht es?

Ein Referat ist ein Vortrag über ein Thema, der in einer begrenzten Zeit (etwa 10 – 30 Minuten) gehalten wird. Die häufigsten Formen sind mündliche Berichte, Fachvorträge bei Tagungen, Kurzreferate bei Seminaren oder Übungsreferate in der Schule.

II. Gehen Sie dabei so vor:

1. Schritt: Vorbereitung und Einleitung

Beginnen Sie Ihren Vortrag pünktlich. Eine gelungene Eröffnung des Vortrags ist die beste Möglichkeit, um beim Publikum Interesse für die Darbietung zu wecken. Sie können für Ihr Thema entsprechend verschiedene Einstiegsvarianten auswählen. Sicher kennen Sie die schlechteste Variante aus eigener Erfahrung: „Wir wollen heute einen Vortrag zum Thema ... halten." Und schon haben Sie das Desinteresse der Zuhörer auf Ihrer Seite. Also sollten Sie einen Einstieg wählen, der das Publikum

- visuell einstimmt,
- provoziert,
- persönlich anspricht,
- durch eine kluge Fragestellung einbezieht,
- mit einem Vergleich konfrontiert,
- spontan anspricht,
- überrascht oder
- erheitert.

2. Schritt: Durchführung

Interessiert sich Ihr Publikum erst einmal für Ihr Thema, können Sie Thema und Gliederung vorstellen. Damit beginnen Sie den Hauptteil des Vortrags – das eigentliche „Filetstück". Ihre Gliederung als „Fahrplan" der Darbietung schreiben Sie am besten auf eine Folie oder bringen Sie vor Beginn des Referates auf einer Flipchart oder Tafel an. So kann das Publikum dem Inhalt Ihres Vortrags gut folgen. Planen Sie den Hauptteil wie eine Regieanweisung, um den Ablauf Ihres Themas für jeden handhab- und nachvollziehbar zu skizzieren. Bei Aufregung ist nämlich schon so manches in Vergessenheit geraten.

3. Schritt: Gestaltung

Der Schluss fasst die wesentlichen Aspekte Ihres Vortrags zusammen. Hüten Sie sich aber vor solchen Formulierungen: „Jetzt sind wir am Ende unseres Vortrags" oder „Alles Wesentliche wurde gesagt, wir fassen nur noch einmal zusammen". Gut ist es, wenn Einstieg und Schluss einen gewissen Rahmen des Referates bilden.

Nach: Elke Deparade: Planung und Durchführung der Präsentation, Methodenlernen in der gymnasialen Oberstufe, Bamberg 2013, S. 97 f.

Ein Streitgespräch führen

I. Worum geht es?

Im Streitgespräch wird ein konfliktreiches Thema von allen Seiten beleuchtet. Es geht bei diesem Streitgespräch nicht darum, den „Gegner“ durch bessere Argumente zu „schlagen“, vielmehr soll ein Thema facettenreich erschlossen werden. Unterschiedliche Meinungen und konträre Perspektiven werden mit dem Ziel zusammengetragen, sich mit verschiedenen Sichtweisen auseinander zu setzen. Die Teilnehmer sammeln in zwei Gruppen zu einer These oder einer Frage Argumente zur Begründung ihres Standpunktes. Es ist durchaus erwünscht, Positionen zu vertreten, die nicht mit der eigenen Meinung identisch sind. So können festgefahrene Positionen verlassen werden, und die Thematik wird neu durchdacht. Nach der Sammlung der Argumente in den Kleingruppen erfolgt eine Diskussion mit Vertretern der zwei Gruppen.
Außer Befürwortern und Gegnern der These gibt es sowohl einen Moderator als auch Beobachter. Der Moderator ist neutraler Leiter des Streitgesprächs, d. h. er darf nicht erkennbar auf einer der beiden Seiten stehen. Als Beobachter agieren die Gruppenmitglieder, die nicht aktiv am Streitgespräch teilnehmen. Sie bekommen konkrete Beobachtungsaufträge.

II. Gehen Sie dabei so vor:

1. Schritt: Vorbereitung

- Aufteilung in zwei Gruppen (Pro- bzw. Kontra-Gruppe)
- Festlegung der jeweiligen Redner (drei pro Gruppe)
- Vorbereitung der Argumentation mit Hilfe des ausgegebenen Materials

2. Schritt: Durchführung des Streitgespräches

a. Darstellung der These durch den ersten Redner der Gruppe „Pro“ – max. drei Minuten
b. Widerrede durch den ersten Redner der Gruppe „Kontra“ – max. drei Minuten
c. Striktes Abwechseln der zwei Gruppen: geregelter Austausch der Argumentation
d. Zusammenfassendes Schlusswort durch den jeweiligen Hauptredner

3. Schritt: Auswertung

- Distanzierung: Redner äußern ihre Gefühle und Erfahrungen
- Bewertung des Streitgesprächs durch Beobachter
- Abstimmung über Streitpunkt im Plenum

Nach: Sibylle Reinhardt, Politik Didaktik. Praxishandbuch für die Sekundarstufe I und II, Berlin 2005, S. 203 ff.

OPERATOREN

Hinweise zur Bearbeitung der Aufgaben

Operatoren, die Leistungen im Anforderungsbereich I (Reproduktion) verlangen:

Operator	Beschreibung der erwarteten Leistung
aufzählen nennen, wiedergeben zusammenfassen	Kenntnisse (Fachbegriffe, Daten, Fakten, Modelle) und Aussagen in komprimierter Form unkommentiert darstellen
benennen, bezeichnen	Sachverhalte, Strukturen und Prozesse begrifflich präzise aufführen
beschreiben darlegen darstellen	Wesentliche Aspekte eines Sachverhaltes im logischen Zusammenhang unter Verwendung der Fachsprache wiedergeben

Operatoren, die Leistungen im Anforderungsbereich II (Reorganisation und Transfer) verlangen:

Operator	Beschreibung der erwarteten Leistung
analysieren	Materialien oder Sachverhalte kriterienorientiert oder aspektgeleitet erschließen, in systematische Zusammenhänge einordnen und Hintergründe und Beziehungen herausarbeiten
auswerten	Daten oder Einzelergebnisse zu einer abschließenden Gesamtaussage zusammenführen
charakterisieren	Sachverhalte in ihren Eigenarten beschreiben und diese dann unter einem bestimmten Gesichtspunkt zusammenführen
einordnen	Eine Position zuordnen oder einen Sachverhalt in einen Zusammenhang stellen
erklären	Sachverhalte durch Wissen und Einsichten in einen Zusammenhang (Theorie, Modell, Regel, Gesetz, Funktionszusammenhang) einordnen und deuten
erläutern	Wie erklären, aber durch zusätzliche Informationen und Beispiele verdeutlichen
herausarbeiten, ermitteln, erschließen	Aus Materialien bestimmte Sachverhalte herausfinden, auch wenn sie nicht explizit genannt werden, und Zusammenhänge zwischen ihnen herstellen
interpretieren	Sinnzusammenhänge aus Materialien erschließen
vergleichen	Sachverhalte gegenüberstellen, um Gemeinsamkeiten, Ähnlichkeiten und Unterschiede herauszufinden
widerlegen	Argumente anführen, dass Daten, eine Behauptung, ein Konzept oder eine Position nicht haltbar sind

Operatoren, die Leistungen im Anforderungsbereich III (Reflexion und Problemlösung) verlangen:

Operator	Beschreibung der erwarteten Leistung
begründen	Zu einem Sachverhalt komplexe Grundgedanken unter dem Aspekt der Kausalität argumentativ und schlüssig entwickeln
beurteilen	Den Stellenwert von Sachverhalten oder Prozessen in einem Zusammenhang bestimmen, um kriterienorientiert zu einem begründeten Sachurteil zu gelangen
bewerten **Stellung nehmen**	Wie beurteilen, aber zusätzlich mit Reflexion individueller und politischer Wertmaßstäbe, die Pluralität gewährleisten und zu einem begründeten eigenen Werturteil führen
entwerfen	Ein Konzept in seinen wesentlichen Zügen erstellen
entwickeln	Zu einem Sachverhalt oder zu einer Problemstellung ein konkretes Lösungsmodell, eine Gegenposition, ein Lösungskonzept oder einen Regelungsentwurf begründend skizzieren
erörtern	Zu einer vorgegebenen Problemstellung eine reflektierte, kontroverse Auseinandersetzung führen und zu einer abschließenden, begründeten Bewertung gelangen
gestalten	Produktorientierte Bearbeitung von Aufgabenstellungen. Dazu zählen unter anderem das Entwerfen von eigenen Reden, Strategien, Beratungsskizzen, Karikaturen, Szenarien, Spots und von anderen medialen Produkten sowie das Entwickeln von eigenen Handlungsvorschlägen und Modellen
problematisieren	Widersprüche herausarbeiten, Positionen oder Theorien begründend hinterfragen
prüfen, überprüfen	Inhalte, Sachverhalte, Vermutungen oder Hypothesen auf der Grundlage eigener Kenntnisse oder mithilfe zusätzlicher Materialien auf ihre sachliche Richtigkeit bzw. auf ihre innere Logik hin untersuchen
sich auseinander setzen **diskutieren**	Zu einem Sachverhalt, zu einem Konzept, zu einer Problemstellung oder zu einer These etc. eine Argumentation entwickeln, die zu einer begründeten Bewertung führt

Ministerium für Schule und Berufsbildung des Landes Schleswig-Holstein (Hrsg.), Fachanforderungen Wirtschaft/Politik – Allgemein bildende Schulen, Juli 2016, S. 50 f.

Um einen abwechslungsreichen und spannenden Unterricht auch in heterogenen Klassen zu gewährleisten, werden innerhalb der Aufgaben teilweise Operatoren verwendet, die in den schleswig-holsteinischen Fachanforderungen nicht explizit aufgeführt sind.

Diese Operatoren sind jeweils nach den Vorgaben der Einheitlichen Prüfungsanforderungen in der Abiturprüfung Sozialkunde/Politik (Beschluss der Kultusministerkonferenz vom 1.12.1989 i. d. F. vom 17.11.2005, S. 17 f.) einem der drei Anforderungsbereiche zugeordnet.

REGISTER

REGISTER

akg-images / Waldemar Abegg, Berlin – S. 121; Alamy Stock Photo / Pictorial Press Ltd. – S. 11

Baaske Cartoons / Christian Born – S. 79; - / Gerhard Mester – S. 127, 133; - / Thomas Plaßmann – S. 20, 133 (2); - / Jan Tomaschoff – S. 112, 123; Bergmoser + Höller Verlag, Aachen – S. 64, 114, 188; Matt Bors – S. 183

Cartoonlobby e.V., König Wusterhausen – S. 185; CartoonStock / Joseph Farris, Bath – S. 72

DAC Statistik und Worldbank 2014 / macondo publishing GmbH, Münster – S. 107; Deutsche Post AG, Bonn – S. 8; DIZ Süddeutscher Verlag, Bilderdienst / S.M. Süddeutsche Zeitung Photo, München – S. 189; dpa Infografik, Frankfurt – S. 36 (5), 37 (3), 44, 50, 104, 105 (2), 106, 122; dpa Picture-Alliance / Bifab145486 – S. 170; - / Bildarchiv – S. 187; - / Chromorange, Ralph Kerpa – Cover; - / Hauke-Christian Dittrich – S. 52; - / Fotoreport, Roland Scheidemann – S. 54; - / Heirler – S. 12; - / Ralf Hirschberger – S. 192; - / Stefanie Pilick – S. 88; - / Boris Roessler – S. 59; - / ROPI Newpress – S. 120; - / Monika Skolimowska – S. 109; - / Zentralbild, Waltraud Grubitzsch – S. 129; - / Paul Zinken – S. 21; - / Uwe Zucchi – S. 28

Einhorn-Solutions GmbH Berlin / Niko Wilkesmann – S. 82

Fachhochschule Münster / Wilfried Gerharz – S. 125; Fotolia / marcito – Cover; - / Kim Schneider – S. 52; - / Scusi – S. 70

Professor Dr. Rainer Geißler, Kreuztal-Eichen – S. 96; Getty Images / Ulrich Baumgarten – S. 14; - / AFP, Uli Deck – S. 62

Michael Herdlein, München – S. 124

Dirk Meissner, Köln – S. 180

Photothek.net / Thomas Köhler, Radevormwald – S. 39; Presse- und Informationsamt der Bundesregierung / Sig. B 145, Bild-00010972, Bestand B145, Jürgen Gebhardt, Berlin – S. 21

Heiko Sakurai, Köln – S. 47, 116; SINUS Markt- und Sozialforschung GmbH, Heidelberg – S. 97; Statista GmbH, Hamburg – S. 34, 57, 84, 92, 93, 122, 154; Klaus Stuttmann, Berlin – S. 25, 35, 66, 81, 82, 91; SZ-Grafik: Hanna Eiden, Süddeutsche Zeitung vom 04.06.2012, München – S. 45

Thinkstock / Ilya Andriyanov – S. 52; - / Getty Images, Photos.com – S. 96; - / iStockphoto – S. 107; - / iStockphoto, Peter Hansen – S. 182; - / iStockphoto, IntsVikmanis – Cover; - / iStockphoto, rilueda – S. 165; - / iStockphoto, skifserg – S. 85; - / iStockphoto, sorawat_c – S. 134; - / iStockphoto / supparsorn – S. 8; - nicky39 – S. 52; - / Purestock – S. 107; - / Tomasz Wyszolmirski – S. 52

Ullstein-Bild, Berlin – S. 54; - / Granger, NYC – S. 167

www.stopptrubbing.com – S. 75; www.wikimedia.org – S. 54, 167; www.wikimedia.org / Kiwaner, CC BY-SA 3.0 – S. 149; www.wikimedia.org / linksfraktion, CC BY-SA 2.0 – S. 30; www.wikipedia.de – S. 181

Online-Angebot – Kapitel 4: dpa-Infografik – S. 197; dpa Picture-Alliance / Daniel Bockwoldt – S. 198; - / Keystone, Jochen Zick – S. 200; Baaske Cartoons / Harm Bengen – S. 212